学科全息育人丛书

丛书主编 朱福荣 饶 英

# 小学科学

## 学科全息育人

本册主编 胡 雕 陈 伟

西南大学出版社
SWUP
国家一级出版社 全国百佳图书出版单位

**图书在版编目(CIP)数据**

小学科学学科全息育人 / 胡雕, 陈伟主编. -- 重庆: 西南大学出版社, 2025.3

("学科全息育人"丛书)

ISBN 978-7-5697-2156-0

Ⅰ. ①小… Ⅱ. ①胡… ②陈… Ⅲ. ①科学知识－教学研究－小学 Ⅳ. ①G623.62

中国国家版本馆CIP数据核字(2024)第073986号

# 小学科学学科全息育人

XIAOXUE KEXUE XUEKE QUANXI YUREN

丛书主编　朱福荣　饶　英

本册主编　胡　雕　陈　伟

策　　划:王　宁　时曼卿　周万华

责任编辑:高　勇

责任校对:胡君梅

装帧设计:殳十堂_未氓

排　　版:瞿　勤

出版发行:西南大学出版社(原西南师范大学出版社)

地址:重庆市北碚区天生路2号

邮编:400715

市场营销部电话:023-68868624

印　　刷:重庆美惠彩色印刷有限公司

成品尺寸:185 mm×260 mm

印　　张:22.5

字　　数:520千字

版　　次:2025年3月　第1版

印　　次:2025年3月　第1次印刷

书　　号:ISBN 978-7-5697-2156-0

定　　价:68.00元

# 编委会

# 总序

新中国成立以来,我国的教育方针历经多次演进,但强调学生德、智、体等方面全面发展是一以贯之的基本原则和思想。1957年,我国的教育方针是"使受教育者在德育、智育、体育几方面都得到发展,成为有社会主义觉悟的有文化的劳动者"。至1995年,教育方针表述为"教育必须为社会主义现代化建设服务,必须与生产劳动相结合,培养德、智、体等方面全面发展的社会主义事业的建设者和接班人"。2015年,教育方针表述为"教育必须为社会主义现代化建设服务、为人民服务,必须与生产劳动和社会实践相结合,培养德、智、体、美等方面全面发展的社会主义建设者和接班人"。2021年,教育方针表述为"教育必须为社会主义现代化建设服务、为人民服务,必须与生产劳动和社会实践相结合,培养德智体美劳全面发展的社会主义建设者和接班人"。教育方针的演进充分体现了不同时期国家对人的发展的总体方向和要求,但随着时代的发展会增加和融入新的元素和内容。总体而言,对人的身心等方面全面发展的要求始终是我国教育方针的大方向,这也体现了马克思主义关于人的全面发展学说的本质规定性。

党的十九大报告指出,"优先发展教育事业。建设教育强国是中华民族伟大复兴的基础工程,必须把教育事业放在优先位置,深化教育改革,加快教育现代化,办好人民满意的教育。要全面贯彻党的教育方针,落实立德树人根本任务,发展素质教育,推进教育公平,培养德智体美全面发展的社会主义建设者和接班人"。2019年,中共中央、国务院在《关于深化教育教学改革全面提高义务教育质量的意见》中进一步提出,"坚持以习近平新时代中国特色社会主义思想为指导,全面贯彻党的教育方针,落实立德树人根本任务""培养德智体美劳全面发展的社会主义建设者和接班人"。要"坚持五育并举,全面发展素质教育",要突出德育实效,提升智育水平,强化体育锻炼,增强美育熏陶,加强劳动教育。我国义务教育和普通高中课程方案中都明确提出,课程要"全面贯彻党的教育方针,落实立德树人根本任务""培养德智体美劳全面发展的社会主义建设者和接班人"。可以说,立德树人作为我国教育的根本任务,围绕人的全面发展而提出的"五育并举",以及由此而引发的学校全面、全程、全员育人机制的转变,是新时代教育发展的关键。

“全息”一词原意指一种可以全面、多角度地再现物体的原貌，反映物体所承载的各种信息和状态的光学成像技术。引用其部分含义，教育领域的全息育人指的是学生成长过程中所涉及时空的全部信息都是育人的信息源，发挥这些信息源的共同与合力作用来有效促进学生的各方面发展。作为一种育人理念，其主张调动和运用各种可以利用的因素，全方位、全过程地促进学生各个方面的共同发展。具体到学科领域，在新时期探索“五育”共同发展的过程中，学科教学中“五育融合”的观念应运而生，并开展了诸多有益的实践探索。

我国当前中小学的教学组织形式仍然是班级授课制为主，教学工作仍然是学校的中心工作，学科课程仍然是学校课程的主体，课堂仍然是育人的主阵地。因此，在遵循现行中小学教学形式的前提下，课堂教学还是落实立德树人根本任务、促进学生德智体美劳全面发展的最直接途径。今天，在学科教学中，“育什么人”“为谁育人”已经非常明晰，“怎样育人”以及如何提升“育人质量”，成为学校教学亟须回答的重大问题。通往学科“育人质量”提升的路径多种多样，全国教育理论研究者和中小学教师都进行了卓有成效的探索，其中“五育融合”是最值得关注的发展方向和路径之一。重庆市北碚区教师进修学院与西南大学教育学部和教育部西南基础教育课程研究中心共同开展的“学科全息育人”研究，就比较好地回答了在学科教学中如何实现“五育融合”“怎样育人”的重大问题。他们采取的主要策略是以学科的教科书作为引领载体，以“五育融合”为视角和眼光，以单元教学为单位，按照德智体美劳从学科到单元或主题建立学科育人框架，全面挖掘单元教学内容中的“认知育人点”“德性育人点”“审美育人点”“健康育人点”和“劳动育人点”等，实行基于“五育融合”的整体教材解读和教学设计，进而将德智体美劳等育人要素有机融合，利用课堂主阵地开展学科育人，实现学科教学向学科育人的转变。

重庆市北碚区中小学校实施的学科全息育人，坚持以马克思的“人的全面发展”学说和赫尔巴特的“教育性教学”原则为理论基础，高扬“立德树人”的大旗，以社会主义核心价值观为统领，将“德智体美劳”育人要素融入中小学各学段、各学科，使所有学科都从学科性质、地位、任务出发，既体现学科特质，又彰显育人的特殊功能，指向德智体美劳，实现由“学科教学”到“学科育人”的转变，学生通过学科学习，实现“成人”与“成才”的双统一、双发展。在育人理念层面，以学科育人的“全息性”，解决学科价值与育人价值分离或单项推进的问题；在课堂实践层面，以学科育人的全面性，解决学科育人随意化、碎片化或无视化问题；在区域推进层面，通过“全要素落实、全学段推进、全学科联动”，有效破解了学校、学段、学科等育人壁垒问题。

学科全息育人需要育人理念的重构。学科课程是学校落实立德树人根本任务的基本载体，每个学科都要围绕“有理想、有本领、有担当”这三个维度培养未来担当民族复兴大任的时代新人，这是对学科课程和教学的基本要求。所有学科都从学科性质、地位、任务出发，把人的发展作为学科教学的旨归，使学科价值与育人价值融合共生，既体现学科特质，又与其他学科协同为学生的成长起作用，彰显育人的特殊功能，把学科价值作为育人价值实现的条件，把育人价值作为学科价值实现的目的。这样就能把“有理想、有本领、有担当”落实到每个学科的综合素养培养中，落实到每节课、每所学校的育人目标中，学生德智体美劳全面发展的总目标就不会落空。无论是学科教学设计还是课堂教学，教学思维的起点就是将这堂课要达成的教学目标，逆向分解成每一个时段的子目标，同时，在教学中又从一堂课的时间轴进行正向思考，依据逆向设计的子目标开展多样化的学习活动。在此基础上，教师还要立体思考，将除本学科认知目标以外的其他育人目标放在何处，以怎样的方式达成，确保每个学科、每节课都将育人贯穿始终。

学科全息育人需要育人课程的设计。课堂教学既是学校教育的主阵地，也是学校教育体系的核心要素，一旦离开学校教育体系，课堂教学很难真正实现学科全息育人。实现学科课堂教学的全息育人，关键就是要找出能包含教学内容的全部信息，或能进行全息育人教学内容的整体信息，我们称之为“关键信息”（关键知识、关键方法、关键思维等）。贯穿于教学活动中的“五育”是具有“五育间性”的，也就是每“一育”既关涉其他“四育”，又在教学过程中保持和谐。教学中通过“五育间性”建立基于教育学立场、育完整人的教学生态体系，实现由“渗透”到“互联”至“互育”达“合育”的逻辑演绎。重庆市北碚区的做法是，每个学科以现行国家教科书为蓝本，以“单元”为单位挖掘五育“育人点”和“融合点”。这个“单元”既可以是教科书上所列的单元，又可以是按照综合学习或跨学科学习的主题、专题设置单元，既考虑了各学科独有的“模式语言”特征，做到学科“双基”扎实“有本领”，又关注到融合育人的“五育间性”，做到铸魂立德“有理想、有担当”，同时，避免“穿靴戴帽”式、“空洞说教”式的“五育融合”、学科全息育人。

学科全息育人催生育人方式的转型。育人方式就是要回答“新时代教育三问”的“怎样培养人”，对于课堂教学的主体而言，“怎样培养人”一定是贯穿于学科教学始终的，学科全息育人引领下的教学催生育人方式的转型。一是要对“学科全息育人”理念有非常透彻的理解，把育人方式本身作为育人的重要资源；二是要把党和国家的课程方案、课程标准的要求与课堂教学及其评价关联，将“五育”要求与课程核心素养关联，并恰当融入课堂教学活动之中；三是要在课堂教学、作业布置与批改、学生学习指导、考试评价等育人环节以是否有利于学生综合素养、“五育”全面发展来衡量，将那些不经意的细节都看成会给学生带来终身影响的重要环节。特别是在智能化时代，育人方式更要从“重教书”向“重育人”转变，从固定学习到泛在学习，从储备学习到即时学习，从寻找答案的学习到寻找问题的学习，从接受性学习到批判性学习，从独自性学习到合作性学习，从烧脑学习到具身学习，从线下学习到融合学习，切实破解“见分数不见素养”“见学科不见学生”的教育难题。

学科全息育人需要育人师资的再造。学科全息育人的成与败都在教师。什么样的教师能够实施学科全息育人？具有“全息”的视野、思维与能力的教师。首先，教师要有“全息”视野，也就是能从“培养完整的人”角度看待“五育”的整体性、统一性，理解德育、智育、体育、美育和劳动教育有机融合对促进学生全面发展的意义，追求“五育”相互融合、有机统一的整体融通式育人观。正如苏霍姆林斯基所言，“没有单独的智育，也没有单独的德育，也没有单独的劳动教育”，这样才能将“全息育人”理念作为学科教学的起点和归属。其次，教师要有“全息”思维，关注育人过程的关联性和整体性，培养教师用关联式、融通式思维设计与实施“全息育人”。教师要摒弃用割裂式思维看待“五育”，简单地将单科对应“单育”，认为学科课程对应智育，体育课程对应体育，音乐、美术课程对应美育。用关联式思维引导教师看到所教学科有“五育”渗透的可能性和必要性，突破“分科单育”的狭隘认知，在落实学科核心目标的同时兼顾渗透并关联其他“四育”，实现学科内的“五育融合”。用融通式思维观念引导教师打破学科逻辑和领域界限，设计跨学科、多学科的综合性主题，看到各学科交叉点与整合点之间的“相融”关系，实现学科间的“五育融合”。

重庆市北碚区中小学学科全息育人研究，切中了近年基础教育时弊，符合教育教学规律以及核心素养教育改革发展方向，以教科书为载体的“五育融合”研究范式切实有效，可借鉴、可推广，其主体研究成果《全息育人教学论》具有学术性和创新性，系列成果各学科全息育人研究对学科开展“五育融合”“全息育人”具有较强的指导性和实践性。当然，该项研究主要是在2022年版的义务教育课程方案和课程标准发布之前进行的，可能还与学科课程标准提倡的学科核心素养要求有一定差距，在小学至高中学段也还有个别学科的研究成果没有出来，但是，这些不会影响该项研究及其成果的总结与推广，也希望他们能够继续深入研究，取得更有价值的研究成果。

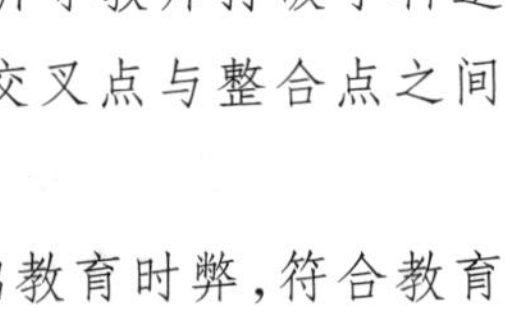

2022年10月

（朱德全，西南大学教育学部部长，教育学博士、二级教授、博士生导师）

# 前言

党的十八大提出，要把立德树人作为教育的根本任务，培养德智体美全面发展的社会主义建设者和接班人。为更好地落实党的教育方针，促进学生全面发展、健康成长，重庆市北碚区全面推进教育教学改革，以学科全息育人研究为载体，对育人课程建设作出有益探索。

习近平总书记在全国教育大会上强调，要统筹实施科教兴国战略、人才强国战略、创新驱动发展战略，一体推进教育发展、科技创新、人才培养。现行小学《科学》教材基于学生认知发展规律及核心素养的培养编排内容，强调科学观念的形成，注重科学思维、探究实践能力的培养，帮助学生树立正确的价值观和社会责任感，体现了学科课程育人价值，是培养学生形成个人终身发展和社会发展所需要必备品格、关键能力的优质课程资源。小学科学学科全息育人研究，以“五育融合”“全息育人”为实施策略，较好地落实了党的教育方针，以及《国家中长期教育改革和发展规划纲要(2010—2020年)》、教育部《关于全面深化课程改革落实立德树人根本任务的意见》等相关政策要求，紧密地同生产劳动和社会实践相结合，在对学生进行德行引导的同时，实现“培养德智体美劳全面发展的社会主义建设者和接班人”的育人目标。

《小学科学学科全息育人》是重庆市北碚区小学科学研究团队在推进新课程改革进程中，依据《义务教育科学课程标准(2022年版)》，实施“五育融合”“全息育人”的探索成果。全书有理论方面的剖析，有实践经验的总结，还有实施案例的呈现，较好地解决了教师在新课程改革背景下“教什么”和“怎样教”的关键问题，让教育真正回归本源，在科学、和谐的氛围中，培养学生的核心素养，促进学生学习能力和创新能力的发展。

该书共有六个章节，包括“小学科学学科全息育人概论”“小学科学学科全息育人点导引”“小学科学学科全息育人教学设计”“小学科学学科全息育人课堂教学实施”“小学科学学科全息育人教学评价”“小学科学学科全息育人学科研修”。在全面浸润社会主义核心价值观的基础上，坚持“德育为先、能力为重、全面发展”的育人理念，从“认知育人、德性育人、审美育人、健康育人、劳动育人”五个方面进行整体考量和融合探究，推动小学科学学科全息育人的有效实施，促进学生全面协调的发展、科学教师学科育人理念的更新、学校活动与社会高需求的融合。

该书着力指导小学科学学科全息育人教学实施。紧扣《中国学生发展核心素养》的内涵，搭建了五维度、两级指标的“小学科学学科全息育人框架”，辅助一线教师依托该框架，找准育人点。挖掘教科版小学科学教材1—6年级各单元全息育人点，结合教材内容，以理论构建及案例呈现的方式，从备、教、学、评、研几方面，针对小学科学学科怎样钻研教材、设计学案、实施教学、落实五育等方面提供了全息育人的操作策略与方法路径。

希冀该书能为小学科学学科教师实施“学科育人”提供借鉴，通过对教材的灵活运用，教学方式的变革，增强学生的兴趣引领，落实探究实践与思维对话，让学生科学素养的养成基于自主驱动和情感生成，促进学生知、情、意、行的协同发展，从而更好地落实育人目标，促进学生全面健康成长。

# 目录

## 第一章　小学科学学科全息育人概论

第一节　小学科学学科育人的内涵与特征　3

第二节　小学科学学科全息育人的背景　9

第三节　小学科学学科全息育人的价值　12

## 第二章　小学科学学科全息育人点导引

第一节　小学科学学科全息育人点设计依据　23

第二节　小学科学学科全息育人框架设计　29

第三节　小学科学学科单元全息育人点导引　38

## 第三章　小学科学学科全息育人教学设计

第一节　小学科学学科全息育人教学设计理念与原则　137

第二节　小学科学学科全息育人教学设计流程　140

第三节　小学科学学科全息育人教学设计案例评析　150

## 第四章　小学科学学科全息育人课堂教学实施

第一节　小学科学学科全息育人课堂教学理念　193

第二节　小学科学学科全息育人教学实施的原则　201

第三节　小学科学学科实施全息育人的方法　210
第四节　小学科学学科全息育人课堂教学实施课例分析　216

## 第五章　小学科学学科全息育人教学评价

第一节　小学科学学科全息育人教学评价理念与原则　239
第二节　小学科学学科全息育人教学评价的方法　242

## 第六章　小学科学学科全息育人学科研修

第一节　小学科学学科全息育人研修理念　287
第二节　小学科学学科全息育人研修活动原则　290
第三节　小学科学学科全息育人研修的方法　293
第四节　小学科学学科全息育人研修案例评析　301

**参考政策性文件**　343
**参考文献**　344
**后记**　347

# 第一章

# 小学科学学科全息育人概论

“培养什么人”是教育的根本问题。党的二十大以来，将完成“立德树人”行动计划作为教育培养工作提出的第一项根本工作任务，从国家层面答复了这个问题。正所谓顶层设计，始于微末。我们必须要进一步围绕教师立德树人来创建学科、教材管理体系和知识教学的体系，从单纯学科论教学体系转向全学科育人体系，以学科知识为载体，以学科育人为目标，深度挖掘学科的德性育人、认知育人、健康育人、审美育人、劳动育人价值。在此背景下，北碚区提出了全息育人的教育理念。本章主要从小学科学学科全息育人的内涵与特征、背景、价值三个方面进行论述。

# 第一节　小学科学学科育人的内涵与特征

## 一、小学科学学科全息育人的内涵

### (一)什么是小学科学学科全息育人

小学科学学科全息育人是指,以德智体美劳全面发展为基本目标,在小学科学课堂教学中发展学科核心素养,促进学生全面发展的教育教学理论与实践。以北京师范大学林崇德教授为首的专家团队提出了“中国学生发展核心素养”总体框架,形成了我国与国际核心素养体系的对接,从而改变了原有的育人目标范式,以核心素养发展和推动人全面发展作为基础教育课程改革的根本诉求。①

科学课程的宗旨就是培养学生的核心素养,为学生的终身发展奠定基础。科学学科核心素养包括科学观念、科学思维、探究实践、态度责任等方面。核心素养之间相对独立,又相互融合。科学课程要培养的学生核心素养,就是让学生在学习科学课程的过程中,逐步形成适应个人终身发展和社会发展所需要的正确价值观、必备品格和关键能力,是科学课程育人价值的集中体现。全息育人如何培养学生核心素养?就是基于教育性教学,实施完整性育人的五育(德性育人、认知育人、健康育人、审美育人、劳动育人)融合,落实“全面育人、育全面人”教学理念。具体而言,就是将科学学科核心素养与五育进行高效融合,使其形成合力并发挥正面育人的功能,对学生加以“全息”的正面精神陶冶塑造和情感同化,让学生全方位、全过程自觉地主动接受生命正能量陶冶的耳濡目染,全面、高效提高自身素质。

### (二)小学科学学科全息育人的创新点

小学科学课程以习近平新时代中国特色社会主义思想为指导,落实立德树人根本任务,充分发挥科学课程育人功能,为全体学生提供公平的学习与发展机会,满足学生终身发展和适应社会发展的需要;立足学生核心素养的发展,以了解物质科学、生命科

① 朱立明.高中生数学学科核心素养:内涵、价值与特质[J].教育科学研究,2020(7):79-83.

学、地球与宇宙科学、技术与工程等领域的一些常见基础知识,并初步形成基本的科学观念为基础,以科学思维能力、科学探究和实践能力、科学态度与社会责任的培养为重点,促进学习能力、创新能力的发展,形成清晰和精准的科学课程目标。[①]科学学科全息育人以探究活动为载体,面向全体学生,倡导探究式学习,凸显全面育人价值,从德智体美劳五方面全方位培养学生继续学习、终身学习的科学素养,保持对自然的好奇心和对科学的探究热情,发展其学习能力、思维能力、实践能力和创新能力,培养具有国家意识、国际视野、身心健康,全面发展的时代新人。科学学科全息育人有以下创新之处:

一是搭建育人框架,体现五育要求。根据中华人民共和国教育部制定的《义务教育科学课程标准(2022年版)》(以下简称《课标》)要求,结合教材等教学资源,在生活化的教育资源中,充分挖掘小学科学学科中的德性育人、认知育人、审美育人、健康育人、劳动育人的全息育人点,让包含各级指标的小学科学学科全息育人框架,以有效地贯彻落实国家对小学科学学科的教育目的和要求。

二是梳理育人导引点,助力五育融合。以单元整体构建为出发点,将小学科学学科各单元便于实施德智体美劳的资源进行明确,形成本学科五育导引点的关键信息,助力教师五育整体设计、融合实施,避免五育的缺漏与割裂,从而实现小学科学学科的全息育人。

三是落实育人过程,凸显全息特点。在明确小学科学学科全息育人框架和单元导引点的基础上,利用全息育人教案设计模板进行教学设计,并在具有全息性、综合性、探究性、开放性等特点的组织教学中,逐一落实全息育人点,有效地促进小学生德智体美劳全面发展。

### (三)全息育人与五育融合的关系

一是全息育人有全面的五育保障举措。小学科学学科全息育人基本框架主要是按照德性育人、认知育人、审美育人、健康育人、劳动育人五个方面进行构建的,各单元导引点也是按照这五个方面进行挖掘,确保了德智体美劳五育教育全方位、全过程开展。育人框架搭建与育人导引点的挖掘,并在整个学段、整个单元中整体构建,让全息育人形成实在、细致的操作体系;不要求在每一课或每一课时中求全、求满,而是根据教学内容的特点适合各育的情况进行安排,以体现五育融合的整体性和交融性。

二是全息育人有明确的五育着力点。小学科学学科育人导引点的设计,既是教师

① 中华人民共和国教育部.义务教育科学课程标准(2022年版)[S].北京:北京师范大学出版社,2022:2.

教学的支架,也是五育融合实施的着力点。各单元导引点的提出,让五育融合实施着力点清晰明确,确保五育不遗漏、不割裂,自然融合实施。

三是全息育人有具体的五育融合举措。其一,全息教学设计确保五育融合实施。北碚区采取特有的全息育人教学设计表格,实施学生学习活动、五育导引点明示等,让五育的实施自然"生长"在教学过程中。其二,全息育人教学评价确保五育融合落实。在课堂教学评价方法中,用课堂观察量表来观察教师行为、学生行为、育人融合点、育人策略等情况,更好地保障全息育人框架、导引点的落实,实现五育融合的高效实施。

## 二、小学科学学科全息育人的特征

小学科学学科全息育人最鲜明的特征就是具有全息性,同时传承学科本身的综合性、实践性和开放性。

### (一)全息性

《课标》在科学观念、科学思维、探究实践、态度责任四方面提出了整体性的学科四维目标,整体培养学生与国家、集体、自然环境、对待自己方面的积极观念。全息育人视角下的小学科学课程,把课堂知识、技能、过程、方法以及教学艺术上的美等进行转化,变为现实生活中的学生情感、态度和价值观的渗透,让学生感受到学习快乐、善思等心理成长体会;将学生的实际生活情境巧妙地整合并融入课堂与教学实施过程体系中,创设合理有效的生活化教育情境,安排一系列相关的教育活动,打造可以激发学生科学学习兴趣的良好氛围,充分满足学生内在求知的强大需求,进而使学生充分体会学习的乐趣;坚持学生主体地位和人本思想展开教学讨论活动,创造探究和对话问题以及表达见解的机会,激发学生积极主动思维;锻炼学生设计方案、探究实验、整理信息、分析数据的能力;构建民主、和谐、探究、合作进取的创新教学活动氛围;激发起学生探究科学的浓厚兴趣和实事求是的科学态度。

小学科学课程育人的全息性可以说无处不在,如培养儿童良好的科学素养习惯就涉及方方面面。一是培养学生观察生活的习惯。科学课教学是以学生的生活经验为基础的,在此基础上挖掘学生已有的经验,通过探究学习后更新或扩大学生的生活体验,让学生学会从多角度观察生活、全面地观察、带着思考观察是形成良好观察生活习惯的重要方面。二是培养学生与他人合作的习惯。科学课多是以小组的方式进行探究性实验学习,需要学生养成与他人合作的良好学习习惯,在坚持自我观点的同时尊重他人观点,在不断的交流、探讨与质疑中进行更新形成更优观点。三是培养学生积极参与的习惯。在参与课堂教学活动的过程中，更多地要体现在思维的参与度上，组织学生善思多问、积极分享感受，让学生在课堂中敢于质疑与反思、体验与感悟，进而获得科学思维的有效训练。尊重学生的主体性，提高学生的参与程度，关注学生良好的参与习惯是否得以养成。四是培养学生分析解决问题的习惯。要让学生经历探究体验、对话思维、证据推理的完整过程，培养实事求是的科学精神，形成运用所学知识和技能善于发现与提出问题、乐于探究与分析问题、敢于交流与解决问题的习惯。

### （二）综合性

小学科学是一门综合性很强的课程。科学课程中加入技术与工程已成为各国教育改革发展的趋势，是对教学内容的整体呈现，强调学科渗透融合。在2022年颁布的新课标中，第一次将“技术与工程”引入并作为独立的学习领域，顺应了国际科学教育的发展趋势，对中国版的“STEM”作出了明确定义，即更加强调跨科融合、项目学习和问题解决，这也区别于国外强调理工科和单科教学也被称为STEM的若干种解释，为提高学生的创新能力提供实践学习平台。新课标“课程实施”中将原先的“学习建议”改为“教学建议”，以促进学生核心素养发展为宗旨，打破了就科学谈知识的局限，言明了科学课程与小学其他课程的关联与互动，倡导跨学科的学习方式。[①]从课程内容上看，小学科学学科的综合性也体现得尤为突出。目前在小学阶段，科学教材涉及的内容有生物、物理、化学、地理等多个主要分支学科。例如教科版《科学》，一年级科学课主要以观察或认识周围熟悉的物体、了解动植物基本特点为主；二年级科学课主要以了解地球、认识材料为主；三年级科学课主要以认识生命为主；四年级科学课主要以常见的电磁物理现象为主；五年级科学课主要以地理形态、物理现象为主；六年级科学课主要以认识放大镜、显微镜等物理、生物仪器的使用为主。清楚了教材综合性的安排特点，学校才好提前进行教师的配备设置，教师备课时才便于整体思考教学目标和任务进度，利于教师落实具体的教育教学。

### （三）实践性

科学课程强调实践性，开展探究活动是学生学习科学的重要方式。借助学生亲身经历的动手动脑、合作实验等探究活动，学习科学探究的具体方法和技能，了解基本的科学知识，发现和提出符合学生年龄特点的科学问题，并尝试用科学方法和科学知识进行求证，在探究体验中不断积累认知世界的经验，培养良好的科学态度，学会与同伴

① 王秋芳，王鹏.试析我国小学科学课程标准之“新”与“行”[J].上海教育科研，2018(2)：61-64.

有效交流、交往与合作，经历发现与提出问题、探究与分析问题、交流与解决问题的科学探究学习过程。

全面提高每一位学生的科学素养是小学科学课程的核心理念。科学课的教学既要让学生了解重要的基本科学概念，认识科学概念的相互联系，还要使学生获得科学学习的技能和方法，提高其合作交往与语言表达的能力，更要培养学生善于思考、勇于开拓、实事求是的科学态度。即：科学知识、科学思想、科学方法和科学精神“四位一体”的科学学习。其中，科学探究是科学学习的中心环节，是当前普遍使用的重要教学方式。为了提升学生探究的乐趣，收获自信，形成科学的思维方式，就需要进一步拓展探究的内容，丰富实践活动外延。探究性学习方法，是小学科学课教学的主流形式。在“引导学生提出问题—预测结果—设计解决方案—学生探究实验—得出结论（发现规律）”这种教学模式框架下，教师的基本教学理念就不单单只是教学生，而是如何调动学生更积极主动地来学，不是教教材，而是用好、用活教材教。比如，教学“声音是怎样产生的”一课时，教师引导学生聚焦并提出疑问：我们听到的声音到底是怎样产生的呢？教师先放手让学生根据自己的生活经验充分地探讨交流。有学生认为声音是碰撞发出的，并用敲鼓进行求证；有学生觉得通过弹拨物体才发出声音，用弹吉他来证明……更有学生甚至反驳这些观点，认为声音并不是由物体的碰撞产生的，因为弹吉他时没有碰撞，只要一拨动琴弦就能发声；敲击锣鼓发出声音，那为什么敲击物离开后声音还响好一阵？学生借助生活经验交流只是停留在声音的表象，陷入谁也说服不了谁的局面，形成强烈的思维冲突。此时，教师就顺势让学生根据自己的观点设计解决问题的方案来求证自己的观点。学生在探究实验汇报交流时，教师更要组织学生对事物的本质现象进行观察，并借助课件和亲身体验引导学生仔细观察发声时物体的特点。让学生亲自看到或体验发现：敲击鼓面，发声时鼓面在不停地上下运动；拨动吉他琴弦，发声时琴弦在迅速振动，用手掌压住琴弦，琴弦不动声音立马就停了。当一敲击音叉，就听到音叉发出声音，用手指轻轻触摸发声的音叉，明显感触到音叉在不停振动，震得手指有发麻的感觉；再把发声的音叉靠近平静的水面，看到平静的水面立马产生一圈圈水波纹；用手指捏紧发声的音叉，音叉不振动，声音就消失了。最后通过对比物体发声与不发声时的状态，一致认为声音是由物体的振动产生的。学生发现并得出自己的结论：物体振动产生声音，振动越久听到的声音越久，振动越短听到的声音越短，不让物体振动就不会发出声音。这样一来，学生由传统的被动学习变为自发需要的主动求知，其本身的学习积极性、参与性将会更高，学习兴趣就更浓，所获得的科学知识或观点就更有价值，教师也更有学科教学职业幸福感。

### （四）开放性

科学教学应当是开放的，仅凭每周2节课堂教学来提升学生的科学素养肯定是不够的。科学课堂重在教给学生学习的方法，逐渐构建起知识体系，而借助课外活动进行实践验证与深入探讨是课堂教学在时间与空间上的延续。通过开放的课外活动，可以进一步让学生积累经验、拓宽学习视野、活学活用课堂知识，还可以结合学生的兴趣爱好和特长开展相应的实践活动，培养创新意识，提高动手能力，提升探究能力……教师应根据教学内容、学生实际和校内外教育资源等情况进行整体分析与思考，把科学课堂教学与课外特色活动进行融合。在教学教科版《科学》四年级下册“植物的生长变化”单元时，结合所学内容让学生种下凤仙花或其他植物种子，摆放在教室窗台或校园绿化空地处，观察它们的生长过程，并做好科学观察记录。还可以开发城市与农村相结合的独特课程资源，让小学科学课程内容融入当地的乡村资源、风俗习惯等。同样，有条件的学校可以组织学生到植物园、中草药园采集植物叶子做标本书签；安排不同学年段学生到园子里观察小动物的生活习性、进行植物的生长观察记录等；结合所学内容利用周末或假期调查身边废渣、废水、废气的排放情况，了解家庭周边的水污染、空气污染情况，从小树立起保护环境的良好意识；发出倡议书提醒人们养成不乱丢垃圾、与家人一起开展垃圾分类等良好生活习惯。

另外，小学科学课程内容主要以探究和实验为主，因此其教学就是一个相对自由开放的过程，探究活动方面也是相当多元化的。学生选择不同的探究方法、用到哪些实验材料、是不是开放性的实验过程，这些都为教师的“教”提出了更高要求。比如，教学教科版《科学》三年级上册“感受空气”一课，教师出示装有塑料泡沫颗粒、吸水纸、吸管等材料的暗箱盒子，给学生发出挑战任务：怎样才能证明看似“空”的杯子里确实有空气存在？要求分小组设计实验方案并进行介绍演示求证。各小组抽到材料后就开始设计方案与实验尝试。在进行介绍演示求证环节，有的小组直接把倒扣在水中的杯子慢慢倾斜，看到有气泡冒出的实验；有的小组将吸水纸紧贴在杯子内底，垂直放入水中再拿出，而吸水纸仍然保持干燥的实验；有的小组协作配合，把倒扣水中的杯子里的空气借助吸管吸出，看到杯中水位上升，水慢慢进入杯中的实验……教师借助手机投屏，把学生不同演示求证实验实时分享，让学生“看”到了空杯子里有空气的存在。不同实验材料带来的开放性多元设计方案，让全班学生的思维不断地发生碰撞，生生间收获更多创意，生成更优智慧。这便是科学这门学科的魅力和乐趣所在。类似这样的教学，何愁学生不会喜欢上科学、爱上科学。

# 第二节 小学科学学科全息育人的背景

## 一、国家政策指向

### (一)立德树人的培育要求

培养品学兼优、德才兼备的时代新人,必须落实立德树人根本任务。通过有效的立德树人教育途径与方法,不断提升综合育人水平,促进学生全面发展。党的十八大以来,习近平总书记对立德树人根本任务作出了一系列重要论述,在多个维度上阐释了"把立德树人作为根本任务"的重要意义、价值导向和策略方法,促进了立德树人教育思想体系的形成。[①]立德树人作为一种教育思想,始终蕴含在中国特色社会主义革命、社会主义建设、改革开放和新时代中华民族伟大复兴的历史进程中。党的十八大首次明确提出立德树人是我国教育的根本任务,在新的时代被赋予了新的内涵。

"培养什么人,怎样培养人"是立德树人教育的核心内容。开展立德树人教育,必须在学校的教育教学中始终坚持"德育为先、树人为本"的原则。学校和教师需要牢固树立育才先育德的理念,不断加强学生的思想品德教育,把"德育"与"智育"紧密结合。让学生在掌握文化知识的同时,注重其身心健康和思想品德教育。特别是在世界竞争加剧,形成新的多元化格局历史时期,更要从小培养学生的爱国主义、家国情怀、社会主义核心价值观教育。只有帮助学生树立正确的世界观、人生观和价值观,才能培养德智体美劳全面发展的社会主义建设者和接班人。

《中共中央、国务院关于深化教育教学改革全面提高义务教育质量的意见》中明确指出:坚持"五育"并举,全面发展素质教育,突出德育实效、提升智育水平、强化体育锻炼、增强美育陶冶、加强劳动教育。可见,培育德智体美劳全面发展的、为社会主义事业助力的建设者和接班人是小学科学全息育人的长远规划。

### (二)综合育人的发展要求

发展学生的综合素质能力是新时代育人的基本要求,要想提升综合育人水平,必须深化课程改革,全面推进素质教育,发展学生核心素养。首先,学校必须把德育工作作为学校育人的中心任务,把德育教育贯穿在学生学习的各个环节,用创新的方式方

① 王鉴,姜纪垒."立德树人"知识体系的百年演进及其经验总结[J].东北师大学报(哲学社会科学版),2020(6):10-21.

法进行学科融合，整体提升学校的综合育人水平。其次，教师要树立“立德树人”“全息育人”的教育新理念。在教育教学中，既要凸显科学学科的特点，还要落实和挖掘相关的德育内容，在传授文化知识过程中耳濡目染地践行德育育人。然后，学生要形成积极健康的学习状态。对于学生的教育，不能仅仅看重其知识认知发展，不能只是关心是否掌握了某项技能，更应加强关注学生在认知发展过程中是否产生了积极的情感体验，是否形成了正确的人生观和价值观。最终激发起学生健康学习心态、状态的改变，变“要我学”为“我要学”“主动学”。从上而下形成“学校—教师—学生”三位一体的综合育人合力，利用多种方法和途径营造善教乐学的育人环境和氛围，促进学生健康成长和全面发展。

## 二、课程标准要求

2017年至今，教育部共颁布了两次科学课程标准。2017年的课程标准将基础性、实践性、综合性作为小学科学课程的基本特点，以物质科学领域、生命科学领域、地球与宇宙科学领域以及技术与工程领域这四个学科领域为界限，分别设置学习目标与内容，从“科学知识”“科学探究”“科学态度”“科学技术、社会与环境”四方面阐释具体目标，详细阐述了科学实验室、校园资源、校外资源和网络资源的开发与利用，最终指向总目标科学素养的实现。2022年4月，《义务教育科学课程标准（2022年版）》正式出版。这次科学课改围绕“培养什么人、怎样培养人、为谁培养人”从完善培养目标、优化课程设置、细化实施要求等方面进行了优化和调整。合理设计小学一至二年级课程，注重活动化、游戏化、生活化的学习设计。依据学生从小学到初中在认知、情感、社会性等方面的发展，合理安排不同学段内容，体现学习目标的连续性和进阶性，培养全体学生的科学素养。[①]对比而言，2022年的课标在2017年的基础上进行了提炼与更新。首先，课程目标上，2022年版课标分学段整体设计课程和教学目标，真正体现了学生的主体地位。其次，在课程内容上，2022年版课标精简了课程内容并且加以整合，推动减负提质的落地。然后，在课程评价上，2022年版课程在保留了2017版的学习评价、过程性评价和终结性评价的基础上，以核心素养为统领，依据其内涵和学段特征，关注发展学生的关键能力和必备品格，夯实科学评价的基础。

由此看来，《课标》要求五育并举，全面发展素质教育，把完成立德树人作为教育的根本任务，培养实现民族复兴、国家富强的时代新人。

① 中华人民共和国教育部.义务教育科学课程标准（2022年版）[S].北京：北京师范大学出版社，2022:4.

## 三、学科发展优势

### (一)小学科学学科状况

小学科学发展经历了一个曲折的过程,其间受诸多因素的影响,课程落实状况并不乐观。

受传统观念的影响,不少学校的课堂教学中教师依然占主体地位,学生多数时间是被动地学习知识,忽略了学生主动参与学习的主体地位。在这样的教学形式下,学生的思维没有得到充分训练和培养,很难真正参与到科学教学中来,课堂要么"死气沉沉",要么"热闹异常",学生的学习效果并不理想。科学课教学中本该有很多有趣现象和实验,可由于教学观念转变不彻底,不少教师就让学生死记硬背,让原本充满趣味性的小学科学课变得枯燥无味,学生也就失去学习科学的兴趣,学习能力自然无法提升。这样的教学观念和形式,不仅滞后小学阶段的科学教学,也对学生进入初中阶段学习物理、化学和生物等学科带来影响,不利于学生的持续性发展。

### (二)小学科学实施学科全息育人的优势

重庆市北碚区提出的小学科学学科全息育人,其目的就是改变过去传统的教育教学形式,促成学生的全面发展。在实施过程中,有以下的育人优势:

一是全息育人重思想:树立以德育人的教育理念。教师在落实科学学科育人目标中本身要树立以德育人的理念,遵循教学和学生成长的规律,从培养学生德智体美劳综合素养出发,创新学生乐于接受的教学法,成为学生亲密的学习伙伴、教学的引导者、学习的陪伴者。

二是全息育人定目标:确定课堂教学的核心目标。小学科学课堂将全息育人的培养目标落实其中,在内容的选择和目标的设立上从科学的特定内容出发,明确每项内容安排、每项活动设计的意图与指向,让学科教学与全息育人点更好地融合与落实。

三是全息育人活课堂:明确探究体验式教学方式。全息育人下的小学科学课堂是"活"的。"活"在课堂的体验探究中,"活"在课堂的对话交流中,"活"在师生间、生生间的思维碰撞中。在探究中"学",在"学"中"思",在"思"中"辩",不断激发学生间更多的思维碰撞与智慧对话,在教学中生成更多精彩的探究感悟与体验分享,彰显有梯度的思维高效课堂。

四是全息育人抓整合:小学科学课堂不应局限学科,不要拘泥于教材。科学课程本就是多学科融合的课程,我们的课程应整合学生身边的教育资源,课内外结合、各学科协同才能彰显出课程的育人价值。

五是全息育人求协作：对学生的教育不应只停留在校园里、课堂中、学科上，而是要借助家校等沟通渠道，比如全校性家长会、学科开放日活动、学校公众号平台等形式，给家长宣传国家教育政策导向，了解每个学科的重要性，最终让家长的意识逐渐转变。再借助校园、社区或馆校合作开展各学科活动，让家校真正形成教育合力，助力学生的学习和成长，促进其全面发展。

## 第三节　小学科学学科全息育人的价值

### 一、利于促进学生全面协调发展

全息育人要求跨学科课程联动，相互渗透，全科育人，以求整体大于部分之和的综合育人效益。《课标》提出设立跨学科主题学习活动，加强学科间相互关联，带动课程综合化实施的要求，这与全息育人的目标相一致。学生是全息育人的最终受益者，也是全息育人的主体，坚持全息育人能在认知、德性、审美、劳动、健康等方面对学生有一定的提升。

#### （一）深化学科认知

小学科学课程对于学生而言到底意味着什么？它需要教给学生什么？学生在科学课堂上又可以获得什么？其实，小学科学是一门非常重要的基础性学科。一方面，可以学习了解到许多科学基础知识，开阔学生的学习视野，也为初高中理科知识学习打下坚实的基础；另一方面，学生在实验探究的过程中培养了思维，提高了动手与表达交流的能力，为未来解决生活中的现实问题做好铺垫。

《课标》强调学生需要学习13个核心概念，这13个核心概念涵盖了物质、能量、生命、宇宙等多方面知识，囊括了物理、生物、化学、地理等多个学科，从各个方面深化学生对于科学的认知，可以培养学生与国家、集体、自然环境等方面的积极观念，进而深化对自身的认知。首先，教师需抓牢全息育人的全息性，精准把握核心概念所涵盖的德智体美劳内容进行课程设计。例如，在不同的课程中突出相适应的重点，生物相关领域中可加入德性育人，培养学生对自然、对生命的敬畏之心；物理相关领域中可加入认知育人，就像使用显微镜一般，站在巨人的肩膀上探索能给后人带来极大便利；地理相关领域中可加入劳动育人，为学生提供考察地质、观察岩石等学习活动。其次，摒弃纯讲授、填鸭式、死记硬背等教学方式，更多地采用探究式、项目式、问题式的教学方式。最后，针对学生的前认知情况，深入了解学情，深入贯彻全息育人、全科育人的教育方针，进一步让小学生初步认识科学的本质，掌握与年龄认知水平相适应的科学知识，形成基本的科学观念，用所学科学知识解释相关的自然现象和解决简单的实际生活问题。

### （二）提升德性素养

在小学科学学科教学中，德性素养体现为具有正确的价值观和社会责任感。重视德育的培养，能激发人们精神内核深处的力量，培养学生实事求是、言必有据、独立思考、勇于创新的良好品质。

德育培养在小学科学课堂中处处有体现，针对不同的主题，教师可以采取不同的知识与技能作为载体，将适当的过程与方法作为手段来培养学生德育。首先，通过提出问题，调动学生对科学的好奇心和探究热情，不断鼓励学生基于证据和逻辑推理，实事求是地提出个人观点或见解，得出结论，勇于在学习过程中学会大胆质疑、追求创新。其次，通过讨论交流的活动方式，培养学生善于与他人合作和分享，包容不同观点。然后，通过材料阅读与实践探索论证，让学生能对与科学技术相关的社会热点问题作出正确的价值判断，学会尊重科学，远离并反对迷信。最后，遵守科学与技术应用的公共规范、法律法规和伦理道德，维护自身和他人的合法权益，捍卫国家利益。除此之外，在进行生命等领域的学习时，教师通过提供多种环境与自然素材，培养学生热爱大自然、珍爱物种生命、保护自然环境、节约地球资源的情感，逐渐培养起学生推动生态文明建设和可持续发展的责任感、使命感。

### （三）优化科学审美

有人说一只翩翩飞舞的蝴蝶很美、一道雨后五彩缤纷的彩虹很美、一轮若隐若现的明月也很美，那到底什么才是美？正如小学科学学科全息育人观认为，科学的美是多元的，不一定是五颜六色、花团锦簇……而是让学生在科学课程的探究和生活应用中，感悟快乐进步与点滴收获的自信美，体会科学视角所看到的美，感受自然规律的美，进而理解科学本身就是一种美。

科学包含了很多不同的学科，在全息育人理念下的跨学科学习过程中，每个学科都有不同的美，包括化学反应的多变美、物理热现象的细微美、天文浩瀚的壮阔美等。除了具体的、形象的美之外，科学中还有各式各样的美。在教科版小学科学六年级下册“建造塔台”一课中，学生通过搭建不同形状的高塔，在观察与分析、对比与交流中体会高塔结构科学的美；在控制变量法实验记录中，学生通过思考、书写，体会数字严谨的美；在养蚕的经历中，学生通过每日观察、记录蚕宝宝的生命周期，感受自然规律的美；在认识牛顿、霍金、袁隆平、屠呦呦等科学家，了解他们从事科学钻研的事例过程中，悟出科学精神的美。结构有序很美，数字严谨很美，自然规律很美，科学精神更美。在小学科学中，美不设限，是好奇心和求知欲编织出了美丽的科学。正如有学生问道：世界真实面貌是什么样的？宇宙的全貌呢？大有极限吗？原子到底多小呢？夸克究竟长什么样呢？小有极限吗？科学的美丽来源于世界的神秘，来源于科学可以揭开这神秘的面纱，可以触碰到这个世界的真实面貌。

### （四）培养劳动品质

劳动作为人的一种生活方式，既能帮助学生获得劳动技能、劳动习惯，又能保障基本的生活价值。习近平总书记在全国教育大会上强调，教师要在学生中弘扬劳动精神，教育引导学生崇尚劳动、尊重劳动，懂得劳动最光荣、劳动最崇高、劳动最伟大、劳动最美丽的道理，长大后能够辛勤劳动、诚实劳动、创造性劳动。[①]我们要想培养更多健全和全面发展的人，就应当高度重视劳动教育。

小学科学课程具有非常突出的实践性，与劳动教育有着较高的契合度。《课标》以“落实劳动教育”为指导思想之一，强调加强学生探究实践，除了将探究实践作为核心素养之一，还规定了学生必做的探究实践活动，并将劳动从综合实践活动课中独立出来。以实践来培养学生劳动实践意识是《课标》给出的指引，能让学生学会在实践中培养劳动能力。正所谓，衣食住行皆从劳动中来，可见劳动贯穿着我们的生活。小学科学课程中也有大量生物学学科实践内容可以融入劳动教育。例如，种子的生长、发芽、开花、结果，动物的诞生、成长、蜕变等，为小学生的劳动教育提供了非常多的机遇。但这些课程均不能一蹴而就，正如劳动教育需要循序渐进地进行，通过长期的坚持和努力进而形成劳动习惯。小学科学是一门基础性的学科，从一年级开始就一直伴随着学生，这为长期的劳动教育提供了良好的基础。综上所述，在全息育人理念下的小学科学教学中融入劳动教育，开展实践课程，有利于学生形成良好的劳动观念，掌握基础的劳动技能，养成良好的劳动习惯。

---

① 周叶中.引导学生树立正确的劳动观(新论)[N].人民日报,2021-08-30(9).

### （五）促进身心健康

小学科学学科全息育人中的“体”育指向促进学生身心发展，体现为身体的“健”和心理的“善”，即健身、健脑、健心。首先，全息育人下的科学课程需人人参与实践，促进健身。正如《课标》所指出，小学科学课中需设计适合不同学段的探究和实践活动，形成有序递进的课程结构，倡导以探究和实践为主的多样化学习方式，让每个学生都主动参与、动手动脑、积极体验。其次，全息育人下的科学授课内容应环环相扣，促进健脑。小学科学教材内容编排具有整体性和逻辑性，注重单元之间、册次之间、学段之间的衔接，体现核心概念及其进阶，促进学生形成对所学内容的完整认识。最后，全息育人下的科学学科理念应层层深入，促进健心。教师应尽量根据学生身心发展情况，将教材中呈现出来的“生命系统的构成层次”“生物体的稳态与调节”“生物与环境的相互关系”“生命的延续与进化”等核心概念设置对应的学习进阶，为促进学生身心健康助力。学生乐于探究实践，积极投身于科学活动中，有助于促进学生健康、全面发展。

综上所述，德性育人、认知育人、健康育人、审美育人、劳动育人彼此既不能相互替代，又不能彼此分割。全息育人的精神内核体现在德智体美劳相互促进、共同融合。正如修养品德需要劳动，离开劳动实践的认知只是空泛的理论，强健的身体需要劳动，发现美、创造美同样需要劳动。德智体美劳相互促进、相互贯通，共同丰富和发展我国教育体系，以培养学生成为一个全面发展的人。

## 二、利于促进科学教师学科育人理念的更新

全息育人教育理念的提出，为教师更好地培养全面发展的人指明了方向，只有深入体会全息育人的精神内核，教师才具有解读课本和挖掘课程所蕴含的全息育人内容的意识，才能具有主动提升自我全息育人专业素养的动力。作为全息育人的主要承担者，教师须转变学科教育理念，形成全息育人的教学能力。接下来将从科学育人理念、科学课程设计、课程实践策略三方面讲述全息育人视角下的科学教师学科教育理念。

### （一）深化科学育人理念

1.以人为本

全息育人的主体是学生，对自我发展承担着主要责任，处于主体地位。教师则需要坚持以人为本的教学理念，凸显学生主体地位，关注学生个性，教学变革才可能真正

发生。[①]例如，在小学科学的教学中有众多实验探究活动，教师需要充分尊重学生的主体性，根据学习要求和学生学习能力，明确探究和实践任务，放手让学生进行探究和实践，鼓励学生通过自主与合作方式开展活动，并给予必要的指导与支持。同时，还应组织学生运用所学的知识和方法解决真实情境中的问题，实现应用与迁移，做到融会贯通，将课堂还给学生。

2.全面发展

人的全面发展是我国教育基本理念之一，也是我国人才培养的基本追寻。[②]首先，教师作为教学变革的重要主体，需转变知识目标为素养目标，从而达到以知识与技能为核心的目标转化为学生德智体美劳共同发展。其次，教师应重视培养学生的全面发展思维和能力，形成生态和谐的教学关系。总的来说，教师只有养成全面育人的发展思维，积极主动找寻生活世界中存在的各种育人要素和价值，有针对性地完善自我，才能提升全息育人的人才质量。

### （二）引导教师教学实施

1.聚焦核心概念，设计融合课程

科学学科核心概念是所有义务教育阶段学生应该掌握的科学课程核心内容，学生需要通过对学科核心概念的学习来掌握跨学科概念，进而能理解物质与能量、结构与功能、系统与模型、稳定与变化等跨学科概念（如图1-3-1所示）。在小学科学教学中，每个跨学科概念并不仅仅只涉及一个学科核心概念，每一节科学课程中也并不仅仅涉及了智育，为了让全息育人理念更好地落地科学课程，教师须打破传统教育发展中五育分裂的问题，以课程融合为抓手，做到以学科课堂实现教学到育人的功能转变，贯穿全学段、全学科、全过程、全方位的育人方法、路径、策略。例如，教师需要重新激发创造力并创设真实情境，利用生活中的信息挖掘科学素材和科学问题，从而开发校本课程、STEAM课程等，在以小学科学为基础的学科上创设融合性学科，从德智体美劳多个方面促进学生学习方式的变化，共同进行探究、合作、问题解决、项目式学习。

① 马飞.论从“五育并举”到“五育融合”的教学范式转型[J].当代教育科学，2022(7):33-40.

② 朱丽桢，段兆兵.从并举到融合:“五育”融合之源、之难与之序[J].教育理论与实践，2022，42(22):3-8.

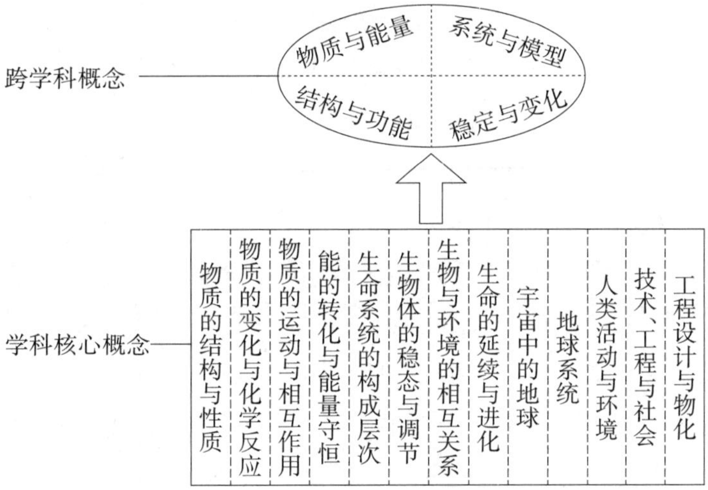


图1-3-1 科学课程内容结构图

2.贴近真实生活,解决真实问题

俗话说“科学源于生活,生活蕴含科学”。学生的学习过程是让学生深度体验参与和知识探索发现的全过程,也是学生解决真实问题的全过程,所以真实情境更能调动学生的求知欲和好奇心。但是在实际教育过程中,作为科学教育源泉的生活却常常被排斥于科学教育之外。

在小学科学课程实施过程中,教师的教学和学生的学习过程若远离生活、远离真实情境,那么学生就会很难对知识形成完整的内心体验,知识仍是简单被动地被接受,远离学生的生活和经验。①所以,为了更好地促进学生科学素养的发展,全息育人教育理念下的科学教学倡导教师从生活情境中发现真实问题,教师需要主动搭建思维认知台阶进行引领,让学生自主解决问题、建构知识,并能基于事实与证据,利用分析、比较、抽象和概括等思维方法建构模型,解释常见现象,解决常见问题,具有在真实情境中提出探究问题和制订探究计划的能力。

3.加强探究实践,激发学习动机

研究表示,大部分学生喜爱科学课很大程度上源自对科学实验的热爱,期待着每节课能看到新的实验器材,希望动手操作、亲身参与。②在全息育人理念下的科学课堂更应该加强探究实践,让学生亲身经历探究实践的全过程。《课标》指出,教师应设计学生喜闻乐见的科学活动,倡导以探究和实践为主的多样化学习方式,让学生主动参与、动手动脑、积极体验,经历科学探究以及技术与工程实践的过程,充分调动学生学习动

① 李小红,武倩.小学科学教育如何链接学生真实生活[J].中小学管理,2017(9):27-29.

② 穆林凤.在情境中探究,促兴趣发展——小学科学课堂有效探究学习的策略初探[J].新作文(教育教学研究),2011(12):119.

机,促进学生自主学习和合作学习。总的来说,加强探究实践活动能够促进全息育人理念在科学课程中落地,以实践探究为抓手,进而让学生像科学家一样进行探索学习,这是调动学生内在学习动机的重要方式。

4.优化多元评价,彰显全息价值

教学评价是准确把握和提升育人质量的重要保证,也是完善教学过程的重要环节和推动教学活动不断增值的重要手段。《深化新时代教育评价改革总体方案》指出:教育评价事关教育发展方向,有什么样的评价指挥棒,就有什么样的办学导向。

首先,评价对象应该具体。根据不同的评价内容来选择相应的评价主体和评价客体。例如,小学科学课程中对于实验操作能力的评价可以是教师评价学生、学生评价教师、学生评价学生。其次,评价指标应该明确。教师应提前制定好评价量表并给学生观看,让他们明确评价要求,才能做到评价的公正和具体。然后,评价手段应该多样。例如,智能化的评价方式会促进全息育人的评价更具过程性、综合性、动态性;评价过程多主体参与,形成对个体五育发展的整体性评价。最后,评价内容应该多元且融合。多元评价是为了做到对学生德智体美劳五个方面的全面兼顾,融合评价有利于实现对人的整体存在和整体发展的尊重;以评价内容融合、评价主体融合、评价手段融合等助力全息育人实践。

更深层次上,全息育人也警醒着教师们:在教育实践中,不仅要落实全息,实现全息育人,更重要的是教育者以及学习者都要习得一种终身学习的能力,即在任何的教育实践中,都要善于发现并运用事物所蕴含的教育价值和教育意义,从而完善自身,做到自育与他育的充分结合。

## 三、利于促进学校活动与社会高需求的融合

### (一)促进协同教育

全息育人下的小学科学教育应该建立起“学校+社会+家庭”的教育培养新模式,让不同层级都参与到全息育人中,形成全息育人的协同机制。“学校+社会+家庭”的融合内容多是小学科学教材中的衍生或拓展内容,每一次课程并无太多直接资料可供使用,需要结合学生具体学习情况和当地具体资源来整合,进而挖掘学校、家庭和社会的优质教育资源。有的课程内容还会在学生小学、初中之间进行有机衔接,这更需要学校、家庭、社会的密切配合,加强小学和初中学校之间、学校与科研机构及高校之间合作等多种联合培养方式,形成体系开放、机制灵活、渠道互通、选择多样的人才培养体

制。[①]总的来说，开展“学校+社会+家庭”形式的全息育人活动，可以解决重知识技能，轻德育和劳动教育等问题的策略；践行学科全息育人是学校教育与国家人才需要的有机融合，可促进全息育人活动课程建设。

### （二）推动资源整合

科学课本不是学生学习科学的唯一材料，教室也不是学生开展科学探究的唯一场所。在“学校+社会+家庭”的教育培养新模式下，全息育人充分利用了学校、家庭、社区等科学场所，保证了丰富的课程资源。[②]如对花草的种植、水垢的处理、蒸制馒头的工作原理方法等，以及社区的有机农场、植物园、动物园、各种专项类的综合科技场馆、博物馆等，都是学生课外重要的科学探索学习体验场所。多种场所中的科学教育资源形成合力，可以丰富科学教育的途径，让学生在鲜活的世界中体验科学发现的乐趣。值得注意的是，“学校+社会+家庭”的全息育人课程活动场地也较为灵活，需在承办方、家长、带队授课教师等工作人员的合作努力下，引导学生将对活动的兴趣转化为对科学探索的内在兴趣，促进学生联系已有学习经验，形成更为立体完善的科学知识结构，启发学生自觉思考科学、技术、社会问题及三者之间的关系，保证课程活动的有序进行，以达到全息育人资源的最大化。

① 杨培明.重新认识和思考“五育”并举[J].人民教育，2020(19):50-52.

② 周婧，张志敏.科普活动对学校科学教育的价值研究——以某次“水”主题科普活动为例[J].科普研究，2013，8(2):61-65.

# 第二章

# 小学科学学科全息育人点导引

习近平总书记在全国教育大会上强调，要培养德智体美劳全面发展的社会主义建设者和接班人，坚持“五育”并举，构建德智体美劳全面培养的教育体系，是培养全面发展的人的重要保障。本章将基于对全息育人理念和“五育”的理解，介绍小学科学学科全息育人点设计的依据，设计小学科学学科全息育人框架，提炼小学科学学科中的全息育人点导引，并对小学科学教材中各单元全息育人点进行梳理和整合。教师可以根据自己的教学需求，确定哪些教学内容体现哪方面的育人特性，期望为广大小学科学教师提供学科育人方向的指引，力求在全息育人理念下，发展学生学科核心素养，最终达到全息育人的目的。

# 第一节　小学科学学科全息育人点设计依据

进入新时代,我国教育的质量和规模取得了历史性成就,德智体美劳全面发展成为育人体系的培养内容。小学科学学科根据不同历史时期的客观实际,了解学科发展的重要进程,确定具有学科特色的全息育人点,最大限度地实现完整性育人,通过对学生学科核心素养的培养,实现全面发展。

## 一、全息育人点确定的历史依据

随着时代的发展,党和国家的教育方针在育人目标内容的更迭上不断丰富和完善。早在1912年,蔡元培先生就在《关于新教育的意见》中表达了“五育并举”的主张。[①]不过这一主张并未作为当时的教育政策,所以没有得到有效落地。1957年,党和国家第一次对教育目的作出明确表述:要使受教育者在德育、智育、体育等几个方面都得到发展,成为具有社会主义觉悟的有文化的劳动者。1999年6月,美育进入人们的视线,正式被纳入教育事业的全面发展之中,开启了注重德智体美的发展之路。2015年7月,国家重新确立了劳动教育的重要价值,提出发挥劳动综合育人功能,促进学生德智体美劳全面发展,至此完成了从注重德智体到如今发展德智体美劳的整个变迁过程。

比较不同发展阶段的教育目的和培养目标,我们不难发现,对于人的全面发展的培养一直备受关注。在不同时期,科技文化发展差异使得人们对个人素质全面发展的要求不同,但都有着具体规范和要求。无论是蔡元培的五育并举观,还是如今的五育并举教育方针,都是在一个教育过程中,体现对培养全面发展的人教育宗旨的价值追求,同时也为本书中全息育人的教育理念提供了重要的思想源头。

## 二、全息育人点确定的学科依据

在新时代中国特色社会主义教育事业发展方向的引领下,全息育人作为一种育人理念,从德性、认知、健康、审美、劳动五个维度,全方位、全过程地促进学生各方面的融合发展,巧妙地契合了德智体美劳全面发展的新时代教学目标。同时,全息育人也可

① 高平叔.蔡元培教育论著选[M].北京:人民教育出版社,2011:16.

以作为一种育人模式，顺应新时代中国特色社会主义对人才培养的需求，在学科教学中，结合自身的学科特点，挖掘育人点，以实际有效的教学行为和方法实现全息育人，落实立德树人的根本任务。全息育人看似为多个育人目的的杂糅，但它绝不是机械地将德育、智育、体育、美育、劳育加在一起进行简单拼凑，而是为了达到教育的最强影响力，实现五育的交融、和谐、共生。

科学是人类在研究自然现象、发现自然规律的基础上形成的知识系统，以及获得这些知识系统的认识过程和在此过程中所利用的方法。[①]小学科学课程从科学理念、科学思维、探究实践、态度责任等多个维度对学生形成正确的价值观、必备的品格和关键能力进行培养，是一门体现科学本质的综合性基础课程，立足于学生核心素养的发展。课程目标的确立与全息育人对德智体美劳的培养需求高度契合，小学科学课程的目标既要求初步形成一些基本的科学理念，又要通过探究实践掌握科学方法；既要在课程实施过程中树立价值观和责任感，又要注重科学思维能力的提升和应用。增长见识，修身养德，在不断的观察、思考、探究、总结、拓展中锤炼审美，在注重实践的同时感悟身心健康。因此，作为为孩子开启科学之门的启蒙课程，小学科学课程的确可以有效地实现全息育人。在课程的开展过程中培养学生的核心素养，从而达到真正意义上的全面发展。

## 三、小学科学全息育人点内涵

### （一）德性育人

#### 1.德性育人的内涵

德性育人即德育，所谓德育，就是要让受教育者接受思想品德的教育。党的二十大强调“落实立德树人根本任务，发展素质教育”，立德树人根本任务的要求即突出社会主义核心价值体系教育，坚持德育为先，实施素质教育，培养具有健全人格的全面发展的社会主义人才。我国自古重视道德教育，孔丘的教育宗旨是培养德才兼备的君子，他把道德教育放在自己教育的首要位置来考虑，认为道德教育和知识教育是同一过程，是不可割裂的。

教育以学生德育的养成为最高目的，从德育本义分析，其主要任务是使学生能够处理好人与人、人与社会、人与自然的关系，使学生完成社会化。我国著名教育家鲁杰曾经说过：“道德教育要成为最有魅力的教育。”他的这句名言道出了德育的意义与方

① 中华人民共和国教育部.义务教育科学课程标准(2022年版)[S].北京:北京师范大学出版社,2022:1.

向：教学与道德教育是相互配合的统一过程，道德教育依赖于教学，教学包含着道德教育。所以，加强爱国主义教育，尊重生命，热爱自然，等等，都属于在教学实施过程中不可缺少的德育渗透。

2.小学科学学科中的德性育人

科学教育是立德树人工作的重要组成部分，具有独特的育人价值，小学科学课程必然蕴含着丰富的德育资源。因此，明确小学科学蕴含的德育内容，对发挥科学学科德性育人功能具有重要意义。教师在教学过程注重德育渗透，引导学生在认知基础上，逐渐形成积极的科学态度和树立正确的社会责任观：善于与他人合作，乐于分享；有创新精神，敢于质疑；对未知事物乐于探究，敢于发表自己的见解；热爱自然，珍爱生命，保护环境，等等。例如，在教学“总结我们的天气观察”这一课时，需要基于学生一个月以来坚持不懈地观察天气，但往往只有小部分学生能做到这点。所以课的一开始，教师首先表扬坚持不懈进行观察记录的同学，让学生感受到长时间进行科学观察和记录的重要性，以此来引导学生在实践操作中培养他们严谨求实的科学态度。再如教学“天气与生活”这一课时，在整个教学过程中，教师除了让学生了解天气与生活的科学知识外，还重点普及了保护自然、保护环境的德育知识。这就使学生意识到：恶劣天气会给人们的生活带来许多不便，我们应该把学到的科学知识运用到生活之中，从自我做起，从小事抓起，以实际行动践行加强保护自然、保护环境的意识。

### （二）认知育人

1.认知育人的内涵

认知育人即智育，所谓智育，是对学生进行系统科学知识、技能的传授，帮助学生发展智力的教育。①智育强调知识的获取和能力的培养，其中的能力包含了很多，如观察力、记忆力、想象力、分析判断能力、思维能力、应变能力等，这些都是学生在认知、思考、判断和分析解决的过程中所具备的基本能力，对人的发展具有重要作用。

随着时代的前进，在新时代中国特色社会主义的大背景下，智育的要求不只局限于对学生的知识灌输和技能培养，还要根据学生的认知发展规律，培养其思维能力。从教会学生知识转变为教会学生学习，利用知识来解决实际问题，提高学习能力，以此来巩固学生适应时代所需要的知识基础，从而提高其思维能力、创新能力和判断能力，帮助学生真正地发展智力，为其日后更进一步地学习知识和应用知识打下良好基础。

---

① 靳玉乐.现代教育学[M].成都：四川教育出版社，2015：54-55.

2. 小学科学学科中的认知育人

小学科学课程设置了13个学科核心概念和4个跨学科概念，涵盖了物质科学、生命科学、地球与宇宙科学、工程与技术四大领域。学生在小学阶段通过对核心概念的学习，在理解其规律、原理的基础上形成对客观事物的总体认识，包括对物质、能量、结构、功能、变化的认识，以及对科学、技术、社会、环境之间关系的认识；还有对科学本质的认识，抑或是在解释自然现象、解决实际问题中的应用。

小学科学学科中的认知育人主要体现在以下几个方面：第一，对系统的科学知识与技能的教授，这是培养认知能力的基础。在教学的过程中，教师要注意既要使学生掌握知识本身，又要让学生掌握获取知识的方法。第二，对探究方法的培养，科学发展的进程是永不停息的，科学知识永远都在不断更新和探索的路上，学会方法，未来可以继续探索。第三，对科学思维的培养，在掌握学科知识的基础上，引导学生学习归纳和总结。总之，认知育人不是体现在死记硬背了多少概念和内容，而是借助对科学知识的系统学习，让学生的兴趣、想象力、创造力等被充分释放出来，不仅帮助学生更好地学习科学，还促使其更好地学习其他各方面的知识。

## （三）健康育人

1. 健康育人的内涵

健康育人即体育，这里的体育，并不是狭义的某一个学科，而是关注身心发展的综合性教育；也不是单纯的体育锻炼，而是身体与心灵、环境与个体，涉及人体与健康、生物体（包括人）与自然环境相互作用等多方面的内容。英国著名的教育家洛克首次提出“体育”这一概念，他认为健康的精神存在于健康的身体中。随着时代的更迭，体育对于人全面发展的深远影响在大众认识当中还一度停留在提高个人身体素质的作用上。2020年，中共中央办公厅、国务院办公厅印发的《关于全面加强和改进新时代学校体育工作的意见》明确指出“坚持健康第一的教育理念，推动青少年文化学习和体育锻炼协调发展”，将体育从过去提高个人身体素质的作用上升到体育对人的其他素质的作用，包括心理素质、意志品质等。

体育的培养强调外在和内在的良好状态。外在既包括个体的身体状况与生活环境，也涵盖集体共同的自然环境和社会环境，如引导学生树立正确的健康观。内在指的是个体的心理状况和心理发展，包括降低健康风险、养成健康的行为习惯等。内外兼顾，促进学生健康全面发展。

2. 小学科学学科中的健康育人

小学科学课程与健康育人之间的关系同样非常紧密。结合课程标准和教科版小学科学教材内容，有与身体息息相关的营养健康知识，无论是对消化系统和呼吸系统的认识，还是对人体组成结构的了解，抑或是对人类生长奥秘的探索，无不是在教导学生从小养成健康生活的意识与习惯。如在“测量肺活量”一课中，引导学生意识到空气质量不好会影响身体健康，保护环境就是保护自己。除此以外，还有引人深思的环境安全，通过对地球家园的了解、对大自然变幻莫测的气候变化的思考、对食物营养的探究、对生活中有害物质的了解以及对环境有着污染与破坏的负面影响的行为等的认识，来激发学生的环保意识，引导学生关注环境安全。还有十分重要的实验安全，教师在实验演示操作过程中需要以身作则，示范安全操作；对刚开始接触实验的学生，在进入实验室之前，或者是即将进行实验探究的时候，教师就应该教会学生使用实验仪器的方法，向学生们讲明常见实验材料的取用规则，并对用到的有毒有害物质进行详细说明。

### （四）审美育人

1.审美育人的内涵

审美育人即美育，所谓美育，就是培养学生感受美、体验美、创造美的能力，并通过一些独特的美的事物树立正确的审美观念。美育这一概念最早是在18世纪由德国启蒙文学的代表人物席勒提出，在他的著作《审美教育书简》中就提到了一种提高鉴赏力和美的教育，其目的可以增进情感与整个精神世界实现最大限度的和谐融合发展。[①]在2020年中共中央办公厅、国务院办公厅印发的《关于全面加强和改进新时代学校美育工作的意见》中，明确提出要提高学生的审美和人文素养，发扬中华特色美育精神，以美育人，并将美育贯穿培育人才的各个过程。

结合众多学者们对美育的认识，笔者认为美育不只是一种单纯的审美教育，它也是一种情感教育。以美育人，是提升审美和人文素养的途径，也是形成完整和谐的人格体现。所以美育不仅仅包含在艺术学科中，各个学科都可以通过有针对性的审美活动，潜移默化地影响学生的气度、胸襟，浸润心灵，形成健康的审美情趣，挖掘出自己独特的审美元素，让学生热爱生活，真正做到知美、懂美，这样的美不只是单纯在感官上认识事物，还有从精神上发现和感受美。

2.小学科学学科中的审美育人

小学科学作为一门非艺术类学科，依然可以在课程教学过程中践行审美育人，引导学生发现美并创造美。首先是科学物质美，大自然孕育出各种物质，教师可带领学

① ［德］弗里德里希·席勒.审美教育书简［M］.冯至，范大灿，译.北京：北京大学出版社，1985：108.

生运用多种方法观察各类岩石和土壤，发现其形状、颜色等特征，这都是属于物质的结构美；还有客观存在的自然规律，如在观察植物生长的过程中，感受植物一生中各个阶段变化的生命美等。其次，还有科学思维美，如在“认识我们周围的物体”一课中，以简洁准确的语言文字、形象的绘画等形式进行描述和交流信息；尝试以图表的形式组织信息，认同以图表形式组织和交流信息的重要性，这是思维的表达美；关于学生对每个科学问题的猜想与假设，对每个实验方案的讨论和制订，以及在整个探究过程中产生的思考，不论是灵光乍现的惊喜，还是了然于胸的总结，都是学生思维美的展现。另外，还有科学实验美，小学科学作为一门以实验为基础的学科，实验过程的连贯性、实验装置的美观性、实验现象的多样性等都具有很强的审美价值，以此培养学生的科学审美意识，并使之形成良好的实验习惯，同时也提升学生观察力、想象力、创造力的敏感性以及审美能力的发展。

### （五）劳动育人

1.劳动育人的内涵

劳动育人即劳育，所谓劳育，主要是指引导学生养成积极正确的劳动观念、劳动态度和劳动习惯，通过劳动技术教育，把劳动技术的相关知识和技能传授给学生。虽然“劳动最光荣”等褒扬劳动的标语脍炙人口，但由于人们对劳动的价值及意义缺少正确的认识，导致劳育一直被弱化。随着立德树人、德智体美劳全面发展等教育方针的提出，劳育的培养得以受到社会的关注。

新时代下的劳育需要引导学生正确认识劳动对人的本质形成的影响。教学中，鼓励学生自己思考与动手解决问题，激发劳动意识；活动中，培养学生正确的实践操作方法，培养劳动习惯；引导学生关注学科知识与日常生活的紧密联系，勤思多想，让思考成为一种习惯，明白脑力劳动的成果也可以成为劳动育人的目标，养成日常劳动实践的好习惯。劳育不能单单依靠课堂教学，而是要将理论与实践相结合。形式可以是学校和各学科层面有组织、有计划地引导学生开展实践活动，激发学生创造力；也可以是寻找各阶段适合自身的劳动操作，培养技能，从而实现个人在劳动中的价值。

2.小学科学学科中的劳动育人

小学科学课程是以实验为基础的一门课程，借助科学实验的途径，劳动育人将得到有效落实。在学科教学过程中，可以联系劳动实践情境，结合学科知识的学习，激发学生积极投身于学习这种特殊的智力型劳动中去。[①]在教学过程中，极具代表性的智

① 杨小微.从抽离到融合：基于劳动教育的“五育”共进之路[J].福建教育学院学报，2020，21(10)：11-15+57.

力型劳动就是科学探究,教师鼓励学生自己思考与动手解决问题,让学生在强化理论知识和提升实验技能的同时,养成良好的实验操作习惯。在实验活动中,让所有的学生积极参与,体会规范操作习惯的重要性,如在学习分离沙盐混合物内容的过程中,看似简单的过滤和蒸发两个实验过程,其中也蕴含许多重要的实验注意事项,需要学生亲身去实践和感受。同时,由于科学学科自身特点,教师应鼓励学生在日常生活中多思考、多关注。例如,在了解水的组成时,教师可以引导学生去思考自己家中或者周边用的自来水会经过哪些处理环节,自来水与河水、雨水甚至是自己家里的饮用水在组成成分上的异同等问题。通过引导学生自己提出问题,培养学生积极思考、主动探究的能力,让他们认识到脑力劳动也是一种重要的劳动过程,从而达到全面劳动育人的目的。

## 第二节　小学科学学科全息育人框架设计

新时代背景下,五育并举已然成为落实立德树人根本任务的关键。[①]为使五育在小学科学有效落地,我们在学科背景下深度剖析五育内涵,对标课程标准,结合课程内容,设计建构了学科全息育人框架。旨在辅助一线教师依托该框架,找准育人点,有效丰盈教学目标,推动五育并举并实现学生全面发展。

### 一、小学科学学科全息育人点框架呈现

小学科学学科何以实现德智体美劳五育之有机融合,体现学科全息育人价值追求?依据《课标》要求,剖析学科德育、智育、体育、美育和劳育相关学术研究,挖掘全息育人与小学科学相契合的育人点,智育以此梳理德智体美劳五育下具体的指标体系,最终形成五维度、两级指标的"小学科学学科育人要点框架"(如图2-2-1)。该框架为一线教师在使用教材及进行教学设计时提供了落实课标、融合五育的重要导向工具,最终解决从全息育人视角出发在小学科学领域如何培养人的问题。

① 孟万金.中小学五育并举课程实施的学生向度考察及改进[J].当代教育科学,2022(3):18-24.

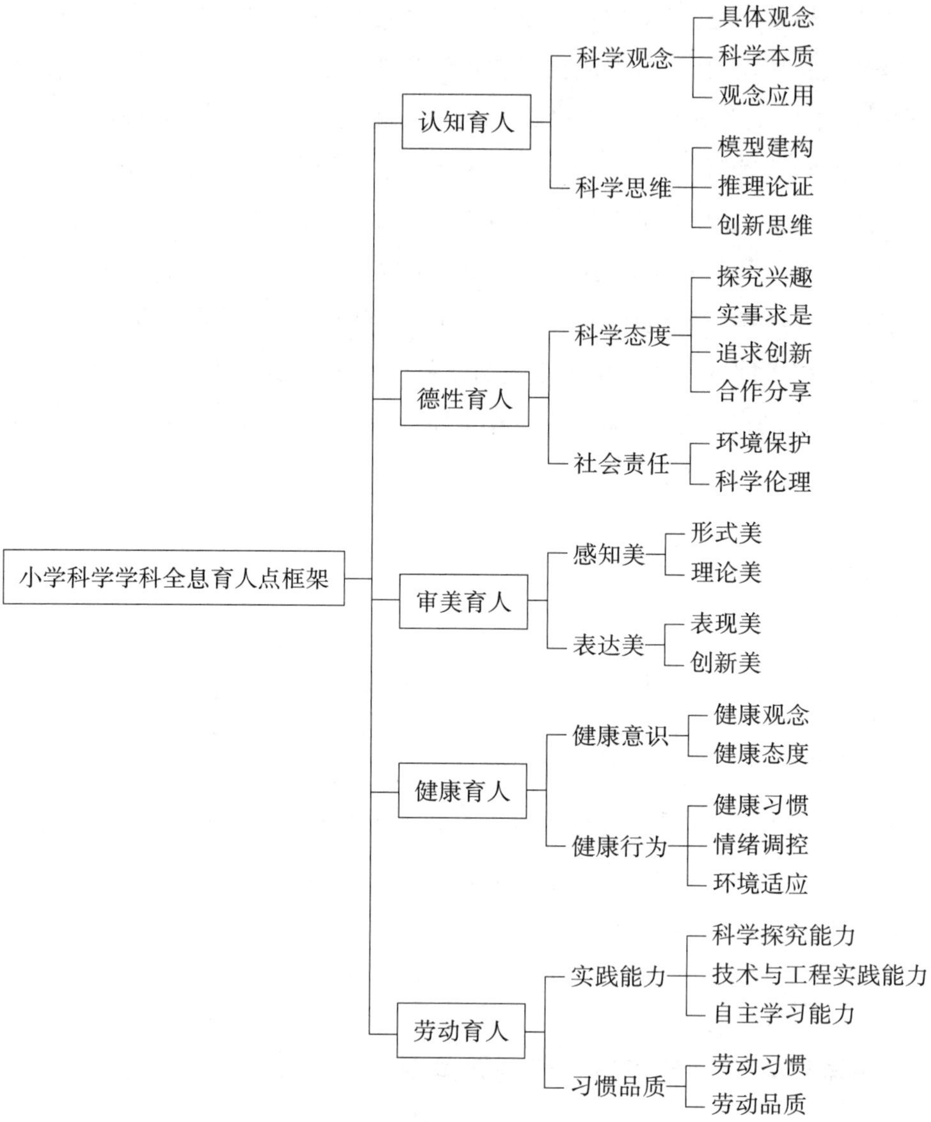


图2-2-1　小学科学学科全息育人点框架

## 二、小学科学学科育人点指标框架说明

为达到五育与科学教学有机结合的目的，需厘清框架各维度指标所蕴含的机理，使框架运用更具导向性。小学科学学科全息育人框架在五育维度下分为两级指标。其中，一级指标是各个维度下的具体层级，二级指标是一级指标的具体细化。

### （一）认知育人

认知育人指学生在知识技能层面的学习探索，以及逻辑理性层面的锻炼培养，即科学知识与逻辑思维的习得。认知育人既为心理发展之延伸，亦为全息育人之基石，因此小学科学学科于认知育人维度下囊括科学观念和科学思维两个指标。

1.科学观念

《课标》指出，科学观念是在理解科学概念、规律、原理的基础上形成的对客观事物的总体认识①，包括具体观念、科学本质和观念应用。

（1）具体观念

具体观念包括科学、技术与工程领域，比如对物质、能量、结构、功能、变化的认识。科学课程设置了13个核心概念，包括了所有学生在义务教育阶段应该掌握的科学课程的核心内容。通过对学科核心概念的学习，实现对物质与能量、结构与功能、系统与模型、稳定与变化四大跨学科概念的理解。科学课程内容结构如图2-2-2所示。

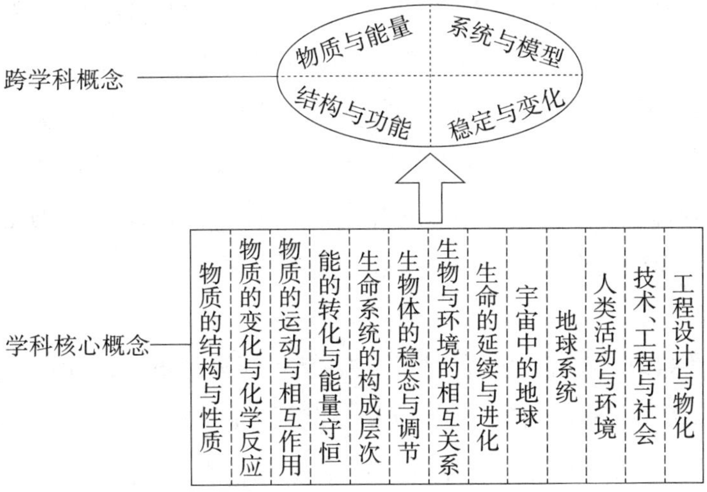


**图2-2-2 科学课程内容结构图**

（2）科学本质

科学本质即对“什么是科学”的认知，理解科学本质是科学观念的核心内容。一般是指对于科学知识、科学研究过程、科学方法、科学精神、科学的历史、科学的价值、科学的限度等方面最基本的认识，是一种对于科学本身全面的、哲学性的基础认识②。还包括对科学知识的可验证性、相对性和暂时性的认识，对人与自然关系的理解，对科学、技术、社会和环境关系的理解等。

（3）观念应用

观念应用，即在理解科学概念的基础之上，将这些概念灵活运用于解释自然现象

① 中华人民共和国教育部.义务教育科学课程标准（2022年版）[S].北京:北京师范大学出版社，2022:4.

② 蔡铁权，郑瑶.科学观念及其科学教育价值[J].教育科学研究，2019(10):5-11.

以及解决实际问题的过程中，这一过程也可理解为概念的迁移。作为科学学科核心素养的科学观念，应注重当个体面临科学技术、社会事实之中的“真”问题时，能运用知识与技能去解决。而科学教育的目标则指向核心素养，即科学教育由“悟”到“练”。

2.科学思维

科学思维是从科学的角度认识客观事物的本质属性、内在规律和相互关系的途径，主要包括模型构建、推理论证、创新思维等内容，也是对客观事物的认知方法。

（1）模型建构

模型建构是学生根据问题和情境，抓住事物的关键要素，建构理想模型、理想过程、理想实验和科学概念的过程。该过程不仅能方便研究，还能反映事物的本质特征和共同属性。模型构建能力包括两个层次：一是模型理解能力，即对模型的要素和结构进行理解，运用模型进行解释，解决问题；二是模型构建能力，即确定本质要素的结构、功能和关系，形成与真实体系相符或基本相符的模型。因此，《课标》的核心素养部分将模型建构的表现归纳为两个方面，一是以经验事实为基础，对客观事物进行抽象和概括，进而建构模型；二是运用模型分析、解释现象和数据，描述系统的结构、关系及变化过程。在课程总目标部分提出：能基于经验事实抽象概括出理想模型，具有初步的模型理解和模型建构能力。①

（2）推理论证

《课标》将推理论证能力的表现归纳为：基于证据与逻辑，运用分析与综合、比较与分类、归纳与演绎等思维方法，建立证据与解释之间的关系并提出合理见解。在课程总目标部分提出：能合理分析与综合判断各种信息、事实和证据，运用证据与推理对研究的问题进行描述、解释和预测，具有初步的推理与论证能力。②

（3）创新思维

创新思维又称创造性思维，是指在解决科学问题的过程中，利用已有的知识和经验，能找出创造性的解决方案的思维能力。该过程中，涉及将已有的知识进行重构，新颖性和价值性是创造性思维的本质特点。因此，要鼓励学生在科学学习或解决生活实际问题时，能从不同角度分析、思考问题，提出新颖而有价值的观点和解决问题的方法，从而提升创新思维能力。在课程总目标部分提出：能对不同观点、结论和方案进行质疑、批判、检验和修正，进而提出创造性见解和方案，具有初步的创新思维能力。③

① 胡卫平.深入理解科学思维 有效实施课程标准[J].课程·教材·教法，2022，42(8)：55-60.

② 胡卫平.深入理解科学思维 有效实施课程标准[J].课程.教材.教法，2022，42(8)：55-60.

③ 胡卫平.深入理解科学思维 有效实施课程标准[J].课程.教材.教法，2022，42(8)：55-60.

## (二)德性育人

德性育人属于教育伦理层面,是通过发展与完善人的道德品质,提高人的至善能力,满足人的一种精神需要。[①]在小学科学教育中,德性育人是指在认识科学的本质和规律的基础上,逐步形成的科学态度和社会责任。

1.科学态度

科学态度是个体对科学对象、科学现象、科学过程等所持有的稳定的心理倾向。[②]它包括四个方面的内容:探究兴趣、实事求是、追求创新、合作分享。

(1)探究兴趣

人具有对周围世界充满好奇与探究的理性精神。科学也源于好奇和探索,故而希望学生能对生活中的科学现象保持好奇心,富有探究的兴趣和热情,为找到答案乐于探索、敢于实践。

(2)实事求是

科学活动的本质特征就在于它的科学性,也就是客观性,它力求排除主观的臆断和想象,强调用客观的可以观察的事实来证明结论。在科学活动中,实事求是是非常重要的科学态度,也是确保科学性的根本所在。因此,希望具有以证据和逻辑为依据发表自己见解的意识,以及严谨求实、尊重事实、实事求是的态度。

(3)追求创新

质疑实际上是最基本的科学精神,即需要用怀疑的眼光来审视前人的结果、结论,甚至是被广泛印证和接受的理论体系。但质疑并非全盘否定,而是批判性地学习和接受,其目的是从以往的体系中找漏洞、找不足、找不完善的地方,大胆质疑,从而追求创新。

(4)合作分享

现代社会已经处于一种“大协作”的阶段,应关注生生间以及师生间的学习,而非将学习看作是竞争性的、孤立的。在科学活动中,学生不仅要学会分享学习资源和学习成果,还要学会相互尊重,学会与人为善,学会如何与人正确交往,学会与人合作,学会与人分享,这些对学生的发展都有很大的帮助。

2.社会责任

社会责任是每个人在特定社会环境中都应当承担的,对他人应具有的基本伦理关怀和义务。要对他人负责、对社会负责,主要包括环境保护、科学伦理两方面。

---

① 宁本涛,覃梦蒙.“五育”如何美美与共[J].教育发展研究,2021,41(22):48-53.

② 曾宝俊,孙子棋.落实培养儿童科学态度与社会责任[J].湖北教育(科学课),2022(09):10-12.

（1）环境保护

随着科技的迅猛发展，人类改造自然的能力也得到极大的增强，使人们的物质生活得到了极大的改善，但同时也污染了环境，破坏了生态系统，甚至掠夺性地开采自然资源。在欣喜于取得科技成果的同时，也需要反思日益严重的环境问题。因此，需要热爱自然，并树立节约资源、保护环境、促进生态文明建设和可持续发展的责任意识。

（2）科学伦理

科学教育要让儿童对科学技术以及与之相关的社会热点问题做出正确的价值判断，具备应有的社会责任感，意识到人类使用科学技术，就应该遵守法律法规、伦理道德，维护自身与他人的合法权益，捍卫国家权益、科学伦理和科学精神。

### （三）审美育人

审美育人对于培养学生健康的审美观念和审美能力、陶冶学生高尚的道德情操、实现学生的全面发展等都起着十分重要的作用。①因此，教师也要把审美育人的作用发挥到教育教学活动的各个环节。科学探究本身是一个严谨的、求实求真的过程，与"美"相契合。因此，在科学教育中也应把审美育人的作用发挥出来。把审美教育的理念融入科学教育，把科学美的内涵理清楚，进而把审美育人的科学实践落实下去，让学生能感知科学美，表达科学美。

1.感知美

科学的世界丰富多彩，是具有美感的世界。曾经有科学家提出，科学美是一种"和谐之美"，其来自大自然；也是一种"简单美"与"浩瀚美"的辩证统一。②因此，学生有必要在良好的学习基础上，在科学探究过程中去发现和感受自然世界中的形式美和理论美。

（1）形式美

科学探索同样异彩纷呈，科研工作的内容表面上看起来与美并不相关，但实质上却总是传递着美的信息，在不同程度、不同侧面、不同效果上给人以美的享受。③如，结构的对称美、实验的现象美等。要善于引导学生从静止和运动状态、地形地貌等科学知识本身中去发现美，能在探索过程中感受到科学实验的形态美，以及求真之美。

（2）理论美

科学理论不仅能让人感受到逻辑的力量，还同时获得艺术的享受。④因此，应引导

① 刁叔钧．科学实验教学中的美育探究［J］．教育理论与实践，2012（32）：51-53．

② 刘仲林．科学臻美方法［M］．北京：科学出版社，2002：16-32．

③ 徐恒醇．理性与情感世界的对话：科技美学［M］．西安：陕西人民教育出版社，1997：82-89．

④ 耿淑玲．科学美：科学教育的审美之维［J］．教育教学论坛，2020（42）：96-98．

学生感受经过严密的逻辑推理，而得出的普遍且具有深刻含义的科学理论所具有的美感。例如，质量守恒定律和能量守恒定律中蕴藏的永恒和变化之美。

2. 表达美

曾有人提出：美的本质即人类在自然的帮助下对生活进行自由创造，创造即美！① 科学实验包含认知、评价、选择和验证等复杂的创造性系统工程，是科学工作者从事研究活动最重要、最直接的基础。②可见，科学探究本身就是一个表现美、创造美的活动过程。因此，可以在科学探究的过程中锻炼学生创造美的能力，包括表现美和创新美。

(1)表现美

科学探究和美学均是一种高级的、复杂的、按照美的规律来创造的活动，因此科学探究也被认为是科学与美学的融合。到今天，美学向科技领域广泛辐射，同时科技也在向美学领域渗透。③表现美即在科学探究活动中呈现科学艺术形象、表达科学思想感情、彰显科学艺术美感的实践能力。

(2)创新美

创新美的能力是指按照美的规律进行创作和改造，形成新的美好成果的能力。④ 它既包括艺术美的创造，也包括生活美的创造，是审美育人重要的目的之一。教师应努力开发课堂创新模式，营造良好创作氛围，引导学生开展自主合作、探究式学习，在科学探究过程中形成个性化的艺术体验；让学生积极参与课堂探究活动，引导学生进行创造性的训练，通过不同的形式来表达学生对科学的独特看法，培养他们创新美的能力；让学生在探究过程中，不拘泥于传统，敢于突破并做到求真求实，逐步提升创新思维能力。在能够表现美的基础上，运用科学知识紧密联系现实生活，进行艺术创新并提升实际应用能力。

### (四)健康育人

健康育人是指学生的健康素养在科学教学中得到发展。在塑造学生健全人格、健康生活的过程中，健康素养的提升起着重要的作用。小学科学学科健康育人包括健康意识和健康行为两个方面。

1. 健康意识

健康意识即树立正确的健康观念，科学对待健康问题，呈现积极向上的生活和学

① 张涵．美学大观[M]．郑州：河南人民出版社，1986：87.

② 刁叔钧．科学实验教学中的美育探究[J]．教育理论与实践，2012，32(20)：51－53.

③ 陈望衡．科技美学原理[M]．上海：上海科学技术出版社，1992：71－100.

④ 李闻忠．论审美能力的培养[J]．山西煤炭管理干部学院学报，2011，24(02)：214－216.

习态度。[①]强调健康意识的养成对健康生活方式和行为有促进作用。

(1)健康观念

小学科学与生活密切相关,在科学教学过程中,逐渐提升学生对人体与健康、生物体(包括人)与自然环境相互作用的认识,并将相关的健康生活理念融入其中,将健康知识内化后形成自身所具有的健康理念。无论是生理健康还是心理健康,都应践行合理膳食、适量运动、戒烟限酒等健康的生活方式。以避免学生不知道如何甄别和利用健康信息、如何正确利用公共卫生服务、如何进行心理调节等情况的发生。

(2)健康态度

通过对生命系统构成层次的初步学习,引导学生乐于探究和实践,关注人体健康与环境保护。倡导健康的生活学习理念,积极应对健康问题,发展积极、健康、正向的生命态度。

2.健康行为

健康行为主要体现在养成良好的生活习惯、实践探索习惯,树立安全意识,消除学习疲劳,保持良好心态,适应自然社会环境,等等。主要包括健康习惯、情绪调控和环境适应三个方面。

(1)健康习惯

健康习惯,即养成健康的生活方式和安全的实际操作习惯,并将相关行为付诸实践,从而作出有利于自身健康改善和维护的决策。故而要求学生一方面能对健康进行科学的探究,能对影响健康的因素进行分析,从而做到能基于改善和维护自身健康出发,科学地制订自己的作息计划,养成良好的生活和行为习惯。另一方面,能在实际科学探究操作过程中,养成安全操作的良好习惯,保障万无一失。健康行为有助于提升学生对健康重要性的认知,养成健康的生活方式和学习方式。

(2)情绪调控

儿童正处在生长发育的关键期,他们需要养成良好的饮食习惯与良好的心理情绪,这样才能有效处理各种情绪困扰,获得积极的情绪体验。学生要热爱自己,生活要健康,情绪上能学会调节。即有话好好说,会与人沟通,善于交流,善于合作,这也是儿童身心发育和健康成长的重要内容之一。其他内容还包括情绪体察与表达、情绪管理、情绪调节、遇到冲突时善于克制情绪等。

(3)环境适应

环境适应涵盖了适应自然环境和适应社会环境两个方面的内容。学生对自然环

① 胡玉华,李健,徐扬,王钦忠.提升健康素养培育“健康”少年——中小学健康教育内容体系的设计与构建[J].中小学管理,2018(12):48-50.

境的适应主要表现在选择适宜自然环境的能力、适应特殊自然环境的能力以及对自然环境的保护能力等方面；适应社会环境主要表现为适应人际交往环境，即遇到矛盾冲突时，能妥善解决、处理好合作、竞争关系等方面的科学学习和探究过程中的社会环境。

### （五）劳动育人

小学科学以探究式学习为主，需要学生动手动脑，这种学科特征具备培养学生劳动素养的天然优势。[①]所以在小学科学的教学中，我们要重视学生实践能力的提升和劳动习惯品质的养成。

1.实践能力

在小学科学教育中，实践能力主要体现为在认识和探索自然、获取科学知识、解决科学问题的过程中，形成的科学探究能力、技术与工程实践能力以及自主学习能力，这也是保障学生顺利完成相应探究任务的胜任力。

（1）科学探究能力

科学探究能力体现在：对科学探究的过程和方法等方面的认识；能提出科学问题，并进行合理的推测和假设；制订方案，收集证据，对证据进行分析，得出结论；对结果进行解释和评价；观点表达准确，探究过程和结果反思准确有效，等等。

（2）技术与工程实践能力

技术与工程实践能力体现在：了解技术与工程实践的一般过程和方法，针对实际需要明确的问题，提出有创意的方案，并根据科学原理或限制条件进行筛选；实施计划，利用工具和材料进行加工制作；根据实际效果进行修改迭代；用自制的简单装置及实物模型验证或展示某些原理、现象和设想。

（3）自主学习能力

自主学习能力体现在：自主确定学习目标，选择学习策略，对学习过程进行监控，对学习过程和结果进行反思。

2.习惯品质

习惯品质是指稳定的行为倾向和品质特点，是通过经常性的劳动实践活动而形成的。[②]良好的习惯品质使人自主、自动、自愿地在一定情况下开展劳动实践，把实践看

① 孙红军，刘阳.在小学科学中渗透“三味”劳动教育[J].中国教育学刊，2021(5)：107.

② 中华人民共和国教育部.义务教育劳动课程标准（2022年版）[S].北京：北京师范大学出版社，2022：4-5.

成是生活的需要,体现了个体劳动潜意识中的自觉性和自我约束能力。①

(1)劳动习惯

在科学教学中,教师既要关注学生劳动实践的过程表现,也要引导学生意识到劳动结果的价值,由此引导学生逐渐养成勤于实践的良好习惯。主要表现为学生在科学实践中所形成的自觉主动、安全规范、坚持不懈、注重效率等习惯。值得注意的是,劳动习惯是学生通过长期实践形成的自动化、内需化的心理结构,这种心理结构一旦形成就具有很强的稳定性。

(2)劳动品质

劳动品质指学生的一种稳定行为倾向和积极人格特征,主要表现为劳动实践过程中所凸显的意志品质、道德品质等方面。劳动品质是保障学生能够坚持不懈参与劳动实践活动的重要条件,能够促使学生在劳动实践中不断追求品质,精益求精,勇于创新,从而在新的时代条件下表现出创新、敬业的拼搏精神,在劳动实践中体现出奋发向上的积极精神。

## 第三节　小学科学学科单元全息育人点导引

### 一、单元育人点概述

在小学科学学科全息育人框架统领下,根据各年级上下册教材内容,以单元和课为单位,围绕五个维度,结合科学学科的核心素养内涵和课程目标,找出教材与之相契合、关联和对应之处,挖掘学科全息育人点,形成操作指南。学科育人点导引表,旨在给授课教师以引导与提示,提醒教师在学科教学的同时,根据教材内容,注重对学生的认知、德性、审美、健康、劳动方面的教育,实现学科育人,促进学生的全面发展。全息育人导引表中的“育人点建议”,主要为教师提供一些资源信息、活动设计、注意事项等方面的建议,帮助教师设计自己的精彩课堂,并有效实施课堂教学。

值得注意的是,并不是每一节科学课都要完整地实施“五育融合”,应该根据教材

① 刘义兵,汪安冉.“大概念”视域下劳动教育课程的内容释义与实践理路[J].西南大学学报(社会科学版),2023,49(1):165-175.

内容和教学实际情况来选择育人点的融合，切忌为育人而刻意育人，应做到自然、无痕，将育人有机地渗透到学科教学中。单元育人点导引只是为教师提供一个教学的基本依据，仅供教师教学时参考，教师应当结合地域、时间、学生的实际情况等，创造性地进行教学设计和课堂教学。

## 二、一至六年级单元育人点导引

### (一)生命科学领域育人点导引

表2-3-1 教科版《科学》一年级上册“植物”单元教学育人点导引

| | |
|---|---|
| 1.我们知道的植物 | |
| 认知育人 | 1.识别植物，能简单描述植物的特征。<br>2.通过植物和塑料花的对比观察，学习用证据支持自己的看法。<br>3.尝试种植一棵植物，观察记录植物的生长过程。 |
| 德性育人 | 1.意识到植物具有生命体的特征，产生认识植物的浓厚兴趣。<br>2.初步具有用证据支持自己观点的意识。 |
| 审美育人 | 知道植物可以美化环境，能给我们带来美的感受。 |
| 健康育人 | 1.意识到植物可以美化环境，可以带给人们精神的愉悦。<br>2.学会珍惜植物。 |
| 劳动育人 | 1.观察植物和塑料花的区别，说明“塑料花是植物吗?”<br>2.种植一棵感兴趣的植物。 |
| 2.观察一棵植物 | |
| 认知育人 | 1.植物具有根、茎、叶等结构。<br>2.在教师指导下，能利用多种感官观察一棵植物的外部形态特征。<br>3.在教师引导下，尝试用科学词汇描述观察到的信息。<br>4.从整体到局部对植物的外部形态特征进行观察。 |
| 德性育人 | 1.对常见植物的外在特征表现出探究兴趣。<br>2.能认真观察、认真记录。<br>3.积极表达自己的想法，同时乐于倾听。 |
| 审美育人 | 1.感受植物的生命力，体验生命之美。<br>2.用绘画的方式记录植物的特征。 |
| 健康育人 | 认识到在观察植物的过程中不能破坏植物，具有保护植物的意识。 |
| 劳动育人 | 1.从整体到局部，用看、摸、闻三种方法观察一棵植物的外部形态特征。<br>2.画一棵植物的简图并在观察过程中不断修改。 |

续表

| 3.观察叶 | |
|---|---|
| 认知育人 | 1.植物的叶是多种多样的，每一种叶在形状、大小、颜色等方面都具有自己的特征。<br>2.知道植物的叶是有生命的，会长大、会变化，也会死亡。<br>3.在教师指导下，能利用感官观察叶的外部形态特征，并用简单的语言进行描述。<br>4.通过观察、比较各种各样的叶，认识到植物的叶具有相同和不同之处。 |
| 德性育人 | 1.能在好奇心驱使下，对植物的叶表现出探究兴趣。<br>2.愿意倾听、分享他人有关植物的信息，乐于表达。 |
| 审美育人 | 1.感受植物生长的生命力。<br>2.感受到植物的叶多种多样，形态、颜色各异，体验植物叶的美丽。 |
| 健康育人 | 1.认识植物是有生命力的，知道植物是大自然的重要组成部分，我们要保护珍惜它们。<br>2.在观察植物叶的过程中尽量不破坏植物，可以选取掉落下来的叶子进行观察和制作叶画。 |
| 劳动育人 | 1.观察叶片的共同特征，用多种感官观察不同的叶片的外部特征也不同。<br>2.对比观察一棵植物上不同阶段的叶子。<br>3.根据叶的特征画出叶的简图。 |
| 4.这是谁的叶 | |
| 认知育人 | 1.叶是多种多样的，同一种植物的叶具有共同的特征。<br>2.能说出周围常见植物的名称及其叶具有的特征。<br>3.在教师的指导下，能观察和描述一片叶的特征。<br>4.能用简单的图画描述叶的外部特征。<br>5.根据叶的特征到校园中寻找它们是哪一种植物的叶。 |
| 德性育人 | 1.对常见植物的特征表现出探究的兴趣。<br>2.产生到植物生长的环境中观察植物的兴趣。<br>3.提高到室外开展活动的能力，并养成良好的习惯。<br>4.勇于表达自己的看法和发现，也能认真倾听别人的回答。 |
| 审美育人 | 1.感受叶子的独有特征，发现叶子的独特之美。<br>2.学会将叶子的特征画下来，认识到科学绘画应该真实。 |
| 健康育人 | 1.意识到植物是我们有生命的朋友，应该受到保护。<br>2.在校园活动时，要注意自身的安全，不去危险的地方。 |
| 劳动育人 | 1.用科学的语言和画图的方式对植物叶的特征进行描述。<br>2.根据自己观察到的叶的特征去校园寻找。 |
| 5.植物是“活”的吗 | |
| 认知育人 | 1.能说出植物需要水分、阳光以维持生存和生长。<br>2.知道植物是有生命的，具有区别于非生物的特征。<br>3.在教师指导下，能利用多种感官观察、比较植物的特征及其变化。<br>4.通过搜集证据证明植物是“活”的。 |
| 德性育人 | 1.愿意倾听、分享他人有关植物的信息，乐于表达自己的观点。<br>2.产生认识和研究植物的兴趣。<br>3.养成坚持种植、照顾植物并记录的习惯。 |

续表

| | |
|---|---|
| 审美育人 | 1.种植过程中植物不同阶段的生长变化，感受植物的生命之美。<br>2.学会用证据支持自己的观点，感受科学的逻辑性、严谨性。 |
| 健康育人 | 感受植物的生命力，知道要保护植物、珍爱生命。 |
| 劳动育人 | 1.搜集自己种植的植物生长的变化，证明植物是“活”的。<br>2.整理自己的观察记录，对植物是“活”的证据进行筛选。 |
| 6.校园里的植物 | |
| 认知育人 | 1.在实地观察中，发现不同地点生长着不同的植物，它们有各自的特征和名称。<br>2.再一次感受植物是有生命的，植物生长在自然环境中。<br>3.通过实地观察，认识周围常见植物的名称及其特征。<br>4.在教师指导下，从对植物的观察中提出感兴趣的问题。 |
| 德性育人 | 1.学会在科学探究活动中主动与他人合作，积极参与交流和讨论，尊重他人。<br>2.产生认识植物的兴趣，养成珍爱生命、爱护植物的意识。 |
| 审美育人 | 1.感受校园中植物的多样性，感受自然之美。<br>2.有序、安静地观察和记录，感受秩序之美。 |
| 健康育人 | 1.实地观察过程中注意安全，不能边走边画；安全保管铅笔，听老师指挥一起行动，不去危险的地方。<br>2.做到不采摘、不破坏、不伤害植物。 |
| 劳动育人 | 1.观察校园里的植物，认识常见植物的名称及特征。<br>2.用图画来描述和记录植物的形态。 |

表2-3-2 教科版《科学》一年级下册“动物”单元教学育人点导引

| | |
|---|---|
| 1.我们知道的动物 | |
| 认知育人 | 1.知道动物是有生命的。<br>2.能说出动物具有某些共同特征。<br>3.能说出生活中常见动物的名称及其特征。<br>4.能观察一种动物，并能用语言、图示描述观察和发现的特征。<br>5.通过动物与玩具熊的比较，学习用证据来支持自己的看法。 |
| 德性育人 | 1.通过对动物的观察，产生研究动物的浓厚兴趣。<br>2.养成用证据支持自己看法的习惯。<br>3.积极表达自己的想法，同时乐于倾听。 |
| 审美育人 | 感受动物的多样性，感受动物的美。 |
| 健康育人 | 通过对动物的观察，激发学生对动物的喜爱之情。 |
| 劳动育人 | 1.观察一种动物的外形特征并用绘画和语言描述动物的特征。<br>2.绘图时尽量边观察边画，要画得真实，抓住特点。 |
| 2.校园里的动物 | |
| 认知育人 | 1.校园中生活着不同的动物，动物是多种多样的。<br>2.不同的动物生活在不同的环境里。<br>3.通过实地观察，认识校园中常见动物的名称及其特征。<br>4.利用简单的工具观察动物的外部形态及其特征。<br>5.用图画来记录动物的外形特征。 |

续表

| | |
|---|---|
| 德性育人 | 1.通过实地观察动物，增强探索动物的兴趣。<br>2.愿意与同伴分享有关校园动物的观察发现。<br>3.培养学生记录能力、记录习惯和观察能力。 |
| 审美育人 | 1.感受动物的多样性，体会动物给我们带来勃勃生机。<br>2.校园实地观察时，听从教师指挥，安静小声寻访，感受教学的秩序之美。 |
| 健康育人 | 1.观察过程中，用棉签轻轻拨动草丛、泥土寻找小动物，不伤害小动物，不直接抓小动物。<br>2.实地观察中，听从教师指挥，注意自身安全，不去危险的地方，不做危险的事。 |
| 劳动育人 | 1.使用棉签、放大镜、笔、记录夹等工具寻访和记录小动物。<br>2.可以用绘画的方式记录动物的主要特征，也可以用简单的文字和拼音补充记录。 |
| 3.观察一种动物 | |
| 认知育人 | 1.蜗牛身体上有壳、腹足、触角(两对)、眼睛、口等，这些身体结构能够满足它们的生存需要。<br>2.蜗牛能对外界的触碰产生反应，如触角伸缩、身体缩进壳内等。<br>3.蜗牛运动缓慢，能利用腹足在不同的物体表面爬行。<br>4.用科学词汇描述观察到的信息，用简图画出蜗牛的外形。<br>5.用科学方法和工具观察蜗牛的外部特征、应激反应和运动方式。 |
| 德性育人 | 1.能在好奇心驱使下，对蜗牛表现出探究兴趣。<br>2.愿意倾听、分享他人有关蜗牛的发现，乐于表达自己的观察发现。<br>3.培养学生记录能力、记录习惯和观察能力。 |
| 审美育人 | 1.通过观察蜗牛的身体特征及行为表现，感受蜗牛的生命力。<br>2.认真有序、安静观察，感受课堂的秩序之美。 |
| 健康育人 | 1.认识到蜗牛是有生命的，是大自然的重要组成部分，产生爱护动物的意识。<br>2.不伤害蜗牛，用棉签轻轻触碰蜗牛的身体。 |
| 劳动育人 | 1.观察蜗牛的外部特征、应激反应和运动方式。<br>2.先用肉眼观察蜗牛的整体和比较明显的部分，再用放大镜观察蜗牛局部的细节。 |
| 4.给动物建个“家” | |
| 认知育人 | 1.知道蜗牛生活在适宜的栖息地中，并在栖息地进行各种生命活动。<br>2.知道动物必须生活在适宜的环境中。<br>3.饲养一种动物，持续观察动物的活动。<br>4.尝试用不同的方法观察蜗牛的生命活动。 |
| 德性育人 | 1.能够对蜗牛细致地观察，从而获取更多信息。<br>2.在好奇心的驱动下，能坚持观察和饲养蜗牛。<br>3.培养学生面对不同的发现学会质疑的能力。 |
| 审美育人 | 感受蜗牛的生命活力和有趣的行为。 |
| 健康育人 | 1.体会动物的生存与环境息息相关，体会保护环境的重要性。<br>2.意识到动物生命的脆弱，要爱惜、珍惜小动物。 |
| 劳动育人 | 1.为小动物建造一个合适的“家”。<br>2.通过观察小动物的习性，为小动物创建适合生存的环境。 |

续表

| 5.观察鱼 | |
|---|---|
| 认知育人 | 1.知道鱼有鳞片、鳍、鳃等身体特征。<br>2.知道鱼生活在水中,它的身体适应水生环境。<br>3.了解鱼用鳍运动、用鳃呼吸。<br>4.观察鱼,描述鱼的身体特征。<br>5.能用简图描述鱼的主要特征。 |
| 德性育人 | 1.对鱼的运动和呼吸表现出探究兴趣。<br>2.能认真观察鱼的形态和运动,乐于表达自己的发现。 |
| 审美育人 | 观察鱼不同于蜗牛的身体形态及生活习性,发现动物的多样性,感受大自然生物的神奇。 |
| 健康育人 | 1.体会动物和植物一样,是有生命的,体会爱护动物的意义。<br>2.观察鱼时一定要安静,不要伤害鱼。<br>3.保持课桌的干净整洁。 |
| 劳动育人 | 1.安静地从鱼缸的正面、侧面和上面观察鱼的身体,边观察边画图,先画躯干再画头等细节。<br>2.观察鱼的运动和呼吸时身体部位的变化。 |
| 6.给动物分类 | |
| 认知育人 | 1.知道分类是认识事物的基本方法。<br>2.体会动物的多样性,能运用分类的方法更好地认识动物。<br>3.能运用观察与描述、比较与分类等方法。<br>4.能简要讲述探究过程与结论,并与同学讨论、交流。 |
| 德性育人 | 1.乐于表达、讲述自己的观点。<br>2.愿意倾听、分享他人的信息。<br>3.乐于观察、比较、思考。<br>4.面对分歧时,大胆提出自己的想法。 |
| 审美育人 | 1.体会到地球上存在不同的动物,不同动物有不同的特征,动物具有多样性,感受大自然的神奇。<br>2.感受分类带来的好处,能更好地保护动物。 |
| 健康育人 | 认识到动物和植物都是有生命的,要珍惜生命,保护动植物。 |
| 劳动育人 | 给动物分类,具有某一共同特征的分为一类,不具有该特征的分为另外一类。 |

表2-3-3 教科版《科学》二年级下册“我们自己”单元教学育人点导引

| 1.观察我们的身体 | |
|---|---|
| 认知育人 | 1.我们的身体基本结构分为头、颈、躯干和四肢,身体外形具有左右对称的特点。<br>2.身体内部还有很多我们看不到的结构,如骨骼、肌肉、心脏等。<br>3.能够观察并描述身体的外部结构。<br>4.能够发现人们身体结构相似,但相貌等方面总会有些不同。 |
| 德性育人 | 1.能够尝试用不同的方法开展观察活动,以证实自己的观察结果。<br>2.能够如实描述自己的观察结果。<br>3.在研究我们身体的特征时,产生研究的好奇心和探究的欲望。 |
| 审美育人 | 感受人体的对称美、功能美。 |

续表

| | |
|---|---|
| 健康育人 | 1.通过观察自己的身体结构,初步关注自己的身体状态。<br>2.注意活动的安全,避免意外受伤。 |
| 劳动育人 | 1.用摸、听等方法,探知身体的内部情况。<br>2.用遮挡人体一半的方法,发现我们身体的对称性。 |
| **2.通过感官来发现** | |
| 认知育人 | 1.眼、耳、鼻、舌、皮肤是我们的感觉器官,能够帮助我们认识周围的事物及其变化等。<br>2.每个感觉器官都有自己能做的事情,也有不能做的事情。 |
| 德性育人 | 1.能如实表达自己的发现和想法。<br>2.愿意在合作中承担自己的工作,并积极参与研究活动。<br>3.带着疑问投入观察实验。 |
| 审美育人 | 发现多种感官可以帮助我们获取信息。 |
| 健康育人 | 1.了解残障人士因为感觉器官功能障碍所造成的生活困扰,理解他们为了更好地生活而努力综合运用其他感觉器官的意义。<br>2.了解残障人士因为感觉器官功能障碍所造成的生活困扰,知道要保护我们的身体。 |
| 劳动育人 | 1.采用实验的方式,研究感觉器官能做的事情和不能做的事情。<br>2.清楚地描述自己的观察、实验发现的事实和想象。 |
| **3.观察与比较** | |
| 认知育人 | 1.感觉器官观察到的信息,可以通过比较、分析等活动,让我们认识周围事物的特征及其变化。<br>2.能够用比较的方法认识事物的特征和变化。<br>3.能够使用准确的词语进行描述。 |
| 德性育人 | 1.如实表达自己的发现和想法。<br>2.愿意在合作中承担自己的工作,并积极参与研究活动。<br>3.能够创造性地尝试用不同的方法和从不同的角度观察、认识事物。 |
| 审美育人 | 发现经过对比观察的方法可以认识周围事物的特征和变化。 |
| 健康育人 | 1.知道不用尝的方法进行观察。<br>2.知道活动中要注意安全,测试卡不要使用有尖角的卡片,而要使用圆角卡片;要选择没有体表损伤和疾病的皮肤进行测试,用力不要过重,轻轻碰触即可。 |
| 劳动育人 | 1.分别用眼睛、耳朵,最后综合运用各种感官进行对比观察。<br>2.对比观察时用事实说话,不可靠想象判断。 |
| **4.测试反应快慢** | |
| 认知育人 | 1.感觉器官能帮助我们做出反应。<br>2.反复地训练能够提升反应的速度。<br>3.通过简单的数据比较,可以发现我们反应速度的变化。 |
| 德性育人 | 1.能够积极投入到研究活动中,保持好奇心和兴趣。<br>2.养成实验记录的习惯。 |
| 审美育人 | 发现综合使用感觉器官可以帮助人获取更丰富的信息,用以比较、分析和判断。 |

续表

| | |
|---|---|
| 健康育人 | 反复地训练会使我们的身体反应速度提升。 |
| 劳动育人 | 1.玩“抓尺子”的游戏。<br>2.记录“抓尺子”的数据,并分析数据。 |
| **5.发现生长** | |
| 认知育人 | 1.从出生到现在,我们都在不断地生长。<br>2.能够通过比较、测量,知道身体在生长变化。 |
| 德性育人 | 1.能够如实讲述自己身体的变化。<br>2.能够尝试从不同的角度观察和发现自己身体的变化。 |
| 审美育人 | 发现自己身体的变化,不断成长。 |
| 健康育人 | 能够关心自己和他人,关注自己身体的生长变化。 |
| 劳动育人 | 1.在家人的帮助下搜集能够证明自己长大的照片、衣服、用具、成长记录表等物品。<br>2.用证据证明自己身体的生长变化。 |
| **6.身体的“时间胶囊”** | |
| 认知育人 | 1.在今后的一段时间里,我们会不断地生长。<br>2.能够通过对长辈、哥哥、姐姐身体生长情况的了解,推测自己身体的生长变化情况。 |
| 德性育人 | 1.能够关注未来身体的生长,认同健康生活是自己的责任。<br>2.对自己未来的成长充满期待。<br>3.对“时间胶囊”活动产生兴趣。 |
| 审美育人 | 对自己未来身体的成长有了期盼。 |
| 健康育人 | 1.关注今后自己身体的健康成长。<br>2.知道一些健康的生活方式。 |
| 劳动育人 | 1.搜集现在的身体信息。<br>2.给长大后的自己留言,为今后自己的身体成长提出期望。<br>3.储存到“时间胶囊”里。 |

**表2-3-4 教科版《科学》三年级下册“动物的一生”单元教学育人点导引**

| **1.迎接蚕宝宝的到来** | |
|---|---|
| 认知育人 | 1.观察并描述蚕卵的特征。<br>2.指导并鼓励学生开展养蚕活动。<br>3.设计制作观察记录表格,亲历养蚕的过程。<br>4.尝试以气泡图组织、整理信息。 |
| 德性育人 | 1.付出一份爱心,领养蚕宝宝,有责任心地进行养蚕活动。<br>2.引导学生在养蚕过程中发现生命的发展变化,通过养蚕活动的经历和体验,培养学生亲近生命、珍爱生命的情感。 |
| 审美育人 | 感受蚕卵的结构之美。 |
| 健康育人 | 1.了解蚕生活习性,爱护动物。<br>2.在观察过程中注意爱护动物。 |

续表

| | |
|---|---|
| 劳动育人 | 1. 观察蚕卵的特征并描述记录。<br>2. 制作养蚕盒子。<br>3. 经历事物的发生、发展过程，坚持不懈地观察并记录其过程。 |
| **2. 认识其他动物的卵** | |
| 认知育人 | 1. 认识到很多动物都要产卵，且卵有相似的基本构造。<br>2. 知道卵在合适的条件下会发育成动物。<br>3. 知道青蛙、鸡这种繁殖后代的方式叫作卵生，靠卵繁殖后代的动物叫卵生动物。 |
| 德性育人 | 1. 感受生命繁殖的相似性，感受自然界生命的生生不息。<br>2. 培养探究动物繁殖奥秘的兴趣。 |
| 审美育人 | 感受不同动物卵的结构之美和动物界的差异美。 |
| 健康育人 | 1. 让学生认识到动物的卵都有保护结构。<br>2. 从认识鸡蛋结构，意识到吃饭不能挑食，营养必须要均衡。 |
| 劳动育人 | 1. 借助图片对比观察不同动物的卵。<br>2. 切割观察生、熟鸡蛋。 |
| **3. 蚕长大了** | |
| 认知育人 | 1. 蚕在生长的过程中，身长、体重、食量等方面都会不断发生变化。<br>2. 蜕皮是蚕生长过程中的显著特点，蚕每次蜕皮后身体都会发生变化。<br>3. 蚕的生长情况和环境条件密切相关。 |
| 德性育人 | 1. 亲历蚕的生长变化过程，领悟生命的可爱和珍贵，懂得珍爱生命。<br>2. 认识到在较长的一段时间里，坚持不懈地观察和记录的重要性。 |
| 审美育人 | 1. 体验蚕宝宝的生长变化之美。<br>2. 感受自然界的奇妙美。 |
| 健康育人 | 认识到人的行为会影响动物的生存，要爱护动物、珍惜生命。 |
| 劳动育人 | 1. 学习给桑、除沙等养蚕的技能。<br>2. 用测量等科学的方法观测蚕身体的变化。<br>3. 用文字和图画记录和描述蚕的生长变化。<br>4. 在观察中发现问题后，再进一步去观察。 |
| **4. 蚕变了新模样** | |
| 认知育人 | 1. 变蛹前的蚕是蚕生长发育过程中的幼虫，蛹是蚕生长发育过程的另一种形态。<br>2. 蛹的外形和幼虫区别很大。<br>3. 蚕蛹被茧包裹，茧能起到保护蛹的作用。<br>4. 一个蚕茧是由一根蚕丝组成的，蚕丝可以织成丝绸或被加工成各种丝织品。 |
| 德性育人 | 1. 培养对动物研究的兴趣。<br>2. 理解人类的生存依赖于自然环境，并可以通过技术合理地利用自然资源来改善人们的生活。<br>3. 对我国古代劳动人民的创造发明及对世界作出的贡献表示敬佩和自豪。 |
| 审美育人 | 感受蚕茧的结构之美和动物世界的奇异之美。 |

续表

| | |
|---|---|
| 健康育人 | 1. 认识到茧能起到保护蛹的作用。<br>2. 我们应该保护周围的小动物们，不要破坏动物的生存环境。 |
| 劳动育人 | 1. 观察、猜测并描述蚕蛹和蚕茧。<br>2. 估计蚕丝的长度和抽取蚕丝。<br>3. 用画图、语言文字记录和交流观察结果。 |
| **5. 茧中钻出了蚕蛾** | |
| 认知育人 | 1. 蚕结茧十多天后，蚕蛹从茧中钻出来。<br>2. 蚕蛾与蚕蛹的外部特征。<br>3. 昆虫类动物的基本特征。 |
| 德性育人 | 1. 培养对动物的探索兴趣。<br>2. 培养学生观察事物的细心、耐心。<br>3. 领悟生命的神奇。 |
| 审美育人 | 1. 了解动物种类的联系性和普遍性。<br>2. 动物生长变化之美。 |
| 健康育人 | 1. 了解动物生活习性，爱护动物。<br>2. 在观察过程中注意爱护动物。 |
| 劳动育人 | 1. 经历蚕蛹从茧中钻出来的探究过程。<br>2. 在观察比较中认识蚕蛾与蚕蛹的外部特征，并用图画的方式记录下来。<br>3. 总结昆虫类动物的共同特征。 |
| **6. 蚕的一生** | |
| 认知育人 | 1. 了解蚕一生的经历过程：蚕卵、蚕虫、蚕蛹、蚕蛾四个阶段。<br>2. 了解蚕适合在什么样的气候条件下生长。 |
| 德性育人 | 1. 培养学生认真观察记录的好习惯，认识到在较长一段时间里坚持不懈地观察和记录的重要性。<br>2. 发现生命的生长变化，领悟生命的可爱和可贵，懂得珍惜生命。<br>3. 发展与人交流合作的学习态度。 |
| 审美育人 | 感受蚕的生命变化过程之美。 |
| 健康育人 | 让学生认识到生命和环境因素息息相关，保护环境，爱护动物。 |
| 劳动育人 | 1. 学会用视频、照片、图画、记录表、观察日记等形式进行探究。<br>2. 了解蚕的生长情况与环境条件密切相关。 |
| **7. 动物的繁殖** | |
| 认知育人 | 1. 动物繁殖后代有卵生和胎生两种方式。<br>2. 学会分辨常见的动物繁殖方式。 |
| 德性育人 | 1. 培养研究生命奥秘的兴趣。<br>2. 培养合作交流的学习能力。<br>3. 培养热爱动物、保护动物的情感。 |
| 审美育人 | 1. 体验生命奥秘之美。<br>2. 体验事物相同与不同之美。 |

续表

| | |
|---|---|
| 健康育人 | 认识到人的行为会影响动物的生存,要爱护动物、珍惜生命。 |
| 劳动育人 | 1.调查研究更多动物繁衍后代的方式。<br>2.观察胎生动物和卵生动物。<br>3.学会查阅资料,了解动物的生活习性。 |
| 8.动物的一生 | |
| 认知育人 | 1.了解什么是鸟类以及鸟类一生的共同特点。<br>2.了解什么是哺乳动物以及哺乳动物一生的共同特点。<br>3.了解人的生命周期特点。 |
| 德性育人 | 1.认识到自然事物的变化是有规律的。<br>2.发展学生的观察、总结能力。<br>3.发展与人交流合作的学习态度。 |
| 审美育人 | 认识到自然事物变化的规律美。 |
| 健康育人 | 1.明白环境会影响动物的一生。<br>2.懂得珍爱生命、健康生活的重要性。 |
| 劳动育人 | 交流分享鸟类与哺乳类动物的特点。 |

表2-3-5　教科版《科学》四年级上册“呼吸与消化”单元教学育人点导引

| | |
|---|---|
| 1.感受我们的呼吸 | |
| 认知育人 | 1.呼吸是人体的重要活动,呼吸的过程是气体交换的过程,氧气对生命具有重要的意义。<br>2.鼻腔、口腔、气管、肺等器官共同参与呼吸活动。 |
| 德性育人 | 1.对探究自己的身体感兴趣,在体验活动中保证研究的真实性。<br>2.在体验活动与模拟实验中,乐于参与集体的讨论、分享彼此的观点。 |
| 审美育人 | 感受人体各器官协同参与呼吸的和谐之美。 |
| 健康育人 | 意识到氧气和二氧化碳与人体生命活动的联系,知道氧气对生命的重要意义。 |
| 劳动育人 | 1.开展呼吸体验活动,感受呼吸时身体各部分的变化。<br>2.进行人体呼吸的模拟实验,了解呼吸器官在呼吸过程中的协同合作。 |
| 2.呼吸与健康生活 | |
| 认知育人 | 1.呼吸的过程是气体交换的过程,使氧气进入血液,同时排出二氧化碳,肺是身体气体交换的“中转站”。<br>2.人体运动量越大,消耗的氧气越多,就需要加快肺的呼吸,以吸进更多的氧气。<br>3.合理使用实验记录单,并进行数据分析。<br>4.依据实验现象和相关信息资料,对呼吸次数加快的原因进行分析。 |
| 德性育人 | 1.愿意与同学相互交流,能够在合作中完成实验活动。<br>2.耐心细致地完成测量活动。 |
| 审美育人 | 感受人体各系统共同参与、协作完成各项生命活动的和谐之美。 |
| 健康育人 | 1.知道从空气中吸入的氧气能帮助我们维持生命活动。<br>2.经常参加体育锻炼,可以增强呼吸功能,保持身体健康。<br>3.活动过程中注意安全。 |

续表

| | |
|---|---|
| 劳动育人 | 1. 测量安静、运动状态下每分钟呼吸的次数。<br>2. 测量自然呼吸，不有意控制自己的呼吸。 |
| 3. 测量肺活量 | |
| 认知育人 | 1. 肺活量是人体一次尽力吸气后，再尽力呼出的气体的量，是人体发育是否健康的一个指标。<br>2. 经常锻炼身体，可以提升身体的肺活量，有利于身体健康。<br>3. 学会用简易的方法测量肺活量，能获取合理的数据，对数据进行统计分析。<br>4. 能够对自己的测量结果进行反思和评价。 |
| 德性育人 | 1. 在探究活动中，能以事实为依据，不从众，在独立思考的基础上乐于与人合作交流。<br>2. 能够耐心细致地完成测量活动。 |
| 审美育人 | 意识到人类身体的健康美。 |
| 健康育人 | 1. 意识到空气质量不好会影响我们的身体健康，保护环境就是保护我们自己。<br>2. 知道体育锻炼能提升肺活量，保持身体健康。<br>3. 反思自己的肺活量是否在健康标准范围内，树立保持身体健康发育的意识。 |
| 劳动育人 | 1. 用简易的方法测量肺活量。<br>2. 测量肺活量时要一口气呼出去。<br>3. 测量3次数据。 |
| 4. 一天的食物 | |
| 认知育人 | 1. 我们一天要吃多样的食物来保持身体的健康。<br>2. 食物可以根据一定的标准分成不同的类别。<br>3. 使用多种方法对食物进行分类，并通过记录的方式将分类的结果进行整理和描述。<br>4. 通过统计分析，发现一天中所吃的食物是非常丰富的。 |
| 德性育人 | 1. 在对食物的记录与分类活动中细致地进行思考、筛分。<br>2. 在独立思考的基础上，积极参与集体的研究讨论活动，并表达自己的想法。 |
| 审美育人 | 体会到从无序的调查到有序分类的好处——能帮助分析饮食特点，发现无序信息背后的规律。 |
| 健康育人 | 认识到人类需要从自然界获取食物并转化为人体所需要的养料与能量，保持身体健康。 |
| 劳动育人 | 1. 用卡片记录自己一日三餐的食物。<br>2. 给食物分类。 |
| 5. 食物中的营养 | |
| 认知育人 | 1. 人体所需要的营养是从食物中得到的。<br>2. 人体保持健康需要的营养成分包括蛋白质、糖类、脂肪、维生素、无机盐和水。<br>3. 没有一种食物会含有所有的营养成分，所以我们要吃各种不同的食物。<br>4. 通过实验的方法辨别食物中的脂肪和淀粉。<br>5. 通过阅读资料获取信息，丰富对食物中的营养成分、营养类别等方面的认识，并扩充到记录中，完善"一天中的食物"的统计活动。 |
| 德性育人 | 1. 在对食物营养成分的认识中，感受各种营养成分与支撑人体生命活动的关系，产生继续探究食物的兴趣。<br>2. 在完善"一天中的食物"的统计活动中，养成严谨、细致的研究态度。 |

续表

| | |
|---|---|
| 审美育人 | 发现要使身体健康就要获取多种营养成分,吃各种不同的食物。 |
| 健康育人 | 1.知道食物中含有人体所需要的营养。<br>2.有意识地从食物中获取自身所需要的营养。 |
| 劳动育人 | 1.检测食物中的脂肪和淀粉。<br>2.注意用滴管滴碘酒时,滴管不能触碰食物。 |
| 6.营养要均衡 | |
| 认知育人 | 1.人体所需的营养种类和数量是有一定范围的,所以我们需要搭配膳食,保证营养的均衡。<br>2.搭配膳食营养要做到品种多样,并保持合理数量。<br>3.有效处理营养需求量与食物量之间的关系,根据处理后的信息,科学地搭配菜品。<br>4.通过阅读资料的方式获取有用的信息,并通过自己的分析以及集体的研讨形成认识。 |
| 德性育人 | 1.带着问题探究膳食均衡,产生探索营养均衡的兴趣。<br>2.乐于对比膳食宝塔反思自己的饮食习惯。<br>3.在理解平衡膳食的基础上,建立健康生活的意识。 |
| 审美育人 | 意识到人体获取营养不仅仅是吃自己喜欢的食物,而是要进行合理的饮食搭配,才能获取丰富的营养。 |
| 健康育人 | 1.体会食物营养与人体健康的关系,科学知识可以指导人们科学饮食。<br>2.反思自己的饮食习惯,从健康饮食的角度对自己的饮食进行客观评价,找出存在的问题。<br>3.用膳食宝塔指导自己的饮食,使自己吃得更有营养、更健康。 |
| 劳动育人 | 1.将自己的饮食记录与膳食宝塔对比。<br>2.注意膳食宝塔中获取营养的种类和食用量。 |
| 7.食物在口腔里的变化 | |
| 认知育人 | 1.食物在口腔里会经历初步的消化过程。<br>2.牙齿、舌和唾液共同参与了食物在口腔里的消化,它们的功能各不相同。<br>3.牙齿有三种,不同的牙齿有不同的功能,保护好牙齿有利于我们的身体健康。<br>4.观察馒头在口腔中的初步消化过程,感受牙齿、舌和唾液的共同作用。<br>5.在角色扮演中不断完善对牙齿结构及运动特点的认识。 |
| 德性育人 | 1.能够认真仔细地观察并实事求是地描述牙齿的结构和运动特点。<br>2.愿意与他人分享食物在口腔里消化过程的研究结果。<br>3.专心致志,及时记录食物在口腔里的变化。 |
| 审美育人 | 1.体会人体器官协同工作的和谐美。<br>2.感受牙齿的健康美。 |
| 健康育人 | 1.体会口腔对消化食物的重要作用,有健康生活的意识。<br>2.知道食物只有在初步消化中被很好地磨碎、捣烂,才容易被身体吸收。<br>3.了解龋病牙和正确的刷牙方式,养成保护牙齿的习惯。 |
| 劳动育人 | 1.观察记录馒头在口腔里的变化。<br>2.分角色扮演“馒头”“牙齿”“舌”,模拟馒头在口腔里的初步消化过程。 |

续表

| 8.食物在身体里的旅行 | |
|---|---|
| 认知育人 | 1.人体的消化器官包括口腔、食管、胃、小肠和大肠，每个器官都有各自的功能。<br>2.食物在人体内会按顺序进入这些消化器官，被消化吸收。<br>3.完成食物消化过程图，在不断认识的过程中，对自己画的食物消化过程图进行补充完善。<br>4.查阅资料，了解有关食物在人体内消化的过程，对照资料能够完善自己对人体消化器官的认识。 |
| 德性育人 | 1.愿意在独立思考的基础上，与他人分享研究结果，合作交流。<br>2.善于在反复观察、研究中完善认识。 |
| 审美育人 | 体会食物消化过程是需要各部分器官各司其职、协同完成的。 |
| 健康育人 | 1.认识消化器官可以将食物转变成我们可以吸收的养料与能量。<br>2.养成良好的饮食习惯以保护各消化器官，从而保持自己的身体健康。 |
| 劳动育人 | 1.模拟食道工作实验。<br>2.模拟胃的工作实验。 |

表2-3-6 教科版《科学》四年级下册“植物的生长变化”单元教学育人点导引

| 1.种子里孕育着新生命 | |
|---|---|
| 认知育人 | 1.植物种子多种多样，大小、形状等外部形态各不相同。<br>2.种子都有种皮和胚，有些植物种子中有胚乳。<br>3.胚是新植物的幼体，新的植物是由胚发育来的。<br>4.大部分绿色开花植物用种子繁殖后代。 |
| 德性育人 | 1.在好奇心的驱使下，表现出对种子内部结构的探究兴趣。<br>2.乐于探索种子的内部结构，乐于和同伴交流，合作完成探究任务。<br>3.知道科学绘画要画得真实。 |
| 审美育人 | 1.利用种子制作漂亮有创意的种子贴画。<br>2.感受种子的多姿多彩。 |
| 健康育人 | 意识到种子是人类的主要粮食资源，保护植物就是保护人类。 |
| 劳动育人 | 1.用放大镜和感官观察种子的内部结构。<br>2.用解剖的方法观察植物种子的内部结构。<br>3.在剥种皮时不要破坏种子的内部结构。 |
| 2.种植凤仙花 | |
| 认知育人 | 1.种子萌发需要适宜的温度、水分和空气。<br>2.基于研究需要，制订观察计划，用表格、图片、测量纸等记录凤仙花的生长变化。 |
| 德性育人 | 1.能在好奇心的驱使下，表现出对种子萌发过程的探究兴趣。<br>2.乐于运用长期观察记录的方法完成研究植物的生长变化。 |
| 审美育人 | 感受植物繁殖的奇妙。 |
| 健康育人 | 意识到植物生长依赖于适宜的环境条件，具有保护土壤和自然环境的意识。 |

续表

| | |
|---|---|
| 劳动育人 | 1.用播种的方法栽培植物。<br>2.利用种植杯观察记录种子萌发的过程。<br>3.制订植物生长变化观察计划。 |
| 3.种子长出了根 | |
| 认知育人 | 1.种子可以萌发成幼苗。<br>2.种子萌发先长根，再长茎和叶，根总是向下生长。<br>3.根能够吸收水分、矿物质，起到固定植物的作用，帮助植物维持自身生存。<br>4.生活在不同环境中的植物的根的外部形态具有不同的特点。<br>5.用画图的方法记录根吸收水分的实验现象。 |
| 德性育人 | 1.在科学探究中能以事实为依据来调整自己的观点。<br>2.乐于运用实验的方法探究根的作用。<br>3.具有有依据地进行推测的意识。 |
| 审美育人 | 发现植物的根都是向下生长的奇妙之处。 |
| 健康育人 | 知道环境影响植物生存，具有环境保护意识。 |
| 劳动育人 | 1.根吸水的实验。<br>2.保证能将根的部分或全部浸泡在大试管的水中。<br>3.注意选择的植物要大，根系较多，效果更明显。 |
| 4.茎和叶 | |
| 认知育人 | 1.茎和叶是植物体的一部分。<br>2.不同环境中植物的茎和叶外部形态不同。<br>3.茎具有支撑植物以及运输水分和养料的作用。<br>4.叶能吸收阳光、制造养料以维持植物生存。<br>5.叶能蒸腾水分、调节体温以维持植物正常的生命活动。<br>6.认识到植物的形态特征与生活环境相联系。 |
| 德性育人 | 1.对茎与叶的作用表现出探究兴趣。<br>2.尊重事实，能依据事实调整自己的想法。<br>3.能根据观察现象及已有经验进行推理、提出假设。 |
| 审美育人 | 感受茎和叶的神奇之处，感受植物的生命力。 |
| 健康育人 | 意识到环境影响植物的生长，具有保护自然环境的意识，保护自然环境就是保护人类生存环境。 |
| 劳动育人 | 1.观察凤仙花的形态特征。<br>2.验证茎具有运输水分、叶子具有吸收阳光和蒸腾水分的作用的实验。 |
| 5.凤仙花开花了 | |
| 认知育人 | 1.绿色开花植物生长到一定时期就要开花。<br>2.花一般由萼片、花瓣、雄蕊、雌蕊等部分组成。<br>3.雄蕊和雌蕊是花的主要结构。雄蕊上有花粉，花粉落到雌蕊上，雌蕊可以发育成果实和种子。<br>4.植物的花多种多样，可以分为完全花和不完全花。 |
| 德性育人 | 1.在好奇心的驱使下，对植物的花的结构与功能表现出探究兴趣。<br>2.能以事实为依据描述观察结果。 |

续表

| | |
|---|---|
| 审美育人 | 1.感受花的结构相似,但又各有特点,它使世界多姿多彩。<br>2.欣赏花的美丽。<br>3.体验花开花谢的过程。 |
| 健康育人 | 意识到植物的外形特征与环境相关,有保护环境的意识。 |
| 劳动育人 | 1.用解剖的方法观察植物的花。<br>2.用放大镜观察雌蕊和雄蕊的结构特点。 |
| 6.果实和种子 | |
| 认知育人 | 1.植物生长过程中,花凋谢后会结出果实。<br>2.果实由果皮和种子两部分组成。<br>3.植物通过产生足够的种子来繁衍后代,使其种群得以延续。<br>4.基于果实和种子的结构特点及学生的已有认知,分析果实和种子的作用。 |
| 德性育人 | 1.能保持研究植物生长变化的兴趣。<br>2.尊重事实,乐于分享自己的想法,接纳他人的观点。 |
| 审美育人 | 1.体会植物的生命周期现象,感受大自然植物种群生命延续的伟大。<br>2.真实感受“春种一粒粟,秋收万颗子”。 |
| 健康育人 | 意识到植物与人类生活的关系,保护植物就是保护人类自己。 |
| 劳动育人 | 1.运用解剖的方法观察凤仙花果实的结构。<br>2.观察更多植物的果实。 |
| 7.种子的传播 | |
| 认知育人 | 1.植物繁殖需要将种子传播出去,不同的植物传播种子的方式不同。<br>2.种子的传播方式与果实和种子的形态结构特征有关,包括动物传播、水传播、风传播和弹性传播等方式。<br>3.依据果实、种子的形态结构特征,推测种子的传播方式。 |
| 德性育人 | 1.对种子的传播方式表现出极大的探究兴趣。<br>2.能接纳他人的观点,完善自己的探究。 |
| 审美育人 | 1.了解植物种子的传播方式,感受生物世界的多样性。<br>2.感受植物为繁衍后代和环境适应的和谐之美。 |
| 健康育人 | 意识到植物的生存、繁殖后代与环境息息相关,具有保护环境的意识。 |
| 劳动育人 | 1.观察各种果实、种子的形态结构特征,推测种子的传播方式。<br>2.制作种子模型,模拟种子的传播方式。 |
| 8.凤仙花的一生 | |
| 认知育人 | 1.绿色开花植物通常会经历种子萌发成幼苗、幼苗生长发育、植物开花结果、衰老、死亡的过程。<br>2.绿色开花植物植物一般由根、茎、叶、花、果实和种子组成。<br>3.植物维持生命需要水、阳光、空气和适宜的温度。<br>4.基于观察记录,有依据地描述凤仙花一生的生长变化过程。 |

续表

| | |
|---|---|
| 德性育人 | 1.能够以事实为依据陈述自己的观点并接纳他人的观点。<br>2.能保持研究植物生长变化的兴趣。<br>3.用表格、统计图表等方式整理观察记录的信息。 |
| 审美育人 | 1.通过植物的不同生长发育阶段,发现植物生长变化的规律,感受植物生长的生命力。<br>2.认同以整齐、简洁、美观的图表形式组织和交流信息的重要性。 |
| 健康育人 | 意识到环境变化影响植物的生存和繁殖,具有保护环境的意识。 |
| 劳动育人 | 1.用观察日记、记录图以及拍的照片和视频展示交流凤仙花的生长情况。<br>2.制作凤仙花高度变化统计图。 |

**表2-3-7　教科版《科学》五年级上册“健康生活”单元教学育人点导引**

| 1.我们的身体 | |
|---|---|
| 认知育人 | 1.健康包括身体健康、心理健康等。<br>2.影响青少年健康的主要因素有睡眠、饮食、运动、压力等,良好的生活习惯有益于健康。<br>3.噪声、雾霾、污水等不良环境对人体健康有害,良好的生存环境有益于健康。 |
| 德性育人 | 1.能对自己的身体状况做出客观真实的评价,并愿意与人交流。<br>2.在进行多人合作时,愿意与人沟通,并能综合考虑小组各成员的意见,最终达成共识。 |
| 审美育人 | 1.感受到身体和心理的健康美,树立健康生活的意识。<br>2.和同伴协作,体验与人沟通交流的健康人际关系。 |
| 健康育人 | 1.知道人类活动会影响环境,环境的改变又会影响人类的健康与生活。<br>2.知道健康除了身体健康,还包括心理健康和社会适应的良好状态。<br>3.养成有益于身体健康的良好生活习惯和生活方式。 |
| 劳动育人 | 1.搜集自己的身体健康数据,形成完整有效的信息。<br>2.对自己的健康状况做出客观、准确的评估。 |
| **2.身体的运动** | |
| 认知育人 | 1.身体的运动是由骨、关节和肌肉协同工作完成的。<br>2.体育运动对促进骨、关节和肌肉的健康生长有着重要的作用。 |
| 德性育人 | 1.愿意与他人合作交流,分享研究成果。<br>2.对人的身体是怎样完成各种动作的具有探究欲望。 |
| 审美育人 | 感受到骨、关节和肌肉完成运动工作的协作之美。 |
| 健康育人 | 1.知道体育运动能促进骨、关节和肌肉的健康生长。<br>2.知道要加强体育锻炼,保持正确的坐、立、行等姿态,全面均衡地摄取营养。 |
| 劳动育人 | 1.用看、摸等不同的观察方法,感知人体运动时的变化。<br>2.制作运动模型。 |
| **3.心脏和血液** | |
| 认知育人 | 1.心脏是重要的人体器官,心跳是心脏工作的外在表现。<br>2.心脏跳动使血液在血管中流动,以维持人的生命活动。<br>3.体育运动可以强健心肌,有利于心血管健康。 |

续表

| | |
|---|---|
| 德性育人 | 对研究心脏、血管、血液如何工作并维持人的生存感兴趣。 |
| 审美育人 | 体验心脏、血管、血液完成运输工作的协作之美。 |
| 健康育人 | 1.知道参加体育锻炼、保证充足的睡眠、养成良好的作息习惯有益于心脏的健康。<br>2.能够用所学知识指导自己的行为。 |
| 劳动育人 | 1.借助模拟实验推测心脏工作的方式。<br>2.测量心跳和脉搏。 |
| 4.身体的“总指挥” | |
| 认知育人 | 1.人脑能够指挥人的行动，产生思想和情感，进行认知和决策。<br>2.人脑包括大脑、小脑和脑干等部分，分别控制着人体不同的生命活动。<br>3.大脑具有记忆、思维等高级功能。<br>4.充足的睡眠、轻松愉悦的心情等有益于脑的健康。<br>5.能够通过查阅资料寻找问题的答案。 |
| 德性育人 | 1.对研究脑的结构与功能有兴趣。<br>2.在进行多人合作时，愿意沟通交流，综合考虑小组各成员的意见，形成集体的观点。 |
| 审美育人 | 1.感悟脑功能带来的创造能力和推理能力。<br>2.体验畅所欲言、宽松和谐的课堂氛围。 |
| 健康育人 | 1.意识到脑对我们学习和生活的重要性，具有科学用脑、爱护脑、保护脑的意识。<br>2.应用脑科学知识指导自己的学习和生活。<br>3.养成保持充足睡眠、轻松愉悦心情的习惯。 |
| 劳动育人 | 做记忆游戏，体验脑的功能。 |
| 5.身体的“联络员” | |
| 认知育人 | 1.人体感受外部环境刺激并做出反应是神经系统协助完成的，神经系统中脑、脊髓和神经协同工作。<br>2.神经从身体各个部位接收信息传递给脑或脊髓，再将脑和脊髓发出的信息传给身体相应部位，使身体做出不同的反应。<br>3.能够通过阅读资料获取信息，构建新知。 |
| 德性育人 | 1.表现出对于人对环境刺激是如何产生反应的探究兴趣。<br>2.愿意倾听别人的观点，并充分表达自己的感受，在与同伴的交流中达成共识。 |
| 审美育人 | 体验人体是一个协调统一的整体，各部分密切配合，共同维持着生命活动。 |
| 健康育人 | 1.知道减缓精神压力、保持轻松愉悦的心情有益于神经系统的健康。<br>2.知道有效的学习和训练能够改变神经系统的功能，并能以此指导自己的学习。<br>3.养成保护脑和神经的良好生活习惯。 |
| 劳动育人 | 1.做接球游戏。<br>2.认真体会接球过程中身体各部分的反应，描述完成接球动作过程中神经系统的工作过程。 |

续表

| 6.学会管理和控制自己 | |
|---|---|
| 认知育人 | 1.大脑管理人的情绪、意志、行为等,人的情绪、意志、行为等是可以控制的。<br>2.长期的精神压力会影响人的身心健康。<br>3.良好的沟通方式可以避免冲突。<br>4.体育锻炼有助于减缓精神压力。 |
| 德性育人 | 勇于面对自己日常生活中不良的情绪表现,并愿意管理和控制好自己的情绪。 |
| 审美育人 | 感受宽松、畅所欲言的和谐课堂氛围。 |
| 健康育人 | 1.认识到长期精神压力过大不利于身心健康。<br>2.学会正确面对压力,学会管理压力。 |
| 劳动育人 | 与他人交流分享自己的切身体会,提出有效的管理压力的措施。 |
| 7.制订健康生活计划 | |
| 认知育人 | 1.良好的生活习惯有益于身心健康。<br>2.科学合理的计划有助于形成健康的生活习惯。<br>3.计划只有变成行动才能产生效果。 |
| 德性育人 | 1.具有改进自己不良生活习惯的决心。<br>2.能够把自己制订的计划付诸行动并坚持不懈。 |
| 审美育人 | 感受宽松、畅所欲言的和谐课堂氛围。 |
| 健康育人 | 1.知道健康的生活方式决定了自己的生活质量。<br>2.制订适合自己的健康行动计划并有效实施。 |
| 劳动育人 | 1.结合自己的实际,制订科学合理的健康行动计划。<br>2.制作健康生活宣传海报。 |

表2-3-8　教科版《科学》五年级下册“生物与环境”单元教学育人点导引

| 1.种子发芽实验 | |
|---|---|
| 认知育人 | 种子发芽需要一定的条件。 |
| 德性育人 | 1.表现出对种子发芽条件进行科学探究的兴趣。<br>2.感受对比实验对变量控制的严格要求,发展严谨的科学思维。<br>3.能坚持每天观察并记录绿豆种子的萌发状况,经历一个完整的研究过程。 |
| 审美育人 | 1.感受种子萌发的神奇,感受植物的生命力。<br>2.认真听取他人的发言,针对不同的想法开展独立思考,以此来完善自己对实验方案设计的认识,发现科学的创造美。 |
| 健康育人 | 意识到植物生长与环境的关系,知道保护环境就是保护植物的健康。 |
| 劳动育人 | 1.使用对比实验的方法设计种子发芽实验,研究种子发芽所需条件。<br>2.结合自己的实验计划开展实践研究,观察并记录种子的发芽状况。 |

续表

| 2. 比较种子发芽实验 | |
|---|---|
| 认知育人 | 绿豆种子发芽需要水、空气和适宜的温度，土壤和阳光不是种子萌发的必要条件。 |
| 德性育人 | 1. 在进行多人合作时，愿意沟通交流，综合考虑小组各成员的意见，形成集体的观点。<br>2. 当实验结果出现不一致时，不急于下结论，而是分析原因，以事实为依据做出判断。 |
| 审美育人 | 关注自己实验结果的同时也关注他人的实验结果，感受集体交流、研讨、合作的和谐课堂氛围。 |
| 健康育人 | 沟通交流时用语文明、表现大方得体，遇到和自己不一致的想法时冷静思考，分析原因。 |
| 劳动育人 | 收集、整理、分析数据，并在与同学的交流研讨中得出科学的结论。 |
| **3. 绿豆苗的生长** | |
| 认知育人 | 1. 空气是一种混合物质，氮气和氧气是空气的主要成分。<br>2. 植物可以吸收阳光、空气和水分，并在绿色叶片中制造其生存所需的养分。 |
| 德性育人 | 表现出对植物的结构与生活环境的相互关系进行科学探究的兴趣。 |
| 审美育人 | 1. 感受植物获取养分的神奇。<br>2. 体验植物生长的过程，感受植物的生命力。 |
| 健康育人 | 认识到植物的生长对周围环境的需求，以及植物的生长也会影响周围的环境，保护环境就是保护植物生命健康。 |
| 劳动育人 | 设计绿豆苗生长需要阳光的实验方案，在控制变量的情况下，对比观察并记录绿豆苗的生长状况。 |
| **4. 蚯蚓的选择** | |
| 认知育人 | 认识到动物生存需要一定的环境条件。 |
| 德性育人 | 1. 表现出对动物的结构与生活环境的相互关系进行科学探究的兴趣。<br>2. 能基于事实证据进行合理分析。 |
| 审美育人 | 了解不同自然环境生活着不同的动物，感受动物的多样性。 |
| 健康育人 | 动物的生存需要一定的环境，因此要保护环境、珍惜生命。 |
| 劳动育人 | 通过控制变量开展对比实验研究，探寻蚯蚓对光、水分等条件的需求。 |
| **5. 当环境改变了** | |
| 认知育人 | 1. 当环境改变的时候，动物会努力适应新环境；为适应环境的变化，动物会有一些特殊的行为。<br>2. 通过分析动物在环境改变后的行为，研究动物是怎样适应新环境的。 |
| 德性育人 | 1. 在探究活动中，能依据事实独立思考，并乐于和他人交流分享。<br>2. 表现出进一步探究动物与其生活环境的联系的兴趣。 |
| 审美育人 | 体会到动物生存依赖环境，环境改变动物的行为也发生改变，了解动物和环境密不可分的关系，感受生物和自然的和谐之美。 |
| 健康育人 | 意识到动物要依赖于环境而生存，因此要保护环境、珍惜生命。 |
| 劳动育人 | 1. 对图片进行观察分析，了解青蛙生活环境变化和青蛙行为变化之间的联系。<br>2. 阅读资料，分析丹顶鹤生活环境变化与丹顶鹤行为变化之间的联系。 |

续表

| 6. 食物链和食物网 | |
|---|---|
| 认知育人 | 1. 一定区域内的生物之间，因为食物关系构成很多“链条”状的联系，像这样的食物关系叫作食物链；动植物所需的能量（养分）在食物链上的生物之间依次传递着。<br>2. 通过对“模型”的观察、分析与讨论，发现事物之间的相互联系和相互影响。 |
| 德性育人 | 1. 能够正确认识动植物间的食物关系，保护身边的动植物。<br>2. 在进行多人合作时，愿意沟通交流，能综合考虑小组各成员的意见，形成集体的观点。 |
| 审美育人 | 感受自然中的事物相互联系的和谐之美。 |
| 健康育人 | 体会自然中的事物是相互联系的，保护一种动植物就是保护很多种动植物。 |
| 劳动育人 | 1. 用套筒游戏来表示吃与被吃的链状关系。<br>2. 模拟食物链游戏。 |
| 7. 设计和制作生态瓶 | |
| 认知育人 | 1. 群落里的各种生物与环境中的非生物相互联系、相互影响，构成一个整体，叫作生态系统。<br>2. 生态瓶里生物的种类和数量要平衡，生物才能和谐生存。<br>3. 根据设计方案及实际条件制作生态瓶，并坚持对生态瓶进行管理和观察。 |
| 德性育人 | 1. 表现出探究生态瓶奥秘的兴趣，能听取合理意见，共同协作制作生态瓶。<br>2. 能在课后坚持观察，关注生态瓶的变化并进行管理。 |
| 审美育人 | 能用简洁的语言、美观的绘图，设计池塘生态系统的生态瓶。 |
| 健康育人 | 认识到动植物与环境相互影响、相互依存的关系，保护环境，珍惜生命。 |
| 劳动育人 | 模拟设计制作一个池塘生态系统生态瓶。 |

表2-3-9　教科版《科学》六年级上册“微小世界”单元教学育人点导引

| 1. 放大镜 | |
|---|---|
| 认知育人 | 1. 放大镜能把物体的图像放大，使我们看到物体的更多细节。<br>2. 放大镜又叫凸透镜，镜片是透明的，中央厚边缘薄，放大倍数与镜片的凸度有关。<br>3. 在观察比较不同镜片的活动中发现放大镜的结构特点。<br>4. 比较用肉眼观察和用放大镜观察的不同，体验放大镜的功能。 |
| 德性育人 | 1. 产生用放大镜观察身边世界的兴趣。<br>2. 表现出对放大镜的结构、功能及二者之间的相互关系进行科学探究的兴趣。 |
| 审美育人 | 能用简洁、完整的文字和绘画进行记录。 |
| 健康育人 | 观察不同镜片时，小心不要把自己弄伤。 |
| 劳动育人 | 1. 观察比较放大镜的镜片、玻璃片和近视眼镜的镜片。<br>2. 使用放大镜观察物体。<br>3. 自制一个放大镜。 |
| 2. 怎样放得更大 | |
| 认知育人 | 1. 两个凸透镜平行组合可以使物体的图像放得更大。<br>2. 两个凸透镜平行组合之间的距离会影响图像的放大倍数和清晰度。<br>3. 显微镜是人类认识微小世界的重要观察工具，它的发明拓宽了观察领域。 |

续表

| | |
|---|---|
| 德性育人 | 1.乐于参与自制显微镜的活动。<br>2.体会科学家对科学执着的追求和坚持不懈的探索精神。 |
| 审美育人 | 发现平时肉眼发现不了的微小世界,感受世界的神奇。 |
| 健康育人 | 活动过程中语言文明、行为健康、合作交流。 |
| 劳动育人 | 1.能利用两个凸透镜制作一个简易显微镜。<br>2.在观察过程中,能通过调节两个凸透镜之间的距离找到放大且清晰的图像。 |
| 3.观察身边微小的物体 | |
| 认知育人 | 1.同一个微小的物体,在肉眼、放大镜和显微镜下观察到的图像大小及视野是不同的。<br>2.人类的很多发明可以在自然界中找到原型。 |
| 德性育人 | 1.对探索微小世界产生浓厚的兴趣。<br>2.能够主动与他人交流分享自己的观察结果和想法,积极参与小组讨论。 |
| 审美育人 | 1.发现和欣赏身边的奇妙微小物体。<br>2.能把观察到的微小物体真实、完整地用绘图的方式记录下来。 |
| 健康育人 | 活动过程中语言文明、行为健康、合作交流。 |
| 劳动育人 | 1.正确使用显微镜观察微小的物体。<br>2.利用放大镜、显微镜等工具自主地观察身边的微小物体,并用示意图和文字将自己的发现记录和描述出来。 |
| 4.观察洋葱表皮细胞 | |
| 认知育人 | 1.洋葱表皮是由细胞构成的。<br>2.通过对比洋葱表皮细胞与死亡的软木细胞,认识植物细胞的特点。 |
| 德性育人 | 1.认识到细致观察、详尽记录是科学研究的重要方法。<br>2.发展观察生物细胞、研究生物标本的兴趣。 |
| 审美育人 | 1.感受细胞的奇妙。<br>2.能真实、完整地把洋葱表皮细胞的结构用绘图的方式记录下来,并用简洁工整的文字补充记录。 |
| 健康育人 | 安全使用小刀。 |
| 劳动育人 | 1.制作洋葱表皮玻片标本。<br>2.使用显微镜观察洋葱表皮细胞,用图画和文字记录观察到的洋葱表皮细胞。 |
| 5.观察更多的生物细胞 | |
| 认知育人 | 1.自然界中的大多数生物体都是由细胞组成的。<br>2.生物细胞的形态多种多样,不同生物的细胞是不同的,生物不同组织或器官的细胞也是不同的。<br>3.细胞是生物体最基本的结构和功能单位。 |
| 德性育人 | 1.认识到细致观察和详尽记录的重要性。<br>2.发展观察研究生物细胞的兴趣。 |
| 审美育人 | 1.感受更多细胞的奇妙,不同细胞具有不同的特征。<br>2.能真实、完整地把细胞结构用画图的方式记录下来。 |
| 健康育人 | 观察时注意安全。 |

续表

| | |
|---|---|
| 劳动育人 | 1.观察几种植物、动物的细胞。<br>2.画图记录显微镜下的生物细胞。<br>3.阅读资料,了解细胞对生物的作用。 |
| 6.观察水中微小生物 | |
| 认知育人 | 1.用显微镜能看到肉眼不能看到的微小生物。<br>2.在水中生活着形态各异的微小生物,它们也具有生物的特征:对环境有一定的需求,对外界的刺激有反应,会运动、能繁殖等。<br>3.观察工具的进步能够帮助我们更好地认识世界。 |
| 德性育人 | 1.发展研究微小生物的兴趣。<br>2.能细致地进行观察并用图文的方式记录下来,养成边观察边记录的习惯。 |
| 审美育人 | 1.发现水中种类多样的微小生物,能欣赏和观察这神奇的微小世界。<br>2.能真实、完整地将微小生物用画图的方式记录下来,并用简洁工整的文字补充记录。 |
| 健康育人 | 1.观察实验后保持桌面干净整洁。<br>2.注意安全。 |
| 劳动育人 | 1.在显微镜下观察水中活着的微小生物。<br>2.对照资料识别水中常见的微小生物名称。 |
| 7.微生物与健康 | |
| 认知育人 | 1.观察工具的改进,使人类观察的范围扩大,发现了仅靠肉眼无法发现的自然界的许多秘密。<br>2.微生物在自然界中广泛存在,它与我们的生产生活密切相关。<br>3.人类探索微小世界的成果,促进了科学技术的发展、社会的进步和人类生活的改善。 |
| 德性育人 | 1.热爱科学技术,敬佩人类在探索微小世界过程中不懈追求的精神。<br>2.知道我们周围还有许多没有被发现的物质及自然界的秘密。我们所能看到的只是物质世界的一部分。随着科技的发展,我们还将了解越来越多的自然界的秘密。<br>3.养成积极交流、选择吸纳信息的良好习惯。 |
| 审美育人 | 增进对微生物世界的了解,培养科学审美,学会尊重生命多样性。 |
| 健康育人 | 1.了解微生物研究在医药、食品、污水和垃圾处理、农业品种改良等方面取得的成就,保护了人类的生命健康。<br>2.知道接种疫苗是预防、控制传染病的有效手段之一。勤洗手、常通风、出门戴口罩可以有效预防传染病。<br>3.主动用所学知识保护自己的生命健康。 |
| 劳动育人 | 1.能够总结人类在观察工具开发及探索范围扩大方面的成果,并用流程图表示它们之间的关系。<br>2.能够根据学习主题查阅相关资料,并进行整理、归类、交流。 |

表2-3-10 教科版《科学》六年级下册“生物的多样性”单元教学育人点导引

| 1.校园生物大搜索 | |
|---|---|
| 认知育人 | 1.校园中生活着不同种类的生物。<br>2.运用分区域调查的方法研究校园生物的多样性。 |

续表

| | |
|---|---|
| 德性育人 | 1.表现出对调查校园生物多样性的浓厚兴趣。能够与小组成员分工合作,分享自己的调查结果。<br>2.在调查过程中能够及时做好记录,尊重事实,相互合作。 |
| 审美育人 | 1.体验校园中生物的多样性,感受生物的多样性使校园生机勃勃。<br>2.感受调查过程中,与同伴协同合作,共同完成活动的和谐之美。 |
| 健康育人 | 1.意识到校园环境与生存的生物相互影响,知道保护环境,珍爱生命。<br>2.在调查活动中,珍爱生命、爱护环境,不要伤害动植物。<br>3.保护自己的安全。 |
| 劳动育人 | 1.根据实际需要制订可行的调查活动方案。<br>2.调查记录校园生物的种类及分布情况。 |
| **2.制作校园生物分布图** | |
| 认知育人 | 1.校园中生活着不同种类的生物。<br>2.不同环境中生活的生物种类和数量不同。<br>3.能用二歧分类法对校园内的植物进行分类。 |
| 德性育人 | 1.能实事求是地将自己的调查结果与全班同学分享。<br>2.愿意沟通交流,综合考虑他人的意见,形成集体的观点。 |
| 审美育人 | 发挥创造力,欣赏并制作美观、全面的校园生物分布图。 |
| 健康育人 | 1.意识到校园环境与生物、生物与生物相互依存、相互影响。<br>2.愿意从我做起,用实际行动保护校园环境。 |
| 劳动育人 | 1.制作校园生物分布图。<br>2.给校园植物挂牌并制作校园生物小报。 |
| **3.形形色色的植物** | |
| 认知育人 | 1.植物后代与亲代存在着相同与不同。<br>2.亲代与后代相似的现象叫作遗传。<br>3.亲代与后代间及后代之间存在差异的现象叫作变异。<br>4.变异使得植物多种多样。 |
| 德性育人 | 1.能基于观察到的现象,客观描述植物亲代与后代的异同。<br>2.对遗传变异产生探究兴趣。 |
| 审美育人 | 1.意识到对遗传变异的研究满足了人类的物质需要,美化了我们的生活环境,丰富了人类的精神生活。<br>2.遗传变异使植物多种多样,感悟植物世界的多姿多彩。 |
| 健康育人 | 人类应用遗传变异原理培育出了许多新品种植物,极大地提高了人类所需要的食物资源,保证了人们的生命健康。 |
| 劳动育人 | 1.观察、比较植物后代与亲代的异同。<br>2.查阅资料,了解孟德尔及其关于遗传变异的研究。 |
| **4.多种多样的动物** | |
| 认知育人 | 1.动物后代与亲代存在着相同与不同。<br>2.遗传变异使得动物多种多样。 |

续表

| | |
|---|---|
| 德性育人 | 1.能基于观察到的现象，客观描述动物亲代与后代的异同。<br>2.通过对动物的行为方式、生活习性等多方面的观察，产生研究身边动物的兴趣。 |
| 审美育人 | 感知动物世界的丰富多彩。 |
| 健康育人 | 活动过程中语言文明、行为健康、合作交流。 |
| 劳动育人 | 1.观察、比较狗的后代与亲代的异同。<br>2.查阅资料，了解更多动物后代与亲代的异同。 |
| 5.相貌各异的我们 | |
| 认知育人 | 1.人类不同个体之间存在着相同与不同。<br>2.人类亲代与后代有很多相似之处，但也有一些不同。<br>3.人的相貌特征、血型、性格、行为方式等方面都存在着遗传变异现象。 |
| 德性育人 | 1.对于研究人类个体间存在的差异以及遗传变异现象产生浓厚的兴趣。<br>2.能基于观察到的现象，客观描述人类个体之间的相同与不同。 |
| 审美育人 | 感悟遗传变异使人类每个人都是独特的、独一无二的存在，欣赏和接纳自己的身体特征。 |
| 健康育人 | 人类有许多疾病是可以遗传的，关注自己家庭的遗传病史，关注自己和家人的身体健康。 |
| 劳动育人 | 1.能通过观察、比较，发现人与人相貌特征的相同与不同。<br>2.能将人的相貌特征整合起来，比较分析人与人的不同。 |
| 6.古代生物的多样性 | |
| 认知育人 | 1.远古时期，地球上存在着不同的生物。<br>2.有些古代生物已经不复存在，一些现存生物与古代生物相似。<br>3.化石保留了古代生物的相关信息。<br>4.对古代生物的研究有助于我们认识生物及地球环境的发展变化。 |
| 德性育人 | 1.表现出探究古代生物的兴趣。<br>2.能基于证据表达自己的观点。 |
| 审美育人 | 从多角度推测恐龙和现存生物的相似之处，发挥想象力，感受创造美。 |
| 健康育人 | 活动过程中语言文明、行为健康、合作交流。 |
| 劳动育人 | 1.观察化石，推测古代生物的特征。<br>2.观察、比较，再查阅资料收集证据，推测一些古代生物与现存生物的关系。 |
| 7.保护生物多样性 | |
| 认知育人 | 1.生物多样性与人类生活息息相关，是人类衣食住行等的重要资源。<br>2.生物多样性对于保护地球环境具有重要的作用。<br>3.人类不良行为使生物多样性面临着威胁。 |
| 德性育人 | 1.能够自觉采取行动，保护生物及周围环境。<br>2.对生物多样性产生研究兴趣。 |
| 审美育人 | 1.感悟多种多样的生物带来的美丽家园，欣赏我们的家园。<br>2.关注和热爱美丽的地球家园，以及多姿多彩的地球生物。 |

续表

| | |
|---|---|
| 健康育人 | 1. 生物能为人类提供食物、药物材料及工业原料，人类的身体健康离不开生物。<br>2. 生物的多样性维护了自然界的生态平衡，可以净化空气、水，使土壤变肥沃，为人类的生存提供良好的环境条件。 |
| 劳动育人 | 1. 从生活中获取证据，描述生物多样性与人类的关系。<br>2. 制作“保护生物多样性”的宣传海报。<br>3. 基于分析生物多样性被破坏的原因，提出保护生物多样性的策略。 |

## (二)物质科学领域育人点导引

表2-3-11 教科版《科学》一年级下册“我们周围的物体”单元教学育人点导引

| 1. 发现物体的特征 | |
|---|---|
| 认知育人 | 1. 一个物体有许多可被观察的特征。<br>2. 物体具有颜色、形状、厚薄、透明度、轻重、气味、粗糙程度等特征。<br>3. 我们可以用不同器官对物体特征进行不同观察。 |
| 德性育人 | 1. 形成对物体进行深入研究的兴趣和愿望。<br>2. 合作探究学习，乐于分享，注意倾听。<br>3. 在复杂组合中，坚持对同一特征的两两组合，坚持完成探究任务。 |
| 审美育人 | 1. 生活中有各种各样的物体，它们都有一定的特征以满足不同的需要，共同装点着我们的世界。<br>2. 运用简单、形象、直观的图表表达抽象的特征，体现简洁之美。 |
| 健康育人 | 1. 通过两两比较，发现物体特征多且不同，发现物体不同特征的组合，认识到多样性特征。<br>2. 在两两对比探究活动中敏锐发现不同。<br>3. 学会扇闻的方法，不能品尝未经证实安全的物品。 |
| 劳动育人 | 1. 运用多种感官对物体进行观察。<br>2. 运用两两对比的方法对物体进行比较，找到物体的特征。 |
| **2. 谁轻谁重** | |
| 认知育人 | 1. 物体有重量，有的轻，有的重。<br>2. 质量是物体的基本特征，可以被测量。 |
| 德性育人 | 1. 轻重和大小适当的物体可以作为称量的标准物。<br>2. 认识到眼睛看到的不一定是真实的。<br>3. 认同、肯定、欣赏同伴，分工合作共同完成任务。<br>4. 专注并深入某一问题的探究活动。 |
| 审美育人 | 1. 物体的轻重是物体的重要特征之一，与物体形状等特征没有直接关联。<br>2. 用简单的数字图表，简洁描述比较不同物体的轻重。<br>3. 共同改进工具，协同创新发展。 |
| 健康育人 | 1. 包容同伴观测结果的不同，耐心、细致地完成探究活动。<br>2. 使用简单工具时小心谨慎操作。 |
| 劳动育人 | 1. 预测、手掂、简单工具称量，一步步越来越准确。<br>2. 要按一定的方法使用测量工具。<br>3. 可以恰当地选择规则的物体作为标准物。 |

续表

| 3.认识物体的形状 | |
|---|---|
| 认知育人 | 1.固态的物体有固定的形状。<br>2.不同的形状影响物体平铺的方式。<br>3.不同形状的物体占据的空间不同。<br>4.相同物体不同面的组合影响占据空间的大小。 |
| 德性育人 | 1.不同物体同一平铺方式,同一物体不同平铺方式。<br>2.极限无极限,探究无止境,不断挑战。<br>3.不断发现问题,不断剖析解决问题。 |
| 审美育人 | 1.不同的形状有不同的作用,有其独特的美。<br>2.立体空间有比平面更不同的思维和组合。<br>3.合作探究,创新美丽。 |
| 健康育人 | 1.协调配合,善于接纳、倾听不同意见,以改进和完善自身。<br>2.心里永远装着一个新的世界,需要换一个角度去发现。 |
| 劳动育人 | 1.不同物体同一平铺方式,同一物体不同平铺方式。<br>2.在不断的排列组合中,运用对比的方法不断创新发现。 |
| 4.给物体分类 | |
| 认知育人 | 1.可以依据物体的特征给它们分类。<br>2.根据物体的特征进行分类,可以更清晰、有序地认识物体。<br>3.分类可以加深对物体特征的认识。 |
| 德性育人 | 1.物体可以依据其具有的某一特征进行分类。<br>2.依据的特征不同,分类的结果不同。<br>3.合作探究学习中,相互激励、相互提醒,共同进步。<br>4.分类对我们的学习、生活和工作等有很大影响。 |
| 审美育人 | 1.团队协同,挖掘探究的极限,共创和谐之美。<br>2.运用简单数字、图表等工具简洁表述分类结果。<br>3.认识从杂乱走向有序的整洁之美。 |
| 健康育人 | 1.物体的不同分类体现出物体的不同作用。<br>2.随时保持对物体按某一特征进行归类,保持协调有序。 |
| 劳动育人 | 1.对物体进行标注编号,选择一个特征进行分类。<br>2.运用分类的方法整理来自世界的各种信息。 |
| 5.观察一瓶水 | |
| 认知育人 | 1.水是没有固定形状的液体。<br>2.水具有无色、无味、透明、会流动、有重量的特征。<br>3.水和其他液体不同。 |
| 德性育人 | 1.水的特征决定了水在我们生活中的运用很广泛。<br>2.水的流动性和没有固定形状让水适应于不同的环境。<br>3.积极参与研究活动,在研讨中发表有根据的观点。 |

续表

| | |
|---|---|
| 审美育人 | 1.认识到没有固定形状与不规则形状是不同的。<br>2.认识到水的流动性塑造的奔放和无拘束之美。<br>3.乐于协作交流和分享,运用简单图表描述水的特征。 |
| 健康育人 | 1.水是我们生活中的重要物质,很多地方都离不开水。<br>2.水对我们的生命活动有重要意义。<br>3.实验中不能用品尝的方法。 |
| 劳动育人 | 1.综合运用标注、对比方法,运用多种器官进行观察。<br>2.及时记录,及时归纳总结。 |
| **6.它们去哪里了** | |
| 认知育人 | 1.物体可以放入水中。<br>2.有些物体可以溶解在水中,有些物体很难溶解在水中。<br>3.物体放入水中发生的变化是一个逐步变化的过程。 |
| 德性育人 | 1.尝试从多角度进行观察,培养严谨的科学态度。<br>2.乐于在情境中学习,保持对问题的好奇心和探究兴趣。<br>3.具有分析、反思探究过程的意识,愿意倾听他人的意见,乐于讲述自己的观点。 |
| 审美育人 | 1.尝试用有趣的简单图画描述物体在水中的变化过程。<br>2.小组合作探究,共同猜想、验证,乐于分享交流。 |
| 健康育人 | 1.溶解是生活中的常见现象,生活中很多地方都运用了这种现象。<br>2.实验中不能用品尝的方法。 |
| 劳动育人 | 1.用放大镜观察较小的物体。<br>2.用搅拌的方法让水中的物体充分混合。<br>3.可以用对比的方法观察现象。 |
| **7.认识一袋空气** | |
| 认知育人 | 1.空气看不见、摸不着,具有无色、无味、会流动、有重量、透明、无固定形状等特征。<br>2.空气会扩散到容器的所有空间。<br>3.物质存在质量,即便很小,但也可以通过恰当的方法进行测量。 |
| 德性育人 | 1.空气的一些特征是可以被观察和描述的。<br>2.对神奇的物质世界充满好奇心和探究欲望。<br>3.在探究活动中用证据支撑观点,获得认同。 |
| 审美育人 | 1.物质看不见,但以另一种可以感知的形态存在,是另一种形式的美。<br>2.空气的扩散和包容性与水有相同和不同之处。 |
| 健康育人 | 1.空气与人的生活密切相关,我们离不开空气。<br>2.空气对我们的生命活动有重要意义。 |
| 劳动育人 | 1.进一步运用感官,通过对比的方法观察空气的特征。<br>2.综合运用前面的方法。<br>3.可以用所学的方法来研究未知的事物。 |

表2-3-12 教科版《科学》二年级上册“材料”单元教学育人点导引

| | |
|---|---|
| **1.我们生活的世界** | |
| 认知育人 | 1.我们周围的世界可分为自然世界和人工世界，人工世界是由人设计并制造出来的。<br>2.人工世界的物品是由各种材料制成的。<br>3.不同的材料具有不同的特点，可以把物品按材料特点进行分类。 |
| 德性育人 | 1.关注身边的材料，发展研究材料的兴趣。<br>2.认识到人工世界的发展和自然世界密切联系。 |
| 审美育人 | 1.人工世界是由丰富多彩的各种不同的材料制造而成的。<br>2.人类对于材料性能的认识、挖掘和利用，不断推进人类世界的繁荣与美丽。 |
| 健康育人 | 1.意识到材料对于制造人工世界的重要性，倡导节约材料。<br>2.留意和关注身边的材料，乐于分享。 |
| 劳动育人 | 1.观察并识别构成物品的各种材料。<br>2.能按各种材料对常见物品进行分类。 |
| **2.不同材料的餐具** | |
| 认知育人 | 1.物品是由一种或多种材料做成的，我们周围存在着许多不同种类的材料。<br>2.材料的特点可便于观察和识别。 |
| 德性育人 | 1.能实事求是地描述材料的特征，形成用事实说话的意识。<br>2.乐于探究发现从不同视角所观察、比较的不同。<br>3.乐于小组合作探究，主动参与合作学习活动。<br>4.愿意倾听他人的意见，积极分享自己的观点。 |
| 审美育人 | 1.积极投入观察材料特点的活动，及时记录自己的观察。<br>2.享受小组、全班同学共同探讨的乐趣和氛围。<br>3.在合作交流中行为得体、语言文明。 |
| 健康育人 | 1.体会人们根据不同的需求选择材料制造物品。<br>2.正确使用闻的方法。<br>3.从健康的角度关注材料的选择。 |
| 劳动育人 | 1.运用多种感官观察生活中的常见材料。<br>2.使用科学词汇初步描述常见材料的特征。 |
| **3.书的历史** | |
| 认知育人 | 1.不同的材料具有不同的特征。<br>2.可以通过选择不同的材料，不断优化产品。 |
| 德性育人 | 1.发展进一步改进物品的兴趣和愿望。<br>2.能按要求进行合作探究学习，乐于表达自己的观点。<br>3.认识到社会进步、时代发展取决于人们需求的不断丰富和发展。 |
| 审美育人 | 1.体会随着科技的发展和时代的变迁，制造物品的材料会不断改进，并越来越丰富。<br>2.运用简单数字、图表等工具简洁表述。<br>3.不同材料制作的物品有各自优缺点。 |

续表

| | |
|---|---|
| 健康育人 | 1.感受到使用某种材料制作物品时,需要考虑其优缺点。<br>2.物品的制作在材料的不断优化中不断解放和发展人的能力。 |
| 劳动育人 | 1.运用多种感官、借助简单工具观察材料的特征,思考适合相应材料的书写工具和装订方法。<br>2.对做书材料的演变史进行思考。 |
| **4.神奇的纸** | |
| 认知育人 | 1.材料经过加工、改造、优化后性能会发生改变。<br>2.性能得到改变与优化后的材料可以用来制作具有一定功能的物品。 |
| 德性育人 | 1.发展加工、改造材料的兴趣。<br>2.尝试多角度、多方式认识材料。<br>3.积极参与研究活动,在研讨中发表有根据的观点。 |
| 审美育人 | 1.用语言描述纸在折叠前后发生的变化。<br>2.认识到丰富世界离不开拓展创新发展,意识到创新之美。<br>3.乐于协作交流和分享,并运用简单图表描述。 |
| 健康育人 | 1.认识到材料会随着人类的需要而不断改进优化。<br>2.活动中注意做好安全防护和清洁卫生,做好归类整理收尾工作。 |
| 劳动育人 | 1.能对普通的纸进行简单加工和改造,比较纸在改变前后的变化。<br>2.及时记录,及时归纳总结。 |
| **5.椅子不简单** | |
| 认知育人 | 1.物品是由一种或多种材料制作的。<br>2.不同的材料具有不同的特性,材料的特性决定材料的用途。<br>3.通过科学技术可以将自然界的各种材料利用起来,材料经过加工可能改变它们的特性。 |
| 德性育人 | 1.进一步发展改进物品的兴趣和愿望。<br>2.认识到人们在生产生活中会根据不同的功能和用途来选择材料。<br>3.愿意关注和客观评价别人的结果。 |
| 审美育人 | 1.乐于表达自己的想法,学会与他人分享自己的观点。<br>2.享受小组、全班同学共同探讨的乐趣和氛围。<br>3.在不断挑战中增强自信。 |
| 健康育人 | 1.知道人们为了满足更好的需求,往往用多种材料来制作物品。<br>2.活动中注意安全,活动后做好清洁卫生。 |
| 劳动育人 | 1.运用多种感官观察椅子各部分的组成材料及其特征。<br>2.用观察、描述、比较的方法辨识材料特征及功能。 |
| **6.做一顶帽子** | |
| 认知育人 | 1.用不同材料制作的同种物品,它们的功能和用途可能不同。<br>2.利用工具设计、加工多种材料,制作满足需要的产品。<br>3.某些材料可以反复使用,一些废弃的物品可以用来制造新的产品。 |
| 德性育人 | 1.在设计制作活动中有反思、改进的意识。<br>2.极限无极限,探究无止境,不断挑战。<br>3.不断发现问题,不断剖析、解决问题。 |

续表

| | |
|---|---|
| 审美育人 | 1.通过口述、图示等方式完成自己的设计与想法，并完成任务。<br>2.体验创造产品的喜悦与成就感，学会与人交流、分享、合作。 |
| 健康育人 | 1.体会材料性能对产品功能的重要性。<br>2.意识到废旧材料可以回收并重复利用。<br>3.心里永远装着一个新的世界，需要不断发现、创新、发展。 |
| 劳动育人 | 1.利用工具对材料进行简单的加工。<br>2.认识到科学技术对创造产品的重要作用。<br>3.不断挖掘废旧材料的潜在性能。 |

表2-3-13　教科版《科学》二年级下册“磁铁”单元教学育人点导引

| 1.磁铁能吸引什么 | |
|---|---|
| 认知育人 | 1.磁铁的形状有条形、蹄形、环形等。<br>2.磁铁能吸引铁一类的物体，这种性质叫磁性。我们可以用磁铁识别物体是不是铁材料制作的。 |
| 德性育人 | 1.在获取证据后，如实地讲述事实。<br>2.体会重复测试在探究中的必要性和重要性，养成认真仔细的实验态度。<br>3.用证据来检测自己的猜想，与同学交流探究的过程与结论。 |
| 审美育人 | 1.感受对磁铁进行科学探究的乐趣。<br>2.知道在很多产品里含有磁铁，磁铁为人们的生活带来便利。 |
| 健康育人 | 1.合作交流，共同完成学习任务，并且乐于交流自己的发现与想法。<br>2.生活中很多物品是用铁做的。<br>3.注意人身安全和物品安全，不能用磁铁去吸带电的插座等。 |
| 劳动育人 | 1.根据已有的经验，对“磁铁能吸引什么”作出猜想和预测。<br>2.可以用工具来认识物体的特征。<br>3.通过多次测试识别物体是否含有铁。 |
| 2.磁铁怎样吸引物体 | |
| 认知育人 | 1.拉力和推力是一种常见的力。<br>2.磁铁可以隔着一定距离或一定物体对铁产生吸引作用。 |
| 德性育人 | 1.围绕探究主题进行思考。<br>2.根据探究获得的证据，完善或修正自己的看法。<br>3.对如何让小车运动产生思考和设计的兴趣。 |
| 审美育人 | 1.按要求进行合作交流，善于倾听。<br>2.能简单讲述实验方法，能在小组内研讨交流。<br>3.能吸取别人的优点，对自己的作图进行改进。 |
| 健康育人 | 1.细心观察，用心感受磁铁吸引物体的过程。<br>2.多次实验，反复论证，确保证据充分。 |
| 劳动育人 | 1.能运用推力、拉力、磁力使小车运动起来。<br>2.对探究过程进行简单的评价和改进。<br>3.体会到方法的改进对科学技术发展的意义。 |

续表

| 3.磁铁的两极 | |
|---|---|
| 认知育人 | 1.磁铁上磁力最强的部分叫磁极，磁铁有两个磁极。<br>2.条形磁铁两端磁力最大，中间磁力最小。 |
| 德性育人 | 1.初步运用简单材料设计解决问题的方案。<br>2.能体会认真实验、细致观察的重要性，初步养成用事实说话的意识。<br>3.初步运用证据进行信息描述。<br>4.知道运用适当的实验方法能使研究更加深入。 |
| 审美育人 | 小组合作探究，共同猜想、验证，乐于分享交流。 |
| 健康育人 | 1.体会认真实验、细致观察的重要性。<br>2.初步了解研究一个问题可以设计不同的实验方案。<br>3.体会到多个证据对研究结论的得出具有重要作用，尝试用多种方式认识事物。 |
| 劳动育人 | 1.能在观察中发现问题、提出问题，对问题做出推测。<br>2.能运用多种方法探索磁铁不同部分的磁力；能够通过实验获取证据，用证据检验预测。<br>3.初步运用简单材料设计解决实际问题的方法。 |
| 4.磁极与方向 | |
| 认知育人 | 1.磁铁的磁极可以指示南北方向，磁铁的南极（S极）指向南方，北极（N极）指向北方。<br>2.指南针是利用磁铁能指示南北方向的特点制成的。<br>3.指南针由磁针和刻度盘两部分组成，指南针的指示方向为南北方向，红色的一段指向北方。在使用指南针时，需要将红色的一段和北的刻度对齐。 |
| 德性育人 | 1.了解磁铁在生产生活中的广泛应用，激发学习科学和运用科学的兴趣和激情。<br>2.合作交流，共同完成学习任务，并且乐于交流自己的发现与想法。<br>3.体会认真实验、细致观察的重要性。通过实验获取证据，用证据来检验推测。<br>4.在了解我国古代指南针的发明和应用中，增强热爱祖国的情感。 |
| 审美育人 | 1.认识到重复测试在探究中的必要性和重要性。<br>2.愿意倾听他人意见，乐于分享自己的发现。<br>3.按要求进行合作探究。 |
| 健康育人 | 1.认识到指南针是生活中的重要物品，它为生活提供便利。<br>2.学会阅读说明书以了解指南针的使用方法。<br>3.意识到指南针的不同结构具有不同的功能。 |
| 劳动育人 | 1.能用支撑和悬挂的方法组装实验器材。<br>2.通过重复测试、简单表格来收集和记录磁极与方向关系的证据。<br>3.初步运用比较的方法从实验记录表中发现磁极与方向的关系。<br>4.初步学会用指南针来辨别方向。 |
| 5.做一个指南针 | |
| 认知育人 | 1.指南针是利用磁铁指示方向的仪器，是我国四大发明之一。<br>2.钢针经过磁铁摩擦后可以变成磁针。 |

续表

| | |
|---|---|
| 德性育人 | 1.培养动手制作的兴趣，激发创造精神。<br>2.合作交流，共同完成学习任务。<br>3.针对制作过程或测试结果中出现的问题提出改进意见。<br>4.认识到我国古代人民在指南针研究与应用上做出的突出贡献。 |
| 审美育人 | 1.运用示意图设计磁针与漂浮物的组装方式。<br>2.愿意倾听，乐于分享。 |
| 健康育人 | 1.制作与检验过程中表现出耐心和细致。<br>2.按制作方法小心操作，注意安全，避免误伤。 |
| 劳动育人 | 1.利用磁铁来磁化钢针，制作磁针。<br>2.合作设计制作水浮式指南针，判断自制磁针的南北极。<br>3.初步体验设计、制作、改进的工程与技术过程。 |
| 6.磁极间的相互作用 | |
| 认知育人 | 1.磁铁的同极相互排斥，异极相互吸引。<br>2.磁极之间的作用是相互的。 |
| 德性育人 | 1.学会有计划地做实验，分类整理实验证据，找出规律，培养有计划、有步骤进行实验的严谨态度。<br>2.从磁极的相互作用现象中提出可探究的问题。<br>3.通过重复实验收集磁极间相互作用的证据。<br>4.对磁极间相互作用的实验现象表现出探究兴趣。<br>5.如实记录和描述实验证据。 |
| 审美育人 | 1.合作交流，共同完成学习任务。<br>2.用简单的图表、图画来记录和整理证据。<br>2.愿意倾听，乐于分享。 |
| 健康育人 | 1.实验中耐心、细心，认真严谨，沉着冷静。<br>2.运用所学知识解释干扰下的意外实验现象。 |
| 劳动育人 | 1.能通过实验找到磁铁的南极与北极，探究磁极之间相互作用的规律及生活中的应用。<br>2.运用比较和归纳的方法从实验证据中发现磁极间相互作用的规律。 |
| 7.磁铁和我们的生活 | |
| 认知育人 | 1.磁铁在生活中应用很广泛。<br>2.磁铁的用途是与其性质相联系的。<br>3.了解磁悬浮列车的工作原理与磁铁性质的关系，体会到科学家与工程师的工作可以推动科学的发展与技术的进步。 |
| 德性育人 | 1.依据所学知识提出和磁铁有关的感兴趣的研究问题。<br>2.对磁铁及磁现象表现出探究兴趣。<br>3.意识到科学与技术对人类社会的促进作用。<br>4.体会到科学家与工程师的工作可以推动科学的发展与技术的进步。 |
| 审美育人 | 1.愿意倾听他人的意见，乐于分享自己的经验。<br>2.用简单的图表、图画来记录和整理收集的信息。 |

续表

| | |
|---|---|
| 健康育人 | 1.了解生活中常见的磁制品,体会其给人们生活带来的便利与作用。<br>2.协调配合,善于接纳不同,乐于倾听不同意见。<br>3.认识并了解生活中的磁化现象。 |
| 劳动育人 | 1.乐于收集关于磁铁的研究和应用方面的信息,培养学生收集整理数据的能力。<br>2.描述不同磁铁制品所利用的磁铁性质。<br>3.准确描述磁铁性质。 |

**表2-3-14 教科版《科学》三年级上册“空气”单元教学育人点导引**

| 1.感受空气 | |
|---|---|
| 认知育人 | 1.空气具有无色、透明、无味、会流动等特征。<br>2.空气充满各处。<br>3.运用多种感官和简单的方法观察空气。<br>4.通过讨论、绘画、文字、图表等方式进行描述和交流。<br>5.尝试以气泡图组织、整理信息。 |
| 德性育人 | 1.乐于探究发现空气的特征。<br>2.乐于小组合作探究,主动参与合作学习活动。<br>3.愿意倾听他人的意见,积极分享自己的观点 |
| 审美育人 | 1.感受、发现气态物质独有的特征。<br>2.享受小组、全班同学共同探讨的氛围。<br>3.在合作交流中行为得体、语言文明。 |
| 健康育人 | 1.空气是生物生存不可缺少的物质。<br>2.对于不了解性质的气体不要随意去闻。<br>3.对不知名的气体可以用扇闻的方法。 |
| 劳动育人 | 1.通过多种感官观察空气的特征。<br>2.乐于动手捕捉空气。<br>3.设计传递方法,更快地传递三种物质。 |
| **2.空气能占据空间吗** | |
| 认知育人 | 1.空气占有一定的空间,并且充满各处。<br>2.用单间的材料和方法分步操作,研究空气占据空间。<br>3.运用相关知识,使用材料设计小实验。 |
| 德性育人 | 1.具有研究空气的兴趣。<br>2.分工合作完成1~5步探究。<br>3.乐于交流表达。 |
| 审美育人 | 1.当看见倒扣杯底的纸团没有被打湿的现象,感受到科学的神奇。<br>2.小组配合,顺利完成1~5步的操作。<br>3.学习并欣赏同学的规范操作。 |
| 健康育人 | 1.小心球针(或针头)伤到自己或同学。<br>2.不随意喝生水。 |

续表

| | |
|---|---|
| 劳动育人 | 1.仔细观察倒扣入水中的杯子的水位是否到达杯内纸的位置。<br>2.能按照1~5步的实验要求操作。 |
| 3.压缩空气 | |
| 认知育人 | 1.空气占有一定的空间,空气占据的空间可以被压缩。<br>2.压缩的空气具有弹性。<br>3.用实验方法证实空气确实占据空间。<br>4.用对比实验控制条件的方法进行观察。<br>5.运用绘画等形式记录实验结果。 |
| 德性育人 | 1.在科学事实的基础上进行预测和解释。<br>2.多次实验以提高实验结果的可信度。<br>3.依次传递注射器,完成活塞的压拉操作,别人操作时可学习或指点其操作。<br>4.认真按步骤完成实验操作,并如实记录。 |
| 审美育人 | 1.发现压缩的空气有弹性,很神奇。<br>2.小组有序实验,全班研讨充分发表意见。<br>3.按要求完成实验操作。 |
| 健康育人 | 1.玻璃器皿易碎且容易伤到人。<br>2.操作时注意用力适度。<br>3.在实验中保护好自己的安全。 |
| 劳动育人 | 1.准确读取注射器拉压时的刻度。<br>2.按实验要求操作,特别注意针筒下管口要堵紧。 |
| 4.空气有质量吗 | |
| 认知育人 | 1.空气具有一定的质量。<br>2.质量是空气的基本特征之一,并且可以被测量。<br>3.运用科学的方法测量空气的质量。<br>4.了解到一些因素会影响称量结果,产生误差。 |
| 德性育人 | 1.发展进一步研究物体的兴趣和愿望。<br>2.尊重事实,实事求是。<br>3.分工合作完成称量和打气的操作,再共同完成实验。<br>4.认真完成各自的操作任务。 |
| 审美育人 | 1.空气看不见、摸不着,但却有质量。<br>2.小组分工协作实验,形成全班共同探讨的氛围。<br>3.实验操作规范。 |
| 健康育人 | 1.生豆子不能吃。<br>2.保持手的干净。<br>3.不做有损自身和他人身体的事。 |
| 劳动育人 | 1.观察天平的平衡状态。<br>2.小心安装器材,绿豆称重时轻拿轻放。 |

续表

| 5.一袋空气的质量是多少 | |
|---|---|
| 认知育人 | 1.一定量的空气有一定的质量。<br>2.生活中可以用不同标准物来测量空气的质量。 |
| 德性育人 | 1.发展进一步研究物体的兴趣和愿望。<br>2.体会细致操作、仔细观察实验的重要性。 |
| 审美育人 | 1.在比较空气与常见轻的物体质量时感受天平的平衡美。<br>2.通过计算,感受质量变化的秩序美和规律美。 |
| 健康育人 | 1.收集空气时注意安全,避免意外伤害。<br>2.意识到实验操作中公平的重要性。 |
| 劳动育人 | 1.使用简单的仪器测量空气质量,并使用恰当的方式进行记录。<br>2.尝试运用所学知识和经验解决一个相对复杂的问题。 |
| 6.我们来做“热气球” | |
| 认知育人 | 空气受热后会膨胀变轻而上升,变冷后又下降。 |
| 德性育人 | 1.知道在一定条件下,科学实验是可重复的。<br>2.发展探究物质世界的兴趣。<br>3.感受人类智慧的伟大。 |
| 审美育人 | 1.感受热气球、孔明灯的创造美。<br>2.运用画图、书写等形式,记录和表达实验现象。 |
| 健康育人 | 了解燃放孔明灯的危险性。 |
| 劳动育人 | 1.通过模拟实验,认识和描述某些生活现象。<br>2.了解热空气上升原理在生活中的一些应用。 |
| 7.风的成因 | |
| 认知育人 | 1.冷热不同的空气会流动形成风。<br>2.生活中有多种制造风的方法。 |
| 德性育人 | 1.乐于在情境中学习,保持对一个问题的好奇心和探究兴趣。<br>2.乐于进行小组合作探究,能主动参与合作学习活动。 |
| 审美育人 | 以图文等形式记录、分析风的成因,感受、发现自然之美。 |
| 健康育人 | 1.了解空气的性质,体会它们给人类生活带来的便利。<br>2.意识到科学与技术对人类社会的促进作用。 |
| 劳动育人 | 1.尝试用画图的方式解释观察到的现象。<br>2.阅读说明步骤,完成模拟实验,借用多种手段观察空气的流动方向。 |
| 8.空气和我们的生活 | |
| 认知育人 | 1.地球被一层厚厚的空气包围着,人们称它为大气层。<br>2.空气可以帮助燃烧。<br>3.风具有能量,风能是一种清洁的可再生能源。 |

续表

| | |
|---|---|
| 德性育人 | 人类生活和生产可能对大气造成破坏，具有参与环境保护的意识，愿意采取行动保护大气环境，节约资源。 |
| 审美育人 | 通过整理单元信息，建立知识间的结构，感受自然现象的联系美和信息整理后的秩序美。 |
| 健康育人 | 1.空气中的氧气和二氧化碳对生命具有重要意义。<br>2.燃烧产生热和风，既能为人所用，也有一定的危险。 |
| 劳动育人 | 1.尝试以图表的形式组织信息，并对信息进行整理和分类。<br>2.回顾和反思整个单元内容探究的过程和方法。 |

**表2-3-15　教科版《科学》三年级上册“水”单元教学育人点导引**

| 1.水到哪里去了 | |
|---|---|
| 认知育人 | 1.水在一定条件下会变成水蒸气。<br>2.水蒸气是一种无色无味像空气一样的气体。 |
| 德性育人 | 1.水是地球上重要的资源。<br>2.客观、细致地进行观察。<br>3.乐于小组合作探究，主动参与合作学习活动。<br>4.愿意倾听他人的意见，积极分享自己的观点。 |
| 审美育人 | 1.不同形态的水组成了我们多姿多彩的世界。<br>2.享受小组、全班同学共同探讨的乐趣和氛围。<br>3.以整齐、简洁、美观的图表形式组织和交流信息。 |
| 健康育人 | 1.水蒸气无处不在，对人们的生活产生重要影响。<br>2.意识到水对人们生活的重要影响。 |
| 劳动育人 | 1.初步经历探究性实验“水去哪儿了”的探究活动。<br>2.尝试多角度、多方式解释生活中的现象。 |
| **2.水沸腾了** | |
| 认知育人 | 沸腾是水受热超过一定温度时发生的剧烈汽化现象，沸腾过程中水的温度不再发生变化。 |
| 德性育人 | 1.认识到水是地球上十分重要的资源，形成保护水、珍爱生命的情感、态度与价值观。<br>2.形成尊重事实、重视证据的科学态度。 |
| 审美育人 | 1.利用文字、图表、图画等方式描述观察、实验结果，并对结果进行分析。<br>2.乐于合作学习，积极交流分享，共享学习乐趣。 |
| 健康育人 | 1.正确使用酒精灯，避免受伤。<br>2.按照正确的方法使用温度计测量水温。<br>3.水是地球上十分重要的资源，要保护水资源。 |
| 劳动育人 | 1.探究活动中，通过猜测、观察、实验、研讨等方法发现事实，发展思维。<br>2.探究活动中，发展观察能力、归纳能力和表达能力。 |
| **3.水结冰了** | |
| 认知育人 | 1. 当环境温度低于 0 ℃，水的温度下降到 0 ℃时，水开始结冰，从液体状态变为固体状态。<br>2. 水在结冰过程中，要向周围放出热量。 |

续表

| | |
|---|---|
| 德性育人 | 1.乐于在观察实验活动中保持认真细致的态度。<br>2.能依据事实经验分析推理,对实验现象进行合理的解释。<br>3.感受、体验物质状态的变化过程。 |
| 审美育人 | 1.会利用维恩图比较冰和水的相同点和不同点。<br>2.乐于合作学习,积极交流分享,共享学习乐趣。 |
| 健康育人 | 1.自然环境中水和冰可以相互转化。<br>2.注意安全,谨防冻伤。 |
| 劳动育人 | 1.观察并记录水在结冰过程中的各种变化。<br>2. 观察并记录水和冰的相同点和不同点。 |
| 4.冰融化了 | |
| 认知育人 | 1.当环境温度高于0 ℃时,冰开始融化。<br>2.冰在融化过程中,要从周围吸收热量。<br>3.热量是使水的状态发生变化的重要因素。 |
| 德性育人 | 1.养成在观察实验活动中保持认真细致的态度,意识到细致的观察能获得更多的发现。<br>2.初步感受、体验物质状态变化的可逆性。 |
| 审美育人 | 在自然环境里,水蒸气、水、冰三态共存,水的三态之间可以互相转化。 |
| 健康育人 | 使用吹管吹冰块时要注意卫生,一根吹管只能一人吹,不能交叉使用。 |
| 劳动育人 | 1.给冰块加热,观察冰块的变化。<br>2.观察并记录冰融化成水的变化过程。 |
| 5.水能溶解多少物质 | |
| 认知育人 | 1.水能溶解食盐、小苏打等。<br>2.同样的水能够溶解的食盐和小苏打的质量是不同的。 |
| 德性育人 | 1.感受生活中的溶解现象,知道可以利用这种变化为生活服务。<br>2.使用对比的方法观察实验现象。<br>3.严谨、细心、坚持不懈地操作。 |
| 审美育人 | 1.利用简洁图表记录观察、实验结果,并对结果进行分析。<br>2.乐于合作学习,积极交流分享,共享学习乐趣。 |
| 健康育人 | 1.感受生活中的溶解现象,能用这种变化为生活服务。<br>2.认识到物质在水中溶解的质量是不同的,从而指导和改善生活。<br>3.珍惜实验材料,不乱丢乱扔,掉落的材料要回收。<br>4.不得品尝实验材料。 |
| 劳动育人 | 1.通过对比的方法研究同样的水中溶解的食盐和小苏打的质量是不同的。<br>2.能用搅拌的方法使水中的物体充分溶解。 |
| 6.加快溶解 | |
| 认知育人 | 1.通过搅拌和提高水的温度,能够加快食盐在水中的溶解速度。 |

续表

| | |
|---|---|
| 德性育人 | 1.在活动过程中进一步培养合作意识和实事求是、严谨的科学态度,逐步发展科学探究的乐趣和能力。<br>2.学会使用对比的方法观察实验现象。<br>3.渗透变量控制的意识。 |
| 审美育人 | 1.享受小组、全班同学共同探讨的乐趣和氛围。<br>2.以整齐、简洁、美观的图表形式组织和交流信息。 |
| 健康育人 | 感受生活中的溶解现象,知道可以用多种方法加快溶解的速度。 |
| 劳动育人 | 1.通过对比的方法研究同样的水中溶解相同食盐的速度。<br>2.能用搅拌的方法使水中的物体充分溶解。 |
| 7.混合与分离 | |
| 认知育人 | 食盐溶解于水的变化过程是一个可逆的过程。 |
| 德性育人 | 1.尝试从多角度、多方式认识物体,培养积极的探究兴趣。<br>2.在活动过程中进一步培养合作意识和实事求是、严谨的科学态度,逐步发展科学探究的乐趣和能力。 |
| 审美育人 | 1.利用文字、图表、图画的方式描述观察、实验的结果,并对结果进行分析。<br>2.乐于合作,善于分享,共享成功喜悦。<br>3.感受、体验物质状态的变化以及它的可逆性。 |
| 健康育人 | 1.在溶解、过滤、蒸发过程中,正确安全地进行实验操作。<br>2.意识到溶解在人们生活中应用的广泛性和重要性。<br>3.继续强调操作的规范性和安全性,不能品尝等。 |
| 劳动育人 | 1.使用过滤装置分离食盐、沙和水的混合物。<br>2.初步经历探究性实验“食盐从浓盐水中析出”的探究活动。<br>3.了解到使用简单工具可以使我们的生活更便利。 |
| 8.它们发生了什么变化 | |
| 认知育人 | 一些物质的状态虽然发生了变化,但一般来说物质本身的组成成分却没有改变,如水的三态变化。 |
| 德性育人 | 1.认识到水是地球上十分重要的资源,形成保护水、空气、珍爱生命的情感、态度与价值观。<br>2.利用所学知识解决生活中的实际问题。<br>3.通过猜测、观察、实验、探究等发现事实,做出判断,发展思维。<br>4.尊重事实,重视证据。 |
| 审美育人 | 1.利用简洁的文字、图表、图画等方式描述观察、实验的结果,并对结果进行分析。<br>2.乐于合作,善于分享交流,共享成功喜悦。 |
| 健康育人 | 1.水是地球上非常重要的资源,它的三态变化对整个地球的正常运转有重要作用。<br>2.合理利用和保护水资源。 |
| 劳动育人 | 1.培养做中学、做中思的习惯。<br>2.通过类比的方式由浅入深地理解水的三态变化。 |

表2-3-16 教科版《科学》三年级下册“物体的运动”单元教学育人点导引

| | |
|---|---|
| **1.运动和位置** | |
| 认知育人 | 1.知道物体有静止和运动两种状态。<br>2.可以用相对于另一个物体的方向和距离来描述运动物体在某一时刻的位置。 |
| 德性育人 | 1.与同伴合作探究,并以事实为依据,开展交流研讨。<br>2.初步感知使用工具可以更加精确、便利和快捷。 |
| 审美育人 | 1.用图表简洁描述方向和位置。<br>2.美观实用的方向盘方便辨识方向,提升学习效率。 |
| 健康育人 | 1.关注生活中物体的运动和静止状态。<br>2.学习和培养方向感。 |
| 劳动育人 | 1.判断物体是静止还是运动的。<br>2.借助方向盘、软尺等工具,描述某个物体在某个时刻的位置。 |
| **2.各种各样的运动** | |
| 认知育人 | 物体的运动形式是各种各样的,这些运动形式可以分类。 |
| 德性育人 | 1.感受探究生活中各种物体运动形式的乐趣,善于交流学习。<br>2.在与同伴合作探究中,认真观察,如实记录运动情况,及时开展交流探讨。<br>3.认识到整体和局部的差异,意识到科学观察方法的巧妙运用。 |
| 审美育人 | 1.观察、比较物体的运动,用简单的线条、图示、文字等描述物体的运动形式。<br>2.感受生活用品和玩具设计的精妙。<br>3.认识到生活中很多物体的运动都是多种运动形式叠加成的复合运动。 |
| 健康育人 | 1.合作探究过程中注意安全。<br>2.有序开展活动,做好归类整理,保持协调有序。 |
| 劳动育人 | 1.初步学会使用“画点做标记”观察方法。<br>2.尝试进行抽象观察和描述。 |
| **3.直线运动和曲线运动** | |
| 认知育人 | 1.知道根据运动路线的不同,物体的运动可分为直线运动和曲线运动。<br>2.会观察、描述、判断物体的运动形式,并能用图示记录物体的运动路线。 |
| 德性育人 | 1.乐于判断物体的运动形式。<br>2.愿意跟同伴合作探究,能认真观察实验现象,及时记录,并以事实为依据开展交流研讨。<br>3.根据观察目标及时调整观察的角度和方法。 |
| 审美育人 | 1.观察站位不同,呈现的观察结果会不同,认识到同一轨迹不同样式之美。<br>2.对形式多样的运动轨迹进行归类分析,化繁为简。 |
| 健康育人 | 1.借助轨道的辅助作用,更直观清晰地认识运动路线。<br>2.培养按一定的标准对复杂现象进行归类分析的能力。 |
| 劳动育人 | 1.用图示记录物体的运动路线。<br>2.观察、描述并判断物体的运动形式。<br>3.通过分析,及时调整观察站位。 |

续表

| 4. 物体在斜面上运动 | |
|---|---|
| 认知育人 | 1. 不同的物体在斜面上的运动状况是不一样的。<br>2. 物体的形状和它在斜面上的运动状况有一定的关系。 |
| 德性育人 | 1. 关注物体在斜面上的运动状况。<br>2. 愿意跟同伴合作探究,能认真观察实验现象,并以事实为依据开展交流研讨。<br>3. 认识到同一物体在同一斜面上可能会产生滑动和滚动两种不同的运动形式。 |
| 审美育人 | 1. 小组分工合作,协调配合,共同完成。<br>2. 用简单图表形象直观地呈现实验结果,便于大家理解。<br>3. 善于倾听和发现问题,乐于提出自己的猜想和看法,交流分享,和谐有序。 |
| 健康育人 | 1. 关注残疾人的生活方式,了解生活中比较常见的特别措施。<br>2. 认识到斜面上运动需要采取一定的保护措施。<br>3. 设计相应形状在斜面上产生相应的运动形式。 |
| 劳动育人 | 1. 搭建斜面进行实验,观察、描述、比较物体在斜面上的运动状况。<br>2. 利用材料搭建坡度不同、稳定牢固的斜面。<br>3. 养成先预测再实验的习惯。 |
| 5. 比较相同距离内运动的快慢 | |
| 认知育人 | 知道运动相同的距离,可以用比较运动时间的方法来比较运动的快慢:用时短,运动快;用时长,运动慢。 |
| 德性育人 | 1. 愿意跟同伴合作探究,能认真观察实验现象,并以事实为依据开展交流。<br>2. 在不断深入探究中体验科学学习的乐趣,养成用证据支撑观点的意识。 |
| 审美育人 | 1. 感受比较运动快慢的乐趣。<br>2. 小组分工合作,协调配合,共同完成。<br>3. 乐于分享自己的意见和看法,并提出改进意见和建议。 |
| 健康育人 | 1. 感受用秒表计时来比较运动快慢的重要性,培养时间观念。<br>2. 学会用平均的方法对数据进行处理。 |
| 劳动育人 | 1. 运用"相同距离比时间"的方法判断物体运动的快慢。<br>2. 会利用秒表测量物体的运动时间。 |
| 6. 比较相同时间内运动的快慢 | |
| 认知育人 | 1. 运动相同的时间,可以用比较运动距离的方法来比较运动的快慢:距离长,运动快,距离短,运动慢。<br>2. 知道物体运动的速度是不一定的,速度是单位时间内通过的距离。 |
| 德性育人 | 1. 经历比较相同时间内物体运动快慢的实验,培养认真细致的观察记录能力,学会运用思辨的方法获得科学概念。<br>2. 相信事实,尊重证据,用数据说话,培养实事求是的科学精神。 |
| 审美育人 | 1. 感受比较运动快慢探究的趣味性。<br>2. 乐于合作探究,体会团队合作的乐趣。<br>3. 通过简洁图表描述运动现象,表达实验结果,呈现科学探究的另一种美。 |

续表

| | |
|---|---|
| 健康育人 | 1.了解自行车、汽车、火车、飞机等常见交通工具的速度范围。<br>2.感受秒表记录的准确性,增强时间观念。<br>3.提高趣味运动中的安全意识。 |
| 劳动育人 | 1.掌握比较相同时间内物体运动快慢的方法。<br>2.利用软尺测量距离,利用秒表测量时间。<br>3.运用科学知识解释生活现象。 |
| **7.我们的"过山车"** | |
| 认知育人 | 1.能结合生活经历与课本知识,进一步加深对过山车结构原理的了解。<br>2.经历过山车的设计、制作、评价等完整实践过程,培养认真细致的观察记录能力,学会运用思辨的方法获得科学概念。 |
| 德性育人 | 1.对小组或他人的设计想法、模型等提出改进建议,制作过程中及完成后及时进行测试和调整。<br>2.愿意跟同伴合作探究完成指定任务,并乐于反思和改进,体验设计产品的成就感。<br>3.体验科技创造中利用科学知识的重要性。<br>4.认识到工具测量在建造制作中的重要作用。 |
| 审美育人 | 1.经历合作实验,体会团队合作的乐趣。<br>2.通过通俗易懂、简洁直观的图表进行设计、指导制作,呈现科学探究的另一种美。<br>3.学会欣赏、运用简单材料制作简单作品,充满成功喜悦和自豪感。 |
| 健康育人 | 1.体验工程项目的建成需要考虑多方面因素(尤其是安全),融合多方面的知识和技能。<br>2.认识到工程制作中牢固和稳定的重要性。<br>3.运用一定的方法妥善保存作品。 |
| 劳动育人 | 1.工程设计的基本结构包括明确问题、确定方案、设计制作、改进完善等。<br>2.根据已有材料和过山车的设计要求,按照工程设计的基本步骤完成指定任务。<br>3.经历实践探究,懂得利用身边常见的材料制作过山车。 |
| **8.测试"过山车"** | |
| 认知育人 | 物体的运动可以用位置、路线、快慢等来描述。 |
| 德性育人 | 体验工程项目的建设需要考虑多方面因素(尤其是安全),融合多方面的知识和技能。 |
| 审美育人 | 经历合作实验,体会团队合作的乐趣。 |
| 健康育人 | 1.珍惜劳动成果,共享劳动喜悦。<br>2.正确看待和评价他人的成功与失败。<br>3.恰当保存劳动成果。 |
| 劳动育人 | 1.利用自制过山车正确描述位置和运动路线,正确比较快慢。<br>2.测试过山车,发现影响小球运动速度的原因,并能改进自己的过山车。<br>3.认识到调试、测试的重要性。 |

**表2-3-17 教科版《科学》四年级上册"声音"单元教学育人点导引**

| | |
|---|---|
| **1.听听声音** | |
| 认知育人 | 1.我们周围充满着各种不同的声音,虽然我们看不见它,但可以感受它。<br>2.声音可以用高低、强弱、悦耳、刺耳等词语来进行描述。 |

续表

| | |
|---|---|
| 德性育人 | 1.在认识声音的活动中,逐步养成留心观察的习惯,乐于与同伴交流。<br>2.对声音的知识产生浓厚的探究兴趣。<br>3.能对声音提出一些有意义的问题。 |
| 审美育人 | 1.用比较科学的词汇、符号、统计图表等方式记录、整理信息。<br>2.乐于分享交流,享受多人合作探究学习的乐趣。<br>3.在欣赏中感受声音的优美。 |
| 健康育人 | 1.初步认识到声音是我们生活中的一部分,它随时随地影响着我们的生活。<br>2.认识到优美的声音可以愉悦我们的心灵。 |
| 劳动育人 | 运用语言描述听到的声音,并能给声音进行简单的分类。 |
| **2.声音是怎样产生的** | |
| 认知育人 | 知道声音是由物体的振动产生的。 |
| 德性育人 | 1.在探究的过程中,积极大胆地阐述自己的发现。<br>2.乐于与他人合作,养成细致观察的习惯。 |
| 审美育人 | 1.用简单的图表、符号等方式记录、整理信息。<br>2.乐于分享交流,享受多人合作探究学习的乐趣。 |
| 健康育人 | 1.知道科学技术随时随地都在影响着我们的生活。<br>2.实验操作中注意控制力度和影响,注意安全。 |
| 劳动育人 | 1.能观察、比较、描述物体发声和不发声时的状态,并记录下来。<br>2.能从多个物体发声的观察事实中,对其原因进行假设性解释。 |
| **3.声音是怎样传播的** | |
| 认知育人 | 声音是通过物体以波的形式,从一个地方传到另一个地方。 |
| 德性育人 | 1.意识到从实验中获取事实是认识世界的基本方法。<br>2.科学技术是人类发展的巨大推动力。<br>3.意识到世界是物质的,即便我们看不见它,但也能通过某种方式感受到它。 |
| 审美育人 | 1.在充满想象的示意图中对声音的传播方式进行构想。<br>2.欣赏到声音在水中传播时激起的水花和波纹,能做出合理解释。 |
| 健康育人 | 1.空气是声音传播的重要物质。<br>2.在科学探究游戏中体验科学技术对人类生活的影响。<br>3.实验中控制好力度,保护听力。 |
| 劳动育人 | 1.借助实验和想象,对声音传播的方式进行描述。<br>2.设计声音在不同物体中的传播实验,对声音在不同物体中的传播情况进行比较。 |
| **4.我们是怎样听到声音的** | |
| 认知育人 | 人耳中的鼓膜能感应声波并震动,进而传到内耳,引起听觉。 |
| 德性育人 | 1.养成细心观察、留心周围事物的习惯。<br>2.在探究过程中提高分析问题和解决问题的能力。 |
| 审美育人 | 1.学会欣赏人耳结构。<br>2.认识到人耳结构的复杂与协调组合,揭示了人耳的强大功能。 |

续表

| | |
|---|---|
| 健康育人 | 1.了解人耳的结构,学会保护耳朵和听力。<br>2.了解科学与人类的健康密切相关。 |
| 劳动育人 | 1.通过模型探究,了解耳廓和鼓膜的作用。<br>2.通过模拟探究,认识到工具的重要作用。 |
| **5.声音的强与弱** | |
| 认知育人 | 1.声音的强弱可以用音量来描述。<br>2.物体振动的幅度越大,声音越强,音量越大;物体振动的幅度越小,声音越弱,音量越小。 |
| 德性育人 | 1.养成善于观察并把事物的特点和性质相联系的习惯。<br>2.科学技术与我们身边的各种现象密切相关。 |
| 审美育人 | 1.用科学的词汇、符号、统计图表等方式记录、整理信息。<br>2.乐于分享交流,享受多人合作探究学习的乐趣。<br>3.在欣赏中感受声音的优美。 |
| 健康育人 | 1.实验中控制好力度和影响,保护听力。<br>2.在嘈杂环境中静下心来学习是一个人的能力。 |
| 劳动育人 | 1.通过使物体发出强弱不同的声音,观察物体振动幅度的不同,把物体的振动状态和发出的不同声音联系起来。<br>2.提高实验操作能力和归纳总结能力。 |
| **6.声音的高与低** | |
| 认知育人 | 1.声音的高低可以用音高来表示。<br>2.物体振动得越快,发出的声音越高;物体振动得越慢,发出的声音越低。 |
| 德性育人 | 1.养成善于观察并把事物的特点和性质相联系的习惯。<br>2.养成勤于观察、乐于动脑的习惯。<br>3.收集证据,寻找事物间的联系。 |
| 审美育人 | 1.运用柱状图将振动的快慢和声音的高低联系起来,并合理推测分析。<br>2.小组协调配合,共同完成探究活动。<br>3.发现视觉感受和听觉感受的协调。 |
| 健康育人 | 1.实验中控制好力度和影响,保护听力。<br>2.调节心理适应环境。 |
| 劳动育人 | 1.通过描述尺子伸出长度的不同,理解振动的快慢和发出声音的高低情况,提高有根据地推测和科学操作的能力。<br>2通过多种方式进行类比分析,提高整理和分析数据的能力。 |
| **7.让弦发出高低不同的声音** | |
| 认知育人 | 物体长短、粗细不同,发出声音的高低也就不同:短而细的物体发出的声音高,长而粗的物体发出的声音低。 |
| 德性育人 | 1.对身边的事物充满好奇,愿意通过科学的方法去发现问题。<br>2.乐于探究,喜欢动手,相信证据。 |

续表

| | |
|---|---|
| 审美育人 | 1.认识到科学技术可以改变我们的生活，使我们的生活变得更美好。<br>2.认识到人类的美好生活都是创造出来的。 |
| 健康育人 | 1.实验中控制好力度和影响，保护听力。<br>2.认识到悦耳的声音让人愉悦。 |
| 劳动育人 | 1.能对研究的问题进行假设并说明理由。<br>2.在反复的观察中验证自己的假设，解决要研究的问题。 |
| 8.制作我的小乐器 | |
| 认知育人 | 在乐器制作过程中及完成后，需进行相应的测试和调整。 |
| 德性育人 | 1.养成乐于动脑动手的习惯，感受到身边处处是科学。<br>2.科学技术影响着我们的生活，并不断改变我们的生活。<br>3.认识到科学和技术的结合对生活的影响。 |
| 审美育人 | 1.团队协作，经历设计、制作、调整、展示的过程，感受和谐和成功。<br>2.好的作品不仅有实际的功能，还要有大家能接受的外形。 |
| 健康育人 | 1.认识到悦耳的声音可以创造。<br>2.意识到安静或悦耳环境对身心的重要性。 |
| 劳动育人 | 1.经历设计、制作、调整、展示小乐器的过程，并将科学与技术相结合。<br>2.在反复的观察中验证自己的假设，解决要研究的问题。 |

表2-3-18　教科版《科学》四年级上册“运动和力”单元教学育人点导引

| 1.让小车运动起来 | |
|---|---|
| 认知育人 | 1.力可以使静止的物体运动，使运动的物体静止。<br>2.不同类型的车有不同的动力类型。 |
| 德性育人 | 发展进一步研究运动和力的兴趣。 |
| 审美育人 | 1.体会到生活中的车辆类型是丰富多彩的，具有不同的动力类型。<br>2.小组合作探究，共同猜想验证，乐于分享交流。 |
| 健康育人 | 1.重力直接影响着我们的生长和运动。<br>2.材料组装和动力探究活动中要有序，以及材料收捡要归类归档。 |
| 劳动育人 | 1.调查了解不同类型车的动力系统。<br>2.会安装用重力拉动的小车。<br>3.会研究拉力大小与小车运动快慢关系。<br>4.能用实验数据证明自己的推测。 |
| 2.用气球驱动小车 | |
| 认知育人 | 1.气球里的气体喷出时，会产生一个和喷出方向相反的推力，这个力叫反冲力。<br>2.要使静止的物体运动，就要对物体施加力。反冲力越大，小车行驶得越远。 |
| 德性育人 | 1.发展进一步研究运动和力的兴趣。<br>2.意识到要把实验现象转化为支持观点的证据。<br>3.体验合作的重要性。<br>4.认识到喷气方向和运动方向相反。 |

续表

| | |
|---|---|
| 审美育人 | 1.改变喷气管粗细和气球充气量会影响小车的动力大小。<br>2.乐于协作交流和分享,并运用简单图表描述小车的运动。 |
| 健康育人 | 1.体会到可以用反冲力作为动力来驱动车辆、火箭、飞机等物体运动,满足人们生产生活的需要。<br>2.注意卫生,气球尽量固定一个人吹。 |
| 劳动育人 | 1.会组装用气球反冲力作动力的小车。<br>2.会研究小车运动快慢与反冲力大小的关系。<br>3.能用实验数据证明自己的推测。 |
| 3.用橡皮筋驱动小车 | |
| 认知育人 | 1.橡皮筋产生的动力大小会影响小车的运动距离。<br>2.橡皮筋在外力的作用下会产生形变。<br>3.当物体形状改变时会产生一个要恢复原来形状的力,这个力就是弹力。 |
| 德性育人 | 1.发展进一步研究运动和力的兴趣。<br>2.认同收集数据作为证据进行解释的重要性。 |
| 审美育人 | 1.发现形变产生动力。<br>2.小组合作探究,用简洁图表直观描述现象和结果。 |
| 健康育人 | 1.体会到不同小车具有不同类型的动力。<br>2.要有效控制橡皮筋的形变,避免伤害。 |
| 劳动育人 | 1.会安装用橡皮筋作动力的小车。<br>2.探究橡皮筋缠绕的圈数与小车行驶距离的关系。 |
| 4.弹簧测力计 | |
| 认知育人 | 1.力有大小和方向,力的大小是可以测量的。<br>2.弹簧测力计是利用弹簧“受力大,伸长长”的特征制作的,弹簧的伸长特征与橡皮筋相似。<br>3.力的单位是牛顿。 |
| 德性育人 | 1.发展进一步研究力的兴趣。<br>2.树立细致的、有步骤的工作态度。<br>3.体会到不同测量工具可以解决不同的现实问题。<br>4.用弹簧测力计可以测量物体的重力。 |
| 审美育人 | 1.小组合作探究,学会正确地使用方法。<br>3.认识到“N”这个简洁符号的意义和作用。 |
| 健康育人 | 1.弹簧测力计和人一样都有一个可以承受的测试范围,小心拉坏。<br>2.学会保护公物,合理使用。 |
| 劳动育人 | 1.了解弹簧测力计的基本结构。<br>2.使用弹簧测力计测量力的大小。 |
| 5.运动与摩擦力 | |
| 认知育人 | 1.一个物体在另一个物体表面运动时,接触面会发生摩擦,产生摩擦力。<br>2.摩擦力是有大小的,物体由静止变成运动时需要克服摩擦力。<br>3.摩擦力的大小与物体的运动方式有关,一般滚动时所受到的摩擦力小,滑动时所受到的摩擦力大。 |

续表

| | |
|---|---|
| 德性育人 | 1.能用实验数据证明自己的推测。<br>2.意识到人类可以通过不断改进技术来满足增大或减小摩擦力的需求。<br>3.尝试用不同的思路、方法完成科学探究。 |
| 审美育人 | 1.意识到轮子的发明将物体的运动改变成用滚动的方式前进,这是技术上的巨大进步。<br>2.乐于协作交流和分享,并运用简单图表描述小车的运动。 |
| 健康育人 | 1.紧张有序的实验操作,让人感到充实,充满探究的乐趣。<br>2.对知识的及时梳理、归类、整理将帮助学生快速地学习。 |
| 劳动育人 | 1.会用垫圈数表示摩擦力的大小,并对比不同运动方式下的测量结果。<br>2.会研究物体受到的摩擦力与不同运动方式的物体之间的关系。<br>3.会用轮子改装小车。 |
| 6.运动的小车 | |
| 认知育人 | 1.运动的物体具有能量,物体运动的速度不同,具有的能量也不同。<br>2.任何物体工作都需要能量,能量以各种形式存在。 |
| 德性育人 | 1.发展研究能量的兴趣。<br>2.意识到通过实验结果作为证据从而形成观点的科学性。 |
| 审美育人 | 1.体会到生活中能量无处不在,并以各种形式存在。<br>2.用简单图表形象记录实验现象,帮助分析。<br>3.团队合作,协同改进,乐于分享交流。 |
| 健康育人 | 1.操作中注意安全,谨防撞伤。<br>2.认识到团队合作的重要性,培养团队意识。<br>3.妥善收拾实验材料,做好清洁卫生。 |
| 劳动育人 | 1.通过观察敲击实验和撞击实验,认识到运动的物体具有能量。<br>2.通过对比观察和测量,发现物体的运动速度不同所具有的能量也不同。 |
| 7.设计制作小车(一) | |
| 认知育人 | 1.工程设计中需要运用相关科学知识来解决问题。<br>2.工程设计具有一定的执行程序。 |
| 德性育人 | 1.发展对工程设计和动手制作的兴趣,激发创新精神。<br>2.能够接纳他人的观点,不断完善自己的设计制作。<br>3.意识到科学技术的发展能促进社会发展。 |
| 审美育人 | 1.体会到制作的关键在于设计。<br>2.人们不断改进设计以满足不断增加的需求。<br>3.绘制精细化的设计图方便指导制作。 |
| 健康育人 | 1.虚心听取他人意见,不断弥补完善。<br>2.合理确定自己在团队中的角色,并努力扮演好。<br>3.认识到有序的重要性。 |
| 劳动育人 | 1.能根据任务和提供的材料设计方案并绘制设计图。<br>2.在设计讨论活动中,能倾听他人的想法,并与之交流。<br>3.能对自己的想法和结果进行反思,做出自我评价和调整。 |

续表

| 8.设计制作小车(二) | |
|---|---|
| 认知育人 | 1.工程制作中需要运用科学知识,使用技术手段,分工合作解决实际问题。<br>2.对制作出的产品进行评估需要有一定的标准。<br>3.应该根据需要不断地改进和完善产品。 |
| 德性育人 | 1.发展对工程设计和动手制作的兴趣,激发创新精神。<br>2.认识到即使制作出不成功的产品也是有价值的学习。<br>3.能够接纳他人的观点,不断完善自己的制作。 |
| 审美育人 | 1.体会到测试和评估产品有利于不断改进产品。<br>2.人们不断改进产品以满足不断增加的需求。<br>3.以图表的形式确定小组分工,明确职责。 |
| 健康育人 | 1.在团队中要学会共同承担、相互妥协、有效合作。<br>2.虚心接受点评,正确面对失败,不断反思和改进。 |
| 劳动育人 | 1.根据设计,能利用所给的材料制作动力小车。<br>2.在测试评估活动中,对自己的想法和结果进行反思并改进。 |

表2-3-19 教科版《科学》四年级下册“电路”单元教学育人点导引

| 1.电和我们的生活 | |
|---|---|
| 认知育人 | 1.电是由电源提供的,分交流电和直流电。<br>2.通过学习,了解到电与生活紧密相连。 |
| 德性育人 | 1.电是我们生产生活的重要能源,它能驱动电器做很多工作。<br>2.对自然现象保持好奇心,乐于参与调查活动,发展探究身边科学现象的兴趣。 |
| 审美育人 | 积极参与交流和讨论,尊重他人的情感和态度。 |
| 健康育人 | 1.初步懂得一些基本的安全用电知识。<br>2.感受电给我们带来的方便,懂得节约用电。 |
| 劳动育人 | 用调查的方法了解家中常用电器的用途和用电类别。 |
| 2.点亮小灯泡 | |
| 认知育人 | 1.只有电流流过灯丝时小灯泡才会发光。<br>2.利用电来点亮一只小灯泡需要一个完整闭合回路。<br>3.一个完整的电路可以使用相同的材料,且连接方法不止一种。<br>4.电池两端直接用导线连接在一起,就会发生短路。 |
| 德性育人 | 1.体会对周围事物进行有目的、细致地观察的乐趣。<br>2.敢于根据现象做出大胆的想象和推测。<br>3.激发进一步研究电的兴趣。 |
| 审美育人 | 1.积极投入连接电路的活动,及时记录自己的观察。<br>2.享受小组、全班同学共同探讨的乐趣和氛围。<br>3.在合作交流中行为得体、语言文明。 |
| 健康育人 | 1.认识到短路的危害,意识到安全用电的重要性。<br>2.组装电路元器件要小心谨慎,避免伤害。 |

续表

| | |
|---|---|
| 劳动育人 | 1.能用电源、导线和小灯泡连接简单电路。<br>2.观察、描述、记录点亮小灯泡的实验现象。<br>3.根据实验现象对电流的流向做出大胆的想象和推测。 |
| 3.简易电路 | |
| 认知育人 | 1.一个简单电路需要一个能持续提供电能的电池装置。<br>2.电从电池的一端经过导线和用电器返回到电池的另一端,就组成了一个完整的电路。<br>3.可以在电路中安装开关控制通断。 |
| 德性育人 | 1.激发探究电的兴趣。<br>2.科技在不断的需求中创新和发展。<br>3.增强分析和解决问题的信心。 |
| 审美育人 | 1.用简单符号表示电路的不同部分,绘制简易电路图。<br>2.观察、描述、记录有关的实验现象。 |
| 健康育人 | 1.认识到电路元件的重要性和安全性,培养安全意识。<br>2.学会安全连接和操作,避免短路。 |
| 劳动育人 | 1.观察电池盒、开关、灯座的结构,了解各部分的功能。<br>2.用电池盒和灯座以及开关点亮小灯泡。 |
| 4.电路出故障了 | |
| 认知育人 | 1.利用电来点亮小灯泡需要一个完整的电路。<br>2.电路出故障了,电流就会中断。 |
| 德性育人 | 1.尊重他人意见,敢于提出不同见解,乐于合作与交流。<br>2.培养发现问题、直面问题、解决问题的信心。 |
| 审美育人 | 1.借助简洁图表等工具辅助分析。<br>2.乐于合作学习,不吝分享。<br>3.享受团队学习的乐趣和氛围。<br>4.在不断挑战中增强自信。 |
| 健康育人 | 1.认识到工具在检测中的重要意义,培养不直接用手操作电路的习惯和意识。<br>2.学会正确使用检测工具。 |
| 劳动育人 | 1.制作一个电路检测器。<br>2.应用电路检测器检测并排除电路中的故障。 |
| 5.里面是怎样连接的 | |
| 认知育人 | 1.如果电能从一点流到另一点,这两点之间就构成一个电的通路,否则就是断路。<br>2.有不同连接方法组成电路。 |
| 德性育人 | 1.运用思维、推理解决问题。<br>2.培养勇于挑战、缜密推断的态度。<br>3.乐于交流自己的观点。 |
| 审美育人 | 1.运用简洁图表等工具辅助分析。<br>2.乐于表达自己的想法,学会与他人分享自己的观点。<br>3.享受小组、全班同学共同探讨的乐趣和氛围。<br>4.在不断挑战中增强自信。 |

续表

| | |
|---|---|
| 健康育人 | 1.认识到风险无处不在,保持小心谨慎,注意安全。<br>2.养成使用工具检测的习惯。 |
| 劳动育人 | 1.用电路检测器检验接线盒内电路的连接情况。<br>2.在反复观察和实验中发现不同连接方式的特点。<br>3.体会有序检测的重要性。 |
| **6.导体和绝缘体** | |
| 认知育人 | 1.有的物质易导电,这样的物质叫作导体;有的物质不易导电,这样的物质叫作绝缘体。<br>2.导电性是材料的基本属性之一。 |
| 德性育人 | 1.学会与人合作。<br>2.培养尊重事实的实证精神。<br>3.培养谨慎、严谨的作风。 |
| 审美育人 | 1.认识简图的意义,思考如何把图画对、画美。<br>2.小组分工合作,协调配合,共同完成。<br>3.乐于分享自己的看法,提出改进意见和建议。 |
| 健康育人 | 1.认识到井然有序的实验操作习惯和形成安全用电的意识是很重要的。<br>2.认识到安全用电的偶然性和必然性,时刻牢记安全用电。 |
| 劳动育人 | 1.根据任务要求制订一个小组的研究计划,并设法完成计划。<br>2.实施有关检测的必要步骤,并整理实验记录。 |
| **7.电路中的开关** | |
| 认知育人 | 1.开关可以用来连接或断开电路,控制电路中电器元件的工作状态。<br>2.开关有的地方需要用导体来做,而有的地方必须用绝缘体来做。 |
| 德性育人 | 1.培养动手实践能力和创新意识。<br>2.愿意跟同伴合作探究完成指定任务,并乐于反思和改进,体验设计产品的成就感。<br>3.体验科技创造中利用科学知识的重要性。<br>4.认识到控制的重要作用。 |
| 审美育人 | 1.用简洁直观的图表进行设计,指导制作。<br>2.认识到设计上的简洁与功能的统一。<br>3.经历合作实验,体会团队合作的乐趣。 |
| 健康育人 | 1.认识到开关在电路控制中的重要性。<br>2.正确安装和使用开关。 |
| 劳动育人 | 利用身边的材料设计并制作一个简单的开关,并用它来控制电路。 |
| **8.模拟安装照明电路** | |
| 认知育人 | 选择不同的材料可以连接出不同的电路。 |
| 德性育人 | 1.乐于倾听和表达设计的想法。<br>2.乐于将所学的电路知识应用到实践中。<br>3.科学知识来源于生活,并服务于生活。 |
| 审美育人 | 1.经历合作实验,体会团队合作的乐趣。<br>2.通过通俗易懂、简洁直观的图表进行设计,指导制作,呈现科学探究的另一种美。<br>3.学会欣赏运用简单材料制作简易作品,充满成功喜悦和自豪感。 |

续表

| | |
|---|---|
| 健康育人 | 1. 注意安全,非必要情况不要两人同时连接同一电路。<br>2. 材料摆放整齐且有序地使用,这是一种良好的工作和生活习惯。 |
| 劳动育人 | 1. 设计房间照明电路,根据设计图纸完成制作。<br>2. 根据同学的建议修改设计图,进行反思和完善。<br>3. 经历设计全过程——明确问题、确定方案、设计制作、改进完善。 |

表2-3-20 教科版《科学》五年级上册“光”单元教学育人点导引

| 1. 有关光的思考 | |
|---|---|
| 认知育人 | 通常把那些自身能发光的物体称为光源。 |
| 德性育人 | 1. 认识到事物之间的变化是有联系的,也是有规律的。<br>2. 在实验观察中培养严谨、细致、实事求是的态度。 |
| 审美育人 | 1. 感受丰富的光现象装点和影响着我们的学习与生活。<br>2. 乐于分享交流,感受团队力量。<br>3. 通过简洁图表描述现象,呈现科学探究之美。 |
| 健康育人 | 1. 意识到光对人类生产生活的重要性。<br>2. 认识到眼睛的重要性,意识到保护视力的重要意义。 |
| 劳动育人 | 1. 能识别来自光源的光,如太阳光、灯光。<br>2. 能识别来自物体反射的光,如月光。<br>3. 能在实验中感悟到来自光源的光或来自物体的反射光进入眼睛,都能使我们看到光源或该物体。 |
| **2. 光是怎样传播的** | |
| 认知育人 | 光是沿直线传播的。 |
| 德性育人 | 1. 培养学生爱思考的习惯以及善于思考的能力。<br>2. 知道推测要有依据。<br>3. 在实验中能认真观察、勤于思考,能根据实验结果实事求是地进行分析、推理。 |
| 审美育人 | 1. 小组分工合作,协调配合,共同完成。<br>2. 用简单图表形象直观地呈现实验结果,便于大家理解。<br>3. 善于倾听和发现问题,乐于提出自己的猜想和看法,交流分享,和谐有序。 |
| 健康育人 | 1. 了解利用光沿直线传播给人类生产生活带来的便利。<br>2. 认识到强光不能直接照射人眼。<br>3. 探究活动前后器材要归类存放。 |
| 劳动育人 | 1. 将光与声音的传播进行对比,发现光的传播特点。<br>2. 能有依据地推测光的传播路径。<br>3. 会设计验证光是沿直线传播的实验。<br>4. 能用实验中的现象分析、推理出光是沿直线传播的。 |
| **3. 光的传播会遇到阻碍吗** | |
| 认知育人 | 1. 光在受到一个物体或一种物质的影响前能一直保持原方向传播。<br>2. 在空气中沿直线传播的光遇到不同物体时,会发生通过、部分通过和不通过等现象。 |

续表

| | |
|---|---|
| 德性育人 | 1.认识到自然事物是在不断变化的,事物间的变化是有联系和有规律的。<br>2.能够按活动要求坚持观察和如实记录数据。<br>3.能够根据数据和现象实事求是地进行分析和推理。 |
| 审美育人 | 1.知道人们很早就利用阳光下物体影子变化的规律来测定时间。<br>2.发现光传播遇到阻碍时美的现象。<br>3.感受合作探究,发现美的乐趣。 |
| 健康育人 | 1.确认用完的火柴完全熄灭、激光笔不能对着眼睛等安全细节。<br>2.在使用实验器材的过程中注意安全。<br>3.使用实验器材后要有序整理存放。 |
| 劳动育人 | 1.能推测光照射到不同物体时光传播路径的变化。<br>2.能运用阳光下物体影子变化的规律来解释日食和月食现象。 |
| **4.光的传播方向会发生改变吗** | |
| 认知育人 | 光从一种介质斜射进入另一种介质时,传播方向发生改变,从而使光线在不同介质的交界处发生偏折。 |
| 德性育人 | 1.在小组合作探究活动中提升合作意识,培养合作能力。<br>2.认识到自然界事物的变化是有规律的。 |
| 审美育人 | 1.绘制光的行进路线图,欣赏自然神奇之美。<br>2.乐于分享,善于倾听,合作融洽。 |
| 健康育人 | 1.注意避免强光照射,注意安全。<br>2.做好探究前后的整洁有序,养成良好卫生习惯。 |
| 劳动育人 | 1.能通过实验观察现象,自行分析,归纳规律。<br>2.能用对比的方法观察光从空气到水中发生的光线变化。 |
| **5.认识棱镜** | |
| 认知育人 | 1.棱镜可以改变光的传播方向。<br>2.棱镜是利用光的折射定律控制光的传播线路的光学元件。<br>3.太阳光包含不同颜色的光。 |
| 德性育人 | 1.在实验观察中培养严谨、细致、实事求是的态度。<br>2.意识到人类的好奇心和社会的需求是科学发展的动力。 |
| 审美育人 | 1.小组分工合作,协调配合,共同完成。<br>2.用简单图表形象直观地呈现实验结果,便于大家理解。<br>3.善于倾听和发现问题,乐于提出自己的猜想和看法,交流分享,和谐有序。 |
| 健康育人 | 1.在使用玻璃器材过程中要小心,注意安全。<br>2.避免强光直接照射眼睛。 |
| 劳动育人 | 能通过实验发现各种色光在不同介质中发生折射的程度不一样。 |

续表

| 6.光的反射现象 | |
|---|---|
| 认知育人 | 1.光遇到镜面会改变传播方向,形成反射现象。<br>2.反射光也是沿直线传播的。<br>3.我们之所以能看到物体,是因为物体上有光反射到眼睛里。 |
| 德性育人 | 1.善于观察生活中光的反射现象,并产生探究的欲望。科学严谨地对待实验,从实验现象中得出光的反射规律。<br>2.人们利用光反射原理发明了很多有用的器具。<br>3.认识到自然事物的变化都是有规律的。 |
| 审美育人 | 1.尝试绘制出光线的反射路线,欣赏自然之美。<br>2.通过对光线传播路线的分析,发现科学现象中蕴含的数学神奇。<br>3.乐于分享交流,合作融洽。 |
| 健康育人 | 1.反光镜在生活安全方面发挥了很大作用。<br>2.在日常生活中注意利用反射现象保护自身安全。<br>3.注意制作中的安全和有序。 |
| 劳动育人 | 1.能根据阴影、晃眼睛等生活情境发现光的反射现象,并提出探究问题及假设。<br>2.能通过实验发现光的反射规律。 |
| 7.制作一个潜望镜 | |
| 认知育人 | 潜望镜利用了光的反射规律。 |
| 德性育人 | 1.通过制作潜望镜的活动,使学生学会欣赏、评价他人的作品,尊重他人劳动成果,愿意合作交流。<br>2.根据潜望镜的工作原理,利用生活中的材料模拟制作类似作品。 |
| 审美育人 | 1.绘制潜望镜光线传播路线,简洁描述科学现象。<br>2.经历合作实验,体会团队合作的乐趣。<br>3.学会欣赏运用简单材料制作简易作品,充满成功喜悦和自豪感。 |
| 健康育人 | 1.在制作安装过程中小心玻璃,注意安全。<br>2.使用中避免强光直接照射眼睛。 |
| 劳动育人 | 1.能通过对潜望镜内部结构的研究,探究潜望镜的基本原理。<br>2.通过亲自制作潜望镜,加深对光的反射原理的理解。 |

表2-3-21　教科版《科学》五年级下册“热”单元教学育人点导引

| 1.温度与水的变化 | |
|---|---|
| 学科认知 | 1.物质通常以固态、液态、气态的形态存在,物态变化取决于温度等因素。<br>2.热是能量的一种表现形式,热量变化导致了物体温度变化。<br>3.分析物态变化的实验探究情况,知道水的凝固点和沸点。 |
| 德性育人 | 1.形成对热量与水的温度变化、形态变化关系进行科学探究的兴趣。<br>2.通过长时多次的测量和记录,培养认真仔细的实验态度。<br>3.树立用证据说话的意识,能坚持自己正确的观点。<br>4.在进行小组合作学习时,主动研讨与交流,形成集体的观点。<br>5.了解自然界中的水可以以不同的形态存在。<br>6.能用物态变化的知识解释自然界中的有关现象。<br>7.了解科学技术可以减少自然灾害对人类的影响。 |

续表

| | |
|---|---|
| 审美育人 | 1.感受重复实验的趣味性。<br>2.乐于合作探究,体会团队合作的乐趣。<br>3.通过简洁图表描述运动现象,表达实验结果,呈现科学探究的另一种美。 |
| 健康育人 | 1.加热等实验操作过程中规范操作、注意安全、避免受伤。<br>2.使用玻璃等器材时要小心,避免划伤。<br>3.做好实验材料的归类整理和清洁卫生。 |
| 劳动育人 | 1.尝试从事物的变化以及相互关系的角度中提出可以探究的问题。<br>2.能够基于所学的知识,对研究问题做出假设,并说明假设的依据。<br>3.制订比较完整的探究计划,用酒精灯、三脚架等组成加热装置,开展将水加热至沸腾的探究活动。<br>4.通过持续加热和停止加热,记录水沸腾后的温度变化和形态变化,用证据来检验自己的假设,与同学交流探究的过程与结论。<br>5.能够对探究活动进行小结,发现水的温度、形态变化跟热量有关。 |
| **2.水的蒸发和凝结** | |
| 学科认知 | 1.水在吸收(或放出)一定热量后,会发生形态变化。<br>2.水的蒸发和水蒸气凝结成水的过程中有吸热与放热现象。<br>3.日常生活中存在水的蒸发和水蒸气凝结成水的实例。 |
| 德性育人 | 1.擅于发现新的问题,对物态变化有探究兴趣。<br>2.尊重探究的证据,提出正确的观点,坚持以事实为依据形成判断。<br>3.在进行多人合作探究时,能够有效沟通交流。<br>4.养成在探究中、数据中、实践中找到支撑观点的证据。 |
| 审美育人 | 1.发现实验现象的自然美。<br>2.乐于合作探究,体会团队合作的乐趣。<br>3.通过简洁图表描述运动现象,表达实验结果,呈现科学探究的另一种美。 |
| 健康育人 | 1.讨论气温变化影响了人类、动植物的生活和生存。<br>2.关注人类的一些行为会使地球变暖,从而影响自然环境的变化。<br>3.实验中规范操作,小心使用,做好防护,避免受伤。<br>4.做好实验材料的归类整理和清洁卫生。 |
| 劳动育人 | 1.运用以往的经验,对新的问题提出假设。<br>2.制订比较完整的实验计划,开展水蒸发快慢与温度高低关系的探究活动。<br>3.设计实验,开展水蒸气凝结的探究活动。<br>4.通过观察、实验、查阅资料等方式获取事物的信息,分析雾、雨、雪、露、霜、雹等天气现象形成的原因。 |
| **3.温度不同的物体相互接触** | |
| 学科认知 | 1.热量可以从一个物体转移到另一个物体。<br>2.两个系统在发生传热的条件下趋向于热平衡。<br>3.热通常从温度高的物体传向温度低的物体,生活中存在各种热现象。 |

续表

| | |
|---|---|
| 德性育人 | 1.形成对事物变化及相互关系进行科学探究的兴趣。<br>2.当发现事实与自己想法不同时，养成用事实说话的意识。<br>3.在进行多人合作时，主动在小组内沟通交流。<br>4.知道观察工具的精密化能使研究更接近于事物的本质。<br>5.理解温度计能测量温度是应用了科学的规律。<br>6.了解人类的好奇和社会的需求是科学技术发展的动力。 |
| 审美育人 | 1.感受自然平衡之美。<br>2.团队合作协调，交流分享，共同完成任务。<br>3.通过简洁图表描述运动现象，表达实验结果，呈现科学探究的另一种美。 |
| 健康育人 | 1.实验中规范操作，小心使用，做好防护，避免受伤。<br>2.做好实验材料的归类整理和清洁卫生。 |
| 劳动育人 | 1.能够基于所学的知识，自主设计探究实验。<br>2.通过测量获取证据，根据记录的温度变化，制作折线图。<br>3.仔细观察实验现象，运用分析、比较、概括等方法得出科学探究的结论。<br>4.获取多个证据支持提出的观点，尝试多种方式认识事物。 |
| 4.热在金属中的传递 | |
| 学科认知 | 1.热有热传导、热对流、热辐射三种传递方式。<br>2.热可以在物体内和物体间传递。<br>3.热量的传递有一定的方向性，通常热从温度高的物体传向温度低的物体。 |
| 德性育人 | 1.形成对热传递的变化及相关关系进行科学探究的兴趣。<br>2.分析热传递的原因，养成以事实为依据的意识。<br>3.在小组合作时，积极沟通交流，综合考虑小组成员意见。<br>4.保持认真仔细、一丝不苟的实验态度。 |
| 审美育人 | 1.通过生活、自然中的一些简单热现象，了解热传递的一些特点，认识到器具设计的巧妙。<br>2.小组分工合作，协调配合，共同完成。<br>3.乐于分享自己的看法，提出改进意见和建议。 |
| 健康育人 | 1.描述各种各样的热传递和生产生活的关系，认识到健康生活来源于科学。<br>2.实验中规范操作，小心使用，做好防护，避免受伤。<br>3.做好实验材料的归类整理和清洁卫生。 |
| 劳动育人 | 1.从事物结构、变化的角度获取可探究的科学问题。<br>2.交流与制订比较完整的探究计划，设计单一变量的实验方案。<br>3.研究一个问题可以设计不同的实验方法。<br>4.运用分析、比较、推理等方法得出科学探究的结论。 |
| 5.热在水中的传递 | |
| 学科认知 | 1.热在水中以对流的方式传递。<br>2.热可以在物体间和物体内传递，固体、液体、气体都能传递热。 |
| 德性育人 | 1.保持积极探究热传递的兴趣。<br>2.能和别人一起合作交流，愿意倾听他人的意见，反思、调整自己的想法。<br>3.形成从不同的角度提出研究思路的习惯，愿意采用新的方法完成探究。<br>4.明确人类的好奇心和社会需求是科技发展的动力。<br>5.认识到科学技术的发展影响着我们的生活。 |

续表

| | |
|---|---|
| 审美育人 | 1.发现水中物体运行轨迹与水的运动的趣味性。<br>2.乐于合作探究,体会团队合作的乐趣。<br>3.通过简洁图表描述运动现象,表达实验结果,呈现科学探究的另一种美。 |
| 健康育人 | 1.在加热等实验操作过程中规范操作,注意安全,避免受伤。<br>2.使用玻璃等器材时要小心,避免划伤。<br>3.做好实验材料的归类整理和清洁卫生。 |
| 劳动育人 | 1.能够熟练操作热对流的实验,运用图形表示自己的研究结果。<br>2.能够熟练开展小组合作交流活动,体验到通过合作交流能更好地完成认知。<br>3.运用掌握的科学知识探究生活中的科学现象。<br>4.制订比较完整的探究计划,初步具备实验设计的能力。<br>5.运用分析、比较、推理等方法得出科学探究的结论。 |
| 6.哪个传热快 | |
| 学科认知 | 1.不同材料制成的物体,导热性能是不一样的。<br>2.从热量的传递角度认识效率。 |
| 德性育人 | 1.在尊重证据的前提下,坚持正确的观点。<br>2.科学地意识到实验方法的选择和改进会对实验数据的准确性产生影响。<br>3.关注科学调查可以采用多种形式,乐于进行科学调查。<br>4.发现材料因为导热性能的不同在日常生活中有不同的应用。<br>5.了解技术的发展和应用影响着社会发展。 |
| 审美育人 | 1.观察比较,用简单的线条、图示等描述物体不同的传热性能。<br>2.感受生活用品设计的精妙。<br>3.经历合作实验,体会团队合作的乐趣。 |
| 健康育人 | 1. 在加热等实验操作过程中规范操作,注意安全,避免受伤。<br>2.使用玻璃等器材时要小心,避免划伤。<br>3.做好实验材料的归类整理和清洁卫生。<br>4.认识到使用不同材料制作生活用具的意义。 |
| 劳动育人 | 1.尝试基于所学的知识,提出有针对性的假设。<br>2.熟练操作不同材料物体的导热性能实验。<br>3.运用比较和归纳的方法,从实验证据中发现物体导热性能的差异。<br>4.能够分析制造某种物品时,选择热的良导体和不良导体的原因。 |
| 7.做个保温杯 | |
| 学科认知 | 1.热的不良导体可以减慢物体热量的散失。<br>2.空气是一种热的不良导体。<br>3.保温、散热技术在生活中被广泛应用。 |
| 德性育人 | 1.激发设计、研究保温杯的兴趣,能不断进行尝试和创新。<br>2.关注他人的探究成果,乐于分享自己的探究经验。<br>3.了解生活中常见的保温制品,体会它们给人类生活带来的便利。<br>4.讨论技术,包括人们利用和改造自然的方法、程序和产品。<br>5.感受到科学家与工程师的工作可以推动科学的发展与技术的进步。 |

续表

| | |
|---|---|
| 审美育人 | 1. 认识到生活中很多物体都是多种材料的叠加组合。<br>2. 通过通俗易懂、简洁直观的图表进行设计，指导制作，呈现科学探究的另一种美。<br>3. 学会欣赏运用简单材料制作简易作品，充满成功喜悦和自豪感。 |
| 健康育人 | 1. 在加热等实验操作过程中规范操作，注意安全，避免受伤。<br>2. 使用玻璃等器材时要小心，避免划伤。<br>3. 做好实验材料的归类整理和清洁卫生。 |
| 劳动育人 | 1. 根据热传递的原理设计制作保温杯。<br>2. 研究哪种保温方法的保温效果较好。<br>3. 尝试自主设计产品，在研究后改进产品。<br>4. 创作科学小论文等呈现保温杯探究的过程与结论。 |

**表2-3-22　教科版《科学》六年级上册“能量”单元教学育人点导引**

| 1. 各种形式的能量 | |
|---|---|
| 认知育人 | 1. 知道自然界存在声、光、电、热、磁等各种能量的表现形式。<br>2. 知道机械能可以使物体运动起来。 |
| 德性育人 | 1. 激发探索自然界不同形式能量的兴趣。<br>2. 体会到各种形式的能量与我们生活的世界有着密不可分的联系。 |
| 审美育人 | 1. 学会欣赏世界上能量的不同形式。<br>2. 欣赏不同能量在同一物体上的应用方面所作的改进，发现科技不断促进人类世界的繁荣与美丽。 |
| 健康育人 | 1. 意识到能量对于世界的重要性，倡导节约。<br>2. 留意和关注身边的能量，乐于分享。 |
| 劳动育人 | 通过观察，寻找能量存在的证据。 |
| **2. 调查家中使用的能量** | |
| 认知育人 | 1. 知道家庭里经常使用的能量形式有声能、光能、电能、热能、磁能、太阳能等。<br>2. 了解每一种能量形式都需要付出一定的经济成本和环境代价。 |
| 德性育人 | 1. 乐于对能量进行实地调查、交流分享、统计分析。<br>2. 意识到能量的消耗需要付出一定的经济成本和环境代价，能提出合理的节能建议，自觉养成节约能源的良好习惯。<br>3. 初步了解家中的各种能量表现形式，以及它们给自然环境和人类生活带来的影响。 |
| 审美育人 | 1. 欣赏各种能量形式相互转换的神奇。<br>2. 学会欣赏调查成果。<br>3. 享受小组、全班同学共同探讨的乐趣和氛围。 |
| 健康育人 | 1. 认识到家庭能量消耗的巨大，养成节约习惯。<br>2. 认识到每一种能量的后面都需要付出，意识到平等和均衡。<br>3. 了解到常用电器的安全使用范围和方法。 |
| 劳动育人 | 1. 能够在调查中了解家中多种能量形式的存在及电能的消耗。<br>2. 初步学会估算不同功率的用电器每天的耗电量，以及家庭一个月的电费支出等数据。 |

续表

| 3. 电和磁 | |
|---|---|
| 认知育人 | 知道电可以转换成磁。 |
| 德性育人 | 1. 体验科学史上发现电产生磁的过程，意识到细致观察、善于思考的重要性。<br>2. 理解在科学探究过程中合理进行推测、严谨开展实验、有根据地得出结论的必要性。<br>3. 意识到科学技术可以推动社会发展、改变人类生活。 |
| 审美育人 | 1. 惊叹看不见的电所展现出的巨大威力。<br>2. 认识到丰富世界离不开拓展与创新发展，意识到创新之美。<br>3. 乐于协作交流和分享，并运用简单图表进行描述。 |
| 健康育人 | 1. 在检测废电池活动中体会重复利用、节约能源的意义。<br>2. 规范操作，认识到短路的危害，避免伤害。 |
| 劳动育人 | 1. 模仿做通电直导线和通电线圈使指南针偏转的实验，能够通过分析进行解释。<br>2. 能够运用通电线圈能使指南针发生明显偏转的性质，检测废电池是否有电。 |
| **4. 电能和磁能** | |
| 认知育人 | 1. 知道电磁铁具有接通电流产生磁性、断开电流磁性消失的性质。<br>2. 知道改变电流方向会改变电磁铁的南北极。<br>3. 知道电能和磁能可以互相转换，也能从一个物体转移到另一个物体。 |
| 德性育人 | 1. 在实验中感悟认真细致、合作探究的重要性。<br>2. 感受到电能和磁能的相互转换给人类生活带来了许多便利。 |
| 审美育人 | 1. 乐于表达自己的想法，学会与他人分享自己的观点。<br>2. 享受小组、全班同学共同探讨的乐趣和氛围。<br>3. 在不断挑战中增强自信。 |
| 健康育人 | 1. 认识到生活中电能和磁能无处不在，认识到人类无时无刻不生活在电磁的影响下。<br>2. 做好活动中的安全和活动后的清洁卫生。 |
| 劳动育人 | 1. 能够制作铁钉电磁铁，亲历用铁钉电磁铁搬运大头针的实验。<br>2. 能够利用磁铁“同极相斥、异极相吸”的原理，借助指南针研究电磁铁的南北极。 |
| **5. 电磁铁** | |
| 认知育人 | 1. 知道电磁铁的磁性强弱是可以改变的。<br>2. 知道电磁铁的磁性强弱与线圈匝数有关：线圈匝数多磁性强，线圈匝数少磁性弱。<br>3. 知道电磁铁的磁性强弱与电流大小有关：电流大磁性强，电流小磁性弱。 |
| 德性育人 | 1. 体验科学实验设计的严谨性。<br>2. 体会合作学习的必要性，善于借鉴他人的实验数据来支撑自己的观点。<br>3. 了解电磁铁在生产生活中的广泛应用。 |
| 审美育人 | 1. 认识到重复测试在探究中的必要性和重要性。<br>2. 愿意倾听他人意见，乐于分享自己的发现。<br>3. 按要求进行合作探究。 |
| 健康育人 | 1. 认识到电磁铁是生活中的重要物品，它为生活提供便利。<br>2. 做好活动中的安全和活动后的清洁卫生。 |

续表

| | |
|---|---|
| 劳动育人 | 1.完整、深入地经历探究“电磁铁的磁性强弱与哪些因素有关”的实验。<br>2.能够识别变量设计对比实验,会控制变量检验线圈匝数、电流大小对磁性强弱的影响。<br>3.能够用实验数据论证自己的观点。 |
| 6.神奇的小电动机 | |
| 认知育人 | 知道电动机是利用电产生动力的机器,它的基本工作原理是用电产生磁,再利用磁的相互作用推动转子转动。 |
| 德性育人 | 1.发展探究小电动机秘密的兴趣。<br>2.乐于提出自己的想法,勇于用实验证明自己的观点。<br>3.体会科学技术的发展和应用影响着社会的发展。 |
| 审美育人 | 1.欣赏小电动机的结构及强大功能,惊叹人类的巨大创造力。<br>2.欣赏到小电动机结构的和谐组合。<br>3.享受小组、全班同学共同探讨的乐趣和氛围。 |
| 健康育人 | 1.认识到功能与结构的巧妙统一,增强创新意识。<br>2.实验中注意用电安全,做好活动前后的清洁卫生和归类存放。 |
| 劳动育人 | 1.能够拆解并观察小电动机,了解小电动机的构造及基本原理。<br>2.能够根据小电动机的构造,推想通电后小电动机为什么会转动?<br>3.能够按步骤做探究小电动机工作原理的实验。 |
| 7.能量从哪里来 | |
| 认知育人 | 1.知道太阳是自然界最大的能量来源。<br>2.知道电能是由其他形式的能量转换来的。<br>3.知道能量有多种形式,能相互转换,可以储存在一些物质中。 |
| 德性育人 | 1.乐于探索生活中各种能量之间的相互转换。<br>2.能够以事实为依据做出相应的判断。<br>3.了解科学技术的发展和应用影响着社会的发展。 |
| 审美育人 | 1.从欣赏大宇宙到微观世界,惊叹物质世界的能量无处不在。<br>2.认识并欣赏人类在认识和改造世界中迸发的强大创造力。<br>3.用简单图表呈现探究结果。 |
| 健康育人 | 1.学会改变观察视角,多方面分析,增强包容之心。<br>2.认识到合理表达形式的重要性。 |
| 劳动育人 | 1.能根据已有的知识和经验,通过逻辑推理思考问题。<br>2.能通过观察、实验和阅读资料认识电能的来源。 |

表2-3-23　教科版《科学》六年级下册“物质的变化”单元教学育人点导引

| 1.厨房里的物质与变化 | |
|---|---|
| 认知育人 | 1.世界是由物质组成,物质是变化的,物质的变化是不同的。<br>2.物质总是在不断地变化。有些变化只改变了物质的大小、形态等,而有些变化产生了新的物质,我们把产生新物质的变化叫作化学变化。 |

续表

| | |
|---|---|
| 德性育人 | 1.初步养成乐于观察身边常见物质变化现象的兴趣和探究欲。<br>2.初步感受身边的物质在不断地变化并且影响着我们的生活。 |
| 审美育人 | 1.欣赏到平时不大关注到的常见物质相混合后呈现出的美。<br>2.探究活动中用简洁图表、线条呈现科学探究之美。<br>3.感受合作探究的协调之美。 |
| 健康育人 | 1.关注常见食物间相互混合后的反应,关注饮食健康。<br>2.探究活动中避免直接用手操作,做好安全防护。<br>3.做好实验前后的清洁和归类整理。 |
| 劳动育人 | 1.能够对水、食盐、铁锅等厨房中的物质特征进行观察描述。<br>2.用观察、比较、分析、概括的方法,寻找物质发生化学变化的证据,对物质的变化进行分类。 |
| **2.产生气体的变化** | |
| 认知育人 | 1.物质发生变化时,常常会伴随一些现象,例如产生气体。<br>2.物质发生化学变化会产生新的物质。 |
| 德性育人 | 1.能够尊重实验事实,愿意与人交流实验现象,分享观点。<br>2.产生深入研究物质变化的兴趣。<br>3.初步感受物质变化对生活的影响。 |
| 审美育人 | 1.欣赏不同物质相混合后产生的变化。<br>2.尝试用不同的颜色和简洁的线条绘制物质的变化之美。<br>3.乐于交流分享,共享成功喜悦。 |
| 健康育人 | 1.认识到不同物质相互混合会产生新物质,在饮食中注意合理搭配。<br>2.认识到烹饪中应控制某些物质的量。<br>3.探究中规范操作,不品尝,用扇闻的方式,注意安全。<br>4.做好实验前后的清洁卫生和规范有序。 |
| 劳动育人 | 1.能用实验的方法研究发现有些物质变化会伴随一些特殊现象。<br>2.能利用感官仔细观察,对物质变化的现象进行准确描述。<br>3.能以观察到的变化现象(如有气体生成)为依据,判断物质发生了什么变化。 |
| **3.发现变化中的新物质** | |
| 认知育人 | 1.一些物质在变化的过程中,既会发生化学变化又会发生物理变化。<br>2.物质发生化学变化会产生新的物质。 |
| 德性育人 | 1.养成细心观察、及时记录的习惯。<br>2.体会到细致并实事求是地汇报观察到的现象对于得出正确结论的重要性。<br>3.了解化学变化对人类生活的影响,知道有些是有益的,有些是有害的。 |
| 审美育人 | 1.欣赏常见物质在非常手段下发生的化学变化所呈现出来的美。<br>2.尝试用有趣的简单图画描述物体在水中的变化过程。<br>3.小组合作探究,共同猜想验证,乐于分享交流。 |
| 健康育人 | 1.认识到燃烧是剧烈的化学变化,认识到火灾的危害。<br>2.了解烹饪中一些化学变化呈现出来的现象,了解其对人体健康的重要意义。<br>4.实验操作中小心谨慎,注意安全,避免烫伤。<br>5.做好实验前后的整洁有序和清洁卫生。 |

续表

| | |
|---|---|
| 劳动育人 | 1.能用科学的语言描述物质变化过程中产生的现象。<br>2.能根据物质变化的现象判断物质变化是物理变化还是化学变化。<br>3.能通过观察、实验、查阅资料和调查分析等方式，获取化学变化产生的新物质的特征。 |
| **4.变化中伴随的现象** | |
| 认知育人 | 1.物质在变化的过程中往往会有许多现象发生。<br>2.物质变化分为物理变化和化学变化，可以根据是否产生新物质来判别它们。 |
| 德性育人 | 1.当多人观察、实验出现不一样的结论时，乐于分析原因，再次观察、实验，以事实为依据做出判断，尊重证据。<br>2.能坚持长时间认真细致地观察铁钉生锈的现象，发展探究铁钉生锈的兴趣。<br>3.人类可以利用科学与技术干预物质变化。 |
| 审美育人 | 1.欣赏物理变化和化学变化中相类似的现象。<br>2.简单绘制，简洁描述，展示科学记录的特点。<br>3.乐于合作，相互协调，共同完成任务。 |
| 健康育人 | 1.探究中规范操作，不品尝，用扇闻的方式，注意安全。<br>2.认识到安全规范操作的原因，类似现象不等于同样安全。<br>3.做好实验前后的清洁卫生和规范有序。 |
| 劳动育人 | 1.能够描述物质变化过程中所观察到的现象。<br>2.能够根据物质变化的现象判断物质变化是物理变化还是化学变化。 |
| **5.地球家园的化学变化** | |
| 认知育人 | 地球的很多资源如岩石、矿物、煤、石油、氧气等都是化学变化的产物。 |
| 德性育人 | 1.有质疑精神，不迷信权威，愿意用多种方法解决问题。<br>2.愿意与人交流收集到的资料信息，分享观点。<br>3.体会化学变化对人类生产生活带来的影响。<br>4.感受到资源的珍贵，认同珍惜资源、节约能源的观点。 |
| 审美育人 | 1.欣赏地球上各种岩石、矿物等的美丽惊艳。<br>2.认识到地球上有的化学变化规模巨大，且是缓慢进行的，呈现自然之美。<br>3.学会合作分享交流，协同学习。 |
| 健康育人 | 1.认识到保护生态环境的重要性，积极参与养绿、护绿活动。<br>2.认识到只有一个地球，地球上的有些资源是不可再生的，要保护地球资源。 |
| 劳动育人 | 1.通过查阅资料与分析推理寻找证据，尝试解释煤、石油、氧气的形成经历了复杂的化学变化过程。<br>2.体验探究中证据、逻辑推理的重要性，能将自己的分析结果与已有的科学结论作比较。 |
| **6.生命体中的化学变化** | |
| 认知育人 | 1.食物能够为人体提供能量和营养。食物被人体消化吸收的过程是缓慢的，这个过程发生了化学变化。<br>2.情绪的产生与化学变化有关系。 |
| 德性育人 | 1.在小组合作时，愿意沟通交流，能够综合考虑小组各成员的意见，形成集体的观点。<br>2.化学变化影响着人类生活。 |

续表

| | |
|---|---|
| 审美育人 | 1.欣赏到生命体在化学变化中的发展变化过程。<br>2.借助图表来描述食物在身体内的系列变化。<br>3.小组合作探究,分享发现成长奥秘的喜悦。 |
| 健康育人 | 1.实验探究中做好防护,规范操作,注意安全。<br>2.认识到良好的饮食习惯和良好的生活方式对人体的重要性。<br>3.认识到情绪变化与生活习惯的关系。 |
| 劳动育人 | 1.能通过观察、实验等方式获取事物的信息。<br>2.能基于所学的知识,运用分析、比较、推理、概括等方法得出科学探究的结论。 |
| **7.美丽的化学变化** | |
| 认知育人 | 1.紫甘蓝与白醋的反应是化学变化。<br>2.化学变化有其美丽的一面。人类要利用好化学变化,让我们的生活更美好。 |
| 德性育人 | 1.认可化学变化对我们生活的帮助。<br>2.化学变化产生的新物质可以让我们的生活变得更美好、更方便。<br>3.知道物质的化学变化与我们的生活密切联系。 |
| 审美育人 | 1.欣赏到化学变化过程中的美丽现象。<br>2.认识到化学变化让我们的世界变得丰富多彩、美丽多姿。<br>3.欣赏人类为改变地球上的不美丽所作出的种种努力而呈现出的美好! |
| 健康育人 | 1.认识到化学变化对我们生命和身体健康的重要意义。<br>2.认识到保护地球环境的重要性,增强环保意识。 |
| 劳动育人 | 1.能够对比观察紫甘蓝叶片分别与白醋、水的反应过程并进行描述。<br>2.能用举例、分析、概括的方法感受到化学变化给我们的生活带来的美好和方便。 |

## (三)地球与宇宙领域育人点导引

**表2-3-24 教科版《科学》二年级上册"我们的地球家园"单元教学育人点导引**

| | |
|---|---|
| **1.地球家园中有什么** | |
| 认知育人 | 1.地球家园中有空气、土壤、岩石、水、动物、植物等。<br>2.阳光、空气、水、植物、动物等非生物和生物资源对地球家园缺一不可。 |
| 德性育人 | 1.对探究"地球家园中有什么"感兴趣。<br>2.愿意倾听,积极分享。 |
| 审美育人 | 能用画图的方式记录地球家园,感受地球家园的美。 |
| 健康育人 | 懂得地球是生命共同的家园,人类的生活离不开地球提供的各种资源。 |
| 劳动育人 | 1.用图文的方式在地球家园图上添加相应内容。<br>2.讨论地球家园中的自然资源与人类的关系,表达自己的观点。 |
| **2.土壤——动植物的乐园** | |
| 认知育人 | 土壤上生长着许多植物,土壤表面和土壤里生活着许多动物。 |

续表

| | |
|---|---|
| 德性育人 | 1.对探究土壤以及生活在土壤上的动植物感兴趣。<br>2.细致观察,乐于表达。 |
| 审美育人 | 认同观察需细致、全面、有序、准确,感受科学的严谨性、准确性。 |
| 健康育人 | 1.懂得保护生活在土壤上的动植物。<br>2.不要伤害动物和植物。<br>3.不去危险的地方,注意自身安全。 |
| 劳动育人 | 1.在教师的指导下对生活在土壤表面和土壤中的动植物进行观察和记录。<br>2.用自己的语言描述并交流对土壤以及生活在土壤上的动植物的发现。 |
| **3.太阳的位置和方向** | |
| 认知育人 | 1.太阳能够发光、发热。<br>2.太阳的光和热对植物的生长、动物的生存有着重要影响。<br>3.太阳东升西落,面对太阳升起的方向时,前面是东、后面是西、左面是北、右面是南。<br>4.懂得地球上的生命离不开太阳的光和热,人类可以利用太阳的光和热为人们的生活服务。 |
| 德性育人 | 1.对利用太阳的位置来辨识方向感兴趣。<br>2.能按照要求进行合作探究。 |
| 审美育人 | 感受活动过程的共同协作和有序完成任务的和谐之美。 |
| 健康育人 | 不要用眼睛直接观察太阳,以免灼伤眼睛。 |
| 劳动育人 | 1.利用太阳在天空中的位置来辨识方向。<br>2.小组分工协作。 |
| **4.观察月相** | |
| 认知育人 | 1.月相是变化的,不同的夜晚月相可能不相同。<br>2.月相是逐渐发生变化的,有时月相亮面逐渐变大,有时逐渐变小。 |
| 德性育人 | 1.对观察记录月相等活动感兴趣。<br>2.能坚持客观及时地记录。 |
| 审美育人 | 感受月相变化的奇妙和月球的美丽。 |
| 健康育人 | 观察月相时注意安全。 |
| 劳动育人 | 1.连续几天观察月相。<br>2.记录和描述月相变化的过程。 |
| **5.各种各样的天气** | |
| 认知育人 | 1.天气现象有阴、晴、雨、雪、风等。<br>2.降水、风、光照等天气要素会影响人们的生产生活,如农业灌溉、风力发电、太阳能发电等。 |
| 德性育人 | 1.对探究天气现象带来的影响感兴趣。<br>2.愿意倾听,乐于表达。 |
| 审美育人 | 感受自然界天气变化的神奇。 |
| 健康育人 | 1.知道极端天气给人们带来的不利影响,知道一些趋利避害的方法。<br>2.关注天气变化,指导自己的生活。 |

续表

| | |
|---|---|
| 劳动育人 | 1.用自己的语言来描述阴、晴、雨、雪、风等天气现象的区别。<br>2.描述天气变化对动植物和人类生活的影响。 |
| 6.不同的季节 | |
| 认知育人 | 1.一年中季节变化的典型现象各不相同。<br>2.季节变化对植物生长、动物迁徙和人类衣着会产生影响。 |
| 德性育人 | 1.对探究四季现象及其对地球生命的影响感兴趣。<br>2.善于倾听,乐于分享。 |
| 审美育人 | 感受植物和动物在四季变化中的奇妙变化,欣赏大自然的美。 |
| 健康育人 | 了解四季变化给地球生命带来的影响。关注四季变化,根据掌握的知识指导自己的生活。 |
| 劳动育人 | 1.描述一年中季节变化的典型现象,拼贴四季变化图。<br>2.举例说明季节变化对动植物和人类生活的影响。 |
| 7.做大自然的孩子 | |
| 认知育人 | 1.人类的衣、食、住、行离不开动植物提供的资源。<br>2.能说出人类生活离不开动植物的一些实例。 |
| 德性育人 | 1.对探究动植物与人类关系的活动感兴趣。<br>2.愿意倾听,乐于表达。 |
| 审美育人 | 1.体验自然与人类之间的和谐之美。<br>2.感受大自然的生机和美丽,对大自然充满喜爱。 |
| 健康育人 | 认识到动植物与人类的关系,体会到应该保护身边的动植物。 |
| 劳动育人 | 制作一个爱护小动物的装置(小鸟餐厅或者小鸟之家)。 |

表2-3-25 教科版《科学》三年级下册“太阳、地球和月球”单元教学育人点导引

| | |
|---|---|
| 1.仰望天空 | |
| 认知育人 | 1.知道太阳和月球的基本特征,并能比较出它们的相同和不同之处。<br>2.通过模拟实验,引导学生探究我们看太阳和月球时大小差不多的原因。 |
| 德性育人 | 1.小组成员之间相互配合完成任务。<br>2.实事求是描述观察到的现象。 |
| 审美育人 | 1.感受太阳和月球对人类的作用美。<br>2.体验模拟实验的作用美和实验现象的成功美。 |
| 健康育人 | 不能用肉眼直接观察太阳,注意做好保护措施。 |
| 劳动育人 | 会选择合适的材料,模拟观察太阳和月球为什么看上去差不多大小。 |
| 2.阳光下物体的影子 | |
| 认知育人 | 1.通过模拟实验,引导学生发现一天中影子的变化:影子总是和太阳的方向相反,并随着太阳的位置变化而变化;一天中早上和傍晚影子长,中午影子短。 |

续表

| | |
|---|---|
| 德性育人 | 1.小组成员之间相互配合,耐心完成实验任务。<br>2.实事求是描述观察到的现象。<br>3.体会古人在科学研究方面的智慧。 |
| 审美育人 | 1.感受影子变化图的美妙。<br>2.体验古人用日晷计时的智慧美。<br>3.体会探究得出影子变化的成功美。 |
| 健康育人 | 户外实验时注意安全,不奔跑打闹。 |
| 劳动育人 | 按照要求完成实验,并做好记录。 |
| 3.影子的秘密 | |
| 认知育人 | 1.学生可以说出影子形成的条件。<br>2.知道影子会发生变化,且会受光源、遮挡物和屏的距离等因素影响而变化。 |
| 德性育人 | 形成尊重事实、重视证据的科学态度。 |
| 审美育人 | 感受形成影子及影子会发生变化的科学现象和探究过程之美。 |
| 健康育人 | 活动过程中语言文明、行为健康、合作交流。 |
| 劳动育人 | 利用手电筒和木圆柱完成影子的产生和影子变化的探究实验。 |
| 4.月相变化的规律 | |
| 认知育人 | 通过探究,知道并能描述月相变化的规律。 |
| 德性育人 | 1.实事求是描述观察到的现象。<br>2.善于倾听,乐于交流月相排序的结果。 |
| 审美育人 | 1.感受月相变化的规律美。<br>2.体验探究月相变化的过程美。 |
| 健康育人 | 活动过程中语言文明、行为健康、合作交流。 |
| 劳动育人 | 1.尝试给月相的图片排序。<br>2.制作一副月相变化的纸牌。 |
| 5.月球——地球的卫星 | |
| 认知育人 | 1.了解月球的基本情况。<br>2.知道月球和太阳的异同点。<br>3.知道月球对地球的影响。 |
| 德性育人 | 1.学会课前用多种方法收集资料并整理。<br>2.学会小组成员之间相互配合完成任务。 |
| 审美育人 | 感受和探索月球正面和背面的美。 |
| 健康育人 | 活动过程中语言文明、行为健康、合作交流。 |
| 劳动育人 | 1.用托盘、细沙和不同的小球制造出月球表面的环形山。<br>2.能用简洁的语言将自己观察到的结果描述出来,并尝试以维恩图的形式组织和整理信息。 |

续表

| 6.地球的形状 | |
|---|---|
| 认知育人 | 通过各种实验证明地球是圆的。 |
| 德性育人 | 1.学会利用证据来支撑自己的观点。<br>2.学会小组成员之间相互配合完成任务,能主动参与小组合作学习活动。 |
| 审美育人 | 感受和探索地球是圆的。 |
| 健康育人 | 活动过程中语言文明、行为健康、合作交流。 |
| 劳动育人 | 通过对比观察船模在球面和平面上的移动以及正方体和球体投射的影子,找到证据证明地球是圆的,再用简洁的语言描述出来。 |
| **7.地球——水的星球** | |
| 认知育人 | 1.知道地球上海洋的面积远大于陆地的面积。<br>2.了解地球、月球和太阳的异同。 |
| 德性育人 | 1.形成记录数据的意识与习惯,愿意关注和客观看待他人的测量结果。<br>2.学会小组成员之间相互配合完成任务,能主动参与小组合作学习活动。 |
| 审美育人 | 地球,一个充满水的蓝色美丽星球。 |
| 健康育人 | 让学生知道水对人类的重要性,引导学生合理使用水资源,节约用水,保护水资源。 |
| 劳动育人 | 通过对比,利用数格子的方法证明地球上海洋的面积远大于陆地的面积,并结合前面所学知识对比地球与太阳和月球的异同。 |
| **8.太阳、月球和地球** | |
| 认知育人 | 1.根据前面所学知识,各用一种色彩来代表太阳和月球,并说明原因。<br>2.搜集和选用与地球有关的图片和文字资料,做一张与地球相关的主题海报。<br>3.发现太阳、月球和地球的不同。<br>4.通过搜集资料等活动,让学生对地球有更深入的了解并发现新问题。 |
| 德性育人 | 1.寻找和搜集与地球家园相关的资料,并合理地选择利用。<br>2.学会小组成员之间相互配合完成任务,能主动参与小组合作学习活动。 |
| 审美育人 | 1.用色彩来表达太阳和月球。<br>2.用海报的形式来展示地球家园的美。 |
| 健康育人 | 引导学生爱护我们的地球家园。 |
| 劳动育人 | 1.学生通过前面所学知识,给太阳和月球选择一种合适的颜色并涂色。<br>2.利用课前收集到的资料和书本上的资料,为地球家园做一张主题海报,来表达我们对地球的认识,并交流和展示。 |

**表2-3-26 教科版《科学》三年级上册“天气”单元教学育人点导引**

| 1.我们关心天气 | |
|---|---|
| 认知育人 | 1.同一时间、不同地点的天气可能不一样,同一地点、不同时间的天气也可能不一样。<br>2.天气是一个地方在某一段时间里大气的冷暖、阴晴、雨雪以及风等情况。<br>3.天气总是在不断变化,有些天气会给我们带来灾害。 |

续表

| | |
|---|---|
| 德性育人 | 意识到长期的观察和记录会使我们了解到更多的天气信息。 |
| 审美育人 | 感受不同地方、不同季节独特的天气现象,感受天气变化独特的自然美。 |
| 健康育人 | 1.了解台风、洪水、干旱等气象灾害对人类生命健康的影响。<br>2.意识到天气变化影响着我们的生活。 |
| 劳动育人 | 1.对各种天气现象进行交流讨论。<br>2.运用多种感官来收集天气信息,并记录在“天气日历”表中。 |
| 2.认识气温计 | |
| 认知育人 | 1.气温计是测量气温的专用工具。<br>2.常用的温度单位是摄氏度,用符号℃表示<br>3.知道工具的使用可以提高测量气温的准确性。 |
| 德性育人 | 养成运用气温计测量气温的兴趣。 |
| 审美育人 | 感受安静测量与小组合作的秩序之美。 |
| 健康育人 | 安全使用气温计。 |
| 劳动育人 | 利用气温计模型,练习气温计的正确读数方法。 |
| 3.测量气温 | |
| 认知育人 | 1.气温是指空气的温度。为了比较,每天可以选同一时间、同一地点来测量气温。<br>2.一天的气温变化有一定的规律。<br>3.认识到工具的使用可以提高测量气温的准确性。 |
| 德性育人 | 1.保持对气温变化的研究兴趣。<br>2.在天气日历上坚持记录每天的气温。 |
| 审美育人 | 感受安静测量和小组合作的秩序之美。 |
| 健康育人 | 正确使用气温计并在测量时注意安全。 |
| 劳动育人 | 1.使用气温计测量并记录教室外一天中的气温,并绘制成柱状统计图。<br>2.完成天气日历中温度的测量和记录。 |
| 4.测量降水量 | |
| 认知育人 | 1.降雨量的多少可以用雨量器来测量。<br>2.了解随着科技的发展,降水量的测量会更精确。 |
| 德性育人 | 1.保持对观测天气现象的浓厚兴趣,培养认真仔细的观察习惯。<br>2.能在课后持续地测量降雨量。 |
| 审美育人 | 认同绘制柱状图的工整美。 |
| 健康育人 | 测量降水量的过程中注意安全。 |
| 劳动育人 | 1.制作简易雨量器。<br>2.用简易雨量器测量降雨量,完成天气日历的记录。 |

续表

| 5. 观测风 | |
|---|---|
| 认知育人 | 1. 可以通过自然界中事物的变化来感知风。<br>2. 可以用风向和风速来描述风。 |
| 德性育人 | 提高观察天气现象的兴趣和好奇心。 |
| 审美育人 | 通过感受风的自然韵律和变化，促进丰富情感、审美提升和环保意识的形成。 |
| 健康育人 | 知道利用工具能使对风的观测更准确。 |
| 劳动育人 | 学会自制简易小风旗，能用自制的小风旗测量风向和风速，并记录观察结果。 |
| **6. 观察云** | |
| 认知育人 | 1. 根据云量的多少，天气可分为晴、多云和阴。<br>2. 对云的研究可以告诉我们天气的信息，指导人们的生产和生活。<br>3. 通过图文记录并对比资料，能根据云的形状判别云的三种基本形态。 |
| 德性育人 | 1. 在对云的研究中能保持浓厚的兴趣。<br>2. 在课外认真完成天气日历中关于云的观察记录。 |
| 审美育人 | 1. 欣赏千姿百态的云，感受不同形态的云的美丽。<br>2. 认同科学绘图的真实美。 |
| 健康育人 | 观察云时不要直视太阳。 |
| 劳动育人 | 1. 在室外观察云，画出云的形状简图，再和云的照片进行对比。<br>2. 根据云的多少，区分晴、多云和阴，并用简图记录。 |
| **7. 整理我们的天气日历** | |
| 认知育人 | 1. 天气是不断变化的，对长时间观察记录的天气信息进行分析和整理，可以帮助我们认识天气的一些特征，了解天气变化的一些规律。<br>2. 气候和天气的概念不同，气候是一个地区多年的天气平均状况。 |
| 德性育人 | 感受到长时间进行科学观察和记录的重要意义。 |
| 审美育人 | 回顾一个月以来天气的变化，体验天气的神奇变化。 |
| 健康育人 | 了解并意识到天气的变化与人类的生产生活密切相关。 |
| 劳动育人 | 统计、分析天气日历上收集到的信息，并利用这些信息对天气情况进行解释。 |
| **8. 天气预报是怎样制作出来的** | |
| 认知育人 | 1. 天气预报主要由分布在全球各地的气象部门制作并发布。<br>2. 制作天气预报大致有五个步骤：数据收集、数值天气预报、气象员做出预报、天气会商、发布天气预报。<br>3. 意识到随着科学技术的发展，天气预报包含的信息越来越多，制作过程越来越精密。 |
| 德性育人 | 1. 意识到天气预报的制作是一个非常复杂的过程，气象专家要付出大量艰苦的劳动。<br>2. 产生研究天气的兴趣。 |

续表

| | |
|---|---|
| 审美育人 | 欣赏天气预报制作的精密之美。 |
| 健康育人 | 1.意识到天气预报可以帮助我们提早应对天气变化带来的影响，保证生活顺利进行，保证自身生命健康安全。<br>2.关注天气变化，用学到的知识指导自己的生活。 |
| 劳动育人 | 1.通过观察天气预报，了解天气预报所包含的信息。<br>2.根据资料了解天气预报的制作过程。 |

表2-3-27　教科版《科学》四年级下册“岩石与土壤”单元教学育人点导引

| 1.岩石与土壤的故事 | |
|---|---|
| 认知育人 | 1.岩石和土壤是自然界中天然存在的物质，它们的形成过程记录了地球形成与演化的历史。<br>2.岩石和土壤是地球上的重要资源，用途广泛。<br>3.用班级记录表记录、整理有关岩石和土壤的知识。<br>4.在教师指导下，能运用分析、推理等思维方法感悟学习岩石和土壤的意义与价值。 |
| 德性育人 | 1.发展研究岩石和土壤的兴趣。<br>2.愿意倾听，积极分享。 |
| 审美育人 | 奇特的岩石本身可以作为精美的工艺品，欣赏岩石的美。 |
| 健康育人 | 认识到土壤是农业生产的基础，是保障人们粮食安全的重要资源。我们应该保护自然资源，爱护每一块石，每一方土。 |
| 劳动育人 | 1.观察和描述采集到的岩石和土壤。<br>2.阅读资料，了解岩石和土壤的形成过程及用途。 |
| 2.认识几种常见的岩石 | |
| 认知育人 | 1.花岗岩、砂岩、大理岩等常见岩石具有不同的特征<br>2.会用科学词汇描述岩石的特征并记录。 |
| 德性育人 | 1.积极参加观察岩石特征的探究活动，保持对岩石的探究兴趣。<br>2.认识到认真细致地观察、比较、描述和记录是十分重要的。 |
| 审美育人 | 认同科学记录的真实与工整之美。 |
| 健康育人 | 鉴别矿物硬度时，使用工具一定要注意安全。 |
| 劳动育人 | 1.用感官对花岗岩、砂岩、大理岩的特征进行观察。<br>2.使用简单工具对花岗岩、砂岩、大理岩的特征进行更细致地观察。 |
| 3.岩石的组成 | |
| 认知育人 | 1.岩石都是由一种或几种矿物组成的。<br>2.花岗岩主要由石英、长石和云母三种矿物组成。<br>3.不同矿物具有不同的形态特征。<br>4.颜色、条痕、透明度和光泽是识别矿物的重要依据，矿物的条痕比它的外表颜色更可靠。<br>5.能用科学词汇描述矿物的特征，并做好记录。 |
| 德性育人 | 1.培养对矿物观察、研究的兴趣。<br>2.认识到认真细致地观察、比较、记录和描述是十分重要的。 |

续表

| | |
|---|---|
| 审美育人 | 感受到矿物的种类繁多、形态各异且色彩丰富，欣赏矿物晶体的美。 |
| 健康育人 | 观察矿物特征时一定要注意安全。 |
| 劳动育人 | 1.用放大镜观察花岗岩的组成。<br>2.用科学方法观察矿物的颜色、条痕、透明度、光泽等特征。 |
| **4.制作岩石和矿物标本** | |
| 认知育人 | 1.岩石和矿物的不同特征是识别它们的依据。<br>2.能够对照标本图片，根据岩石、矿物的特征识别采集到的标本。 |
| 德性育人 | 1.体会到制作岩石和矿物标本的乐趣。<br>2.培养认真细致的科学态度以及团结合作的精神。 |
| 审美育人 | 欣赏并制作精美的岩石和矿物标本。 |
| 健康育人 | 1.制作矿物标本时，注意不要让尖锐的岩石划伤自己。<br>2.和同伴合作制作，互帮互助，和谐共处。 |
| 劳动育人 | 1.用采集来的岩石和矿物制作标本。<br>2.标签的制作与摆放要做到科学、准确。 |
| **5.岩石、沙和黏土** | |
| 认知育人 | 1.岩石碎裂后会形成沙、黏土。<br>2.岩石、沙和黏土的特征各不相同。<br>3.根据事实对岩石的变化进行推测。 |
| 德性育人 | 1.敢于根据观察到的现象，提出猜想，大胆表达自己的观点。<br>2.建立自然界的事物是在不断变化的观点。 |
| 审美育人 | 喜欢团结合作、积极向上的课堂氛围。 |
| 健康育人 | 1.用鼻子鉴别时，用扇闻的方法。<br>2.观察岩石、沙、土壤后，做好清洁卫生。 |
| 劳动育人 | 用感官和简单工具观察、比较岩石、沙和土壤三者的不同特征。 |
| **6.观察土壤** | |
| 认知育人 | 土壤包含岩石风化而成的大小不同的颗粒（小石子、沙、黏土）以及腐殖质、水和空气等。 |
| 德性育人 | 1.认识到土壤是地球的重要资源。<br>2.认识到认真细致地观察、比较、记录、描述是十分重要的。 |
| 审美育人 | 感受安静观察实验与小组合作的秩序之美。 |
| 健康育人 | 1.认识到土壤对生命以及人类生产生活具有重要意义，如我们吃的许多食物都来自土壤中生长的植物。<br>2.注意用手卫生。 |
| 劳动育人 | 1.通过观察实验的方法了解土壤的组成成分。<br>2.用土壤沉积的方法观察到土壤成分按颗粒大小分层。 |

续表

| 7.比较不同的土壤 | |
|---|---|
| 认知育人 | 1.土壤按成分含量不同可分为沙质土、黏质土和壤土。<br>2.不同的土壤适合种植不同的植物。<br>3.能够运用观察和实验的方法,对三种土壤的特性进行细致的观察、比较。 |
| 德性育人 | 1.认识到认真细致的观察、比较、记录和描述是十分重要的。<br>2.认识到土壤对人类的重要作用。 |
| 审美育人 | 遵循课堂实验的有序性和秩序性,感悟课堂的秩序美。 |
| 健康育人 | 1.认识到人类生活的许多需求都来源于土壤。<br>2.观察土壤时注意用手卫生。 |
| 劳动育人 | 1.观察、描述、记录三种土壤的特性(颗粒大小、黏性、渗水性)。<br>2.通过查阅资料,了解不同植物的生长与土壤类型的关系。 |
| 8.岩石、土壤和我们 | |
| 认知育人 | 1.岩石和土壤的特性决定了它们的用途。<br>2.岩石和土壤在生产生活中用途广泛,人类的生存离不开岩石和土壤。<br>3.岩石和土壤是地球上的重要资源,我们要很好地保护和利用它们。<br>4.知道矿产是人类工农业生产的重要资源,不可再生。<br>5.用气泡图归纳岩石、矿物和土壤各自的用途。 |
| 德性育人 | 1.关注人类在开发、利用、保护岩石、矿物和土壤等方面的种种行为,树立保护并合理利用岩石、矿物和土壤的意识。<br>2.乐于在课外继续开展有关岩石、矿物和土壤的探究活动。 |
| 审美育人 | 1.欣赏用岩石雕刻的雕塑等艺术品。<br>2.欣赏用岩石或矿物制成的工艺品的美。 |
| 健康育人 | 1.土壤可以起到过滤和净化水质的作用,还给了我们一个美好的生活环境,并为许多生物提供了家园,人类的生存离不开土壤。<br>2.了解人类的生产生活可能对环境造成破坏。<br>3.愿意采取行动保护环境,合理利用资源。 |
| 劳动育人 | 1.通过调查、阅读资料等形式,了解岩石和土壤的用途。<br>2.通过调查、访问、交流等形式,了解人类在开发、利用、保护岩石、矿物和土壤等方面的行为。<br>3.能够基于调查的情况撰写调查报告。 |

表2-3-28 教科版《科学》五年级上册"地球表面的变化"单元教学育人点导引

| 1.地球的表面 | |
|---|---|
| 认知育人 | 1.地球表面的地形地貌是复杂多样的,也是不断变化的。<br>2.常见的陆地地形有平原、高原、山地、丘陵和盆地等。<br>3.能用恰当的词语描述常见地形地貌的特点。 |
| 德性育人 | 1.愿意交流表达自己的观点。<br>2.发展探究地形地貌变化原因的兴趣。 |
| 审美育人 | 欣赏地球上复杂多样的地形地貌,感悟地形的美丽。 |

续表

| | |
|---|---|
| 健康育人 | 意识到各种各样的地形地貌是大自然赐予我们人类的宝贵自然遗产。 |
| 劳动育人 | 1.通过观察、分析图片等资料获得关于地形地貌特点的信息。<br>2.对地形地貌变化的原因进行有依据的猜测。 |
| 2.地球的结构 | |
| 认知育人 | 1. 地球从表面到地心分为地壳、地幔、地核三个圈层,地壳在不断运动着。<br>2. 组成地壳的岩石可分为岩浆岩、沉积岩和变质岩三大类。 |
| 德性育人 | 1.保持对探究地球内部构造的好奇心和探究热情。<br>2.乐于参与地球结构模型的制作活动,能够与他人合作,克服困难,积极完成制作任务。 |
| 审美育人 | 喜欢团结合作、积极向上的课堂氛围。 |
| 健康育人 | 乐于小组合作,能主动参与合作学习活动,愿意倾听他人的意见,积极分享自己的观点。 |
| 劳动育人 | 1.通过阅读资料、观察图片,了解地壳运动是如何引起地形变化的?<br>2.制作地球结构模型,了解地球内部圈层结构。 |
| 3.地震的成因及作用 | |
| 认知育人 | 1.地壳运动是地震发生的原因。<br>2.地震的发生会使地表形态发生巨大变化。<br>3.通过阅读资料、观察图片,分析地震后地表的改变。 |
| 德性育人 | 1.保持对地震现象的探究热情,乐于参加模拟实验。<br>2.能基于证据大胆表达自己的见解,认真倾听他人意见,形成集体观点。 |
| 审美育人 | 制作简洁美观的抗震防灾手抄报。 |
| 健康育人 | 1.意识到地震使地表形态发生巨大变化,威胁到人类的生命安全。<br>2.知道抗震防灾的基本常识。 |
| 劳动育人 | 1.通过模拟实验,探究地震形成的原因。<br>2.制作关于抗震防灾的手抄报,宣传抗震防灾的常识。 |
| 4.火山喷发的成因及作用 | |
| 认知育人 | 1. 地壳运动是火山喷发的原因。<br>2. 火山喷发会改变地球表面的地形,对环境产生巨大的影响。 |
| 德性育人 | 1.对探究火山喷发现象保持好奇心和探究热情。<br>2. 积极参加模拟实验,具有基于证据发表自己见解的意识。 |
| 审美育人 | 1.认同轻声、有序、严谨进行模拟实验的秩序美。<br>2.欣赏火山喷发的壮丽景象。 |
| 健康育人 | 1.认识到火山喷发是一种自然灾害,会给自然环境、人类生活带来巨大影响。<br>2.实验过程中戴好护目镜,注意实验中的安全。 |
| 劳动育人 | 1.通过阅读资料、观察图片,分析火山喷发给地形地貌带来的改变。<br>2.通过模拟实验获得证据,探究火山喷发的原因。 |

续表

| 5.风的作用 | |
|---|---|
| 认知育人 | 1.风的力量会磨蚀岩石并且搬运岩石破碎物,对地形变化起着重要作用,而且这种作用和变化是缓慢进行的。<br>2.根据已有知识和生活经验,对“风对地形的作用”提出自己的看法和见解,并且与同学进行交流和分享。 |
| 德性育人 | 1.体会到大自然的神奇力量。<br>2.意识到探究成果对解答问题的重要价值。 |
| 审美育人 | 欣赏在风的作用下形成的形态各异、波澜壮阔的自然风光,感叹大自然的鬼斧神工。 |
| 健康育人 | 认识到由于风的作用形成的地形地貌是大自然赐予我们人类的宝贵自然遗产。 |
| 劳动育人 | 做“模拟风卷起沙子对岩石的影响”的实验,并对实验现象进行解释。 |
| **6.水的作用** | |
| 认知育人 | 1.地球上的水在陆地、海洋及大气之间不断地循环。<br>2.雨水降落到地面会侵蚀土地。<br>3.河流会侵蚀河床和两岸,这些被侵蚀的泥土在水流缓慢的地方又会沉积下来。<br>4.河流的侵蚀和沉积作用,形成了许多不同的地形地貌。 |
| 德性育人 | 1.积极参与模拟实验,尊重事实,愿意沟通交流自己的观点与发现。<br>2.提升自觉保护环境的意识。 |
| 审美育人 | 欣赏在水的作用下形成的不同地形地貌的美。 |
| 健康育人 | 1.认识到水土流失的危害和减少雨水对土地侵蚀的重要性。<br>2.认识到人类活动对环境的影响。<br>3.意识到保护环境的重要性。 |
| 劳动育人 | 1.通过模拟实验探究降雨给土地带来的变化。<br>2.通过分析、阅读资料,了解河流的侵蚀和沉积作用形成了许多不同的地形地貌。 |
| **7.总结我们的认识** | |
| 认知育人 | 1.地球内部力量如地壳运动产生的力,外部因素如风、水等,都会影响地球表面的形态。<br>2.斜坡上有无植被会影响土地被侵蚀的程度。 |
| 德性育人 | 1.愿意交流表达自己的观点。<br>2.积极参与对比实验,尊重事实,愿意沟通交流自己的观点与发现。 |
| 审美育人 | 感悟到地球内部的力量和外部的力量共同作用于地球表面,从而形成了复杂、独特的自然风景。 |
| 健康育人 | 意识到保护植物对保持水土、保护环境的重要性。 |
| 劳动育人 | 1.回顾并梳理影响地球表面变化的因素。<br>2.通过对比实验,研究植被对侵蚀的影响。 |

表2-3-29 教科版《科学》五年级下册“环境与我们”单元教学育人点导引

| | |
|---|---|
| **1. 地球——宇宙的奇迹** | |
| 认知育人 | 1. 地球是我们唯一的家园。<br>2. 地球为人类的生存提供了基本的条件。<br>3. 海洋为人类的生存提供了多种资源。 |
| 德性育人 | 感受地球的神奇以及生存环境的珍贵。 |
| 审美育人 | 1. 欣赏并画出美观的地球生物圈。<br>2. 感受地球家园的美丽和珍贵。 |
| 健康育人 | 认识到人类与环境的依存关系。 |
| 劳动育人 | 1. 交流讨论地球为人类的生存提供了哪些必要的条件。<br>2. 探讨宇宙空间站要为宇航员提供哪些生存条件。 |
| **2. 我们面临的环境问题** | |
| 认知育人 | 1. 有些环境问题是由人类的活动引发的，地球面临着多种环境问题。<br>2. 人类的一些不合理活动会对环境造成负面影响。<br>3. 能够基于所学的知识，通过观察、查阅资料、案例分析等方式获取有关环境问题的信息。 |
| 德性育人 | 关注我们面临的环境问题，树立改善环境问题的信心。 |
| 审美育人 | 喜爱美好的地球家园。 |
| 健康育人 | 认识到人类活动会对环境产生正面和负面的影响，负面影响会危害人类自身的生命健康，形成自觉采取行动保护环境的意识。 |
| 劳动育人 | 1. 分小组用气泡图整理环境问题的表现及产生的影响。<br>2. 收集资料，了解全球变暖的情况。 |
| **3. 珍惜水资源** | |
| 认知育人 | 1. 地球上的水很多，但可供利用的淡水资源却很紧缺。<br>2. 我国人均水资源占有量不多。<br>3. 新技术帮我们节约用水和防治水污染。<br>4. 体会到滴灌装置技术能节约水资源。 |
| 德性育人 | 感受水资源的珍贵，关注水资源紧缺、水污染等问题。 |
| 审美育人 | 感受干净的水源的美丽。 |
| 健康育人 | 1. 意识到水资源对人类的重要性。<br>2. 关注水资源浪费和污染情况。<br>3. 自觉从自身做起节约水资源。 |
| 劳动育人 | 1. 通过查阅资料获取有关水资源的信息，通过比较、分析明确我国水资源的状况。<br>2. 调查家庭一个月的生活用水，并利用图表进行比较分析。<br>3. 设计并制作简易的滴灌装置。 |

续表

| 4.解决垃圾问题 | |
|---|---|
| 认知育人 | 1.人们在生活中要产生大量的且成分复杂的垃圾,垃圾危害环境。<br>2.解决垃圾问题,常用的方法是减量化、资源化和无害化。<br>3.垃圾分类有利于资源回收或后续处理。<br>4.从环境效益的角度评价堆肥箱设计。 |
| 德性育人 | 1.认识到人类活动对环境破坏的严重程度。<br>2.关注垃圾的去向。<br>3.用实际行动减少垃圾的产生,养成节约的好习惯。 |
| 审美育人 | 欣赏没有垃圾的环境的美丽。 |
| 健康育人 | 1.意识到垃圾已经严重影响了周边的环境和地球上的其他生命。<br>2.调查过程中注意自身安全。 |
| 劳动育人 | 1.能够调查统计家庭一天产生的垃圾的重量和种类。<br>2.经历垃圾的分类分装、回收利用的活动。 |
| 5.合理利用能源 | |
| 认知育人 | 1.了解地球上的一些能源是有限的。<br>2.能源的利用过程会对环境带来影响。<br>3.要节约能源,合理使用能源。 |
| 德性育人 | 1.培养强烈的能源意识,养成合理利用能源、节约能源的习惯。<br>2.愿意交流表达自己的观点。 |
| 审美育人 | 喜欢研讨活跃、积极向上的课堂氛围。 |
| 健康育人 | 1.温室效应最终会威胁到人类自己的生命安全。<br>2.安全使用温度计。 |
| 劳动育人 | 1.讨论合理使用能源的方法。<br>2.模拟温室效应实验。 |
| 6.让资源再生 | |
| 认知育人 | 1.有些资源不可以再生利用,有些资源可以再生利用。<br>2.纸的再生利用有利于节约资源、节约能源、减少污染。<br>3.从经济效益、环境效益等方面评价再生纸的意义。 |
| 德性育人 | 1.培养强烈的资源意识。<br>2.养成节约资源的习惯。<br>3.乐于交流,充分表达自己的想法。 |
| 审美育人 | 感受积极向上的课堂和谐之美。 |
| 健康育人 | 注意活动后清理干净桌面。 |
| 劳动育人 | 模拟再生纸的制作。 |

续表

| 7.分析一个实际的环境问题 | |
|---|---|
| 认知育人 | 1.环境问题是复杂的，各种因素相互关联。<br>2.人们的行为可能破坏环境，但也能够通过努力改善环境。<br>3.处理好环境问题需要有平衡协调的措施。 |
| 德性育人 | 1.树立改善环境问题的信心。<br>2.增强环保意识和责任感，积极参与家乡的环境保护活动。<br>3.积极参与辩论活动，为解决问题提出自己的想法。 |
| 审美育人 | 欣赏人与环境和谐相处的和谐之美。 |
| 健康育人 | 认识到人类活动可能对环境产生的负面影响，要自觉采取行动，保护环境。 |
| 劳动育人 | 分析一个实际的环境问题，表达自己的观点，并与同学交流。 |

表2-3-30 教科版《科学》六年级上册“地球的运动”单元教学育人点导引

| 1.我们的地球模型 | |
|---|---|
| 认知育人 | 1.地球的结构由地核、地幔、地壳以及大气层组成。<br>2.地球表面主要由海洋和陆地构成。<br>3.知道技术与科学探究相互促进的关系。<br>4.能从地球的结构、运动、气候等角度提出可探究的科学问题。 |
| 德性育人 | 1.对地球与宇宙科学领域的内容保持好奇心与探究热情。<br>2.愿意与小组成员交流分享，有综合考虑他人意见的习惯。 |
| 审美育人 | 欣赏地球的美丽。 |
| 健康育人 | 1.用水果制作地球模型时，不吃已经污染的果肉。<br>2.制作完成后及时清理干净桌面。 |
| 劳动育人 | 1.用思维导图表达并整理已学的地球知识。<br>2.制作地球模型，概括表达已学知识。 |
| **2.昼夜交替现象** | |
| 认知育人 | 1.昼夜交替是地球常见的天文现象。<br>2.昼夜交替现象的解释可以有多种方案，但与事实相符的是昼夜交替与地球自转有关。 |
| 德性育人 | 能用批判性思维大胆质疑，善于从不同角度思考问题，追求创新。 |
| 审美育人 | 尝试多角度解释问题，发挥创造力，体现创造美。 |
| 健康育人 | 活动过程中语言文明、行为健康、合作交流。 |
| 劳动育人 | 1.根据已有知识，对昼夜交替现象成因提出有依据的假设。<br>2.能基于假设，制订可行的探究方案。<br>3.通过模拟实验，验证昼夜交替现象成因的假设。 |

续表

| 3.人类认识地球运动的历史 | |
|---|---|
| 认知育人 | 1.“日心说”和“地心说”都是人类认识地球运动以及宇宙的历史而提出的具有代表性的学说。<br>2.地球会绕地轴自转，地球的自转产生了昼夜交替现象。<br>3.地球还会绕着太阳公转。<br>4.阅读文献资料也是一种重要的研究方法，能帮助我们更好地理解昼夜交替现象。 |
| 德性育人 | 1.实事求是，勇于修正与完善自己的观点。<br>2.乐于参与调查、实验等科学活动。<br>3.有证据意识，知道所有科学观点都需要众多证据的支持。 |
| 审美育人 | 感受人类认识地球运动的科学发现之美。 |
| 健康育人 | 模拟实验中注意语言文明、行为健康、合作交流。 |
| 劳动育人 | 1.通过阅读文献获取地球运动的相关信息。<br>2.模拟实验验证昼夜交替现象。 |
| 4.谁先迎来黎明 | |
| 认知育人 | 1.地球自西向东绕地轴自转，自转一周约24小时，并形成了天体东升西落的现象。<br>2.东边的北京比西边的乌鲁木齐先迎来黎明。<br>3.了解科学与社会生活密不可分，生活处处是科学。 |
| 德性育人 | 1.对探寻自然现象、解密自然规律保持好奇心和探究兴趣。<br>2.能主动与他人合作，积极参与交流和讨论，尊重他人的情感和态度。 |
| 审美育人 | 享受靠自己一步一步推理，并通过模拟实验验证猜想的成就。 |
| 健康育人 | 1.模拟实验中注意语言文明、行为健康、合作交流。<br>2.活动过程中注意安全。 |
| 劳动育人 | 1.运用“地球椅”模拟实验，并结合生活实践来理解相对运动的特点。<br>2.模拟地球上谁先迎来黎明的实验。 |
| 5.影长的四季变化 | |
| 认知育人 | 1.正午时，物体影子随季节变化呈有规律的变化。<br>2.圭表是中国古代测量正午时刻的日影长度的天文仪器。<br>3.通过复制古人仪器，感受古人的智慧，体验中国古代科学技术的先进。<br>4.通过实验收集数据、分析数据，帮助我们发现四季影长的变化规律。 |
| 德性育人 | 有创新精神，勇于采用新的方法和新的材料有创意地完成圭表的制作。 |
| 审美育人 | 1.享受分工合作之美。<br>2.感受古人的智慧之美。 |
| 健康育人 | 了解科学技术可以让我们更好地改造生存环境、顺应自然规律，减少自然灾害对人类生活的影响。 |
| 劳动育人 | 1.查阅资料，了解古人是如何观察日影的四季变化规律的。<br>2.复制古代天文仪器，模拟测量四季的影长。 |

续表

| 6.地球的公转与四季变化 | |
|---|---|
| 认知育人 | 1. 地球自西向东围绕太阳公转,公转一周是一年。<br>2. 四季变化与地球公转有关。<br>3. 通过研讨,知道四季变化与地球公转特征中地球与太阳的距离变化无关。 |
| 德性育人 | 1.面对有说服力的证据,能调整自己的观点。<br>2.为完成探究活动,乐于分享彼此的想法,贡献自己的力量。 |
| 审美育人 | 感受四季变化之美。 |
| 健康育人 | 了解四季变化与我们生活密切相关。 |
| 劳动育人 | 根据地球公转和自转的特征,模拟地球在太阳系的运动。 |
| 7.昼夜和四季变化对生物的影响 | |
| 认知育人 | 1. 昼夜交替和四季变化影响着生物的生长与生活。<br>2. 地球运动和地球上的一些现象有因果关系。<br>3. 了解科学研究与技术应用,知道产品的投产必须经过对环境和自然影响的论证。 |
| 德性育人 | 有总结归纳知识的习惯,有建构知识网络的意识。 |
| 审美育人 | 1. 了解自然之妙,感受生命之坚强、生命之美,形成对自然的敬畏之心。<br>2.欣赏并绘制美观的思维导图。 |
| 健康育人 | 汇报交流中注意语言文明、行为健康、有理有据。 |
| 劳动育人 | 1.通过网络学习,了解昼夜交替和四季变化对生物的影响。<br>2.利用思维导图总结归纳地球运动的相关知识。 |

表2-3-31 教科版《科学》六年级下册“宇宙”单元教学育人点导引

| 1.太阳系大家庭 | |
|---|---|
| 认知育人 | 1.太阳和围绕它运动的行星及其卫星、矮行星、小行星、彗星、流星等天体组成了太阳系,太阳是太阳系的中心。<br>2.感受到随着科学技术的发展,人类对太阳系的认识会更深化。 |
| 德性育人 | 认识到在交流讨论中,对信息进行分析和比较,对于丰富、修正、完善原有的认识是必要的。 |
| 审美育人 | 1.感受太阳系天体的神秘。<br>2.运用美观的图画展示太阳系的样子。 |
| 健康育人 | 活动过程中注意语言文明、行为健康、合作交流。 |
| 劳动育人 | 1.画一画太阳系。<br>2.收集资料,认识和了解太阳。<br>3.根据资料提炼太阳系的相关信息。 |
| 2.八颗行星 | |
| 认知育人 | 1.太阳系有八颗行星,它们在其特定的轨道上绕太阳运转。<br>2.意识到太阳系中天体的运动是有规律的,并可以逐渐被人们认识。 |

续表

| | |
|---|---|
| 德性育人 | 1.学会与他人合作,并能在合作中发挥自己的作用。<br>2.意识到模拟实验及推测与客观事实是有一定距离的。 |
| 审美育人 | 感受太阳系中各天体的位置关系,感受天体的空间美。 |
| 健康育人 | 活动中注意语言文明、行为健康、合作交流。 |
| 劳动育人 | 按一定比例对数据进行处理,并在此基础上用一定的材料建立行星相对位置关系模型。 |
| **3.日食** | |
| 认知育人 | 1.日食是日、地、月三个天体运动形成的天文现象。<br>2.意识到太阳系中天体的运动是有规律的,并可以逐渐被人们认识。 |
| 德性育人 | 1.意识到设计科学研究方案的重要性。<br>2.能够大胆地想象,表达自己的想法。<br>3.保持关注典型天文现象的兴趣。 |
| 审美育人 | 1.了解日食现象,感受日食的神奇。<br>2.体验科学实验的严谨、客观和乐趣。 |
| 健康育人 | 模拟实验中注意语言文明、行为健康、合作交流。 |
| 劳动育人 | 1.运用模拟实验的方法模拟日食现象。<br>2.对模拟实验中的现象进行细致的观察,并根据现象进行逻辑推理和解释。 |
| **4.认识星座** | |
| 认知育人 | 1.星座是远近不同、没有联系的恒星在天空中的视觉图像。如果从不同角度观察,图形也不同。<br>2.意识到随着科学技术的发展,人类对于宇宙的认识会越来越多。 |
| 德性育人 | 1.意识到建立模型的重要性。<br>2.培养天文方面的兴趣。 |
| 审美育人 | 1.感受星座的美。<br>2.感受模型制作的严谨美。 |
| 健康育人 | 活动中注意语言文明、行为健康、合作交流。 |
| 劳动育人 | 制作星座模型,对模型进行合理推理并做出解释。 |
| **5.夏季星空** | |
| 认知育人 | 1.北斗七星是大熊星座的明显标志。<br>2.认识到星座与人类生活的关系。<br>3.认识到我们可以利用工具更好地认识宇宙。 |
| 德性育人 | 培养观星等天文活动的兴趣,意识到较长时间内持续地观察星空活动的意义。 |
| 审美育人 | 1.欣赏星空中神秘的星座,感受星座的美。<br>2.认同用真实、美观的图画记录。 |
| 健康育人 | 外出观星注意安全。 |
| 劳动育人 | 1.根据北极星辨认方向,尝试根据星座的特征观察、认识星座。<br>2.制作活动观星图,并运用到实际的观察中去。 |

续表

| 6.浩瀚的宇宙 | |
|---|---|
| 认知育人 | 1.宇宙空间分布着大小不同的天体系统。<br>2.宇宙是运动变化着的、膨胀着的,组成宇宙的天体也是运动变化着的。 |
| 德性育人 | 1.意识到建立模型的重要性。<br>2.意识到宇宙是运动和变化的。 |
| 审美育人 | 感受星系的奇异亮丽、恒星的多彩变化、宇宙万物的生生不息。 |
| 健康育人 | 意识到随着科学技术的发展,人类对于宇宙的认识会越来越多。 |
| 劳动育人 | 1.制作银河系模型,并对模型进行评价和改进。<br>2.了解河外星系。 |
| 7.探索宇宙 | |
| 认知育人 | 1.我国在太空探索方面取得了许多举世瞩目的成就。<br>2.人类通过改进技术和工具,不断地认识和探索宇宙。 |
| 德性育人 | 从人类探索宇宙的历程中,认识到科学是不断发展的。 |
| 审美育人 | 了解人类探索宇宙的伟大成就,感受科学探索之美。 |
| 健康育人 | 活动中注意语言文明、行为健康、合作交流。 |
| 劳动育人 | 通过多途径收集资料,并对资料进行梳理和提炼。 |

## (四)技术与工程领域育人点导引

**表2-3-32 教科版《科学》一年级上册“比较与测量”单元教学育人点导引**

| 1.在观察中比较 | |
|---|---|
| 认知育人 | 1.物体有不同的特征,可以对它们相同的特性进行比较。<br>2.通过对物体特征的具体描述进行比较。<br>3.运用多种感官和简单的方法进行观察。<br>4.按照一定的步骤进行比较。<br>5.尝试从不同视角进行观察和比较。 |
| 德性育人 | 1.乐于探究发现从不同视角观察、比较的不同。<br>2.乐于小组合作探究,主动参与合作学习活动。<br>3.愿意倾听他人的意见,积极分享自己的观点。 |
| 审美育人 | 1.感受、发现不同物体的共性。<br>2.享受小组、全班同学共同探讨的乐趣和氛围。<br>3.在合作交流中行为得体、语言文明。 |
| 健康育人 | 1.探究活动中的物体不要随意去闻和尝,结束后注意洗手和清洁。<br>2.活动中注意安全。 |

续表

| | |
|---|---|
| 劳动育人 | 1.通过多种感官尝试用不同的方法观察物体的特征。<br>2.乐于动手进行比较,展示自己。<br>3.举一反三找到不同特征的比较方法。 |
| 2.起点和终点 | |
| 认知育人 | 1.比赛要公平,需要共同的起点。<br>2.不同的终点是比较的不同结果。<br>3.运用多种感官和简单的方法进行观察和记录。<br>4.认识到纸带记录对探究的重要性。 |
| 德性育人 | 1.乐于探究发现活动中的不同,找到比较的方法。<br>2.乐于小组合作探究,主动参与合作学习活动。<br>3.愿意倾听他人的意见,积极分享自己的观点。 |
| 审美育人 | 1.感受、发现不同比赛结果的共性。<br>2.享受小组、全班同学共同探讨的乐趣和氛围。<br>3.在合作交流中行为得体、语言文明。<br>4.在趣味性游戏中激发对科学的热爱和探究的兴趣。 |
| 健康育人 | 1.探究活动中注意避免碰撞、踩踏等意外发生。<br>2.活动结束后要做好个人卫生。 |
| 劳动育人 | 1.自己动手折一个纸蛙。<br>2.坚持用纸带记录实验结果,在活动细节中找到问题并尝试解决。 |
| 3.用手来测量 | |
| 认知育人 | 1.有些比较是可以测量的。<br>2.测量的工具有很多,如我们的手、脚都可以用来测量。<br>3.测量工具的不同会导致测量结果的不同。<br>4.测量中各测量单位要首尾连接、不断重复。 |
| 德性育人 | 1.积极、乐观、开心地参与活动,挖掘自身器官的潜力和奥妙。<br>2.乐于小组合作探究,主动参与合作学习活动。<br>3.愿意倾听他人的意见,积极分享自己的观点。<br>4.在合作学习中相互认同、不断激励。 |
| 审美育人 | 1.体验、感受、发现人体器官的作用。<br>2.享受小组、全班同学共同探讨的乐趣和氛围。<br>3.通过人体潜力挖掘活动,认识到人类改变世界是从自身开始的。 |
| 健康育人 | 1.用自身器官测量前要做好场地和测量物体的事先检查。<br>2.做好活动中的安全和活动后的清洁卫生。 |
| 劳动育人 | 1.不断改进,反复检测,坚持不懈地验证。<br>2.活动中体验实验方法,不断调整改进。 |

续表

| 4.用不同的物体来测量 | |
|---|---|
| 认知育人 | 1.可以用不同的物体作为标准单位来测量物体的长度。<br>2.测量需要确定好起点和终点，在一条直线上首尾连接、不断重复进行。<br>3.用恰当的数字来描述不同测量工具的测量结果。<br>4.意识到不同测量工具对不足整的估计是不一样的。 |
| 德性育人 | 1.分工合作完成不同测量工具的测量探究。<br>2.愿意关注和客观评价别人的结果。<br>3.乐于表达，喜欢交流分享，善于倾听。<br>4.擅于用不同的物体来测量，在和同伴的合作中不断调整优化测量方法。 |
| 审美育人 | 1.测量中发现不同物体连接方法的独特性。<br>2.在合作学习中注意倾听，尊重同伴，善于向同伴学习。<br>3.在不断挑战中增强自信。 |
| 健康育人 | 1.活动中手、眼、脑协调配合使用，做好视力保护。<br>2.做好活动中的安全和活动后的清洁卫生。 |
| 劳动育人 | 1.勇于挑战不同物体的排列组合难度。<br>2.基于预设计划，不断调整、改进操作方法。<br>3.体会到测量单位标准化给交流带来的便利。 |
| 5.用相同的物体来测量 | |
| 认知育人 | 1.统一用小立方体(标准单位)测量，测量结果可以比较，方便交流。<br>2.小立方体可以组合起来，方便测量。<br>3.小立方体组合的精度影响测量的准确度，组合个数影响计数的效率。 |
| 德性育人 | 1.在探究活动中发现问题并尽力去解决问题。<br>2.分工合作、相互改进，完成不同测量工具的测量探究。<br>3.用数字、图表等方式来描述测量结果，乐于分享交流。<br>4.主动关注他人的测量结果，尝试分析结果寻找答案。 |
| 审美育人 | 1.在探究中认识到统一性对形成共识的推动作用和魅力。<br>2.认识和提升合作学习中的认同感和荣誉感。 |
| 健康育人 | 1.注意拼接操作中的安全，妥善保管材料。<br>2.做好活动后器材的归还与清洁卫生。 |
| 劳动育人 | 1.合作活动，提高效率。<br>2.在合作行动中积极参与、乐于分享。<br>3.体验到使用统一标准物测量、比较的公平与方便。 |
| 6.做一个测量纸带 | |
| 认知育人 | 1.测量纸带可以替代立方体去测量。<br>2.纸带便于携带，易于测量不同形状的物体。<br>3.用十进制进行连续标注。 |

续表

| | |
|---|---|
| 德性育人 | 1.耐心完成测量纸带的制作。<br>2.对测量中的问题提出自己的解决方案。<br>3.乐于小组合作探究学习,积极主动交流表达。 |
| 审美育人 | 1.在不断获取成就中增加自信。<br>2.享受小组、全班同学共同探讨的乐趣和氛围。<br>3.感受创新、创造与改进的喜悦。 |
| 健康育人 | 1.注意工具使用中的安全防护和视力保护。<br>2.做好活动后的清洁卫生,妥善保管劳动成果。 |
| 劳动育人 | 1.认识到工具的改进带来的便利。<br>2.在解决问题中不断改进和完善工具,增强创新能力。 |
| **7.比较测量纸带和尺子** | |
| 认知育人 | 1.计量单位的统一便于我们交流分享和制作。<br>2.尺子是世界通用的测量长度的工具,是统一测量标准的产物。<br>3.测量工具材质的稳定性影响测量工具的使用寿命和测量的准确性。<br>4.测量工具可以不断改进。 |
| 德性育人 | 1.能用语言或图画初步描述测量纸带与尺子的特征,乐于与同伴进行探讨和交流。<br>2.细致观察测量纸带与尺子的异同。<br>3.尊重事实,认真、精准地读数。 |
| 审美育人 | 1.对比完善后的工具,增加不断改进的动力。<br>2.发展在日常测量中的认同感。<br>3.乐于分享发现,虚心倾听接受。<br>4.认识到科技创新与改进推动了人类的发展与进步。 |
| 健康育人 | 1.认识到观察、比较、测量是人们认识世界的基本方法。<br>2.认识到工具的不断改进是人类不断追求的结果,增强自信心。<br>3.比较中认识到公平是测量的前提条件。 |
| 劳动育人 | 1.初步掌握尺子的使用方法。<br>2.认识到不断改进、追求极致比简单粗陋制作更完美。<br>3.认识到提高制作水平需要持之以恒并动手动脑。 |

**表2-3-33　教科版《科学》五年级上册“计量时间”单元教学育人点导引**

| | |
|---|---|
| **1.时间在流逝** | |
| 认知育人 | 1.知道古人利用天体的运动规律计时。<br>2.知道在一定的条件下,燃香变短的速度基本是均匀的,可以用来计时。 |
| 德性育人 | 1.有关注计时方法的意识和兴趣。<br>2.认识到时间对推动人类社会发展的重要性。 |
| 审美育人 | 1.了解和欣赏古人的计时工具。<br>2.欣赏自然和谐中蕴含的规律。<br>3.小组分工合作、协调配合,共同完成观察任务。 |

续表

| | |
|---|---|
| 健康育人 | 1.意识到时间的重要意义,培养守时意识。<br>2.认识到有规律地工作、生活的重要性。 |
| 劳动育人 | 1.能搜集古人计时方法的资料并进行交流。<br>2.能观测并记录燃香时间的相关数据。<br>3.能就“蜡烛可以计时吗”这一问题结合实验进行讨论,表达自己的观点。 |
| **2.用水计量时间** | |
| 认知育人 | 1.初始水位高度和孔径不变,流出相同水量所需的时间一致。<br>2.保持水位高度不变,水流的速度不变。<br>3.可以用水流速度不变的特性来计时。 |
| 德性育人 | 1.感受古人的聪明才智,对古人的智慧创作产生敬佩之情。<br>2.在观察和记录实验数据时能始终保持严谨细致的态度。<br>3.社会的发展会带来计时工具的进步。 |
| 审美育人 | 1.欣赏古人水钟设计的巧妙,认识到科学设计之美。<br>2.团队合作,协调配合,相互帮助,共创和谐。<br>3.感受图表记录的简洁直观之美。<br>4.体验重复均匀的速度的协调之美。 |
| 健康育人 | 1.做好实验中的清洁卫生。<br>2.做好实验器材的归类存放。 |
| 劳动育人 | 1.能通过实验发现影响水流速度变化的主要因素。<br>2.能通过观察古人利用流水计时的装置,再结合自己的实验探究,理解这些装置计时的方法。 |
| **3.我们的水钟** | |
| 认知育人 | 1.水钟通过一定的装置,能够保持水在一定的时间内以稳定的速度往下流,从而用来计时。<br>2.我们可以控制水流的速度,从而使水钟计时更加准确。 |
| 德性育人 | 1.在制作水钟的过程中感受到科学制作带来的乐趣。<br>2.体会到在科学研究中分工合作与和谐地开展探究的重要性。<br>3.体验到完成一个科学制作需要不断重复实验,再在实验中逐步完善。 |
| 审美育人 | 1.体会到做与成功的乐趣。<br>2.体会利用图表进行绘制设计的创作之美。 |
| 健康育人 | 1.注意到节约材料的意义。<br>2.注意到提高效率的意义。 |
| 劳动育人 | 1.能运用画图和文字描述的方法,设计制作水钟的方案。<br>2.能利用剪刀、塑料瓶等简单工具和材料制作一个简易的水钟。<br>3.在实际运用过程中对自己的方案进行改进。<br>4.经历“思考方案—制订计划—实施方案—检验成果—寻找原因—改进完善”的探究过程。 |
| **4.机械摆钟** | |
| 认知育人 | 同一个单摆在相同时间内摆动次数相同,这就是摆的等时性。根据这种性质人们制成了摆钟,使时间的计量误差更小。 |

续表

| | |
|---|---|
| 德性育人 | 1.准确地测量摆的摆动次数,理解重复实验的意义。<br>2.发展研究计时工具的兴趣。<br>3.了解社会的需求是科学技术发展的动力。<br>4.体会到团队合作的重要性。 |
| 审美育人 | 1.小组协调配合,共同完成任务,共享成功喜悦的和谐之美。<br>2.欣赏各种不同造型的摆钟,发现其核心原理的一致性。 |
| 健康育人 | 1.注意在组装、制作、操作过程中的安全。<br>2.做好材料的归类整理工作。 |
| 劳动育人 | 1.能较准确地重复观测钟摆及自制摆每分钟的摆动次数。<br>2.能根据钟摆的特点动手制作一个单摆。 |
| 5.摆的快慢 | |
| 认知育人 | 改变摆锤质量不能改变摆的快慢;摆绳长度影响摆的快慢:摆绳越短摆动速度越快,反之越慢。 |
| 德性育人 | 1.初步意识到获得精确的测量结果需要反复测量。<br>2.意识到在实验中细心观察并发现新的问题的重要性。<br>3.了解人类的好奇心是科学技术发展的动力。<br>4.认识到团队合作的重要性。 |
| 审美育人 | 1.小组分工合作,协调配合,共同完成。<br>2.用简单图表形象直观呈现实验结果,便于大家理解。<br>3.善于倾听和发现问题,乐于提出自己的猜想和看法,交流分享和谐有序。 |
| 健康育人 | 1.注意探究活动中的安全,避免受伤。<br>2.认识到材料整齐归类存放的重要性。 |
| 劳动育人 | 1.能根据已有的实验现象推测摆的摆动快慢与什么因素有关。<br>2.能有效开展改变摆锤质量、摆绳长度对摆的快慢是否产生影响的实验研究。<br>3.能对实验结果进行分析,并能根据分析进行预测。 |
| 6.制作钟摆 | |
| 认知育人 | 1.摆的摆动快慢与摆绳长度有关。<br>2.同一个摆,摆绳长度越长,摆动越慢;摆绳长度越短,摆动越快。 |
| 德性育人 | 1.认识到细心观察与准确测量的重要性。<br>2.对新问题的研究保持积极的探究兴趣。<br>3.意识到人类社会对产品需要不断改进以适应现实需求。 |
| 审美育人 | 1.经历合作实验,体会团队合作的乐趣。<br>2.通过通俗易懂、简洁直观的图表进行设计。<br>3.学会欣赏运用简单材料制作简单作品,充满成功喜悦和自豪感。 |
| 健康育人 | 1.养成细心、细致、谨慎、小心的习惯。<br>2.培养相信自己、信任他人的意识。<br>3.实验中注意安全,并做好结束后的收拾整理工作。 |

续表

| | |
|---|---|
| 劳动育人 | 1.能在真实的情境中研究摆绳长度如何影响摆动快慢，并不断地调整摆，直至每分钟正好摆动60次。<br>2.能运用测量与比较的方法来研究摆的摆动快慢。 |
| **7.计量时间和我们的生活** | |
| 认知育人 | 计时工具的设计利用了物体周期性变化的规律。 |
| 德性育人 | 1.认识到人类设计不同的计时工具来满足不同的用途和需求。<br>2.认识到科技的进步能更好地造福人类。<br>3.意识到科学技术的发展和应用影响着社会的发展。 |
| 审美育人 | 1.善于倾听和发现问题，乐于提出自己的猜想和看法，交流分享和谐有序。<br>2.用简单图表形象直观呈现实验结果，便于大家理解。 |
| 健康育人 | 1.认识到守时是一种基本素质，也是一种美德。<br>2.认识到时间和效率的重要性。<br>3.认识到有规律地工作、学习、生活的重要性。 |
| 劳动育人 | 1.能通过表格的方式调查和比较人类计时工具的演变。<br>2.能调查因时间的不精准给人类生活造成麻烦的事件。 |

表2-3-34　教科版《科学》五年级下册“船的研究”单元教学育人点导引

| | |
|---|---|
| **1.船的历史** | |
| 认知育人 | 1.不同时期、不同类型的船具有不同的特点和发展趋势。<br>2.造船技术的发展推动着人类社会的发展和文明进程。 |
| 德性育人 | 1.感受船的发展历程，感受劳动人民的聪明才智。<br>2.感受船的发明和技术革新对人类社会发展带来的深远影响和变化。 |
| 审美育人 | 1.看到人类的不断奋进，感受到激励之美。<br>2.欣赏到劳动人民的创造之美。<br>3.善于倾听和发现问题，乐于提出自己的猜想和看法，交流分享和谐有序。 |
| 健康育人 | 1.意识到人类在挑战自然和自我中不断前进。<br>2.意识到根据需要不断调整、不断改进才能适应生存。<br>3.注意工程设计与制作中材料的准备、堆放，以及制作结束后的收捡存放等，做到有序。<br>4.制作中随时做好防护，确保安全。 |
| 劳动育人 | 1.通过观察比较，认识不同时期的船的特点。<br>2.通过制作独木舟模型的活动，感受“最初的小船”的样子和船的载重量、稳定性和水阻特性。<br>3.通过“独木舟负载物体”“船型与阻力关系”的实验，认识到船的外形、结构和稳定性、阻力之间的关系。 |
| **2.用浮的材料造船** | |
| 认知育人 | 1.浮的材料可以制作船，改变材料的结构可以改变船的载重量和稳定性。<br>2.生产生活需求推动了造船技术的进步。 |
| 德性育人 | 1.能利用新的材料，完成设计和制作竹筏（木排）的任务，培养创新精神。<br>2.感受船的技术革新对人类社会发展带来的深远影响和变化。 |

续表

| | |
|---|---|
| 审美育人 | 1.感受制作的趣味性。<br>2.乐于合作探究,体会团队合作的乐趣。<br>3.通过简洁图表描述实验结果,呈现科学探究的另一种美。 |
| 健康育人 | 1.制作中注意安全。<br>2.做好材料归类并有序摆放。 |
| 劳动育人 | 1.经历设计和制作竹筏(木排)模型的过程。<br>2.根据设计目标,对制作的竹筏(木排)的性能进行测评,并不断改进结构提高船的载重量和稳定性。<br>3.通过探究,认识到船的结构与载重量和稳定性有关。 |
| **3.用沉的材料造船** | |
| 认知育人 | 1.沉的材料可以造船。<br>2.相同质量的橡皮泥、相同大小的铝箔,做成船的体积越大,受到的浮力越大,越容易浮在水面上。<br>3.认识到船的稳定性与其结构有关。<br>4.了解其他技术的发展推动了造船技术的发展。 |
| 德性育人 | 1.体会到不断改进设计对结果的影响。<br>2.在学习船的发展历程中,激发创造欲望。<br>3.感受到科学和技术紧密相连,它们为人类的发展作出了巨大贡献。 |
| 审美育人 | 1.感受制作的趣味性。<br>2.乐于合作探究,体会团队合作的乐趣。<br>3.通过简洁图表描述实验结果,呈现科学探究的另一种美。<br>4.从不可能到可能,持之以恒,发现科学创造之美。 |
| 健康育人 | 1.制作中注意安全。<br>2.做好材料归类并有序摆放。 |
| 劳动育人 | 1.探索用橡皮泥和铝箔造船,并不断改进船的形状来承载一定重量。<br>2.经历“设计—制作—测试—分析—改进—再设计”的工程设计典型过程。<br>3.通过阅读资料、实践操作等形式来改进船的稳定性。 |
| **4.增加船的载重量** | |
| 认知育人 | 1.技术可以改变船的载重量,推动船的发展。<br>2.船舱中合理放置重物有利于增加船的载重量。<br>3.船的载重量与船的体积大小有关,相同重量、相同大小的材料,制作的船型体积越大,船的载重量就越大。 |
| 德性育人 | 1.乐于对铝箔船载重实验进行探究。<br>2.真实记录自己观察到的现象,并根据载重数据开展交流研讨。<br>3.了解人类的需求是科学技术发展的动力,技术的发展和应用影响着社会发展。 |
| 审美育人 | 1.展现不断迎接挑战的自信之美。<br>2.展现团队协作、共同进退的和谐之美。<br>3.展现科学探究的严谨、精细之美。 |

续表

| | |
|---|---|
| 健康育人 | 1.养成小心谨慎的习惯。<br>2.培养自信品格和信任同伴的品质。<br>3.制作中注意安全。<br>4.做好材料归类并有序摆放。 |
| 劳动育人 | 1.能够根据具体尺寸设计和制作不同底面积的铝箔船。<br>2.根据计算和测试结果,不断改进船的形状和结构,提高船的载重量和稳定性。 |
| 5.给船装上动力 | |
| 认知育人 | 1.科学技术改变着船的动力系统,推动着船的发展。<br>2.船可以通过舵来控制行进的方向。 |
| 德性育人 | 1.在认识船的动力发展史中,感受劳动人民的聪明才智。<br>2.体验给船装上动力的成功和乐趣。<br>3.感受船的动力技术革新对人类社会发展带来的深远影响和变化。<br>4.了解人类的需求是科学技术发展的动力,技术的发展和应用影响着社会发展。 |
| 审美育人 | 1.展现不断改进、不断适应的奋斗之美。<br>2.乐于合作,协调配合,共同完成任务。 |
| 健康育人 | 1.制作中注意安全。<br>2.做好材料归类并有序摆放。 |
| 劳动育人 | 1.能根据不同的要求,给小船提供适合的动力。<br>2.能通过实验解释船行进方向与舵之间的关系。 |
| 6.设计我们的小船 | |
| 认知育人 | 1.轮船的制作需要考虑船的大小、形状、材料、载重量、稳固性、动力系统等因素。<br>2.工程设计一般会经历“问题—设计—制作—测试—完善”等过程。 |
| 德性育人 | 1.在设计小船的过程中,培养综合运用所学知识解决问题的能力。<br>2.在设计小船的活动中,建立质量、成本等意识。<br>3.敢于对小船的设计方案进行质疑并虚心听取别人的合理建议。<br>4.体会到工程的关键是设计,工程师的工作是运用科学与技术进行产品的设计和制造,以解决实际问题。 |
| 审美育人 | 1.欣赏作品呈现出的干净、整洁、协调、精细之美。<br>2.展现团队协作、共同进退的和谐之美。 |
| 健康育人 | 1.培养心中有大家的胸襟。<br>2.乐于反思自己,不断改进和调整自己在团队中发挥的作用。 |
| 劳动育人 | 1.针对具体任务,按照设计的基本步骤设计一艘小船。<br>2.能将自己的创意转化为设计图、模型或实物。<br>3.对自己或他人的设计想法、草图提出改进建议,并说明理由。 |
| 7.制作与测试我们的小船 | |
| 认知育人 | 工程设计一般会经历“问题—设计—制作—测试—完善”等过程。 |

续表

| | |
|---|---|
| 德性育人 | 1.在制作小船的过程中,建立质量、成本等意识。<br>2.在制作小船的活动中,愿意跟同伴合作探究,体验“做”的成功和乐趣,培养综合运用所学知识与技能解决问题的能力。<br>3.感受技术与工程在人类文明史上与科学有同等价值和地位,为人类的发展作出了巨大贡献。 |
| 审美育人 | 1.展现不断迎接挑战的自信之美。<br>2.展现团队协作、共同进退的和谐之美。<br>3.展现科学探究的严谨、精细之美。 |
| 健康育人 | 1.培养坚定不移的品质。<br>2.培养自信品格和信任同伴的品质。<br>3.制作中注意安全。<br>4.做好材料归类并有序摆放。 |
| 劳动育人 | 1.能按照设计方案制作小船。<br>2.能根据测试过程中发现的问题,不断调整和优化小船。<br>3.能从多个角度评价小船的制作过程。 |

表2-3-35　教科版《科学》六年级上册“工具与技术”单元教学育人点导引

| 1.紧密联系的工具和技术 | |
|---|---|
| 认知育人 | 1.列举生活中的工具和技术。<br>2.了解工具和技术之间的联系。 |
| 德性育人 | 1.感受工具和技术对生活的影响,产生认识工具和技术的兴趣。<br>2.知道工具可以给工作、生活带来便利,技术和工具都是不断改变、不断进步的。 |
| 审美育人 | 1.欣赏各种工具给人们带来的便利。<br>2.意识到人类对于工具性能的不断挖掘和技术的不断进步正不断推进着人类世界的繁荣与美丽。 |
| 健康育人 | 1.意识到工具对于人们生产生活的重要性,激发创新意识。<br>2.留意和关注身边工具的应用,乐于分享。<br>3.使用工具时注意安全。 |
| 劳动育人 | 在取出核桃仁的活动中,能正确使用工具,并能对使用工具的过程做出评价。 |
| **2.斜面** | |
| 认知育人 | 1.知道利用斜面滑道从上往下搬运物体十分省力。<br>2.知道利用斜面从下往上搬运物体比直接搬运物体要省力。 |
| 德性育人 | 1.与同伴合作探究时,能互相协作,关系融洽。<br>2.愿意倾听其他同学的表达,乐于分享自己的观点。<br>3.认识到斜面在生活中的应用十分广泛,给生产生活带来了便利。 |
| 审美育人 | 1.欣赏简单工具的简洁之美。<br>2.享受小组、全班同学共同探讨的乐趣和氛围。 |
| 健康育人 | 1.认识到工具会随着人类的需要而不断改进优化。<br>2.活动中注意做好安全防护和清洁卫生,做好归类整理收尾工作。 |

续表

| | |
|---|---|
| 劳动育人 | 1.能利用器材搭建一个斜面,完成特定的搬运任务。<br>2.能正确操作测力计,准确测量利用斜面搬运物体和直接提升物体所用的力的大小。<br>3.能根据提供的指标完成工具的测试和评价。 |
| 3.不简单的杠杆 | |
| 认知育人 | 1.知道利用杠杆可以帮助我们撬起一些重物。<br>2.知道改变支点的位置、高度会影响杠杆的作用效果。 |
| 德性育人 | 1.能对杠杆产生探究兴趣,乐于和同学合作完成模拟测试。<br>2.尊重事实,如实记录大石块的移动距离,准确画出杠杆装置。<br>3.愿意倾听其他同学的表达,乐于分享自己的观点。<br>4.认识到杠杆也是一种简单机械,在生活中应用广泛,给我们带来了便利。 |
| 审美育人 | 1.认识到简单工具的神奇,学会欣赏劳动人民的智慧。<br>2.乐于协作交流和分享,并运用简单图表进行描述。 |
| 健康育人 | 1.认识到人们为了更方便,会运用科学技术对原有工具不断改进。<br>2.活动中注意安全,做好活动后的清洁卫生。 |
| 劳动育人 | 1.能利用杠杆完成撬动大石块的任务。<br>2.能用画图的方式记录杠杆装置的使用情况。 |
| 4.改变运输的车轮 | |
| 认知育人 | 1.知道车轮属于轮轴,是一种简单机械。<br>2.知道用有轮的推车运送物品比较省力、灵活。 |
| 德性育人 | 1.能遵守规则,与小组成员互相配合,积极协作,共同完成探究任务。<br>2.愿意倾听其他同学的表达,乐于分享自己的观点。<br>3.轮子的发明和改进,改变了人类的运输历史,对人类社会发展具有重要的影响。 |
| 审美育人 | 1.体会科技进步为人类生产生活带来的便捷。<br>2.运用简单数字、图表等工具简洁表述。<br>3.享受小组、全班同学共同探讨的乐趣和氛围。 |
| 健康育人 | 1.团队活动中需要考虑到其他活动,注意安全。<br>2.户外探究活动中做到遵守纪律和团队合作。<br>3.做好归类整理收尾工作。 |
| 劳动育人 | 1.能利用平板或者推车完成运送物品的任务。<br>2.能运用时间、力度、安全、灵活、损耗等多个指标来评判运输过程的效果。 |
| 5.灵活巧妙的剪刀 | |
| 认知育人 | 1.知道剪刀是一种组合工具,它具有斜面和杠杆的结构特点。<br>2.知道形式多样的剪刀也是多项技术组合的产物,用以解决不同任务的需要。 |
| 德性育人 | 1.能遵守规则,与小组成员互相配合,积极协作,共同完成探究任务。<br>2.愿意倾听其他同学的表达,乐于分享自己的观点。<br>3.各种各样的剪刀是人类在解决特定问题时,不断思考、创新发明出来的,给人们的生产生活带来了极大的便利。 |

续表

| | |
|---|---|
| 审美育人 | 1.乐于表达自己的想法,学会与他人分享自己的观点。<br>2.享受小组、全班同学共同探讨的乐趣和氛围。<br>3.在不断挑战中增强自信。 |
| 健康育人 | 1.知道人们为了满足更多、更好的需求,会对工具进行多项技术叠加。<br>2.做好活动中的安全防护和活动后的清洁卫生。 |
| 劳动育人 | 1.能利用剪刀完成裁剪和模拟外科手术的探究任务。<br>2.能运用时间、力度、安全、灵活、方便等多个指标来评价剪刀使用的效果。 |
| **6.推动社会发展的印刷术** | |
| 认知育人 | 1.知道活字印刷是重要的印刷技术之一。<br>2.知道印刷术的出现和发展,推动了工具和技术的不断发展。 |
| 德性育人 | 1.能积极参与体验活动,小组成员之间能互相帮助。<br>2.感受活字印刷术的便利,激发民族自豪感,产生学习科学的兴趣。<br>3.活字印刷推动了印刷术的发展,让文化知识的传承更加便捷,推动了人类文明的发展。 |
| 审美育人 | 1.通过口述、图示等方式完成自己的设计想法,并完成任务。<br>2.体验创造产品的喜悦与成就感,学会与人交流、分享、合作。 |
| 健康育人 | 1.体会到设计规划对产品制作的重要性。<br>2.意识到简单材料、废旧物品可以回收并重复利用。<br>3.心里永远装着一个新的世界,需要不断发现、创新、发展。 |
| 劳动育人 | 1.能参与体验活字印刷术,并印刷一页书籍。<br>2.能合理估量手工抄写和印刷完成同样任务所需要的时间。<br>3.能结合模拟体验和估量结果,对手工抄写和活字印刷进行评测。 |
| **7.信息的交流传播** | |
| 认知育人 | 1.知道信息的交流与传播驱动了工具和技术的发展。<br>2.知道不同的信息传播工具会影响人们接收信息的效果。 |
| 德性育人 | 1.乐于合作探索,遇到问题能积极想办法解决。<br>2.信息的交流与传播推动了工具和技术的共同发展,对人类社会的发展具有举足轻重的作用。 |
| 审美育人 | 1.乐于表达自己的想法,学会与他人分享自己的观点。<br>2.享受小组、全班同学共同探讨的乐趣和氛围。<br>3.在不断挑战中增强自信。 |
| 健康育人 | 1.认识到人类社会的飞速发展,将对信息需求更多、更快且质量要求更高。<br>2.做好活动中的安全防护和活动后的清洁卫生。 |
| 劳动育人 | 能借助信息传播工具获取信息,完成独轮车简易模型的制作。 |

表2-3-36 教科版《科学》六年级下册“小小工程师”单元教学育人点导引

| 1.了解我们的住房 | |
|---|---|
| 认知育人 | 1.住房都有一定的结构，根据需求不同，结构也会存在差异。<br>2.住房由供水、供暖、采光、电路等多个系统组成。<br>3.住房需要经历一定的建造过程，每一个过程都非常重要，需协同发挥作用。 |
| 德性育人 | 1.对了解住房有强烈的学习兴趣。<br>2.感受同伴沟通交流的重要性，乐于分享。<br>3.初步认识到人类的需求促进了社会的进步与发展，同时科学技术的进步也满足了人们对美好生活的向往与追求。<br>4.初步感受房屋建造的复杂性、系统性和科学性。 |
| 审美育人 | 1.欣赏到多种房屋的外观、结构等的形态美，及建造过程的动态美。<br>2.欣赏到图片描述、线条绘制的协调美感。<br>3.体验到团队合作、交流、分享的和谐美。 |
| 健康育人 | 1.认识到房屋的安全承重、合理分区、系统协调等对人类生活的重要性。<br>2.认识到小区居住环境、邻里和谐的重要性。 |
| 劳动育人 | 1.能结合自己家的住房，说出住房基本结构（功能分区），以及供水、采光、供暖等主要系统。<br>2.能通过查阅资料及相互交流，简述住房的基本建造过程。 |
| 2.认识工程 | |
| 认知育人 | 1.许多发明创造来源于对生活的观察，且可以在自然界中找到原型。<br>2.工程建设需要运用相关科学知识和技术的支撑来完成。<br>3.工程需要在一定的限制条件下完成任务，要经历类似的建设过程。 |
| 德性育人 | 1.认识到工程建设的艰难，从而对建设者产生敬仰之情。<br>2.进一步唤起学习工程的兴趣，激发做一名小小工程师的愿望。<br>3.进一步认识到科学技术与工程的相互关系。<br>4.进一步认识到科学技术对社会发展的重要作用，以及人类的好奇心和社会的需求对科学技术发展的积极促进作用。 |
| 审美育人 | 1.欣赏宏大工程的壮观之美。<br>2.感受尖端工程建造中不断创新、不断突破、不断超越的奋进之美。<br>3.认识到设计的重要性，学会欣赏设计。 |
| 健康育人 | 1.认识到认知和创造都是从简单到复杂的过程，认识到基础的重要性。<br>2.通过学习增强奋发向上的底气。 |
| 劳动育人 | 1.能通过阅读资料，了解工程建设需要面临的限制条件有哪些，又是怎样解决难题的。<br>2.能根据工程案例归纳出工程建设过程的相似步骤。<br>3.能了解工程建设所需的科学技术支持，分析工程与科学技术的关系。 |
| 3.建造塔台 | |
| 认知育人 | 对一项工程的设计，需要考虑到各个因素及之间的关联。 |
| 德性育人 | 1.积极参加设计活动，对工程学习充满兴趣。<br>2.乐于表达与交流，并能综合小组各成员的意见，形成集体的观点。<br>3.感受到科学知识与其他学科综合能力对工程设计的重要性。 |

续表

| | |
|---|---|
| 审美育人 | 1.认识到工程建造以标书的形式呈现,意识到整体设计的重要性。<br>2.团队合作,各司其职,共享和谐。<br>3.欣赏图表、简洁文字等在方案中的协调美感。 |
| 健康育人 | 1.认识到设计是一个系统工程,需要团队协作;认识到每个成员的重要性,增强自信。<br>2.发现简洁与复杂的统一,学会欣赏。<br>3.认识到成果控制的重要性,培养节约意识。 |
| 劳动育人 | 1.能够考虑到建造塔台所涉及的各个因素。<br>2.能够根据教材中的“标书”样本制订出建造塔台标书。<br>3.能够利用文字、绘图的方式表达自己的创意与构想。 |
| | **4.设计塔台模型** |
| 认知育人 | 1.工程设计是一个复杂的过程,需要综合考虑各个因素及之间的关联。<br>2.工程设计中蕴含着一定的科学知识。 |
| 德性育人 | 1.对工程设计有强烈的兴趣。<br>2.愿意与小组成员合作交流,共同完成设计任务。<br>3.具有反思意识,能听取同学意见并不断改进自己的设计。<br>4.感受到科学知识对设计好塔台的重要作用。 |
| 审美育人 | 1.认识到模型的重要性,学会欣赏模型。<br>2.欣赏图片描述、线条绘制的协调美感。<br>3.乐于交流分享,共享成果。 |
| 健康育人 | 1.培养团队意识,增强自信。<br>2.认识到成本和效率对工程的重要性。 |
| 劳动育人 | 1.能根据建造塔台的具体任务,综合考虑相关因素,制订出建造方案。<br>2.能根据限制条件设计出符合要求的塔台模型,并能用文字和绘图的方式表达创意。<br>3.能深入思考,发现并解决设计中的难点问题。<br>4.能反思自己的设计,不断改进。 |
| | **5.制作塔台模型** |
| 认知育人 | 制作模型是工程设计的重要环节。 |
| 德性育人 | 1.体验坚持完全按照设计图进行模型制作。<br>2.意识并感受到小组合作的重要性,能通过沟通交流形成集体的观点。<br>3.能认识到科学知识和技能对制作优质模型的重要性,进而认识到社会发展需要科学技术作支撑。 |
| 审美育人 | 1.愿意倾听他人的意见,乐于分享自己的经验。<br>2.体验创造产品的喜悦与成就感,学会与人交流、分享、合作。 |
| 健康育人 | 1.制作中注意安全,做好材料的归类整理以及作品的妥善存放。<br>2.团队中恰当定位,自信、努力。 |
| 劳动育人 | 1.能依照设计方案,制作出塔台模型。<br>2.能在制作模型的过程中发现新问题、引发新思考。<br>3.能根据塔台模型制作评价表,反思所制作模型的优劣。 |

续表

| 6.测试塔台模型 | |
|---|---|
| 认知育人 | 1.测试是工程设计中的重要环节,是衡量设计是否达到规范要求的重要方法。<br>2.完成一项任务(测试)需要使用特定的工具。 |
| 德性育人 | 1.对测试活动充满好奇与热情,认识到测试的重要意义。<br>2.能基于观察事实,做出合理判断。<br>3.能虚心接纳同学意见,并通过反思交流,调整原有设计,从而达成集体共识。<br>4.认识到检测工具对测试工作的重要性,从而进一步认识到科学技术的发展对一项工程建设的重要意义。 |
| 审美育人 | 1.认识到和谐团队合作的重要性。<br>2.认识到制作工艺对作品最终成效的重要影响。 |
| 健康育人 | 1.不怕失败,敢于面对。<br>2.学会倾听和接受评价,积极反思,不断改进。 |
| 劳动育人 | 1.能依据标准对塔台模型进行测试并记录。<br>2.能对测试结果进行反思,能归因问题所在。<br>3.能将问题进行梳理、归纳。 |
| 7.评估改进塔台模型 | |
| 认知育人 | 工程要反复评估改进,不断完善,才能达成最终的工程要求。 |
| 德性育人 | 1.进一步增强对工程建设的兴趣与认识。<br>2.能够学会倾听,乐于交流,不断改进设计。<br>3.加深对工程的认识与理解,认识到科学、技术与工程的关系。<br>2.理解工程的关键是设计。 |
| 审美育人 | 1.学会欣赏不同作品的美。<br>2.学会欣赏别人的劳动和劳动成果。<br>3.认识到整个工程过程的宏大、复杂,认识到团队合作的和谐之美。 |
| 健康育人 | 1.认识到客观评价自己的重要性。<br>2.认识到虚心接受别人的意见和建议的意义。<br>3.做好各项善后工作。 |
| 劳动育人 | 1.能依据评估标准,针对每一组模型开展小组自我评估与组间评估。<br>2.能根据评估结果,梳理出需要进一步改进的问题。<br>3.根据已梳理的问题,依据塔台模型制作评价表再次改进设计。 |

## 三、框架使用建议

深入挖掘、合理运用小学科学学科全息育人整体框架及单元育人点导引,对于丰富小学科学课程内容,增强课程的生活性、综合性、实践性和全息性有重要意义。在应用过程中,应当注意以下几点:

### (一)深入学习,更新观念

深入学习领会学科全息育人教育理念,把握学科全息育人核心,通过学科学习知识到通过学科培养学生全面发展,重视全员、全课程、全方位立体式的育人,健全人格,形成关键能力与必备品格。厘清科学学科全息育人的学科特性,通过“物质科学”“生命科学”“地球与宇宙”“技术与工程”四个领域的学习,从德智体美劳全方位培养学生继续学习、终身学习的科学素养,培养全面发展的人,建构科学学科全息育人课程。在深入学习的基础上,更新自己的教育教学观念,将学科全息育人理念贯彻落实到日常的教育教学工作中,真正做到由学科教学转向学科育人。

### (二)对比研读,有机融合

小学科学学科育人点框架及单元育人点导引是基于《课标》设计梳理的。学科全息育人理念下的认知育人、德性育人、审美育人、健康育人、劳动育人,这五育与科学学科的科学观念、科学思维、探究实践、态度责任这四大核心素养要求是能够完美融合的。如科学观念大多对应的是认知育人,态度责任大多数对应的是德性育人等。但这不是单一的一一对应,而是综合交叉、相互融合的,导引表所列举的育人点也未包含所有育人点,仅仅作为一个参考提示。所以,教师在使用育人点框架及单元育人点导引时,要将其再次与科学课程标准、教材进行对比性研读,结合地域、时空、师生实际情况,充分挖掘并准确把握教学内容所能发挥的全息育人功能,真正实现学科育人。

### (三)合理组织教学内容

以五育为中心,让学生通过科学课程的学习,提升科学核心素养,并获得德智体美劳全方面的发展,教师应当合理组织五育相关教学内容,在制订教学目标、教学重难点的时候,要思考如何组织教学内容、如何呈现学科育人的问题。不是每一课都需要体现五育全部,也切忌生搬硬套,而是应该每一课有不同的目标与侧重点,参照小学科学学科全息育人整体框架和单元育人导引或个人的理解,进行合理的取舍,有针对性地进行育人。如侧重学生科学思维的发展,可以倾向于认知育人,教学内容就可以侧重于学生的模型建构、推理论证、创新思维方面的意识、能力培养;如侧重于学生态度责任方面的发展,可以倾向于德性育人,教学内容可以以培养学生的科学态度、社会责任为主;若侧重于学生综合能力的发展,则要选择能综合呈现五育的内容。总之,教师要根据教学内容有利于学生哪一方面或几方面的培养,根据培养目标,合理组织教学内容,将全息育人有机渗透于其中,让学生在科学课程中获得全面发展。

### (四)积极拓展课程资源,丰富育人内容

小学科学教材内容的选择覆盖了课程标准所要求的内容,突出了核心概念的理解与应用,兼顾了基础性和时代性,且具有一定的开放性。基于此,它也具有一定的局限性,即会因为一些地域性、时代性特征给教学育人带来一定的困扰。因此,教师可以根据教学目标、育人方向,积极拓展课程资源,并予以合理运用,以丰富育人内容。

1.校园环境、设施设备的开发与利用

每一所学校的建设都有与科学相关的资源,如花草树木、校园气象站、种植园、科普宣传栏、科学活动区等,这些都是实施科学课程和学科育人的有效资源。教师对这些资源进行开发与利用,让校园成为学生学习科学、接受学科育人的大课堂。开发创新科学课程内容,让科学学习更贴近生活,让科学课堂更加生动有趣。如教科版《科学》一年级上册“植物”单元的学习,可以充分利用学校的植物资源,让学生在实地观察中直观了解植物的特征,感受植物具有生命及其多样性,感受自然之美,同时也暗含着对生命的敬畏、对植物的爱护、对校园的喜爱,其认知育人、审美育人、德性育人等得到有机渗透。教科版《科学》四年级上册“植物的生长变化”的学习,可以让学生在校园的种植基地进行实践,让学生在实践中观察发现植物的生长变化,同时受到健康、劳动等方面的教育,感受劳动之美。

2.社会资源的开发与利用

每所学校周边区域内都有丰富的科普教育资源,这些资源包含自然资源、社会资源和人力资源,这些资源能有效弥补教材资源、校园资源的不足。教师可以合理利用这些资源,通过实地考察、研学实践、邀请科普工作者参与教学等途径进行学科育人。如重庆市自然博物馆里有丰富的生物、矿物方面的科普展览,在开展生物多样性、岩石矿物相关方面的教学时,可以鼓励学生到博物馆中参观游览,也可以将科学课堂搬到博物馆,或将博物馆的部分物力、人力请到学校,这些方法对于学生的科学知识学习具有巨大帮助,同时也能让学生更为深刻地感受大自然的神奇美妙。

3.网络资源的开发与利用

在当今的大数据时代,互联网上的教学资源是非常丰富的,这些文字、图片、影像、动画软件、在线学习等资源能有效弥补课堂教学资源单一的短板,能让学生在课堂中就能走遍世界,了解自然界中的奥秘。教师可以积极参与网络资源的建设与开发,通过仔细筛选并合理采用在线学习、微课、资料查阅等方式,运用各种网络平台或工具为学科育人服务。如宇宙单元的学习,除了模拟实验、逻辑推理等学习之外,大量相关的影像资料,能更为直观地帮助学生加深对宇宙的认识和了解,感受到人类探索宇宙的历程与方法,体会到宇宙的神奇美丽。

# 第三章

# 小学科学学科全息育人教学设计

全息育人教学设计不同于传统的教学设计,教师在进行全息育人教学设计时需要根据课程标准,结合实际,渗透全息育人思想,五育并举进行教学设计,再根据全息育人教学设计开展教学活动。本章内容立足于教学设计,从设计理念与原则,到教学设计流程,再到单元和课时案例评析,全面深入解读,帮助科学教师开展全息育人教学设计,帮助学生提升科学素养,提高学生思维品质。

# 第一节 小学科学学科全息育人教学设计理念与原则

开展小学科学学科全息育人教学设计，要落实以育人为本、系统论的设计理念，以整体性、科学性、关联性、有序性、生本性的设计原则，遵循“单元整体分析—育人目标确定—教学活动设计—教学资源选择—学习评价设计”的设计流程。

## 一、设计理念

教学设计是基于对教学系统的全面分析和把握，为了解决教学问题，实现教学目标而建立的策略方案并进行实践、评价，从而使教学效果达到尽可能优化的系统开发过程。[①]它是教师在理解教材、了解学情的基础上设计出的有针对性的教学活动的过程，指导日常的教学活动，关乎课堂教学质量。教学设计理念是指导教学设计的，是把教学看作备课、上课、课后反思等一连串的动态过程。[②]依据科学的教学设计理念来设计教学活动，实际上就是要求教师设计的教学方案和措施符合一定的教学思想和教学规律。教师只有自觉运用科学的教学设计理念指导教学设计，才有可能使教学摆脱狭隘的经验主义，进而实现全息育人的目的。

### (一)育人为本设计理念

小学科学学科全息育人教学设计中的全息育人即全方面、全方位、多渠道育人。落实到小学科学学科教学中，全息育人具体指通过认知育人、德性育人、健康育人、审美育人以及劳动育人，实现学生德育、智育、体育、美育、劳育全面发展(简称五育)。五育融合既是一种育人理念，也是学科全息育人教学设计的基本理念之一。在进行教学目标设计和教学活动设计时，都应从德智体美劳五个方面进行，从而达到全息育人的目的。

### (二)系统论设计理念

系统论设计理念是在设计过程中将事物视为一个系统，而不是一组零部件。这个

---

① 徐学福•教学论[M].北京：人民教育出版社，2012：325.

② 黄必忠.高中思想政治课“新时代的劳动者”活动型教学设计与实施[D].南宁：南宁师范大学，2020.

理念强调了事物之间的相互关系和相互作用，并且强调了整体的重要性。

在科学教育中应用系统论设计理念的方法有很多。以下是几种常见的方法：

1. 在教学过程中强调科学知识的相互关系和整体性，而不是将其分割成独立的知识点。

2. 引入实际问题或案例研究，使学生能够将科学知识应用于实际场景中。

3. 引导学生进行跨学科学习，帮助他们理解科学知识与其他学科之间的关系。

4. 引入系统论的概念，让学生了解科学知识的系统性，并且学会分析和解决问题。

5. 引入计算机模拟和数据分析工具，帮助学生理解科学知识的模型性和系统性。

在小学阶段的科学教育中，也可以使用系统论设计理念来提高学生对科学知识的理解和应用能力。一些可行的方法如下：

1. 通过生活中的经验和例子来引入科学知识，让学生在实际场景中理解和应用知识。

2. 引入科学实验和活动，让学生亲身体验科学知识的真实性。

3. 使用多媒体教材和图片，帮助学生理解科学知识的概念和相互关系。

4. 以问题解决的方式进行教学，帮助学生学会分析和解决问题。

5. 鼓励学生进行自主学习和研究，让他们学会探究科学知识。

## 二、设计原则

小学科学学科全息育人教学设计是根据课标、教材、教学对象而设计的教学文本，在实施教学活动时进行五育融合，形成小学科学学科全息育人活动方案的操作过程。小学科学学科全息育人教学设计的原则，即制订小学科学学科全息育人教学设计所应遵循的基本要求，对小学科学学科全息育人教学设计工作的顺利开展起着规范和指导作用。教学设计的原则有：整体性原则、科学性原则、关联性原则、有序性原则和生本性原则。

### （一）整体性原则

整体性原则是指在科学教育中应该综合考虑各个方面的关系，将知识、技能、思维、情感等结合起来，使学生能够在整体上理解和掌握知识。在全息育人教学设计中，教学内容应综合考虑知识的前因后果关系，使学生能够在整体上理解知识；教学过程应综合考虑技能的层层递进，使学生能够在整体上掌握技能；教学过程应综合考虑思维的发展规律,使学生能够在整体上培养思维能力;教学过程还应综合考虑情感的认知体现,使学生能够在整体上培养情感素养。

总之,整体性原则强调在教学中应该综合考虑各个方面的关系,将知识、技能、思维、情感等结合起来,使学生能够在整体上理解和掌握知识,并在实际中运用。这样才能使学生在科学教育中得到全面的发展。

### (二)科学性原则

科学性原则是指教师在进行全息育人教学设计时要遵循课标要求、学科特点、教学环节的逻辑,对教材内容的把握要正确、透彻,对学情分析要准确、客观,对教学目标的设定要明确、合理。在设计教学活动时,教师应将教学方法与教学实际有机结合,做到理论与实际的高度统一。[①]在全息育人教学设计中,教学内容和方法必须符合科学原理和方法,保证科学性。通过实验和探究来培养学生的科学素养和科学探究能力。教学过程和结果应该是可见的,便于评价和改进;教学过程和结果应该是逻辑清晰的,便于理解和记忆;教学过程和结果应该是可操作的,便于实践和掌握。

### (三)关联性原则

关联性原则是指在科学教育中应该将知识、技能、思维、情感等关联起来,使学生能够在生活实际中运用知识。具体来说,在全息育人教学设计中,应该将知识与生活实际相关联,使学生能够在生活实际中运用知识;将技能与生活相关联,使学生能够在生活中学习运用并提高技能;将思维与生活实际相关联,使学生能够在生活实际中发展运用思维;将情感与生活实际相关联,使学生能够在生活实际中培养情感。

总之,关联性原则强调在教学中应该将知识、技能、思维、情感与生活实际相关联,使学生能够在生活实际中运用知识。这样可以增强学生对知识的理解和掌握,使学生能在科学教育中得到全面的发展。

### (四)有序性原则

有序性原则是指在教学中应该采用有序的方法,使学生能够按照一定的顺序学习知识。具体来说,在进行全息育人教学设计时,要将教学内容知识按照一定的顺序进行教学,使学生能够按照一定的顺序学习教学内容知识;将技能按照由易到难的顺序进行教学,使学生能够学习并掌握、运用技能;将思维按照由低阶向高阶发展的顺序进行教学,使学生能够按照低阶思维走向高阶思维的顺序培养思维。这样可以保证学生

① 诸凌虹.小学英语课堂教学设计的科学性原则[J].首都外语论坛,2014(1):164-171.

能够更好地理解和掌握知识、技能、思维,同时也可以避免学生在学习中出现混乱或者疑惑的情况。

总之,有序性原则就是在教学过程中将知识、技能、思维、教学内容等按照一定的顺序进行教学,从而达到让学生有条理学习知识的目的,更好地理解和掌握知识,避免学生学习过程中出现混乱或疑惑的情况。

#### (五)生本性原则

生本性原则是指在教学中应该尊重学生的生本特征,并且要根据学生的生本特征来设计教学。在进行全息育人教学设计时,根据学生的年龄特征、性别特征、文化背景特征以及学习特征来设计教学内容,使学生能够从自己的角度来理解和掌握知识,从而让学生更好地理解和掌握知识,得到更好发展。

总之,生本性原则就是在教学过程中尊重学生的生本特征,如学生的年龄特征、性别特征等。小学科学学科作为全息育人的基础性学科,通过探究活动来培养学生的科学知识、科学思维、科学探究能力和创新能力,提高学生的科学素养。

## 第二节　小学科学学科全息育人教学设计流程

小学科学学科全息育人教学设计是根据小学科学全息育人教学设计理念和原则,以教科版小学科学教材为基础,结合课标、小学科学教师教学用书以及专家对单元教学的解读与建议进行全方位的分析,通过对小学科学教材中的内容进行分析、重组、整合并形成相对完整的教学单元,在教学整体观的指导下将小学科学教学诸要素有序规划,并确定教学单元和各课时的育人目标,以达成小学科学学科全息育人的教学设计。

### 一、单元整体建构

#### (一)全息育人单元整体建构的概念

全息育人单元整体教学设计指的是教师在全面了解教材单元的教学内容、课程标准中对应的要求、育人的目标后，结合学生学情，从学生出发，以生为本，对教学内容进行进一步整合，形成较为完整的单元育人主题，并确定单元育人总目标和课时分目标。这个完整的育人过程就是单元整体育人的体现形式。每一个育人单元中都由内在联系的相关课例所组成，这些具有联系的每一节课之间形成一个有机的教学过程，德、智、体、美、劳等育人点也集合成了一个统一的模块在教学过程中被完成，注意不能仅仅把育人单元表面的意思理解为“教材的单元”。一个育人单元的大小并没有明确的规定，而是要根据育人目标和影响学生全面发展等方面来决定。做好了育人单元整体教学设计，育人活动的开展就会事半功倍。

### （二）单元整体建构的方法

小学科学学科全息育人教学设计与传统教学设计最大的区别在于：单元整体建构需从整个单元的全局出发，思考这个单元与前后单元或者与全册科学教材、其他学科教学的内在联系，协调整个单元和课时育人活动的安排，以及与其他学科的相互融合；育人活动设计不单单指向某一节课，而是贯穿整个单元教学，甚至整册科学教学或者多个学期的教学，是一个循序渐进的过程，悄无声息地进行学科全息育人。

在这个过程中[①]教材是教学设计的根本和依据。在设计过程中，教师应该结合课程标准深入地理解科学教材中的内容和编者的意图，从而进行教学单元育人主题的构建，将相互联系的育人点在课堂教学中进行渗透，并确保整个单元育人活动的设计具有适切性、进阶性。但是单元整体教学设计并不是简单地将教材内容呈现出来，让学生记住或者进行有关练习，而是应该围绕单元主题育人点展开，并且进行由浅入深、层层递进的教学设计。

根据单元主题，首先，确定整个单元的重点育人目标与内容，其他与主题相关的育人点都是在主题的基础上所延伸出来的。这样可以帮助学生更好的在头脑中构建学科知识网络，使学生对科学知识有整体性的认识。其次，教师在确定好育人目标后，要对整个单元的主题进行整体把握，并在单元主题的基础上对相关知识进行不同的讲解，以帮助学生对本单元的育人点有更加深入的掌握，并且能够与日常生活联系在一起，提高对科学知识的运用程度，做到科学来源于生活，也服务于生活，做到真正地实现学以致用，进而全息育人。

① 姜珊珊. 小学科学单元整体教学的设计思考与实践[J]. 科幻画报，2020(5)：111.

## 二、确立育人目标

### （一）确立育人目标的依据

1.《课标》要求

科学课程旨在培养学生的核心素养，为学生的终身发展奠定基础。科学课程要培养的学生核心素养，主要是指学生在学习科学课程的过程中，逐步形成的适应个人终身发展和社会发展所需要的正确价值观、必备品格和关键能力，是科学课程育人价值的集中体现，包括科学观念、科学思维、探究实践、态度责任等方面。引导和帮助学生达到四个方面的目标：掌握基本的科学知识，形成初步的科学观念；掌握基本的思维方法，具有初步的科学思维能力；掌握基本的科学方法，具有初步的探究实践能力；树立基本的科学态度，具有正确的价值观和社会责任感。

2.新时代社会发展对小学科学提出的新要求

科学课程是一门体现科学本质的综合性基础课程，作为小学阶段重要组成部分的小学科学课程，具有很强的时代性，其育人目标一定要体现社会对所培养的人的要求，育人目标的确立就要充分考虑社会发展的新要求。

3.学生身心发展的特点与规律

只有从学生身心发展特点与发展规律出发确立的育人目标，才是与学生的发展需要相适应的目标。在这样的目标指引下开展小学科学学科教学，才能让学生自觉接受并终身受益。

### （二）确定育人目标的内容

2019年6月23日，《中共中央、国务院关于深化教育教学改革全面提高义务教育质量的意见》指出，坚持立德树人，着力培养担当民族复兴大任的时代新人；坚持五育并举，全面发展素质教育；强化课堂主阵地作用，切实提高课堂教学质量。在全息育人目标的确定过程中，要充分考虑五育目标在课堂教学中的落实与融合。

1.突出德性育人

在教学设计时，首先要考虑培养学生的德性育人目标，结合教材和课标，主要从“个人品格”“科学精神”“合作意识”三个维度进行设计。“个人品格”方面包括良好的学习、生活和劳动习惯，感悟生命意义、严谨求实、勇于克服困难、锐意创新、自我反省意识、节俭的品质、讲文明、懂礼貌、守纪律、遵守规章制度、言行举止、爱国主义、传统精神、心理健康等。“科学精神”方面包括科学自然观（对各种自然现象的认识和辨别能力)、环保教育、公民道德意识、法纪观念、是非判别能力等。“合作意识”方面包括团队精神、合理分工、热爱集体等。

2.提炼认知育人目标

着力培养认知能力,促进思维发展,激发创新意识。严格按照国家课程方案和课程标准实施教学,确保学生达到国家规定的学业质量标准。

课标对认知目标作了相关要求:掌握基本的科学知识,形成初步的科学观念;初步认识科学的本质;掌握与认知水平相适应的科学知识,初步形成基本的科学观念,并能用于解释有关的自然现象、解决简单的实际问题。在进行教学设计时,结合学段要求精准确立相应学段的认知目标。

3.强化健康育人目标

科学学科在全息育人中提及的健康育人是指人体与健康、生物体(包括人)与自然环境相互作用等多方面内容的科学课堂,是在学习探究过程中了解相关的健康知识,形成相应的健康意识后,上升为学生正确处理相关情况的健康能力,主要归为三大类。健康知识是指学生在科学学科课堂中所了解到的与人体健康、生活健康有关的知识,比如学习教科版《科学》五年级上册“健康生活”单元,我们知道运动可以让我们的肌肉更发达,骨骼更强壮,关节更灵活;也包括与科学探究有关的正确规范的实验操作方法等知识;又如酒精灯的使用方法、过滤的方法、实验操作过程中的安全提示等。健康意识是指学生在科学学习中了解健康知识后,在头脑中逐渐形成的知识积累意识。健康能力是指学生在科学学习中了解健康知识、形成健康意识后所做出的正确操作或言行。

4.设立审美育人目标

科学探究一般而言包括提出问题、设计与实施探究方案、搜集证据和信息、构建解释和交流讨论等步骤。同时,我们认为小学生在教室中所进行的科学探究,理论上来说与科学家在实验室所进行的科学活动只有程度上的不同,不应该存在本质上的区别。但科学探究和科学发现过程,在科学教育发展史上,可以追溯到科学实验方法和科学思维方法。这样,进行科学探究就会涉及对科学概念和原理的思索与验证,这样的科学认知过程也是一个充满美的探知和求索的过程。在这个过程中,学生可以体验到对科学方法的“真”,从而实现美育“真”的教育功能。这样,我们科学教师在教学实践中,就要切实落实有效且实在的科学探究,而不是虚假的科学探究,让学生有机会体会到科学学习和科学探究过程中的各种美,主要包括发现美、欣赏美、创造美三个方面。发现美也不仅仅是科学探索过程的美,还有自然景观、生物、现象的美丽神奇,学会欣赏美,通过工程技术方面创造美等。

5.重视劳动育人目标

党的十八大以来，习近平总书记立足新时代历史方位，在全国教育大会上，提出了把劳动教育纳入培养社会主义建设者和接班人的总体要求，明确提出构建德智体美劳全面培养的教育体系。小学科学学科全息育人，遵循教育和人才培养规律，引导学生树立正确的劳动观念。从培养学生的角度来说，劳动的目标在于提升学生的动手能力，以及对于本专业所学内容是否能够真正掌握的评判。而从精神层面来说，则是培养学生的政治素养和人文情怀，以社会的需求为基准，让学生能够更加得心应手地面对问题、适应社会，转变传统对于学生教学的理念，形成一套具有现实意义，适合学生长期发展的劳动育人方式。劳动育人是现代社会的真正需求，如今很多企业对于人才的标准，已经不满足于成绩，而是更加需要具有专业素养和动手实践能力的人才。劳动育人不仅能够适应社会的变化，还可以帮助学生培养道德品质，拓宽学生的视野，在日后进入社会时，也会通过早期的体验，能够更加迅速融入和适应。

### （二）确定育人目标的方法

课程标准把科学教学目标划分为“科学观念、科学思维、探究实践、态度责任”四个方面。参照课程标准，我们确定育人目标时应在诸多的目标中进行有效取舍、整合，最终确定出简明扼要的育人目标，从而促进育人目标能够有效落实。在教学设计时，要对育人目标的调整和整合有整体把握，为达到每一节课对目标的确立，应做好以下几点：

1.厘清课程目标、单元目标和课时目标的关系

课程标准是规定某一学科的课程性质、课程目标、内容目标、实施建议的教学指导性文件。与教学大纲相比，课程标准在课程的基本理念、课程目标、课程实施建议等几部分阐述得更为详细、明确，特别是提出了以核心素养为宗旨的基本要求。课程标准是教学实施的基本依据，是学科教学的指导性文件。在进行小学学科全息育人教材分析时，要以落实学科核心素养和学科课程标准为目的，精准把握课程标准中的课程理念、课程目标和课程内容等。

单元目标要站在课程高度，结合课标，找出课标中对单元内容的要求，分析课标中对单元内不同内容要求的联系，并读懂教材、读懂学生，从而制订单元教学目标。

课时目标是单元目标的具体化，教师在设计课时目标时，一定要保证目标明确，清晰地知道教学时要达成的育人目标，学生要重点完成的任务，需要落实的育人点，在教学设计时将目标具体细化，从而进行有针对性的教学，提高学生素养。

课程标准、单元目标、课时目标是一个整体，确立目标时要在研读课标的基础上，准确把握所在学段的课程目标，仔细分析教材的单元主题内容，根据单元目标确立每一课的育人目标，再合理地进行课时划分，确立课时目标。

2. 课时目标落实到位，循序渐进

在表述课时教学目标时，我们要做到适切、具体、以学生为主体，不宜设计过大、过泛的育人目标，应该遵循循序渐进的原则，逐步实现。教师对于课时目标的设计，要基于学生学习的具体情况。在课堂教学时，要合理、适中地设计教学目标，既要有重点目标，也要有差异目标。

## 三、设计教学活动

教学活动设计是教学设计的重要组成部分，通常是以教学班为单位组织课堂教学活动。要设计学生能亲身参与体验，加入研究探索的教学活动，从而使学生获得感受，情感得以激发，形成善于质疑、乐于探究、努力求知、积极向上的态度。教学效果一部分是可以预设期望达到的，一部分是在活动中发生、发展、升华、转变，师生在教学活动中进一步获得生长而取得的。

### （一）设计教学活动的要点

《课标》指出，本课程面向全体学生、立足素养发展、聚焦核心概念、精选课程内容、科学安排进阶、形成有序结构、激发学习动机、加强探究实践、重视综合评价、促进学生发展，特别强调加强实践探究，将教育融于活动之中。有效的教学实践活动设计是上好一节课的关键。设计一个成功的教学实践活动，不仅能激发学生参与活动的兴趣，还能让学生在参与活动的过程中体验活动带来的乐趣、探究新的学习方法，在尝试的过程中发现问题，并通过思考解决问题，从而全面育人。因此，设计有效的教学活动要遵从以下几个要点：

1. 聚焦核心内容，精选针对性活动

《重庆市小学科学课程教学实施指导意见》中强调，教学内容和活动的设计要基于课程标准，围绕学科核心概念和跨学科概念，关注知识间的内在关联，促进知识的结构化，改变碎片化、割裂式的教学倾向。特别是在课时教学内容的组织上，要把握教学内容与核心概念、跨学科概念之间的关系。把握核心概念进阶，强化学段教学内容安排的序列化和递进性，区分核心概念在不同年段的水平要求。重视核心概念在真实情境中的应用，加强知识学习与现实生活、社会实践之间的联系，实现学生对核心概念的深度理解、有效建构和灵活应用。所以，教学活动的设计，要围绕一个有针对性的主题来开展活动，达成育人目标。

2.从学生出发，注重体验性活动

课程标准中指出，教学活动和教学目标的设计要根据本地区、学校、各年段的具体情况，认真分析任教年级、班级学生学习前在核心素养四个方面的已有水平。同时了解学生的动手能力、学习兴趣和学习习惯，了解学生的年龄特征、心理特点、身心状况、家庭状况及班级情况等，分析各种学习条件、环境的利弊，做出预见，有针对性地设计育人活动和育人目标，提高学生参与积极性。

3.紧密联系生活，立足现实性活动

科学活动来源于生活，服务于生活，所以科学活动的设计必须贴近生活。让学生感受周围的科学世界，知道科学就在我们的身边。用自己的双手触碰科学，用科学的方法探究科学，并以此为基础，提升学生的科学核心素养，达成育人目的。教师作为学生学习活动的引领者、组织者，要立足学生生活经验和生活常识，紧密联系学生的生活实际，从他们生活的社区、学校、家庭出发，设计与学生生活紧密相关的活动，以及现实意义强的活动。

4.激发思维碰撞，把握探究性活动

科学的学习贵在思考，大胆质疑。有疑才会有思考，才会有探究，才会有新的发现。教师要设计有思维含量的、有探究价值的拓展性活动，这样才能激发学生的求知欲望，有助于学生思维的碰撞，引导学生发现问题、分析问题并去解决问题。

5.洞察课堂变化，抓住生成性活动

科学教学活动虽然可以预设，但活动进程是发展变化的，是不统一的，是一个动态生成的过程，课堂教学活动中的课堂生成也是多变的。面对课堂生成的多变以及形式的丰富，教师必须灵活地洞察课堂变化，及时捕捉、判断、重组各种信息，灵活驾驭教学活动，调整教学活动，推进活动在具体情境中的有效生成。但教师在设计活动时，依然要全方位设计活动可能生成的方向，以便于及时抓住生成性活动，这样才能感受科学课堂的魅力。

## （二）教学活动的方式

根据人类认识事物的方法，我们以培养小学生认识世界的方式与增强实验技能为重点，对小学科学教学进行分类，主要有观察课、实验课、建模课等。[①]

① 张超.核心素养视域下的小学科学教学创新实践研究[J].科学咨询，2017(6)：14-15.

在小学科学课中，以观察类课型教学的框架促进学生观察品质的培养。以观察为主组织教学过程的课属于观察课，它是一种指导学生有目的、有计划地利用感官对自然现象、物体特征及属性、动植物生长及其他习性等进行系统地观察，以获得知识、经验，并培养观察、分析、比较和概括能力的教学活动。[①]

小学科学实验教学，是指在小学科学实验课堂中开展的教学活动，是教师从教学内容、学生的“前概念”出发开展的对教学过程的科学设计，指导学生通过观察、使用科学仪器、动手操作等方式来完成科学实验，从而实现课堂教学目标的课堂教学活动。[②]

建模课是一种基于模型的学习方式，其主要流程为：聚焦真实世界、建立原型与模型的联系、建立物理模型、建构理性世界。建模不只是制作模型，而且是以理论探究为主导的科学实践的体现，它对学生科学思维的训练有更多更高的期待。[③]

### （三）组织教学过程

1. 教学过程

小学科学学科全息育人教学过程是指师生共同实现育人目标的活动状态变换及其时间流程，由相互依存的教和学两方面构成。

2. 教学过程的设计

小学科学学科全息育人教学过程设计以师生活动过程为主，并以表格形式呈现。就整体而言，教学内容、教师活动、学生活动是教学过程的三个基本要素。教师是教学过程中的主导，根据育人目标，协调教学内容、学生等因素及其关系。学生既是教学的对象又是教学的主体。学生的学是教学中的关键问题，教师的教应围绕学生的学展开。

因此，小学科学学科全息育人教学设计中教学过程部分以表格的形式呈现，如表3-2-1。

表3-2-1 小学科学学科全息育人教学过程表

| 环节 | 教师活动 | 学生活动 | 教学评价<br>（育人目标及效果预设） |
|---|---|---|---|
| 聚焦 | | | |
| 探索 | | | |
| 研讨 | | | |
| 拓展 | | | |
| 板书设计 | | | |

① 陈文秀.小学科学教学中培养学生良好观察品质的策略研究[C].教师教育论坛（第五辑），2019-6.

② 刘忠庆.深度学习理念指导下的小学科学实验教学探索[J].辽宁教育，2022(9):70-73.

③ 邵发仙，舒刚.小学科学教学中物理建模课型的建构与实施[J].教育探索，2015(9):60-63.

小学科学学科全息育人教学设计是教师活动和学生活动的双线设计，它是一个涉及教学过程中的老师、学生、学习内容、媒介、方法、环境等有机结合起来的整体。在具体的教学环节中，教师组织策划教学活动时的语言表述及具体安排，与之对应在这个教学环节中，学生如何参与到教学活动中，如何开展与推进主观能动性的发挥都要在教学设计中体现。在设计教学过程时，要求教师分别写出在课题导入和新课教学的环节中涉及的教学内容，与之对应的教师活动、学生活动。同时，围绕育人点及育人效果预期写出设计意图，表述清楚具体的教学环节落实的育人点，预期达到的育人效果，具体落实的育人目标。这样一一对应，思路清晰，层次分明，目标明确，更具针对性。

(1)新课教学

这个环节设计三个以上的纵向单元格，可以采用环节式设计，如：环节一，环节二，环节三……也可以采用活动式设计，如：活动一，活动二，活动三……

例：环节式设计：一年级下册《观察一瓶水》

环节一：水有什么特征

环节二：观察、对比水和洗发液

环节三：把它们和小木块对比

环节四：描述水的特征

例：活动式设计：一年级下册《我们知道的动物》

活动一：说说我们知道的和喜欢的动物

活动二：观察、记录、描述一种动物

活动三：说一说动物的共同特点

教师在教学过程中，把新课教学中的各个环节分别填入对应的表格中，使这个过程条理清晰。教师就很清楚各个环节或活动中，师生各有哪些活动，和活动的目的。有效避免只注重自己在课堂的教学活动，而忽视学生的参与积极性、主观能动性的调动，以保证学生在课堂上的主体作用发挥。

(2)课堂反馈

在科学课堂的教学过程中，教师要观察学生是否能够自主合作地参与探究学习，敢于大胆质疑，善于合作分享，勇于尝试，乐于动手，有初步的探究实践、科学思维和学习能力。能发现问题，提出见解，有初步的创新意识。教师还要了解学生的学习状况，根据学生学习行为表现，判断学生学习兴趣、思维投入、知识理解、能力水平及对任务的适应程度等情况；根据学生学习行为及效果，反思教学目标的合理性和教学方法的有效性，及时进行必要的调整。

(3)课堂小结

课堂小结是对课堂教学内容的归纳梳理,是对一节课的简单小结,是对学习过程的总结反思,旨在让学生形成一个整体思考。课堂小结可以帮助学生厘清所学内容的层次结构,掌握其外在的形式和内在联系,形成知识系列及一定的结构框架。课堂小结不宜太过详细,要简明扼要、清楚明了,从总体上对当堂课进行把握,不是内容的简单重复,而是引导学生深化教学理解和延伸拓展。

(4)作业布置

小学科学学科全息育人的作业布置与其他知识性较强的学科不同,多为实践性作业并关注学生个体和群体差异,针对不同学生发展水平和不同学习阶段,分为理解性、应用性等不同层次的作业,在注重理解和应用的基础上,增加实践性、探究性、综合性和创新性作业。评价作业时可采用多种形式进行评价:书面类作业,如科学观察、记录等;操作类作业,如实验探究、实践制作等;考察类作业,如科普场馆考察等;调查类作业,如小区垃圾分类实施情况等。

(5)板书设计

板书设计是运用文字、符号、图表等书面语言,在黑板上或多媒体课件上课堂生成记录教书育人的创造性活动。板书在科学课中起着不可忽视的作用,它能够提纲挈领,指引目标;突出重点,深化理解;以一当十,启发思维;形象直观,强化记忆;以身示范,熏陶感染。进行板书设计时,目的要鲜明,突显育人目标;体系要完整,概括地反映教学内容;内容要有条理、有系统;书写要规范,用正楷字。在课堂上教师要循循善诱,随着教学活动、学生领悟课堂生成进行现场书写板书。不能完全根据预设按部就班,一贴到底。既要有预设,又要尊重课堂生成,根据实际情况调整,灵活地板书。提倡采用现场粉笔书写或画板书的方式,回归教育常态。

(6)教学反思

教学反思是指教师对教育教学实践的再认识、再思考,并以此来总结经验教训,进一步提高教育教学水平。教学反思一直以来都是教师提高个人业务水平的一种有效手段,本学科教学设计留白,让教师在执教后反思填写,这是在教学设计转化为教学实施后进行的。

(7)教学资源

随着课程改革的推进和社会的发展变化,可供利用和选择的教学资源非常多。小学科学学科全息育人进行德智体美劳“五育融合”,能够选择、开发、利用的资源更为广泛。结合重庆市小学科学课程教学实施指导意见,科学教师应依据课程标准,有意识、有目的地开发利用各种科学课程资源。要体现思想性、多元性和适宜性,注重政治导向和知识产权保护。充分利用身边的、易得的科学课程资源帮助学生学习,促进课程目标达成。充分调动教师、家长、学生和社区成员的积极性,开发贴近科学教学和促进学生核心素养发展的课程资源。

(8)学习评价

教学设计的学习评价指对学生学习的评价,主要表现为对学生开展课堂前测、课堂后测和过程性评价的方式,具化为对学生德智体美劳等方面的评价。目的在于诊断、调控、激励学生更好地参与课堂学习,判断是否达到育人目标,从而及时调整教学设计和育人方式,更好地服务教学,全面提升教学质量,更好地促进学生发展。具体评价方法,见本书第五章。

## 第三节　小学科学学科全息育人教学设计案例评析

### 一、单元整体教学设计案例评析

单元整体教学设计旨在设定单元整体目标,整体安排单元教学内容,以一个完整的教学主题作为一个单元的教学。基于本章第二节中单元整体构建的概念、意义、方法,现以教科版《科学》二年级上册“材料”单元为例,作如下教学设计和评析。

**教科版《科学》二年级上册“材料”单元教学设计案例**

一、单元主题名称

材料。

二、单元课标依据

“材料”是教科版《科学》二年级上册第二单元的主题。

相关的课标内容:1.物质的结构与功能,物质具有一定的特性与功能,识别生活中常见的材料。2.金属及合金是重要的材料,举例说出生活中常见的金属,知道金属是常见的材料。3.技术与工程创造了人造物,技术的核心是发明,工程的核心是建造;知道我们周围的人造物是由人设计并制造出来的,观察和区别身边的自然物和人造物;学会使用锤子、安全剪刀、放大镜等简单工具,运用身边的材料和工具,制作简单的手工作品。4.技术与工程改变了人们的生产和生活，举例说出周围简单科技产品的结构和功能，知道科技产品给人们生活带来的便利、快捷和舒适。5.工程需要定义和界定，通过观察，提出并描述简单的制作问题。6.工程的关键是设计，学会使用简单的草图，说出自己的思路。7.工程是设计方案物化的结果，学会使用简单的工具，对生活中常见的材料进行简单的加工处理；制作简单的实物模型并展示，尝试通过观察，发现作品中存在的问题并提出改进方案。

单元内容解读：本单元共6课，在一年级下册学习了“我们周围的物体”单元后，学生已对物体的特征进行了初步研究。根据课程标准的要求，他们将在3~4年级开展物质状态的学习，而对材料概念的理解是从物体到物质概念发展必不可少的进阶。这一单元强调和突出了对“材料”这一概念更全面和深入的理解，并根据目前材料科学的快速发展和人类对材料的认识不断丰富和提高的现状，设计和组织了“材料”单元的内容结构，以期让学生以辩证和发展的观点看待材料，不固化对某种材料的认识。希望通过这一单元的学习，学生能初步认识到材料是具有特殊性能的物质，是功能化了的物质，人们利用材料设计制作各种物品。学生能够以材料的视角看待自然世界和人工世界，利用多种感官或简单工具研究材料，观察并描述材料的特点，能够辨识生活中常见的材料。

三、单元育人目标

（一）认知育人目标

1.我们周围的世界可分为自然世界和人工世界，人工世界是由人设计并制造出来的。

2.物品是由一种或多种材料做成的，我们身边存在着许多不同种类的材料。

3.物品可以根据构成它的材料的性能来描述，也可以根据这些性能来区分物品或材料。

4.不同的材料具有不同的性能，材料的性能决定材料的用途。

5.通过科学技术可以将自然界的各种材料利用起来，材料经过加工可能改变原有的性能。

6.某些材料可以反复使用，一些废弃的物品可以用来制造新的产品。

（二）德性育人目标

1.运用各种感官观察并识别构成物品的各种材料，与同伴交流自己的观察结果。

2.用科学词汇初步描述常见材料的特征。

3.根据可观察到的特征和性质，对物品和材料进行描述、比较和分类。

4. 实事求是地描述材料的特性，形成用事实说话的意识。

5. 认识到在科学研究中准确描述事物很重要。

（三）劳动育人目标

1. 利用工具对材料进行简单加工。

2. 将学习到的知识和解决问题的方法运用到新的情境中去。

3. 利用提供的材料和工具，通过口述、图示等方式表达自己的设计与想法并完成任务。

（四）审美育人目标

1. 发展探究物质世界的兴趣。

2. 发展进一步改进材料的兴趣。

（五）健康育人目标

1. 体验创造产品的喜悦和成功感，学会与人交流分享与合作。

2. 意识到材料对于人工世界的重要性，选择材料需要考虑其优缺点，倡导节能环保。

3. 体会随着科技的发展和时代的变迁，材料会不断改进。

4. 了解当前许多材料是随科技进步逐步改进后的产物，它们给人类的生活发展带来了便利。

5. 认识到废旧材料可以回收、重复利用，这样做可以保护环境、节约资源。

6. 体会科学知识可以应用于解决日常生活中的问题。

四、单元主题整体教学思路

| 主题 | 课题 | 教材内容 | 教学活动 | 活动形式 | 活动设计意图 |
|---|---|---|---|---|---|
| 材料 | 我们生活的世界。 | 我们生活的世界分为自然世界和人工世界。人工世界的物品由各种材料做成。 | 认识常见的材料并把物体按材料类别分类。 | 观察、分类。 | 在观察与分类中启发学生对材料的观察与辨识，培养分类思维。 |
| | 不同材料的餐具。 | 材料的特点可以被观察与识别。 | 围绕常见4种材料的餐具进行观察研究，描述材料的特点。 | 观察、描述、讨论。 | 对多种材料的餐具进行观察、描述，关注物品特征与材料特性的区别，将功能与材料建立联系。 |
| | 书的历史。 | 同种物品的材料在不断演变发展。 | 以书为研究载体，结合人类文明发展历史，让学生考查由不同材料制成的同种物品——书的发展与演变。 | 观察、体验科学实验。 | 在体验泥板、竹简、纸的书写和装订中理解材料的革新可以促进物品的发展演变，人类对物品的需求又促进了物品材料的优化和升级。 |

续表

| 主题 | 课题 | 教材内容 | 教学活动 | 活动形式 | 活动设计意图 |
|---|---|---|---|---|---|
| 材料 | 神奇的纸。 | 同种材料的性能可通过加工改造而改变与优化。 | 以纸为例，让学生横向考查材料的性能变化，从而知道材料可以被加工改造。 | 观察、实验。 | 通过对普通纸进行改造，知道材料经过加工和改造可以衍生出原本没有的性能。 |
| | 椅子不简单。 | 同种物品可以组合应用不同材料的性能。 | 以椅子为例，让学生从材料角度进行解剖，认识到很多物品都是依据材料的不同性能进行复合设计加工。 | 观察。 | 利用对椅子的观察，将材料与其性能结合，从而发现每部分结构都是基于功能需求而选择了相关性能的材料。 |
| | 做一顶帽子。 | 利用工具设计加工多种材料，使之成为满足需求的产品。 | 学生根据功能和用途选择不同的材料，设计加工成为满足人类需求的产品。 | 设计制作。 | 进一步体会到人工世界是人类设计并创造出来的。 |

五、单元主题教学设计案例评析

本单元一共有6课，围绕单元主题学习目标和教学重难点，分6课时进行教学设计，具体内容如下：

案例1“我们生活的世界”教学设计①

（教科版《科学》二年级上册第二单元第一课）

| 课题 | 我们生活的世界 |
|---|---|
| 育人目标 | 认知育人：<br>1.我们周围的世界可分为自然世界和人工世界，人工世界是由人类设计并创造出来的。<br>2.物品是由材料制成的，不同材料具有不同的特点，可以把物品按材料分类。 |
| | 德性育人：意识到材料对于制造人工世界的重要性，倡导节能环保。 |
| | 审美育人：通过观察，感受自然世界和人工世界的美。 |
| | 劳动育人：观察并识别构成物品的各种材料，能够按材料类别对常见物品进行分类。 |
| 学习重难点 | 学习重点：<br>1.学会区分自然世界和人工世界。<br>2.学会观察和辨认身边不同的材料。 |
| | 学习难点：能够按材料类别对常见物品进行分类。 |
| 教学准备 | 水杯、指南针、毛巾、勺子、手套、木板、剪刀、放大镜、钥匙、课件等。 |

① 本课教学设计案例由重庆市北碚区双凤桥小学孙鹏雲老师提供

续表

| 课题 | 我们生活的世界 | | |
|---|---|---|---|
| 教学过程 | | | |
| 环节 | 教师活动 | 学生活动 | 教学评价（育人目标及效果预设） |
| 情境导入（5分钟） | 1.师：出示图片。孩子们，你们还记得《熊出没——探险日记》中的赵琳吗？今天，赵琳回到了自己的家乡，我们一起来看看这一路上，赵琳都看到了些什么？(播放视频)<br>2.师：赵琳家乡的风景可真美啊！一路上赵琳都看到了些什么？哪个小朋友来说一说？<br>预设1：你观察得真仔细，你看到的是大自然本身的景色。<br>预设2：你看得也很细心，你看到的是人工制造的景象。<br>(同时老师进行分类板书)<br>3.师：孩子们真善于观察，找到了这么多的景象，那你们能把这些景象分为两类吗？你为什么这么分？<br>4.师：孩子们可真棒！正如孩子们所说，在科学中，我们把森林、树木一类的景象组成的世界称为自然世界，把雕像、汽车、房屋等人工制造的景物组成的世界称为人工世界，它们共同组成了我们生活的美丽世界。<br>今天我们就一起来学习：我们生活的世界。(板书) | 学生观看影片并欣赏沿途风景。<br>学生回忆视频内容并回答问题。<br>预设1：森林、果树、草地……<br>预设2：小镇、雕像、大石碾、汽车……<br>学生思考回答：森林、草地、山川为一类，它们是大自然本身的景物；小镇、雕像、大石碾、汽车为一类，它们都是人工制造的。 | 通过观看动画片的形式引入新课，充分调动二年级孩子的兴趣，激发他们的学习热情，并从中体会到自然世界和人工世界的美。<br>(审美育人)<br>通过观察，帮助学生认识到自然世界和人工世界的不同，为后面引出“材料”这一主题做铺垫。<br>(学科认知) |
| 探索一：认识身边的材料（5分钟） | 1.师：赵琳这次回来是为了完成自己的心愿，找到儿时的伙伴——虎妞。出发寻找虎妞需要准备的东西可真不少，大家想看看她都准备了些什么吗？我们一起来看一看。(课件出示图片)<br>2.师：你们知道这些物品是由什么材料做成的吗？ | 学生边看图片边说出每种物品的名称：衣服、碗、望远镜、筷子、气球。<br>学生思考交流：衣服是由布(或线)做成的(引导学生了解布其实是由纤维制成的)；碗是由陶瓷做成的；望远镜是由塑料做成的，其镜头是由玻璃做成的；筷子是由木头做成的；气球是由橡胶做成的(如果学生回答不正确，可让学生摸一摸，再作答，引导学生认识橡胶这种材料)。 | 通过对身边物品的观察，使学生初步意识到物品与材料的不同，帮助学生从材料的视角审视世界。<br>(学科认识) |

续表

<table>
<tr><th>课题</th><th colspan="3">我们生活的世界</th></tr>
<tr>
<td>探索二:按材料类别进行分类<br>(16分钟)</td>
<td>1.师:孩子们知道的可真多呀!看,这又是谁呢?光头强可是赵琳请来的帮手哦,为了能顺利找到虎妞,他也带来了一些物品,我们看看都有什么?<br>2.师:东西都准备好了,但现在遇到了一个新的问题,赵琳喜欢将物品根据材料类别进行分类放置,可这么多物品,要怎么分呢?你们愿意帮助她吗?<br>(师将物品进行编号)<br>小组活动一:<br>(1)把这些物品按顺序摆在桌面上,然后把相同材料做成的分为一堆。<br>(2)把由同种材料做成的物品的序号记在活动手册的表格中。<br>(3)把无法确定的物品的序号写在“其他”那一格。<br>温馨提示:<br>活动时间结束后,静静地坐好,准备发言。<br>3.老师将同学们的交流结果记录在班级记录表中。<br>4.老师引导学生分析为什么大家的分类结果会有所不同?<br>5.师:孩子们观察得可真细致!大家可以把指南针放在金属类也可以放在塑料类中,当然也可以放在其他类里面,在后面的学习中我们会继续深入认识由多种材料构成的物品。</td>
<td>生:光头强。<br>学生边看图片边说出每种物品的名称:水杯、指南针、毛巾、勺子、手套、木板、剪刀、放大镜、钥匙。<br>小组内进行分类,并完成活动记录表。<br>全班交流分类依据以及分类结果:
<table>
<tr><td>材料</td><td>金属</td><td>塑料</td><td>木头</td><td>陶瓷</td></tr>
<tr><td>编号</td><td></td><td></td><td></td><td></td></tr>
</table>
<table>
<tr><td>材料</td><td>纤维</td><td>橡胶</td><td>玻璃</td><td>其他</td></tr>
<tr><td>编号</td><td></td><td></td><td></td><td></td></tr>
</table>
学生思考回答:有些物品由多种材料制成,如指南针,而有些物品是由单一材料制成的。</td>
<td>通过对常见的物品进行分类的活动,培养学生的分类思维,启发学生对材料进行观察和辨识,感受材料的普遍性与多样性。(学科认识、实践育人)</td>
</tr>
</table>

续表

<table>
<tr><td>课题</td><td colspan="3">我们生活的世界</td></tr>
<tr><td>研讨:每一种材料的特点(9分钟)</td><td>1.师:在大家的帮助下,赵琳终于把物品整理好了。为表达对你们的感谢,赵琳托老师送给大家一个礼物,礼物就在这个神秘礼盒里,猜对的小朋友可以得到它哦!<br>(猜一猜游戏)<br>老师引导学生猜一猜礼物是由什么材料做成的?<br>2.师:揭晓答案。看来不同的材料具有不同的特点,那每一种材料各有什么特点呢?<br>小组活动二:<br>每个小组选择一类材料进行观察,看哪个小组找得又快又多?<br>温馨提示:<br>汇报时可以用上这样的句式:我用眼睛看(观察方法)的方法发现金属(材料名称)是有光泽的(特点)。<br>3.师:孩子们的发现可真不少呀!为你们点赞!原来不同的材料具有不同的特点,相同的材料也可以做成不同的物品。</td><td>学生进行游戏:<br>预设1:我认为是由纤维制成的,因为摸起来软软的(毛绒玩具)。<br>预设2:我认为是由玻璃制成的,因为摸起来硬硬的、凉凉的。<br>预设3:我认为是由陶瓷制成的,因为摸起来硬硬的、凉凉的。<br>小组内用自己喜欢的方式去观察同一类材料的特点,并做好汇报准备。<br>预设1:我用摸一摸的方法发现纤维是柔软的。<br>预设2:我用看一看的方法发现纤维是五颜六色的。<br>预设3:我用掂一掂的方法发现陶瓷是较重的。<br>预设4:我用敲一敲的方法发现陶瓷是易碎的。</td><td>在参与分类活动的基础上,引导学生对各种材料的特点进行讨论,从中体会到每种材料的不同特性,进而认识到人们就是根据材料的不同特点制作成不同物品的。<br>(学科认识)</td></tr>
<tr><td>课堂小结(2分钟)</td><td>孩子们,通过今天这节课的学习,你都学到了哪些新知识、新技能呢?</td><td>学生小结本节课所学知识:<br>1.我们周围的世界可分为自然世界和人工世界,人工世界是由人类设计并创造出来的。<br>2.物品是由材料制成的,不同材料具有不同的特点,可以把物品按材料分类。</td><td>回顾所学,加深印象。</td></tr>
<tr><td>板书设计</td><td colspan="3">我们生活的世界<br>自然世界　　人工世界<br><table>
<tr><td>材料</td><td>物品图片</td><td>材料特点</td></tr>
<tr><td>金属</td><td></td><td></td></tr>
<tr><td>塑料</td><td></td><td></td></tr>
<tr><td>陶瓷</td><td></td><td></td></tr>
<tr><td>木头</td><td></td><td></td></tr>
<tr><td>玻璃</td><td></td><td></td></tr>
<tr><td>纤维</td><td></td><td></td></tr>
<tr><td>橡胶</td><td></td><td></td></tr>
<tr><td>其他</td><td></td><td></td></tr>
</table></td></tr>
</table>

【案例评析】

我们生活在丰富多彩的世界中，既有天然形成的自然世界，也有人类设计制造的人工世界。本课立足于学生对材料的原有认识，从“我们生活的世界”这一熟悉的场景导入，引领学生认识自然世界和人工世界并初步建立材料视角。本课教学设计有以下亮点：

1.创设情境，激发兴趣

学生是学习的主人，教学的一切要以学生为中心。二年级的孩子自控力不强，注意力不持久，为了提高学生的课堂参与度，在“我们生活的世界”一课的教学设计中，将动画片《熊出没》中孩子们比较熟悉的片段和人物形象融入教学设计中，教学板块看似简单，实则意蕴丰厚，以赵琳寻友这一故事情节贯穿整节课，让学生身临其境，激发学生的探究兴趣。

2.基于儿童立场，创设针对性的活动

（1）二年级的孩子年龄较小，对材料的认识主要来源于生活中无意识的观察，容易将“物品”和“材料”混淆，因此教师设计了“说一说”这一环节，使学生初步意识到物品与材料的不同，帮助学生从材料的视角审视世界。

（2）二年级的孩子刚接触科学不久，观察细致能力不足，为了启发学生聚焦观察材料的特征，教师设计了“猜一猜”的课堂游戏，既激发了学生的学习兴趣，又让学生认识到不同的材料具有不同的特点，进一步激发了学生研究材料的兴趣。

科学课是孩子们探索世界的一扇窗，让孩子们在课堂上进行科学探究是科学活动的核心。但本节课的教学活动安排较满，学生活动评价以及学生成长的评价略显不足，在教学时应把握好教学内容，合理安排教学时间。

案例2“不同材料的餐具”教学设计①

（教科版《科学》二年级上册第二单元第二课）

| 课题 | 不同材料的餐具 |
| --- | --- |
| 育人目标 | 认知育人：<br>1.每种材料都有各自的特点，同种物品可以由不同的材料组成。<br>2.不同的材料具有不同的特性，材料的特性决定材料的用途。 |
| | 德性育人：<br>1.在教师指导下用多种感官体验生活中的常见材料，及时记录自己观察和发现的结果，并学会与同学交流。能实事求是地描述材料的特点，养成用事实说话的意识。<br>2.意识到材料对于制造人工世界的重要性，选择材料制造物品需要考虑其优缺点。 |
| | 审美育人：了解人类对于材料的正确利用，美化、便利了我们的生活。 |

① 本课教学设计案例由重庆市北碚区大磨滩小学周刚老师提供

续表

| 课题 | 不同材料的餐具 | | |
|---|---|---|---|
| 学习重难点 | 学习重点：用多种感官观察材料的特点，用科学词汇描述材料的特点。 | | |
| | 学习难点：进一步辨识物品和材料，将材料的特点与其现实功能联系起来。 | | |
| 教学准备 | 学生准备：金属、木头、陶瓷、塑料材质的碗、勺子各一套，放大镜，盒子，活动记录单，拓展活动单。 | | |
| | 教师准备：课件，盒子，四类餐具，评价表，板书贴。 | | |
| 教学过程 | | | |
| 环节 | 教师活动 | 学生活动 | 教学评价（育人目标及效果预设） |
| 一、聚焦：四种材料的特点（8分钟） | 1. 小朋友们好，今天我想请大家帮个忙，大家愿意吗？事情是这样的，老师有一个小侄女已经一岁半了，马上准备断奶吃饭了，我家女儿作为姐姐想要送给她一套餐具，可是到超市看了一下餐具的种类真多呀，一下子不知道该买什么样的餐具了，小朋友们愿意帮助一下她吗?（课件出示人物图片）<br>2. 今天就请大家一起来帮我家女儿选一选这些"不同材料的餐具"。（出示课题）<br>3. 这几种餐具你在哪里见过？它们分别是用什么材料做的？<br>4. 原来是这样，那这些材料都有什么特点呢？你是怎么知道的？<br>5. 看来没有实际的观察，小朋友们对这些做碗材料的特点不太了解，怎么办呢？为了更好地解决问题，老师特地从商店里买来这些餐具，希望大家可以仔细观察。 | 学生回答几种餐具的材料。<br>学生回答这几种材料的部分特征，能把外观、手感作为判断是哪种材料的依据。 | 通过活动，引导学生思考、描述材料特点，激发学生的探究兴趣。<br>通过交流，使学生认识到我们周围的餐具可由多种材料做成。同时通过追问，引导学生关注不同材料的碗具有不同的特点，引入接下来的探究。 |
| 二、探索活动：观察餐具 | 1. 小朋友们，那我们可以怎么观察呢？<br>2. 指导学生观察、记录。（发材料）<br>3. 好了，现在我们都观察了这些餐具，哪一个小组的小朋友可以介绍一下制作这些餐具的材料都有些什么特点呢?（收材料）<br>（老师做好班级记录单） | 1. 学生回答：用眼睛看，用放大镜看一看；用鼻子闻一闻；用手摸一摸、掂一掂、按一按；用耳朵听一听。<br>2. 学生分组观察、交流，并作好记录。<br>3. 小组汇报，关注其余学生的倾听情况，及时评价。 | 通过活动认识不同材料的特点。<br>学生亲自去尝试、去体验、去感悟，让学生体会科学研究过程，在合作交流中共同完成学习任务，并且乐于交流自己的发现与想法。 |

续表

<table>
<tr><td>课题</td><td colspan="3">不同材料的餐具</td></tr>
<tr><td>三、研讨：四种材料做的餐具的优缺点（5分钟）</td><td>1.谢谢小朋友们的努力，这下我总算对这些材料做的餐具有些了解了。那你们觉得我选择什么材料的餐具作礼物比较合适呢？<br>2.这种材料做的餐具有什么优点或缺点呢？（老师追问）<br>3.为什么没有小朋友选择陶瓷的餐具呢？（老师追问）<br>4.听了小朋友们的分析，我家女儿终于知道该怎么选了，谢谢大家。<br>5.老师也要谢谢你们，你们考虑得真周到啊！确实，我们在选择材料的时候要考虑它的功能，看看这种材料能不能满足我们的需求。</td><td>学生回答：不易碎，漂亮。<br>学生回答：易碎。</td><td>通过活动，深化学生对材料特点的认识以及对物品和材料两个概念的区别，意识到材料对于制造人工世界的重要性，选择材料制造物品需要考虑其优缺点。</td></tr>
<tr><td>四、活动：做“神秘的盒子”游戏（10分钟）</td><td>1.为了感谢大家的帮助，我家女儿想和小朋友们玩一个游戏。<br>经过大家的帮助，她已经选择了一套餐具，她把选好的餐具放在了这个神秘的盒子里，让大家猜一猜她选择的是什么材料做的餐具，看看你能不能猜对！<br>同学们真的非常厉害，对材料的特点也掌握得非常好。<br>2.这个神秘的盒子也非常神奇，就在刚刚，它把里面的餐具变成了另一种材料做的，谁来猜一猜现在是什么材料做的餐具呢？<br>3.咦，怎么又变了一种材料，谁来猜一猜呀？</td><td>学生猜测。</td><td>通过游戏，深化学生对材料特点的认识，感受人类对于材料的正确利用。</td></tr>
<tr><td>板书设计</td><td colspan="3">不同材料的餐具
<table>
<tr><td>餐具</td><td>特点</td><td>科学词汇</td></tr>
<tr><td> 金属<br> 陶瓷<br> 塑料<br> 木</td><td> 用手：  用眼：<br> 用鼻子：  用耳：</td><td>坚硬 柔软<br>光滑 粗糙<br>较轻 较重<br>反光 不反光<br>有条纹 无条纹<br>有气味 无气味</td></tr>
</table></td></tr>
</table>

【案例评析】

本教学设计由四部分组成：第一部分——聚焦，引导学生思考、描述餐具材料的特点，接下来的教学活动便顺势展开，同时也激发了学生的兴趣。第二部分——探索，主要包含观察餐具和做“神秘的盒子”游戏两个活动。通过学生感兴趣的游戏，可以深化学生对材料特点的认识以及对物品和材料两个概念的区别，同时也可训练学生的逻辑推理能力。第三部分——研讨，借助研讨活动将学生对材料特点的认识整理到班级记录表中，使学生对材料的认识由碎片化向系统化转变。第四部分——拓展，通过布置课后拓展性科学实践任务，将科学探究引向课外。既能在巩固学生观察材料、分析特点的同时培养学生科学探索的兴趣，又能进一步丰富学生对材料与物品的认识。

在教学中，教师通过语言描述、实物演示、知识渲染等手段创设课堂的教学情境，通过丰富的情感体验和动手实践，引导学生大胆表现自己认识的世界。学法上采用了尝试学习法、对比学习法和小组学习法，通过“讨论交流”和“亲身体验”相结合的学习方法，促进学生主动积极地参与练习，提高学生学习自主性。

案例3“书的历史”教学设计[①]

（教科版《科学》二年级上册第二单元第三课）

| 课题 | 书的历史 | | |
|---|---|---|---|
| 育人目标 | 认知育人：知道历史上制作书的材料有龟壳、石头、陶土、竹片、木片、丝绸等；造纸术是我国古代四大发明之一；用纸这种材料制作书，具有书写方便、装订便捷、容易携带等优点。 | | |
| | 劳动育人：通过实践操作，体验和感受不同材料制作书的优缺点。 | | |
| | 德性育人：主动与他人合作，积极参与交流和讨论，尊重他人的情感和态度。 | | |
| | 审美育人：感受书的发展历程以及书写在书上的文字变化，感叹人类的智慧和文字之美。 | | |
| 学习重难点 | 学习重点：通过书写、装订等活动，体验和感受不同材料制作书的优缺点。 | | |
| | 学习难点：体验不同时代制作书的优缺点，认识书本材料的优化演变。 | | |
| 教学准备 | 教师准备：课件、实验记录表。 | | |
| | 学生准备：纸张、竹简、泥板、铅笔、毛笔、树枝、墨水。 | | |
| 教学过程 | | | |
| 环节 | 教师活动 | 学生活动 | 教学评价（育人目标及效果预设） |
| 课题导入：了解书的历史 | 1. 提问：观察自己的书本，我们的书是用什么材料做的？<br>2. 这些书是用什么材料做的？<br>3. 了解书的历史。（播放微视频） | 学生：白纸。<br>学生：龟壳、青铜器、竹简……<br>认真观看视频。 | 审美育人：感受书的发展历程以及书写在书上的文字变化，感叹人类的智慧和文字之美。 |

① 本课教学设计案例由重庆市北碚区状元小学杜香容老师提供

续表

| 课题 | 书的历史 | | |
|---|---|---|---|
| 聚焦 | 为什么做书的材料会变化？纸这种材料做书有什么好处？ | 学生：为了方便我们携带。 | |
| 探索：尝试制作一本简易的书 | 活动一：1. 带着猜测和现代的做书材料——纸，穿越到陶泥时代，经历用木棒在陶泥板上刻字的体验过程。2. 活动交流。<br>活动二：1. 穿越到春秋战国时期，经历用毛笔在竹片上写字的体验过程。2. 活动交流。<br>活动三：在现代，用铅笔在白纸上写字。<br>活动四：1. 想办法将它们装订成册，做成为一本书。2. 让学生演示，体验不同材料装订成书的不同。 | 学生动手实践，在陶泥板上用树枝写下自己的姓氏。<br>学生动手实践，在竹片上用毛笔写下自己的姓氏。<br>学生动手实践，在白纸上用铅笔写下自己的姓氏。<br>学生想办法将以上三种材料的书分别装订成册。 | 通过分层的穿越体验活动，让学生经历在不同材料上写字的过程，感受不同材料书写的优缺点。通过装订三本书的过程，体验不同材料装订的难易程度，再次感受不同材料做书的优缺点。<br>学科认知：用纸制作书，具有书写方便、装订便捷、容易携带等优点。<br>德性育人：主动与他人合作，积极参与交流和讨论，尊重他人的情感和态度。<br>实践育人：通过实践操作，体验、感受不同材料制作书的优缺点。 |
| 课堂小结 | 通过今天的学习我们知道了什么呢？ | 学生举手发言，说说本节课的收获。 | |
| 板书设计 | 书的历史<br>陶泥板 ⟶<br>竹简 ⟶<br>纸 ⟶ | | |

【案例评析】

本教学设计主要通过体验陶泥板、竹简、纸的书写和装订来感受书的历史。书的历史的变化与材料的发展息息相关，通过本课的学习，学生对于不同材料具有不同的特性，利用材料之间不同的特性可以制造出不同的物品，有了更加深刻的理解。

在本节课的教学中，有困难的地方主要在于学生体验三种不同材料的书写感受这一环节。二年级的学生对于这一环节非常感兴趣，但是在时间的把控方面就需要老师巡场指导时多加提醒，否则对正常行课是一个很大的挑战。

另外，在三种书写材料的装订感受体验中，三种材料是否书写方便、装订方便，是孩子们在本课活动中能直观感受到的。而对于是否印刷方便、阅读方便、携带方便、不易损坏、防水以及材料是否易得等方面，需要在研讨环节，结合平时生活经验引导得出。这些特点，孩子们或多或少能说一些。对于携带、阅读是否方便，孩子们能判断轻重，能说出不便于翻页，而更深层次的思考则要借助教师引导。

对于研讨环节的最后一个问题：根据做书材料的变化，我们能得到什么启示？部分孩子能说出科技在发展、材料在革新、生活越来越方便等。根据学生的回答，教师可引导得出：随着科技的进步，不仅是书，制造其他物品的材料也在不断变化，而且还在不断改进，以方便人们的生活与学习。

案例4“神奇的纸”教学设计①

（教科版《科学》二年级上册第二单元第四课）

| 课题 | 神奇的纸 |
|---|---|
| 育人目标 | 认知育人：<br>1.材料经过加工、改造、优化后其性能会发生改变。<br>2.材料性能改变或优化后可以用来制作符合一定功能需要的物品。 |
| | 德性育人：<br>1.发展加工、改造材料的兴趣。<br>2.在教师指导下，尝试多角度、多方式认识材料。<br>3.了解材料会随着人类的需要而不断改进。 |
| | 审美育人：感受普通纸经过简单加工后的性能美、变化美。 |
| | 健康育人：改造过程注意实验安全。 |
| | 劳动育人：<br>1.在教师指导下对普通的纸进行简单加工与改进，比较材料在改变前后的变化。<br>2.在教师指导下，能用语言描述纸在折叠前后的变化。<br>3.养成在探究中及时记录的习惯。 |
| 学习重难点 | 学习重点：普通纸与瓦楞纸的性能比较。 |
| | 学习难点：指导学生折叠瓦楞纸。 |
| 教学准备 | 学生准备：普通的纸、字典、尺子、重物、杯子、热水、纸巾。 |
| | 教师准备：瓦楞纸箱、瓦楞纸杯、瓦楞纸杯套、课件等。 |

① 本课教学设计案例由重庆市北碚区梨园小学兰姜老师提供

续表

| 课题 | 神奇的纸 | | |
| --- | --- | --- | --- |
| 教学过程 | | | |
| 环节 | 教师活动 | 学生活动 | 教学评价<br>（育人目标及效果预设） |
| 聚焦：<br>纸有什么特征？ | 1.谈话导入：纸在我们学习、生活中具有很多种类。（板书：纸）这是一张普通的白纸，它具有什么特点呢？<br>2.生活中我们可以用纸来做什么呢？（记录学生描述的关于纸的特点和用途）<br>3.小明同学要去超市买些饮料，为了环保，他用普通的纸做了一个纸袋子，打算用它来装饮料。你觉得可行吗？为什么？（板书：薄、易湿……）<br>4.哎呀，这普通的纸不行，那我们可不可以把它变成神奇的纸（板书：神奇的），让它能支撑重物，不容易破呢？<br>5.在没有其他材料的情况下，你还有什么办法吗？ | 根据生活经验知道纸的特征：浸水变湿会破，折了会有痕迹、蓬松，可以用来画画、折纸……<br>预设：不行，饮料很重，纸袋子会破；瓶盖掉了会打湿纸袋子。<br>预设：在上面贴透明胶或叠很多张纸上去，使其变厚。 | 启发学生根据自己的生活经验与发现大胆地讲出普通纸的基本特点：薄、易湿、不能支撑重物等。激发学生解决问题的兴趣：在没有其他材料的情况下，怎样能让一张普通的纸变成神奇的纸（可以支撑重物，不易破）？指向德性育人目标：发展加工、改造材料的兴趣。 |
| 探索：<br>加工改造纸 | 1.改变纸的形状<br>（1）我们以四人小组为单位，领一张纸，当做纸袋的底，用自己的方法改造这张纸，并测试它能不能承受饮料的重量。测试方法如下：取两本字典放在桌上，相隔15 cm，将白纸放在两本字典上，接着将饮料放在纸的中间，观察纸能否支撑住物体。<br>（2）分发材料，分组实验，教师巡视。<br>（3）学生交流展示探索过程：你们改造后的纸成功了吗？谁能代表小组来展示一下你们的成果？<br>（先请没有成功的小组展示）<br>评价：尝试失败和尝试成功是一样重要的，成功是在一次次失败之后才有的。哪个组成功了，再给我们展示一下？ | 1.改变纸的形状<br>（1）学习用规范操作去发现事物的基本特征，并和小组同学合作。<br>（2）按实验要求认真实验，并和小组同学合作完成。<br>（3）体验失败与成功。 | 纸的承重实验对于学生来说是比较困难的，在实验过程中尽可能让学生体会成功与失败的过程。通过视频学习及实验操作，突破难点，对普通的纸进行简单改造和加工，并描述前后变化。<br>指向实践育人目标：1.在教师指导下对普通的纸进行简单加工和改造，比较材料在改变前后的变化。<br>2.在教师指导下，能用语言描述纸在折叠前后的变化。 |

续表

| 课题 | 神奇的纸 | | |
|---|---|---|---|
| 探索：<br>加工改造纸 | (4)教师拿着折好的纸，示范从不同角度观看。这张白纸经过折叠后变成了这样(板书“WWW”)，与原来的白纸(指着“—”)相比有了哪些新的变化？<br>(5)师小结：我们将这种形状称之为瓦楞状，折叠出来的纸就叫瓦楞纸。它比普通的纸能支撑更重的物体。(板书“能支撑”)<br>2.探究瓦楞纸的更多性能<br>(1)其实，瓦楞纸在生活中有很多应用，我们一起来瞧一瞧。请你猜测一下这些物品为什么要用到瓦楞纸呢？<br>(2)到底是不是这样呢？下面我们通过做实验的方法来寻找答案吧！<br>按一按：将白纸与瓦楞状的纸分别平放在桌面上，用手轻轻按一按，认真体验手的感觉。<br>摸一摸：取一杯热水，将白纸贴着杯子感受冷热程度；换用瓦楞状的纸，再次感受冷热程度，对比有什么区别。<br>(3)我们做实验时要边实验边记录(出示表格)，实验完成后，把结果贴在黑板上的班级记录单里。<br>(4)学生分组活动，教师适时指导评价。<br>(5)汇报交流：根据记录表，说说你的感受。折叠前后，纸有什么变化？(板书：能回弹、不烫手) | (4)体会能否支撑物体与纸的形状有关，比较材料前后的变化。<br>(5)学习瓦楞纸的形状及比普通的纸能支撑更重的物体。<br>2.探究瓦楞纸的更多性能<br>(1)预设：瓦楞状的纸能承受更重的重量，能使纸箱变得更加坚固；瓦楞状的纸能防止撞击；瓦楞状的纸能不烫手，杯子里可以装热饮。<br>(2)学习用标准观察方法去寻找事物的基本特征，及时记录自己的发现，并和小组同学合作。<br>(3)观察、比较瓦楞纸与普通纸的不同与相同。 | 指向审美育人目标：感受普通纸经过简单加工后的性能美、变化美。<br>指向学科认知目标：1.材料经过加工、改造、优化后其性能会发生改变。2.材料性能改变或优化后，可以用来制作符合一定功能需要的物品。 |
| 研讨：<br>描述瓦楞纸与普通纸的特征 | 我们现在知道了这么多关于瓦楞纸和普通纸的秘密，那如何给其他朋友介绍瓦楞纸和普通纸的特征呢？<br>(全班同学一起根据观察结果共同完成班级记录表) | 学会总结瓦楞纸的特征，并能用科学词汇来表达自己对瓦楞纸与普通纸的认识。 | 培养学生在教师指导下对信息进行整理的能力。指向实践育人目标：学会用科学词汇描述观察的结果，养成在探究中及时记录的习惯。 |
| 课堂<br>小结 | 通过本课学习你有什么收获？ | 学生交流学习收获。 | 让学生加深对普通纸与瓦楞纸特征的理解，促进生生评价与交流。指向实践育人目标：学会用科学词汇描述观察的结果。 |

续表

| 课题 | 神奇的纸 | | |
| --- | --- | --- | --- |
| 拓展 | 今天，我们将纸改变了形状，让它变成了一张神奇的纸，有了新的功能。老师这里有另一张纸，经过我的改造，它具有了新功能，我们一起来瞧一瞧。（实验演示油纸和普通纸，并询问学生发现了什么不同）<br>其实制作这张纸非常简单，只需要在普通的白纸上均匀地刷上食用油就可以了。在古代，人们运用类似的方法还做成了油纸伞。 | 生活中还有很多的材料经过加工、改造具备了新的功能。 | 对材料改造后具备的新功能有更深层次的感受，进一步掌握、运用观察方法。 |
| 板书设计 | 神奇的纸<br>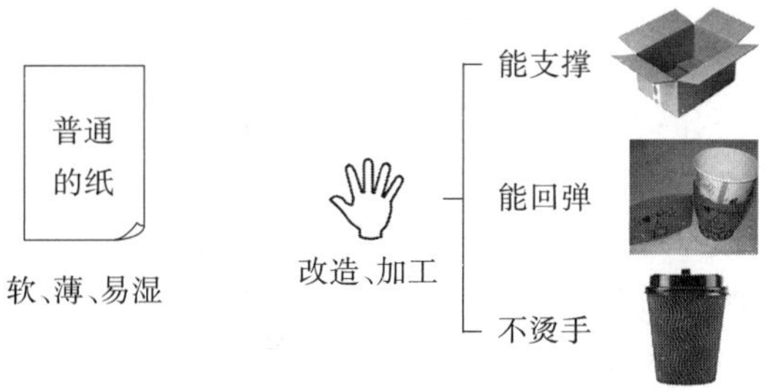<br> | | |

【案例评析】

本课以问题导向、任务驱动贯穿整课。在聚焦部分，通过几个小问题，引领学生分析纸的特点和交流纸的作用，引发对纸的特点及其用途的思考，为后续的探究学习作好铺垫；在探究部分以解决问题为导向，任务驱动学生从不同角度观察，用不同的观察方法分组实验、合作学习发现瓦楞纸的特点；在研讨部分用科学词汇对观察到的信息进行整理表达。在整堂课中遵循新课标理念，通过学习过程来真正激发学生的个体意识，让学生积极参与问题、解决问题，让每个学生都能在学习中享受成功的喜悦，激发学习的热情。

### 案例5“椅子不简单”教学设计[①]

（教科版《科学》二年级上册第二单元第五课）

| 课题 | 椅子不简单 |
| --- | --- |
| 育人目标 | 认知育人：<br>1.物品是由一种或多种材料做成的，不同材料有不同的特性，材料的特性决定材料的用途。<br>2.了解人们为了满足更多的需求，往往会用多种材料来制作物品。<br>3.知道人们在生产生活中要根据不同的功能和用途来选择材料。 |

① 本课教学设计案例由重庆市北碚区朝阳小学廖晓星老师提供

续表

| 课题 | 椅子不简单 | | |
| --- | --- | --- | --- |
| 育人目标 | 德性育人：<br>1.增强对科学研究的兴趣。<br>2.发展进一步改进物品的兴趣和愿望。<br>3.乐于表达自己的想法，学会与他人分享观点。 | | |
| | 劳动育人：<br>1.在教师指导下用多种感官观察椅子各部分的组成材料及其特性。<br>2.在教师指导下用观察、描述、比较等方法辨识材料的特性与功能。 | | |
| 学习重难点 | 学习重点：知道不同的材料具有不同的特性。 | | |
| | 学习难点：通过辨识，认识到材料的特性与功能有关。 | | |
| 教学过程 | | | |
| 环节 | 教师活动 | 学生活动 | 教学评价（育人目标及效果预设） |
| 课前活动 | 师：在科学研究之前，我请大家先来猜一个谜语：小平板儿，四条腿儿，休息会儿，靠着背儿。猜猜这是什么？<br>师：为什么这么猜，你的理由是？同学们同意吗？你来说，你的理由是？<br>师：真棒，今天我们就要一起来研究椅子。 | 生：椅子。<br>生：椅子有四条腿，还有靠背，供人休息和坐。 | 德性育人：<br>1.激发科学研究的兴趣。<br>2.乐于表达自己的想法，学会与他人分享观点。 |
| 聚焦 | 师：同学们，椅子在我们日常生活中非常常见，你见过什么材料做的椅子？见过几种？<br>师：这些椅子都是由一种材料做成的吗？<br>师：做一把椅子的材料有很多种，那为什么要使用多种材料来做椅子呢？<br>师：老师今天给同学们带来了几把椅子，想不想体验一下，但老师有任务，请看活动记录单。<br>老师讲解记录单，聚焦椅子的结构：是呀，一把椅子里藏着不少科学知识，真不简单！（板书：不简单）<br>师：它的形状多种多样，材料多种多样，那你看我这把，算不算椅子？（出示凳子）<br>师：那你觉得椅子应该具有哪些主要部分呢？（板书：椅子的基本结构）<br>师：你认为一把好的椅子应该是怎样的？ | 生：塑料、木头、金属……<br>生：不是，有的是用……<br>生：用金属做椅子的支架结实、牢固……<br>学生体验活动，完成记录单并交流。<br>生：不是。<br>生：靠背、椅面、椅脚……<br>生：美观、耐用、舒适、方便。 | 学科认知：<br>1.物品是由一种或多种材料做成的。<br>2.了解人们为了满足更多的需求，往往会用多种材料来制作物品。<br>德性育人：<br>乐于表达自己的想法，学会与他人分享观点。<br>劳动育人：<br>1.在教师指导下用多种感官观察椅子各部分的组成材料及其特性。<br>2.在教师指导下用观察、描述、比较等方法辨识材料的特点与功能。 |

续表

| 课题 | 椅子不简单 | | |
|---|---|---|---|
| 研讨设计 | 师：一把好的椅子需要这些标准，那我们现在坐的是不是椅子？用心感受一下，坐着舒服吗？有什么不方便或者不舒服吗？你可以怎么改进？<br>师：我们也来当一回小小设计师，为自己设计一把舒适方便的学校用椅吧！请看活动要求。（师指导学生设计活动） | 学生根据要求设计椅子。<br>学生分享自己的设计理念。 | 德性育人：<br>1.发展进一步改进物品的兴趣和愿望。<br>2.乐于表达自己的想法，学会与他人分享观点。 |
| 课堂小结 | 师：小设计师们真是太棒了，那你们想不想把它做成真正的椅子？我们的设计还需要怎样改进呢？要做成真正的椅子还要学习哪些本领呢？课后再去想一想，也可以向大人请教，等我们有了更多本领后，就可以把我们的想法变成现实啦！ | 学生课后继续改进设计。 | 德性育人：<br>发展进一步改进物品的兴趣和愿望。 |
| 板书设计 | **椅子不简单**<br>**材料** **结构** **标准** **学生椅子设计草图**<br>金属 靠背 美观 耐用<br>塑料 椅面 舒适 方便<br>木头 椅脚<br>木头+皮<br>塑料+金属+布<br>…… | | |

【案例评析】

在科学教学中，小组合作学习的形式往往不是贯穿整节课的始末，它常常和其他的教学组织形式：诸如教师的演示、讲授以及学生的独立学习相结合。只有根据一节课的教学内容和学生的实际情况选择恰当的时机开展小组合作学习，才能取得较好的效果。基于这一现实，在科学教学中采用小组合作学习的形式，必须十分注重实效性。小组的合作学习主要体现在思考方式的不同。

思考能力的发展是一种社会性的努力。一个班级就像一个小社会一样，小组和个人之间有持续性的相互作用。学生从周围的人身上学习，同时与他们建立联系。思考的社会化特征确保了经过深入思考的学习是相互联系在一起的而不是零散的。有研究表明，同伴之间对学生学习的影响甚至超过了教师等其他因素。因此，在调查椅子的基本结构和功能时，教师安排学生四人小组合作调查就显得十分必要。

## 案例6“做一顶帽子”教学设计①

（教科版《科学》二年级上册第二单元第六课）

<table>
<tr><td>课题</td><td colspan="3">做一顶帽子</td></tr>
<tr><td rowspan="5">育人目标</td><td colspan="3">认知育人：同种物品材料不同，功能用途不同；使用工具对材料进行简单加工。</td></tr>
<tr><td colspan="3">德性育人：树立环保意识，知道一些废弃物品可以用来制造新产品。</td></tr>
<tr><td colspan="3">审美育人：欣赏各种帽子的形态、颜色之美。</td></tr>
<tr><td colspan="3">健康育人：在使用制作工具时注意自身和同学的安全。</td></tr>
<tr><td colspan="3">劳动育人：先设计再制作，养成良好的制作习惯；感受劳动创造美好生活。</td></tr>
<tr><td rowspan="2">学习重难点</td><td colspan="3">学习重点：知道用不同材料制作的帽子，它们的功能是不一样的；可以根据自己的需求，选择合适的材料做一顶帽子。</td></tr>
<tr><td colspan="3">学习难点：与同伴合作做一顶符合设计要求的帽子。</td></tr>
<tr><td rowspan="2">教学准备</td><td colspan="3">学生准备：报纸、纸盒、塑料袋等可二次利用的材料，软尺、刻度尺、扭扭棒、长尾夹剪刀、透明胶带、双面胶、固体胶、回形针。</td></tr>
<tr><td colspan="3">教师准备：自制的帽子，图片、视频资料和课件。</td></tr>
<tr><td colspan="4">教学过程</td></tr>
<tr><td>环节</td><td>教师活动</td><td>学生活动</td><td>教学评价<br>（育人目标及效果预设）</td></tr>
<tr><td>聚焦：<br>帽子的不同用途</td><td>1.同学们请看这些物品，它们都有一个共同的名称——帽子。（板书课题）<br>2.这些帽子都有什么用途？它们的用途为什么不一样？是什么材料？各有什么特点？<br>3.你能根据材料的特性，做出不同功能的帽子吗？今天我们就来做一顶帽子。（板书课题：做一顶）</td><td>学生观看各种帽子的图片后回答：帽子。<br>生：毛线帽是冬天戴的，可以防寒。<br>生：因为它们材料不同。<br>生：毛线帽是用羊毛毛线织的，很暖和。</td><td>从日常生活物品引入，聚焦帽子的功能由材料决定。（学科认知）</td></tr>
<tr><td>探索：<br>帽子的结构和形状</td><td>上面看到的这些帽子虽然样式、外形、颜色、功能各不相同，但是从结构上却是相同的。都有什么？大多数的帽子都有什么？帽顶和帽檐造型不同决定了帽子的外形和作用。</td><td>学生思考后回答：帽顶、帽檐。</td><td>发现帽子结构的共同点。（学科认知）</td></tr>
</table>

① 本课教学设计案例由重庆市北碚区两江春晖小学张杨老师提供

续表

| 课题 | 做一顶帽子 | | |
| --- | --- | --- | --- |
| 设计、选材、画草图 | 1.老师准备了一些生活中常见的废弃物品作为制作的材料，你想做一顶有什么功能的帽子？与同伴商量一下。<br>教师根据学生选择的功能列出：<br>防水帽工程师团队——1，3组；<br>遮阳帽工程师团队——2，5，6组；<br>装饰帽（礼帽）工程师团队——4，7，8组。<br>2.选择你们需要的材料。<br>3.在活动手册上画出设计草图。 | 学生根据现有材料决定制作哪种功能的帽子。<br>学生选材。<br>学生在活动手册上画出帽子的设计图。 | 根据功能需要选择材料；用图示表达自己的设计想法。（学科认知）<br>提出变废为宝的思想，渗透环保意识。（德性育人）<br>先设计再制作，养成良好的制作习惯。（实践育人） |
| 制作帽子 | 1.量一量<br>我们做出的帽子要适合我们头的大小，所以第一步我们要做什么？<br>2.做一做<br>观看视频：用纸袋做一顶帽子。<br>老师再介绍一种装饰帽（礼帽）的制作方法：<br>（1）先确定帽子的高度，再剪出宽度为帽子高度的纸条。<br>（2）将量出的头围作为长度，剪断纸条。<br>（3）将纸条卷成筒状，再按卷成的圆形画一个圆，剪下来作帽顶，粘在一起。<br>（4）在刚被剪下圆的纸的圆洞的外圈再画一个大一点的圆，圆环的宽度就是帽檐的宽度，再剪下圆环作为帽檐。<br>（5）将帽顶和帽檐粘在一起，再做上装饰，就做成一顶礼帽了。<br>教师巡视指导。 | 生：要量一量头围的长度是多少厘米。<br>学生按照设计图和头围的大小在材料上制作帽顶。<br>学生画出帽檐形状，再剪下来制作帽檐。<br>学生把帽顶和帽檐粘在一起，再做上装饰。 | 使用工具对材料进行简单加工。（学科认知） |
| 展示帽子 | “帽子超市”<br>角色扮演：小组成员上台扮演“售货员”，向其他同学介绍自己小组帽子的设计与用途，其他同学扮演“顾客”，表达想购买哪顶帽子。 | 售货员：我们的帽子有____的功能，它主要由____材料制作，因为这种材料有_______的特性。我们的帽子还有很多优点，比如________。<br>顾客：我想购买______帽子，因为这顶帽子______。 | |

续表

<table>
<tr><td>课题</td><td colspan="3">做一顶帽子</td></tr>
<tr><td>研讨：<br>反思、改进</td><td>1.教师提问：我们做的帽子实现了设计时预想的功能了吗？<br>追问：大小合适吗？戴起来舒服吗？美观大方吗？<br>2.教师布置任务：每位“设计师”都继续思考和完善自己做的帽子。</td><td>学生反思：我们做的帽子还有哪些不足？可以怎样改进？<br>学生自由表达。</td><td></td></tr>
<tr><td>课堂<br>小结</td><td colspan="3">通过今天的学习，你有什么收获？</td></tr>
<tr><td>板书设计</td><td colspan="3">做一顶帽子<br>帽子　用途　材料　制作小组<br>防水帽　防水　塑料（橡胶）　防水帽团队：1，3组<br>装饰帽（礼帽）　装饰　彩色卡纸　装饰帽团队：4，7，8组<br>遮阳帽　防晒　硬布料　遮阳帽团队：2，5，6组</td></tr>
</table>

【案例评析】

本课主要有以下亮点：

1.育人目标。全息育人目标制订恰当合理、清楚明确，学科认知不仅有科学概念还有方法与能力，其他方面的育人目标也体现了培养学生德、智、美、体、劳等素质教育目标，整个教学设计基本达成设定的教学目标。

2.材料准备方面。教师准备了自制帽子，相比图片，实物的自制帽子会激起学生制作帽子的兴趣。

3.聚焦环节。从身边的物品入手，学生更亲切，更容易接受，引导学生理解了不同用途的帽子是由不同的材料制成的，基本达成学科认知目标。

4.探索环节。在设计制作帽子之前，教学设计设置了让学生理解帽子结构的环节，这个环节可以让学生对帽子的制作有一个大概的思路，以防学生无从下手。探索各环节清晰，学生定功能、选材料、画设计图、测头围、制作帽子、展示帽子，一环扣一环，能让学生初步体验运用科学和技术进行设计解决实际问题和制造产品的过程。

5.板书。设置巧妙，用帽子、用途、材料以及制作小组板书，一目了然呈现出不同材料决定了帽子的不同用途，同时在交流展示环节帮助学生从功能和用途方面展示帽子。

不足和建议：

学生根据教师出示的材料来制作帽子，学生会以提供的材料为主，或者以教师出示的制作视频来制作帽子，这样制作出来的帽子缺少了创意、创新。建议设计前，让学生拿出白纸对应帽子的功能和材料进行大胆想象和创新，让学生发挥想象力，有更多的想法，发散学生的思维。科学课教学不仅仅是让学生按部就班地制作出帽子，更应该发挥学生的创造力，提升学生的创新思维能力。

## 二、课时主题教学设计案例评析

### （一）认知育人教学设计

全息育人教学设计中的认知育人是指通过教学内容和教学方式来培养学生的认知能力，使学生能够更好地理解和运用知识，包括培养学生的观察能力、推理能力、实验能力、创造能力等。在小学科学教育中，可以通过实验、探究、问题解决等方式来培养学生的认知能力。

案例"我们知道的动物"教学设计①

（教科版《科学》一年级下册第二单元第一课）

| 课题 | 我们知道的动物 |
|---|---|
| 育人目标 | 认知育人：知道动物是有生命的；通过比较多种动物，能说出动物某些共同特征；细心观察，认真记录，学会用证据支持自己的看法。 |
| | 德性育人：对研究动物产生浓厚的兴趣。 |
| | 审美育人：感受动物的生命之美。 |
| | 健康育人：观察时注意自身的安全，培养亲近动物、研究动物、保护动物的意识。 |
| | 劳动育人：用多种方法按一定顺序观察一种动物，用语言描述、图画记录其特征。 |
| 材料准备 | 学生准备：课前完成实践活动作业，即每个同学观察并拍摄短视频介绍自己知道或喜爱的动物1~3种，每个视频约10~30秒，再上传到云平台，让同学之间相互交流学习，每个同学可以选择自己喜欢的三个视频关注、点赞。 |
| | 教师准备：蚕、兔子、乌龟、玩具熊、教学课件。 |

① 本课教学设计案例由重庆市北碚区状元小学汤小琴老师提供

续表

| 课题 | 我们知道的动物 | | |
|---|---|---|---|
| 教学过程 | | | |
| 环节 | 教师活动 | 学生活动 | 设计意图<br>（育人点及育人效果预期） |
| 聚焦：说说我们知道的和喜欢的动物（5分钟） | 1.图片引入，说出认识的动物名称。<br>地球上生活着各种各样的动物，你愿意和它们交朋友吗？那就大声叫出它的名字吧！<br>2.提问：你还知道哪些动物？它的样子是怎样的？我们一起看看同学们拍摄的视频吧！<br>3.聚焦问题：它们名称不同、形态各异、运动方式多样……但是它们都叫动物，他们有什么共同的特点吗？我们本节课就要来探究动物的共同特点。 | 1.观看图片，说出图片中的动物名称。<br>2.观看同学拍摄的动物视频，交流观察方法；说一说观察的动物有哪些特征、是按什么顺序观察的。 | 1.挖掘学生对动物的前概念。<br>2.感受动物生命之美。<br>3.聚焦问题，明确探究目标，激发学生探究动物奥秘的欲望。 |
| 探索：观察、记录、描述一种动物（15分钟~20分钟 | 1.范画引领，指导记录。<br>2.观察要求：这种动物有什么特点，你能找出它的三个以上特点吗？<br>3.组织学生全班交流，相机板书动物特点的关键词语。 | 1.学生观看教师示范画，学习如何画动物。<br>2.分组观察不同的小动物。<br>3.组内交流、全班交流动物的特点。 | 运用多种方法、按一定顺序观察动物，在观察时抓住动物特点，真实描述。观察中注意安全，不伤害动物，合作交流、相互质疑。 |
| | 谈话：我们对动物的特点有这么多的了解，相信大家一定能把它画下来。<br>展示学生作品，评议。 | 1.画图。<br>2.交流时，对同伴画的动物发表看法。 | 画图，巩固对动物特点的认识。 |
| 研讨：<br>1.动物的共同特点<br>2.玩具熊是动物吗？ | 1.指导整理观察到的信息，归纳动物的一些共同特点。<br>2.观察玩具熊，思考：玩具熊是动物吗？说出你的理由。 | 1.整理观察到的信息，归纳动物的一些共同特征。<br>2.分组观察玩具熊，讨论：玩具熊是动物吗？理由是什么？ | 1.形成对动物一些共同特征的认识。<br>2.巩固对动物共同特征的认识，突出“动物是生物，是有生命的”这一单元核心概念。 |

续表

| 课题 | 我们知道的动物 | | |
|---|---|---|---|
| 课堂小结 | 今天我们用看、闻、听、画等方法观察动物,发现了动物需要食物、能运动、都是有生命的等动物的共同特征。课后,观察更多的动物,去发现更多的秘密。 | | 总结观察方法和发现,强化对动物共同特征的认识,培养进一步探究动物奥秘的兴趣。 |
| 拓展:翻牌游戏 | 逐条出示动物的特征,根据动物特征猜动物名称的翻牌游戏。 | 学生游戏。 | 让学生初步了解动物有共性也有差异,每种动物都有自己独有的特征。 |
| 板书设计 | 我们知道的动物<br>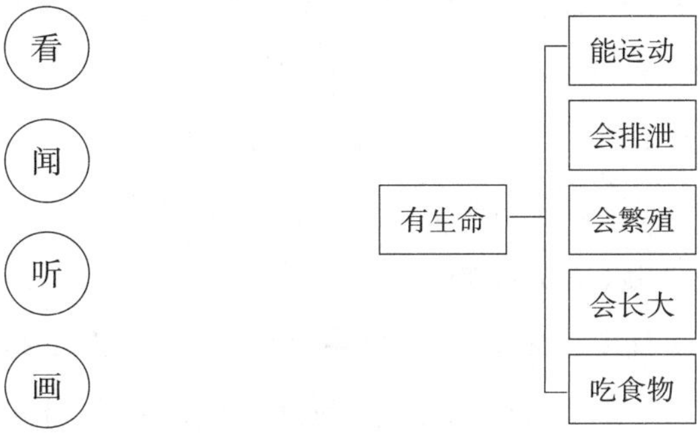 | | |



【案例评析】

本课的教学设计有以下特点:

1. 凸显学科全息育人特色,体现了德性育人、审美育人、健康育人和劳动育人的融合。在聚焦时,以各种动物图片引入课题,简单明了、开门见山,同时也呈现了动物的多样性。通过观看同学拍摄的动物视频,让学生总结视频中用到了哪些观察方法观察动物的特点及生活环境等,了解学生的前概念,激发学生对动物的探索兴趣。同时指导学生观察活动要有序,为后续学生的自主观察、描述、记录动物的特征做铺垫。对动物外形特征的认识,通过语言、图示的描述,使学生对不同动物的特点有一个初步的认识,同时培养学生观察、表达、推理的能力。通过多种动物比较,是对观察获得的信息进行整理。通过追问"玩具狗是动物吗",引导学生描述动物的共同特征,帮助学生进一步理解动物的共同特征。在培养学生证据意识的同时,指向"动物是生物,是有生命的"这一单元核心概念。

2.培养学生的证据意识，是指向学科思想的教学。本课的教学内容是引导学生观察、描述、记录动物的特征，通过比较、总结动物的共同特征，很多老师就此止步不前。但科学教学的最终目标不仅仅是知识层面的，学生多知道些或者少知道些科学知识对于他们科学素养的养成没有决定性的作用。那么，对学生科学素养养成至关重要的是什么呢？就本课来说，引导学生经历按一定的顺序观察、描述、记录动物的特征，研讨“玩具熊是动物吗”进而总结出动物是有生命的，能运动、会排泄、会繁殖、会长大、需要空气和食物等共同特征这一过程，认识到“科学是建立在证据之上的”才是至关重要的，因为这对于学生科学素养的养成乃至终身成长至关重要！

在本课中，随着教学的发展，不断地寻找、总结新的证据，引导学生利用这些证据不断地修正自己对动物的共同特征的认识。学生在学习过程中，自然而然地感受到了证据的重要性，意识到了“科学是建立在证据之上的”。

3.体现探究式学习，是指向科学学习本质的教学。课程标准指出，科学探究是人们探索和了解自然、获得科学知识的重要方法。以证据为基础，运用各种信息分析和逻辑推理得出结论，公开研究结果，接受质疑，不断更新和深入，是科学探究的主要特点。探究式学习是学生学习科学的重要方式。探究式学习是指在教师的指导、组织和支持下，让学生主动参与、动手动脑、积极体验，经历科学探究的过程，以获取科学知识、领悟科学思想、学习科学方法为目的的学习方式。小学生往往将科学理解为写在教材或著作上的一条条科学概念和定律，这些概念和定律是科学家经过研究而发现的，所以它们是绝对正确、一成不变的。小学生的这种理解是不准确的。在本课中，学生通过观察、描述和记录动物的特征，通过研讨“玩具熊是动物吗”来培养学生的证据意识和科学探究精神。

为体现科学的发展性，在本课教学中设计了一系列有结构的教学环节：暴露学生前概念（“说说我们知道的动物”）→探索动物的特征→研讨“玩具熊是动物吗”（引发质疑），让学生经历了一个否定之否定的思辨过程，在活动中感受到科学是在不断发展的，由此感悟科学本质。

### （二）德性育人教学设计

全息育人教学设计中的德性育人是指通过教学内容和教学方式来培养学生的道德品质，使学生能够在学习过程中培养良好的人格和道德品质，包括培养学生的诚实、守信、友善、尊重、责任感等道德品质。在小学科学教育中，可以通过讲解道德原则、引导学生进行自我反省和自我评价等方式来培养学生的道德品质。

## 案例“观察一瓶水”教学设计[①]

## （教科版《科学》一年级下册第一单元第五课）

| 课题 | 观察一瓶水 | | |
|---|---|---|---|
| 育人目标 | 认知育人：<br>1.水有许多特征，如无色、无味、会流动、透明等。<br>2.与木块等物体相比，水和洗发液都没有固定的形状。 | | |
| | 德性育人：<br>1.积极参与研究活动，在研讨中发表有证据的观点。<br>2.养成在探究中及时记录的习惯。<br>3.节约用水。 | | |
| | 审美育人：感受水的流动美。 | | |
| | 健康育人：健康饮用水；科学研究中慎用口尝。 | | |
| | 劳动育人：<br>1.通过对比的方法研究瓶中的水与其他物体之间的异同。<br>2.学会用词汇描述观察的结果。<br>3.养成在探究中及时记录的习惯。 | | |
| 学习重难点 | 学习重点：通过对比的方法研究瓶中的水与其他物体之间的异同。 | | |
| | 学习难点：学会用科学的词汇描述观察的结果。 | | |
| 教学准备 | 学生准备：水、白色洗发液、不同形状的透明容器、小木块、学生记录单、毛巾（擦手）。 | | |
| | 教师准备：班级记录单、课件。 | | |
| 教学过程 | | | |
| 环节 | 教师活动 | 学生活动 | 教学评价<br>（育人目标及效果预设） |
| 聚焦：水有什么特征？ | 1.谜语导入：今天有位神秘的朋友要来做客，猜猜它是谁？一样东西真稀奇，看得见，抓不起，洗衣做饭离不开，洗手洗脸需要它。<br>2.关于水，你知道它的哪些特征？（记录学生描述的关于水的特点或者用途）<br>3.生活中离不开水，我们要珍惜和保护它！<br>4.好朋友的秘密，你们还想知道吗？我们从观察一瓶水开始。（板书：观察一瓶水） | 猜测、推理神秘朋友是水，并且根据生活经验知道水的特征：无色、透明……<br>水的用途：水能喝，还能做汤、煮饭、洗澡、洗脸、洗衣服、浇花、养鱼…… | 启发学生根据自己的生活经验与发现，大胆地讲述水给我们带来的用处。<br>德性育人目标：生活中离不开水，我们要珍惜和保护它。 |

① 本课教学设计案例由重庆市北碚区朝阳小学杨健伟老师提供

续表

| 课题 | 观察一瓶水 | | |
|---|---|---|---|
| 探索：<br>观察对比水和洗发液，把它们和小木块对比 | 1. 观察、比较水和洗发液<br>（1）为了让大家寻找水的秘密更加轻松，老师特意为大家带来了洗发液这个朋友，我们一起寻找它们的秘密，看看哪些相同和哪些不同？<br>（2）探讨找秘密的方法。<br>你会用什么方法去找？（把学生的方法填写在班级记录单中，并且在学生回答基础上讲解标准操作方法）<br>（3）活动。<br>学生分组观察、比较水和洗发液的不同点和相同点，并温馨提示学生和老师一起找出最会观察小组、最团结小组、最会记录小组、最守纪律小组。<br>（4）学生汇报观察结果。<br>试着用“我用____（眼睛、鼻子……）____（看、闻……）到了水（洗发液）是____（无色的、无味的……”这样的规范表达方式和词语进行汇报。<br>记录学生的汇报并板书。<br>水：无颜色、无气味、透明、能流动。<br>洗发液：乳白色、有香味、不透明、能流动。<br>2. 观察、比较水、洗发液和木块的不同和相同<br>水和洗发液还有相同的秘密我们还没有发现，为了帮助大家找到这个秘密，老师为大家带来了小木块这个朋友，并且还带来了三种形状不同的容器：烧杯、锥形瓶、烧瓶（瓶口小于小木块）。我们的实验老师会把水、洗发液和小木块分别依次加入到三种形状不同的容器中，大家看看到底它们还有什么相同秘密？（播放微课）<br>老师总结：<br>（1）水与洗发液能流动，木块不能流动。（2）水和洗发液没有固定形状，木块有固定的形状。（师板书写入韦恩图中） | 1. 观察、比较水和洗发液<br>（1）知道加入洗发液是为了更加轻松地找出它们的秘密。<br>（2）学习用眼睛去看颜色和透明度、用鼻子去闻气味、用手去摸黏稠度、用耳朵去听声音等基本观察方法。<br>（3）学习用标准观察方法去寻找事物的基本特征，及时记录自己的发现，并和小组同学合作。<br>（4）学习使用规范的语言和词汇来表达自己对水和洗发液的认识与观点。<br>2. 观察、比较水、洗发液和木块的不同和相同<br>学生汇报：（1）水、洗发液在什么形状的容器里就变成什么形状。（2）木块放进不同形状的容器还是保持原有的形状。<br>可能有其他发现：水、洗发液是流进去的；洗发液流得比较慢，水流得快。 | 1. 观察、比较水和洗发液<br>（1）加入洗发液进行对比观察。<br>（2）面对新的物质，在自己熟悉的观察方法基础上总结出比较系统的观察方法。<br>（3）在教师引导下，学生合作完成对水和洗发液的观察、比较任务。<br>指向劳动育人目标：通过对比的方法研究瓶中的水与其他物体之间的异同。<br>（4）能用规范的语言和词汇描述事物之间的相同之处和不同之处。<br>指向学科认知目标：水有许多特征，如无色、无味、会流动、透明等。<br>2. 认识到水无固定的形状是本课的难点<br>为了突破难点让学生观看微课，直观地感受水与洗发液都能流动，且随着容器形状的改变而改变形状。而木块只能摆放进容器，且形状不发生改变。<br>指向审美育人目标：感受水的流动美。 |

续表

| 课题 | 观察一瓶水 | | |
|---|---|---|---|
| 研讨：描述水的特征 | 我们现在知道了这么多关于水的秘密，那如何给其他朋友介绍水的特征呢？<br>全班同学一起根据观察结果共同完成班级记录表。 | 学会总结水的特征，并且能使用规范的语言和词汇来表达自己对水的认识。 | 培养学生在教师指导下对信息进行整理的能力。指向实践育人目标：学会用规范的词汇描述观察的结果，养成在探究中及时记录的习惯。 |
| 课堂小结 | 通过学习本课你有什么收获？ | 学生交流本课学习收获。 | 让学生加深对水的特征的理解，并促进生生评价与交流。指向实践育人目标：学会用规范的词汇描述观察的结果。 |
| 拓展 | 课后继续使用今天用到的观察方法，去寻找水或者其他液体更多的秘密。 | 独立自主地观察水或者其他液体。 | 更深层次地去感受什么是液体，对观察方法进一步地掌握运用。 |
| 板书设计 | 观察一瓶水<br>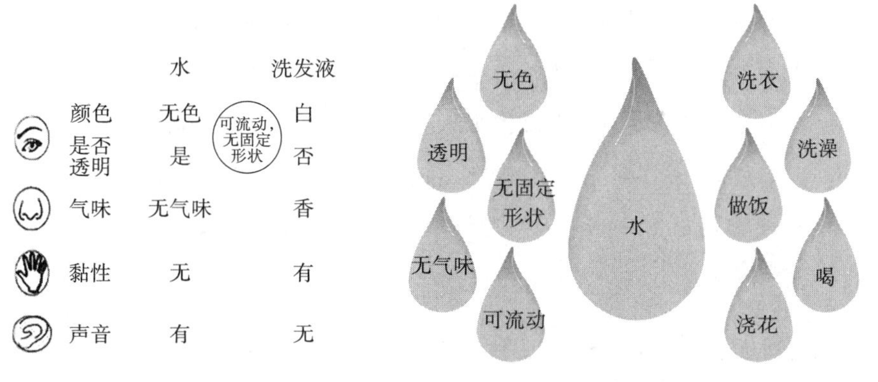 | | |

【案例评析】

本课的教学设计有以下特点：

1. 以生为本，突出学生的主体地位。本设计给每组学生准备同样的水、洗发液、木块。通过实验，让学生认识到水无色、无味、透明、会流动、没有固定形状。为此，教师在课前给每组学生准备了同样的水、洗发液各一杯和一个木块，以及在实验过程中要用到的毛巾（擦手用）。还选择了符合小学生年龄特征和认知规律的实验材料，贴近学生的日常生活，并且具有一定的趣味性，使学生很愿意通过对材料的探索来发现问题、解决问题、获取新知。启发学生根据自己的生活经验与发现大胆地讲述，水给我们带来的用处。指向德性育人目标：生活中离不开水，我们要珍惜和保护它。

2.教学设计思路清晰，组织学生经历“通过看一看、闻一闻、摸一摸等一系列实验过程，再找一找有哪些不同之处和相同之处，最后发现总结出水、洗发液和木块这三种物体的特征”的学习活动过程。比较顺利地实施了教学设计，教学环节一环扣着一环，层次比较清楚。学生在老师的引导下一层一层地突破重点，达到了教学的目的，体现了新课改的理念。尝试让各组成员互相配合，大胆想象、实验，使学生在探究学习的过程中体验成功与快乐。课堂上气氛较活跃，学生能积极参与、踊跃发言。指向劳动育人目标：通过对比的方法研究瓶中的水与其他物体之间的异同，并能用规范的语言和词汇描述事物之间的相同之处和不同之处。指向学科认知目标：水有许多特征，如无色、无味、会流动、透明等。

3.在教学中结合所教内容渗透科学的观察方法。具体表现为：(1)可以用眼睛看、用鼻子闻、用手摸的方法进行观察。(2)因为洗发液不能食用，所以不可以用尝的方法，任何场合都不能用尝的方法。(3)教给学生闻气味的正确方式。(4)通过观察、比较找出相同和不同，便于总结物体的特征。指向学科认知目标：学习并使用科学的观察方法。

4.充分利用文字资料和图片资料，渗透环保教育。由于水的应用非常广泛，人类对水资源的开发和利用越来越依赖和重视。通过资料使学生认识到水资源在不断减少，激发学生要珍惜每一滴水，从而进行德性育人目标渗透。

5.培养学生的探究兴趣，让学生亲历探究的过程，对劳动育人目标进行渗透。课堂上，在自主学习、合作探究的过程中，学生通过分组活动，亲自动手操作。学生在探究活动中充分运用感官参与，在操作过程中对水的特征有了深刻的感悟和体验，达到了良好的教学效果。

### (三)审美育人教学设计

全息育人教学设计中的审美育人是指通过教学内容和教学方式来培养学生的审美能力和审美兴趣，包括培养学生的观察能力、分析能力、表达能力和创造能力。在小学科学教育中，可以通过提供丰富多样的审美教学资源、引导学生进行自由创作等方式来培养学生的审美能力和兴趣。

## 案例“观察月相”教学设计①

**（教科版《科学》二年级上册第一单元第四课）**

| 课题 | 观察月相 |
|---|---|
| 育人目标 | 认知育人：<br>1. 知道什么是月相，月相是变化的，不同的夜晚月相是不相同的。<br>2. 知道月相是逐渐变化的，有时月相亮面逐渐变大，有时逐渐变小。 |
| | 德性育人：<br>1. 对观察月相有兴趣。<br>2. 能连续几天对月相进行观察并客观及时地记录。 |
| | 审美育人：感受月相的变化之美。 |
| | 健康育人：在观察活动中注意安全，选择安全的地点，防止意外事故的发生。 |
| | 劳动育人：能进行至少半个月或一个月的月相观察，并记录和描述月相变化的简单过程。 |
| 学习重难点 | 学习重点：观察和记录月相，发现月相是变化的。 |
| | 学习难点：发现月相是变化的，有时月相亮面逐渐变大，有时逐渐变小。 |
| 教学准备 | 教师准备：不同月相的图片，有关月相变化的视频材料。 |
| | 学生准备：黑色、白色同样大小的圆形图片。 |
| | 活动准备：提前要求学生连续七天在每天同一时间、同一地点观察记录月球的形状。记录方法用涂黑法或剪纸法。 |

**教学过程**

| 环节 | 教师活动 | 学生活动 | 设计意图<br>（育人点及育人效果预期） |
|---|---|---|---|
| 聚焦月相<br>（5分钟） | 1. 猜谜语：有时挂在山腰，有时挂在树梢；有时像个圆盘，有时像把镰刀。（猜一物）<br>2. 出示月球的四幅照片，揭示“月相”概念。<br>3. 揭示课题，板书课题。 | 1. 猜谜语，并交流猜测的理由。<br>2. 交流对月球的了解。<br>3. 观察四幅不同的月球照片，发现其相同点和不同点。 | 激发学生对月相变化的探究兴趣，挖掘学生的前概念，初步感受月相变化之美。 |

① 本课教学设计案例由重庆市北碚区静观中心校周祖勇老师提供

续表

| 课题 | 观察月相 | | |
|---|---|---|---|
| 观察月相图片，描述月相<br>（8分钟） | 1.出示一组月相图片，观察、描述图片中的月相。<br>2.巡视指导小组交流。<br>3.根据学生代表在全班交流时描述的月相，板书描述月相特点的关键词语和月相简图。<br>4.小结活动情况。 | 1.观察、描述图片中的月相。<br>2.小组内交流、质疑。<br>3.全班交流、质疑。 | 1.观察不同的月相图片，初步感受月相变化之美，认识到月相是变化的；描述不同的月相，发展科学语言。<br>2.初步感受文字和图画是科学记录常用的方法。 |
| 实际观察和记录月相<br>（12分钟） | 1.师：在本课前一个星期，老师布置了每天观察记录月相的任务。请出示自己观察的月相记录，再比较交流。<br>2.根据汇报情况，指导记录月相常用的“描影法”或“剪纸法”，标明观察记录时间。指导学生完善连续七天的记录。<br>3.出示自己连续七天的月相观察记录，让学生比较。<br>4.小结活动情况。 | 1.出示自己连续七天的月相观察记录，小组内介绍自己的观察情况（观察日期、时间、地点、月相描述与记录等），与同学的记录进行比较。<br>2.根据老师指导的方法完善活动手册上前七天的月相观察记录（标明观察日期）。<br>3.与老师的记录进行比较，进一步完善活动手册上这七天的月相记录。 | 1.交流自己的观察记录，有助于肯定学生的劳动，促进学生主动参与科学实践活动。<br>2.学习、运用“描影法”“剪纸法”等方法记录月相，可做成微课或教师示范方法。<br>3.深化对月相是变化的认识，进一步感受月相的变化之美。<br>4.培养尊重事实、用事实说话的意识。 |
| 研讨<br>（8分钟） | 1.师：观察我们的月相记录图，回想我们每天看到的月相，你有什么发现？<br>预设问题1：不同夜晚的月相相同吗？<br>预设问题2：连续观察了七天的月相，这七天月相是怎样变化的？<br>2.根据交流情况，板书关键词语。<br>3.推测月相将会如何变化？<br>4.小结活动情况。 | 1.观察月相记录图，联想每天观察到的月相，先在小组内交流自己的发现，然后由代表在全班交流。<br>2.小组内交流自己推测的月相变化和理由，然后全班交流。 | 1.培养观察、比较、发现的能力，发现月相是变化的，有时亮面变大，有时亮面变小。<br>2.根据已观察的月相变化特点，合理推测月相的变化趋势。<br>3.培养乐于分享、乐于倾听、乐于表达、合作学习的良好习惯和团队合作精神。 |
| 课堂反馈评价<br>（5分钟） | 1.组织交流本课学习收获：本节课我们学习了什么？是怎样学到的？<br>2.师：学习了本课，你产生了什么新的问题？请提出来让大家思考？<br>3.组织学生用简笔画“笑脸”“平脸”或“哭脸”，评价自己的课堂表现。 | 1.交流个人本课学习情况。<br>2.交流产生的新问题，将有价值的问题写到记录本上。<br>3.自主评价学习表现。 | 交流本课学习收获，激发问题意识和探究意识，发展自我评价、自主改进学习的能力。 |

续表

| 课题 | 观察月相 | | |
|---|---|---|---|
| 课堂总结<br>（2分钟） | 总结本课学习情况。 | | 肯定优点，指出不足，鼓励学生积极投入到月相观察活动中来。 |
| 作业<br>布置 | 课外观察作业：月相到底会如何变化呢？请继续进行月相观察，注意选择安全地点进行观察活动，作好观察记录（标明观察日期和时间）。 | | |
| 板书<br>设计 | **观察月相**<br>月相：看到的月球明亮部分的形状。<br><br>初二 初三 初四 初五 初六 初七 初八<br>发现：月相是变化的，不同夜晚的月相可能不相同；月相是逐渐变化的，有时亮面逐渐变大，有时亮面逐渐变小。 | | |

【案例分析】

本课的教学设计有以下特点：

1.本课学习中突出了学生主体地位。用猜谜语的方式引入新课，激发学生的好奇心和学习兴趣；用图片揭示月相，让学生交流对月球的了解，挖掘学生前概念，寻找合适的教学起点。新课教学中的两次活动，在“观察月相图片，描述月相”活动中，教师出示一组月相图片，让学生观察、识别自己在生活中观察到的月相跟图片中的月相是否相同，平时又是如何描述它们的，调动起生活经验，并将生活经验与同伴分享，合作学习，体现了德性育人；在“观察和记录月相”活动中，学生展示连续七天的月相观察记录，与同伴交流分享自己观察和记录的月相情况，再在教师的帮助下学习运用“描影法”“剪纸法”记录月相，对照教师的记录完善自己的月相观察记录。在研讨阶段，学生通过观察自己的月相记录，联想生活中观察的月相，进行比较、分析、推理，发现了月相是变化的、每天的月相可能是不同的、有时月相逐渐变大、有时月相逐渐变小等一些关于月相变化的规律。学生通过自己的劳动，发现了科学知识，成就感十足，这对他们持续进行科学学习具有巨大的促进作用。

2.体现了“动手动脑做科学”的科学学习理念。本课课前观察活动“连续七天观察记录月球”，要求学生动手进行实地观察，并进行记录；课后要求学生继续进行一个月的月相观察并记录。这不仅需要学生动手进行操作性活动，也需要学生思考月相变化是否与自己的推测相符，进而思考相符或不符的原因，激发其探究欲望。在“观察月相图片、描述月相”活动中，学生调动生活经验，与教师列出的月相图片进行对比分析，通过描述月相，学生的观察、分析、语言能力得到发展。在“观察和记录月相”活动中，学生在课前已连续七天观察记录，课堂上交流自己的观察记录情况(观察的日期、时间、地点、记录月相和描述月相)，是对自己劳动成果的肯定，也起到了交流分享、相互学习的作用。系统学习“描影法”“剪纸法”记录月相后，学生立即完善自己的月相记录，更新对月相的认识；与教师的月相记录进行对比，再次完善个人的月相记录，深化对月相及其变化的认识，为后面的研讨提供更有力的证据。在研讨环节，学生基于证据(月相记录)，进行比较分析，总结出了月相变化的一些规律，并根据规律进行月相后期变化的推测，发展了学生的实证意识、思维能力和创新能力。

3. 重视科学观察记录作用的发挥。科学观察记录是学生进行科学学习、提升科学质量、发展科学素养的重要方法之一。在本课中，课前连续七天的月球观察，学生进行了初步的记录；课堂上，与同伴分享、交流自己的记录，学习“描影法”“剪纸法”，完善个人月相记录；再根据教师提供的月相记录(教师提供的月相记录不仅起到了示范作用，同时还让学生感受到教师与他们一样，是平等的，可融洽师生情感)，再次完善个人的月相记录。在研讨时，学生借助月相记录表，比较、分析、判断、归纳，发现了月相变化的一些规律，进而推测月相下一阶段将会如何变化。学生为了验证推测，将会自觉投入到新的观察活动中来，科学学习活动将会呈螺旋上升式持续进行。

4. 践行了科学学科“全息育人，五育融合，全面发展”的理念。本课结合教材内容和课程标准，充分挖掘五育教学目标，并选择适宜的教法、学法与媒介手段，设计的教学活动和教学流程，遵循小学低年级学生认知和学习规律，充分体现了科学学科全息育人的特点。学生不仅掌握了“月相是变化的，不同的夜晚月相是不相同的。月相是逐渐变化的，有时月相亮面逐渐变大，有时逐渐变小”的科学概念，而且感受到了月相的变化之美，进而感受到大自然的神奇。学生通过实地观察，学习、掌握了月相记录的方法，并通过对月相记录的分析，归纳出了月相变化的一些规律，培养了学生的科学实证意识和劳动观念，其观察能力、分析能力、推理能力、表达能力、合作学习能力也得到了发展。在观察中注意选择安全地点，防止发生安全事故，也是对学生健康意识和健康行为能力的培养。

### (四)健康育人教学设计

全息育人教学设计中的健康育人是指通过教学内容和教学方式来培养学生的身体健康和心理健康，包括培养学生的锻炼习惯、饮食习惯、睡眠习惯、心理调适能力等。在小学科学教育中，可以通过讲解人体知识、疾病预防知识、心理健康知识等，让学生了解健康知识，并在课堂和课外活动中实践健康知识，来培养学生的健康意识和健康习惯。

**案例“食物中的营养”教学设计**[①]

**（教科版《科学》四年级上册第二单元第五课）**

<table>
<tr><td>课题</td><td colspan="3">食物中的营养</td></tr>
<tr><td rowspan="3">育人目标</td><td colspan="3">认知育人、健康育人：<br>1. 人体所需要的营养是从食物中得到的。<br>2. 人体保持健康需要的营养成分包括蛋白质、糖类、脂肪、维生素、无机盐和水。<br>3. 没有一种食物会含有所有的营养成分，所以我们要吃各种不同的食物。</td></tr>
<tr><td colspan="3">德性育人：帮助学生树立关注自己身体健康的意识，进一步建立合理科学的用餐观念。</td></tr>
<tr><td colspan="3">劳动育人：<br>1. 通过实验的方法辨别食物中的脂肪、淀粉和蛋白质。<br>2. 通过阅读资料获取信息，丰富对食物中的营养成分、营养类别等方面的认识。</td></tr>
<tr><td rowspan="2">学习重难点</td><td colspan="3">学习重点：人体保持健康需要的营养成分包括蛋白质、糖类、脂肪、维生素、无机盐和水。</td></tr>
<tr><td colspan="3">学习难点：通过实验的方法辨别食物中的脂肪和淀粉。</td></tr>
<tr><td>教学准备</td><td colspan="3">碘伏、胶头滴管、水、肥肉、花生、馒头、饼干、西红柿等。</td></tr>
<tr><td colspan="4">教学过程</td></tr>
<tr><td>环节</td><td>教师活动</td><td>学生活动</td><td>教学评价<br>（育人目标及效果预设）</td></tr>
<tr><td>导入新课</td><td>播放视频：今天中午有这些菜，你会如何选择呢？<br>师：为什么要吃这么多的食物呀？<br>四年级的孩子正在长身体，需要多补充营养。我们的食物中到底含有哪些营养？</td><td>学生举手表达自己的午餐选择。<br>生：肚子饿、长身体。</td><td>通过一小段视频吸引学生，再创设情境——点午餐，从而导入新课。</td></tr>
<tr><td>聚焦</td><td>1. 我们每天吃种类丰富的食物，这会给我们身体带来怎样的益处呢？<br>是这样吗？让我们一起去认识它们吧！<br>食物中的营养通常分为六种：蛋白质、脂肪、糖类、维生素、无机盐、水。<br>2. 同学们看手中的资料卡片，在2分钟内看完它。<br>师：谁来说一下蛋白质、脂肪、糖类、维生素、无机盐、水对人体的作用？<br>食物含有我们人体所需要的营养。人体保持健康需要的营养成分包括蛋白质、糖类、脂肪、维生素、无机盐和水。</td><td>生：长得高。<br>生：更加健康。<br>学生小组一起阅读资料卡片。<br>学生举手回答。</td><td>通过老师的讲解和同学的阅读，了解食物中的营养成分及其作用。人体所需要的营养是从食物中得到的。人体保持健康需要的营养成分包括蛋白质、糖类、脂肪、维生素、无机盐和水。</td></tr>
</table>

① 本课教学设计案例由重庆市北碚区凤林小学熊亚玲老师提供

续表

| 课题 | 食物中的营养 | | |
|---|---|---|---|
| 探索活动<br>实验法(辨别食物营养成分) | 我们如何确定吃的食物中含有这样的营养成分呢?让我们通过实验的方法去检测它们吧!<br>检测食物中的营养成分,是一个营养检验师的工作。今天你们谁能成为一个优秀的营养检验师呢?<br>师:同学们,你们首先要学会如何辨别食物营养成分的本领。<br>1.播放脂肪辨别视频<br>师示范操作:接下来认识今天的实验材料。这是8种食物,请检验师帮我检测它们是否含有淀粉和脂肪,并认真填写实验记录单和脂肪实验单。<br>2.检测步骤<br>(1)掌握正确辨别方法。<br>(2)检测脂肪。<br>(3)检测淀粉。<br>(4)及时完成记录。<br>3.检测提示<br>(1)检测脂肪后的食物放回原处。<br>(2)检测结束,材料入盒。<br>(3)统计结果,准备汇报。<br>4.材料员领取材料开始实验,教师巡视指导。<br>5.汇报<br>用科学的语言和词汇进行汇报,我们这样来汇报……看来你们已经成长为优秀的营养检验师。请组长上来领取小组合格标志(皇冠),课下为你们小组成员戴上标志。<br>6.师总结:从实验结果看,你有什么发现?花生是不是含有所有的营养成分呢? | 生:标签法、上网查、实验方法。<br>学生认真观看视频。<br>学生认真学习检测步骤和检测提示。<br>学生学习完教师的示范后,材料员领取材料,开始实验。<br>实验的目的是辨别食物中的营养成分。<br>1.我们检测脂肪时,______在纸上留下了油迹,说明这些食物含有脂肪。<br>2.我们检测淀粉时,______颜色变成了蓝色、深蓝色,说明这些食物含有淀粉。<br>淀粉:花生、馒头、饼干。<br>脂肪:花生、肥肉。<br>一种食物可能含有多种营养成分。<br>生:不是。 | 能通过实验辨别食物中是否含有脂肪。<br>能利用碘酒去辨别食物的营养成分。<br>明确一种食物可能含有多种营养成分。 |
| 研讨 | 有没有一种食物含有所有的营养成分? | 生:其实是没有的,所以我们要吃各种不同的食物,以补充我们人体需要的六种营养物质。 | 人体所需要的营养是从食物中得到的。明确没有一种食物含有所有营养成分,所以我们要吃各种不同的食物。 |
| 拓展<br>提升 | 1.孩子们,刚才你们选的午餐含有哪些营养物质呢?<br>2.你知道中国学生营养安全日是哪一天吗? | 生:糖类……<br>生:每年的5月20日。 | 将本课所学知识应用到实际生活的选餐中,学会合理科学地选餐,真正让孩子建立关注自己身体健康的意识。 |

续表

| 课题 | 食物中的营养 | | |
| --- | --- | --- | --- |
| 课堂小结 | 经过刚才的学习，谈谈你的感受。 | 学生谈自己的感受。 | 师生一起总结本节课知识。 |
| 板书设计 | 食物中的营养<br>蛋白质 —— 生命的物质基础<br>糖类、脂肪 > 提供能量<br>维生素、无机盐 > 调节身体机能<br>水 —— 人体重要组成部分<br>碘酒<br>按压白纸 | | |

【案例评析】

“食物中的营养”一课是教科版《科学》四年级下册“食物”单元中的内容。这节课教师从学生熟悉的生活入手，以食物为载体，组织了一系列探究活动。本节课设计了两个教学环节，主要是让学生了解食物中含有哪些营养成分，感受各种营养与支撑人体生命活动的关系，并通过简单的实验学会辨别食物中的营养成分。

1.师生角色的转变

本节课，教师首先为学生创设了一个宽松、民主的课堂氛围，从学生的生活实际——选午餐入手，激发学生的学习热情，提高他们的探究欲望。然后通过阅读资料卡片的形式，认识六种营养成分，再请学生自主选择喜欢的营养物质向大家介绍其作用。这个环节，真切地感受到教师是一个组织者、引导者，学生占据着课堂的主体地位。

2.情境式教学

在“如何辨别食物中的营养成分”这个环节，创设挑战成为一名优秀的营养检验师情境，从课堂效果来看，这样做充分调动了学生的学习兴趣，带着目的性去探究、去挑战，大大提高了学生探究的欲望。在汇报环节，引导学生去分析实验现象，以“含脂肪食物会在白纸上留下油渍”“含淀粉食物遇到碘酒会变蓝色或者深蓝色”为依据，通过对比几位同学的实验单，发现花生不仅含有脂肪还含有淀粉。一种食物可能含有多种营养物质，引发学生思考“一种食物是否含有所有营养物质”。

在拓展环节，对今天所选午餐进行营养识别，从而让学生建立科学合理的选餐意识。

3.实验教学的收与放

本节课的两个实验虽然比较简单，但教师的指导是必不可少的。教学中充分利用演示视频介绍实验方法，为学生提供充足的实验材料，给予他们足够的时间进行实验，实验中进行个别指导。从课堂效果来看,学生的动手操作能力得到了锻炼,操作的技能比较熟练,小组合作学习的氛围浓。

4.教学不足

本节课虽然有许多成功之处,但也存在着一些不足。本节课教师教的线索完整,但是整个教学思路主要是从教师层面去延展的,而关注学生学习思维逻辑发展比较少。比如创设的教学情境主要是为了达成教师的教学目的。转变教学观念的重要性,从有逻辑地教转变为有逻辑地学,这是今后需要去努力改正的地方,这对培养学生的科学素养起着十分重要的作用。

### (五)劳动育人教学设计

全息育人教学设计中的劳动育人是指通过教学内容和教学方式来培养学生的劳动意识和劳动能力,包括培养学生的动手操作能力、问题解决能力、团队协作能力、创新思维能力等。在小学科学教学中,可以通过认识劳动工具及其使用方法、了解劳动过程及劳动成果的应用等,让学生了解劳动知识,并在校园劳动实践和家庭劳动任务中实践劳动知识,以此来培养学生的劳动观念和劳动习惯。

案例"种植凤仙花"教学设计[①]

(教科版《科学》四年级下册第一单元第二课)

| 课题 | 种植凤仙花 |
| --- | --- |
| 育人目标 | 认知育人:<br>1.认识凤仙花种子的结构和特点,了解植物的生长从种子开始。<br>2.知道植物一般由根、茎、叶、花、果实和种子组成。 |
| | 劳动育人:<br>1.亲自参与凤仙花的播种过程,体验种植的乐趣和劳动的价值。<br>2.定期浇水、施肥等,照顾凤仙花的生长。 |
| | 德性育人:<br>1.在种植和观察过程中,培养耐心、细心和责任心。<br>2.如实记录观察结果,保证研究的真实性。 |
| | 审美育人:欣赏凤仙花在不同生长阶段的美,感受大自然的奇妙。 |
| | 健康育人:通过接触自然,感受植物带来的生机与活力,促进身心健康。 |
| 学习重难点 | 学习重点:掌握凤仙花的播种方法,制订观察计划。 |
| | 学习难点:理解种子萌发的条件和过程。 |

① 本课教学设计案例由北碚区状元小学汤小琴老师提供

续表

| 课题 | 种植凤仙花 | | | |
|---|---|---|---|---|
| 教学准备 | 教师准备:凤仙花生长过程图片、教学课件等。 | | | |
| | 学生准备:凤仙花种子、花盆、土壤、小铲子、水壶等种植工具,学生活动手册。 | | | |
| 教学过程 | | | | |
| 环节 | 教学内容 | 教师活动 | 学生活动 | 教学评价<br>(育人目标及效果预设) |
| 课题导入 | 聚焦 | 谈话引入<br>上节课我们认识了许多植物的种子,学习了种子的结构,知道了种子是新生命的开始。那种子是如何发育成一株幼苗的呢?种子播种后会发生什么变化?<br>看,这就是凤仙花,它美丽而充满生机。(展示凤仙花图片)你们见过凤仙花吗?对它有哪些了解呢?<br>今天我们就一起来学习种植凤仙花。(板书:种植凤仙花) | 预设学生:<br>1.凤仙花颜色很鲜艳。<br>2.凤仙花有花瓣。<br>3.凤仙花会结种子。 | 引导学生回顾上节课的内容,引发学生思考种子如何发育成幼苗,种子在土壤中会发生什么变化,激发学生播种和观察凤仙花的兴趣。<br>学科认知:了解学生前概念。 |
| 新课教学 | 探索活动一:认识凤仙花种子 | 1.观察凤仙花种子<br>同学们,要种植凤仙花,首先我们要认识它的种子。老师给每个小组都准备了一些凤仙花种子,请大家仔细观察,说说凤仙花种子有什么特点?<br>2.了解播种方法<br>认识了凤仙花种子,那我们该如何播种呢?小组讨论一下。谁来说说你们准备怎么播种?播放微课视频。(选种、播种)<br>思考:为什么要选种?播种的步骤是什么?种子萌发、植物生长需要哪些条件? | 预设:小小的、黑黑的、有点圆。<br>学生讨论播种方法。<br>预设:1.准备花盆和土壤。2.把土壤放进花盆。3.在土壤上挖些小坑,再放入种子。4.盖上一层薄土,轻轻压实。5.浇适量的水。<br>预设:1.选择粒大、饱满、无损伤的种子是为了保证种子顺利发芽。2.种子萌发、植物生长需要水、空气、适宜的温度。 | 学科认知:认识凤仙花种子的结构和特点,掌握播种方法。<br>学科认知:知道植物的生长从种子开始。 |

续表

| 课题 | 种植凤仙花 | | | |
| --- | --- | --- | --- | --- |
| 新课教学 | 探索活动二：播种凤仙花<br>探索活动三：制订观察计划 | 3.播种凤仙花<br>现在，我们就按照刚才学到的方法来播种凤仙花吧！在播种过程中，要注意轻拿轻放，保持桌面整洁。（学生分组播种，教师巡视指导）<br>4.制作种植杯<br>思考：种子在土壤中可能会有怎样的变化？怎样才能观察这些变化？小组讨论交流。<br>课件出示种植杯，教师讲解种植杯制作方法。<br>5.制订观察计划<br>同学们，凤仙花的生长是一个漫长的过程，我们需要制订一个观察计划，以便更好地了解它的生长变化。想一想，我们可以从哪些方面进行观察？什么时候观察？用什么方法记录观察结果呢？<br>出示植物生长变化观察计划表范例。 | 播种步骤：<br>1.准备好花盆和土，先把小石子放在花盆出水孔上，然后放入大半盆土。2.用手指在土中按2~3个洞，约1 cm深，每个洞放1粒种子，再用土盖住洞口。3.往花盆里浇水，直至土壤湿润，再将花盆放置温暖的地方。<br>学生分组讨论交流。<br>预设：可以用一个透明的杯子作为花盆，把种子种在杯子内壁。<br>学生制作种植杯。<br>小组讨论、制作植物生长变化观察计划。<br>预设：可以观察凤仙花的高度、叶子的数量、是否开花等。每天放学后观察一次，用画图和文字记录的方法。<br>学生完善小组计划表。 | 聚焦种子萌发、植物生长的条件。<br>实践育人：亲自参与凤仙花的播种过程，体验种植的乐趣。<br>德性育人目标：在种植过程中，培养耐心、细心和责任心。<br>在实践操作中，培养学生的动手能力和合作精神，激发学生的探究兴趣，为后续观察做好准备。<br>根据植物生长变化需要，确定观察记录的内容和方法，制订观察计划，培养学生坚持观察记录的好习惯，同时关注植物生长变化过程。 |
| 集中研讨 | 研讨 | 1.为什么要选择饱满、没有受伤的种子播种？<br>2.需要提供什么条件，种子才能顺利萌发？依据是什么？<br>3.怎样才能做好观察记录，了解植物一生的生长变化？ | 学生自由发言。 | 深入研讨，让学生知道种子萌发和植物生长都需要一定的条件，如水、空气和适宜的温度。<br>运用多种方法（拍照、观察日记、画图、美篇等）观察记录植物的生长变化，鼓励学生如实观察记录。 |
| 拓展学习 | 拓展 | 1.除了凤仙花，你还想种植其他植物吗？回家后可以和爸爸妈妈一起尝试种植带芽眼的土豆块、红薯块等植物，观察它们的生长变化。<br>2.查阅资料，了解更多关于植物生长的知识。 | | 了解其他植物的繁殖方式，拓宽学生的知识面。 |

续表

<table>
<tr><td>课题</td><td colspan="4">种植凤仙花</td></tr>
<tr><td>课堂小结</td><td>小结</td><td>通过今天的学习，我们认识了凤仙花种子，学会了播种方法，还制订了观察计划。在接下来的日子里，让我们一起期待凤仙花的生长吧！</td><td>学生充分表达，互相补充，教师稍作引导。</td><td>引导学生梳理种植和观察计划中获得的信息，形成对凤仙花生长的初步认识，在此基础上期望学生对植物生长产生进一步的探究兴趣。</td></tr>
<tr><td>板书设计</td><td colspan="4">种植凤仙花<br>种子萌发条件：水、空气、适宜的温度。<br>植物繁殖方式：种子、根、茎、叶等。<br>植物生长变化观察计划<br>植物名称：<br>栽培时间：　　年　月—　　年　月<br>栽培地点：<br>栽培方法：<br>观察记录方法：填写记录表、写观察日记、拍照、画图、使用测量纸带……<br>观察记录内容：<br>凤仙花的生长变化记录表<table><tr><td>日期</td><td>植株高度（厘米）</td><td>叶的数量（片）</td><td>它的样子</td><td>我们的新发现</td><td>我们为植物做的事情</td></tr><tr><td>月　日</td><td></td><td></td><td></td><td></td><td></td></tr><tr><td>月　日</td><td></td><td></td><td></td><td></td><td></td></tr><tr><td>月　日</td><td></td><td></td><td></td><td></td><td></td></tr></table></td></tr>
</table>

【案例评析】

“种植凤仙花”是教科版《科学》四年级下册第一单元第二课的知识内容，通过认识凤仙花种子、播种凤仙花以及制订观察计划等活动，让学生对凤仙花的生长有初步了解。本课从认识种子到实际播种再到制订观察计划，层层递进，让学生在实践中感受植物生长的奥秘。从观察—实践—计划，从直观认识到亲身实践再到持续探究，为后续深入学习植物的生长变化打下基础。

# 第四章

# 小学科学学科全息育人课堂教学实施

本章介绍了小学科学学科全息育人的课堂教学理念、实施原则、实施方法和教学课例分析，从全息育人的视角阐明了小学科学教育的全面性、个性化、开放性、启发性原则，并就具体的教学方法、实施方案进行了阐述，最后用一线优秀教师的科学课堂实录为案例，具体阐述了其设计理念和具体实施方案。

# 第一节 小学科学学科全息育人课堂教学理念

## 一、全息育人思想

全息育人突出了从“学科教学”到“学科育人”的转变，是一种全新的教育方式。学科育人即以学科知识为媒介、以课堂为中心、以育人为目的，坚持德育为先，智育为重，美育为要，劳育为本，重视学生科学核心素养的培养，多方位、多维度促进学生全面发展。

### (一)五育融合，以人为本

想要实现全息育人，首先教师得拥有以人为本的学生观，正确认识学生的特点。认识到学生是发展的人，我们的教学也应该是发展的，要求我们用发展的眼光看学生；认识到学生是独特的人，我们的教学应该是因人而异、融会贯通的；认识到学生是具有独立意义的人，我们的教学应该是尊重学生的自主思想和观念的。全息育人的理念正是给予我们重识学生的契机，以人为本，更以育人为本，在适应学生身心发展的教学中衍生出更多的方法和模式，教育教学中切实尊重、关注和爱护学生，引导学生积极主动地参与合作学习，促进学生快乐学习、协作学习、创造学习、健康学习，让其成长为德智体美劳全面发展的社会主义建设者和接班人。

### (二)注重五育融合，变革教育理念

全息育人的科学教育应当注重对科学问题的指导与激励，引导和指导学生探索自然、探究科学问题、解决科学问题、获得科学知识、形成科学探究能力、技术与工程实践能力和自主学习能力。[①]比如对于动植物的基本特征、人类活动与环境单元等，教师要运用多种信息渠道、不同的呈现方式、不同的学习方法来激发孩子们的灵感，使他们有足够的时间去思考和解决问题，并使他们能够独立地进行比较和归纳。以启发性教学为起点，以共同协作为研究出发点，以自我比较分析为升华点，以外向型学习方式引导学生的认识与能力，以提高知识能力引导到审美自觉与审美创新，达到五育融合的目的。

---

① 中华人民共和国教育部.义务教育科学课程标准(2022年版)[S].北京:北京师范大学出版社，2022:5.

### (三)突出学科特点,注重科学思维

义务教育科学课程是一门体现科学本质的综合性基础课程,具有实践性。教师对学生的科学教学让学生从理论到实践得到过程性体验,这个过程的核心目标是培养学生的科学思维能力。学生核心素养的培养,科学能力的发展,科学态度与责任的建立,正确世界观、人生观、价值观的树立也在这一过程中得到凸显。如:在教科版《科学》二年级上册“我们的地球家园”教学拓展中,学生与大自然亲近,发现池塘的荷叶竟然是防水的,引发探究欲望,再利用探究实验发现家用花洒和荷叶的结构是相通的,这是大自然给人类的启发,即“发现—探究—实践—创新”是科学思维的具体呈现。人生就是这样,到处都是灵感,随时都是创造,在科学学习的时候,总会遇到一些问题、发现一些现象,总想去探索,而要达成这个目的,就必须要有敢于提出问题的勇气和能力,才能在问题的驱使下,形成科学的思考。所以教师应该鼓励学生敢于提问,以提高他们的学习水平。科学课堂的五育融合教育,是一线教师设计全方位、全过程、全要素的科学课堂,实现认知育人与劳动育人的有机融合,达成德性育人、健康育人及审美育人的学科育人目标,而不是单纯的学科教育教学。

## 二、深度聚焦学科核心素养

学科核心素养是小学科学课程育人价值的集中体现,包括科学观念、科学思维、探究实践、态度责任等方面。①全息育人不同角度和维度的实施,是落实新时代对学生核心素养培养要求的总抓手。

### (一)全息育人对学生科学观念的培养

科学观念是在理解科学概念、规律和原理的基础上形成的对客观事物的总体认识。科学观念包含的内容非常广泛,从全息育人角度要求教师根据学生不同年龄阶段的认知能力而选择不同的方式。例如对于科学、技术和工程的特定观念(物质、能量、结构、功能和变化等),不同学段学生从“初步体验—区别举例—原理说明与设计—运用与创新”的科学观念培养,这是全息螺旋进阶的养成模式,可从《课标》中提出的四个跨学科概念理解全息育人对学生科学观念的培养。

1.物质与能量观

在讨论物质和能量之间的联系时,应当以物质为中心,以能量为核心。所有的科学活动都以物质的运动与改变为基本要素,而事物则依据其自身的特性,有条不紊地

① 中华人民共和国教育部.义务教育科学课程标准(2022年版)[S].北京:北京师范大学出版社,2022:4.

组织起来，构成了纷繁的结构。例如，关于声和光的传递，能的形成、转移和转化等方面的知识，就是构建材料和能量转换的良好载体。音波和光波在运动中会产生能量，这些都可以释放能量。在这一节的教学中，教师要在课堂上适当地安排好学习情境，使两者之间的关系更加紧密，始终贯穿着"物质具有能量"的科学观念。要全面了解它，必须强化"能量转化与物质变化"的科学观。科学要求探索性实践、创新，实践与创新是学生发展核心素养的一个主要方面。通过开展探索式教学，提高学生的实践创新能力；通过加强学生的实践，提高学生的探究能力；通过加强学生的拓展，提高学生的创新能力，这种做法不仅体现了科学教育的价值，也满足了劳动教育对学生发展的需求。

2.结构与功能观

结构和功能之间存在着各种观点，有人主张结构是有其基本功能的，而其具体实施取决于具体的构造；也有人主张某种形式的构造必定具有相应的功能作用。在科学的课堂上，很多老师经常说"结构决定功能"，但是这种看法似乎过于僵化了。很多科学的观念都是柔性的、非线性的、动态的，就像是一个物体内在的构造一样，处于一种相对的稳定和不固定的状态。所以要把科学的结构和功能观念贯穿于课堂的教学之中。例如，材料的某些性质和作用。

3.稳定和变化观

稳定和变化是从分子到物质各个层面的物质体系的基本特征，因此被列入了科学概念中。《课标》指出，一切物质体系生存于一定的环境中，物质的稳态和变化同时存在，而环境是在日益变化的，那么事物的稳定状态会被打破，变化就会发生，重新进入另一种形式的稳定状态。基于对"稳定"和"变化"的认识，可以进一步抽象概括、提炼升华，从而将其转化为观察事物、分析问题的视角、思路甚至态度，从而形成"稳定"和"变化"的观点。例如，在身体的稳定和改变的过程中，根据小学课本上的知识，可以将身体的稳定状态和各个细胞、组织、系统的参与联系起来，而内环境是否处于变化之中，对各个细胞、组织和器官正常功能的实现具有十分重要作用。

4.系统与模型观

自然中的多种生命与生态系统是共同进化的产物，是一个不断发展的有机整体。在科学教材中不难发现，生物的基因变异和环境因素是造成生物体进化的重要原因。通过微观建模，让生命系统层次逐级展开，有助于培养学生对动植物的演化及适应性的认知。

## (二)全息育人对学生进行科学思维的培养

科学思维是从科学的视角对客观事物的本质属性、内在规律及相互关系的认识方式,主要包括模型建构、推理论证、创新思维等。[①]科学观念的理解与应用、探究与实践的过程研究以及态度责任的形成,都需要学生科学思维的积极参与。全息育人理念的教学融入,让我们科学思维的培养有深度、更全面、更立体。

1.全息育人对学生推理论证思维的培养

推理论证的应用在小学科学课本中屡见不鲜,例如,哥白尼的日心说就是利用了推理论证法。所以,在第一次接触到推理论证的时候,教师要对教材进行总体的规划,归纳出教材中使用的推理论证法,不仅要对推理论证法进行学习和训练,还要让学生学会迁移应用。

2.全息育人对学生模型建构思维的培养

模型建构作为一种科学的学习方式,在小学科学教学中可以说是无处不在。在全息育人五大融通的课堂教学中,要努力引导学生进行教材上列出的各种模型建构,使其能够在持续的学习和实践中,不断地提升自己的模型思考能力和模型应用技能。例如,教学“地球的结构”,在以往的教学中,许多教师都觉得这种模式是比较抽象的,而且很难让人去做。但在教师的指导下,那些有一定认知的人对模型很感兴趣,而且他们对模型的热情会感染基础较弱的人。或许很多人在建构模型时无法一次性成形,但是经过多次建构后,他们就可以自己成功建模了。不管是数学范畴的建模,或是物理范畴的建模,还是构建更多的抽象概念,都可以让学生自己去做。只要学生有足够的自信去做,他们就会有机会去发现自然的科学奥秘。

3.全息育人对学生创新思维的培养

科学需要创新,创新思维更是新时代小学生必备的关键能力。创新思维技能需要知识与技术创造性地对问题提出新的理解和解决方案。全息育人的科学教育核心目标是创新的科学思维,学生对科学观念的认知和科学技能的运用是为了科学创新思维的养成,创新思维也能让科学探究的深度和宽度得到促进。例如,在小学科学教材中,光与影的探究活动,在已有知识经验的基础上创新教学器具和实验材料,让光影路径可视化呈现,使得学生在探究过程中比较原有认知和新技术解决问题现象的方法,从而达到培养学生创新思维的目的。

① 中华人民共和国教育部.义务教育科学课程标准(2022年版)[S].北京:北京师范大学出版社,2022:4-5.

### (三)全息育人促进学生的科学探究

科学探究是一种可以在实际生活中,对具体的科学现象及问题进行观察、提问、设计实验、实施方案以及就其成果进行交流和探讨的过程。

1. 全息育人视角下的科学探究基本思想和方法

科学学科的科学探索方式还在继续沿着已有科学探究的一般过程,即提出问题—做出假设—制订计划—实施计划—得出结论—表达和交流。但是,全息育人视角下的科学学科探究,在提问时都会采用启发式的提问方式,并且应该是长期的启发式思考;制订规划的主要对象是学生,老师要让他们自己去整理自己的想法,虽然他们的思维方式可能不够全面,也不够科学化,但是老师会根据自己的想法来引导和启发,再经过学生的修正和完善,最终制订出一个可行的、科学的方案。语言沟通不仅限于课堂,还可以通过互联网进行沟通,实现在线沟通与反馈。

2. 全息育人视角下的科学探究与五育的结合

在科学探究的前期,要充分调动学生的积极性,培养他们的独立学习意识和实践能力。在科学实践中,实行团队协作与即时共享,做到线上与线下的沟通,并将德育与美育的价值最大化地发挥出来。同时,要充分发挥学校假日活动的作用,使学生的科学活动得以全面拓展。根据自身的具体条件选择课题,分组进行讨论,题目要尽可能新颖。加强对学生良好学习习惯和行为习惯的养成,对其进行健康教育。

### (四)实现学生的科学世界观教育,树立社会责任感

社会责任是以科学知识为基础,对个体和社会关系进行探讨,作出合理的解读和评判,并能够处理生产和生活中的问题。

1. 全息育人激发了学生的生态观念

生态观念是人类与自然协调发展的一种新的观念。生态环境日趋恶劣,对人类和动植物带来灾难性的毁灭。因此,迫切需要提高人类的生态观念,重视人类社会发展的生态根基,重视人类与自然之间的联系与生命目标。同时,政府也呼吁每位市民要维护自己的家园,而科学教材中的很多资料都与生态系统有关。例如,生态系统概念、组成、功能及稳定性等,有助于学生了解生态与生态的相互影响,进而培养生态意识,使其达到生态环保的目的。通过对环境的持续实践,可以使学生自觉地进行生态保护。但是,要实现以德为本的身心健康教育,光靠课堂是远远不够的,教育更多的是激发环保的观念,而“3.12 植树节活动”就是一个将德育教育、劳动教育和健康教育完美融合的绝佳契机。

2. 全息育人促进了学生对生活的热情和向往

通过全息育人，让同学们认识生命存在的意义，了解大自然中的物质与人类之间的重要联系，从而爱护生命，践行科学健康生活。

## 三、注重学科的科学特性

### (一)小学科学学科的个性与共性

科学是人们通过对自然现象的研究和对自然规律的发现而形成的系列科学知识系统。我们以新的视角和方法来探索小学科学学科个性，从而认知同种物质的共性。在此基础上，从物体的外形特征、内部结构、系统性等方面分析物体的个性和共性特征。充分发挥小学科学学科的观察法和实验法，能为教师的教学和科研工作提供更多的素材，使他们能够在现实的探究环境中亲身感受科学学科的科研魅力。

科学是一门对自然界和物质运动的法则进行研究的学科。一般来讲，科学研究的目标是物质。物质是什么？宇宙是由物质组成的，有太阳系、地球、原子、基本粒子、电磁场等。成分和构造的材料特性各不相同，材料的特性也就是它们的作用和功能。这似乎是一个很基础、很容易的问题，但在科学界很难得到一个让人满意的回答。虽然很难对一个物体下一个简单的概念，但从本质上来说，一个物体的本质属性还是可以通过它的基本性质来进行的，例如新陈代谢、生殖和发育、遗传和变异等。事实上，这些特性都是建立在物质性质的基础上的，例如人体中的一切细胞具有新陈代谢功能，而病毒没有细胞，也没有代谢能力，但大部分人还是把它当成了一种生命体；还有对繁殖的认识；还有一些动物不会繁殖，例如骡子、工蜂等。界定生物体的难度体现了生物圈的个性复杂与共性多元化，也就是阐明了科学的研究目标是多么的繁杂，充分说明了物质既有个性又有共性，还具有复杂性。

### (二)小学科学的事实证据

由于科学是一门自然科学，因此在现行的基础教育系统中，小学科学往往被归为中学式的“理科”，它的知识内容范畴与初中的物理、化学、生物、地理等都有关联。例如，水的三态变化属于物理知识，物质的燃烧属于化学变化，动植物、人体知识属于生物范畴，地震现象属于地理范畴。然而，你若因此而以为可以用纯粹的理科中的理性思维来研究小学科学，则大错而特错。尽管科学中有许多“理性”元素，但其本质却是建立在科学事实和证据上的。促进科学探究的方法以观测法和实验法为主。随着科技的进步,科学家们逐渐意识到,许多他们原先认为正确的科学观点,在经过反复的实验探究和证明收集后,被发现其实也存在错误。因而,对小学科学教材进行修订是非常必要的,但还不能全面地反映出大量的、错综复杂的科学事实。我们可以把一些科学知识用逻辑连接在一起,这样才能帮助我们记住。我们要知道,小学科学的学习方式是以探究式进行的,而且还需要记住一些科学知识。要实现这一目的,就需要教师转变教育理念,由以往注重科学知识的提高向以育人为主的培养转变,特别增强以事实为依据的社会责任感的培养,树立科学世界观的人格品质。

## 四、提高学生科学素养

小学科学课堂是提升学习能力的主阵地,课外活动是提升学生学习能力的次要阵地。科学学科本身对于学生而言具有一定的吸引力,学生对科学内容中的实验比较感兴趣。因此,教师应该充分利用科学学科的优势,积极调动学生学习的兴趣,让学生主动地参与到课堂、课外的科学探究实践等活动中。教师应对学生正确引导,采用多样化的教学方式培养学生的学习能力,加强学生科学观念的树立,用科学思维思考解决问题,有助于提高学生的核心素养,促进学生德智体美劳全面发展。

### (一)科学教学生活化

要想达到更好的教学效果,就需要转变思想,把科学知识和现实生活联系起来,结合科学教学内容的具体情况分析实际生活经验,让学生自主地进行学习和探究,在交流汇报中形成科学观念,这样才能更好地促进科学的学习。生活化的科学教育能够拉近学生与科学研究的距离。例如,在讲授"种子长出了根"时,首先要弄清楚种子的功能、形状、构造等,再到长出根的部分,这是一个很困难的问题,也是一个关键问题。紧密联系实际生活教学,可以让学生到种植园或蔬菜基地现场探究,培养学生对学科知识的探索和运用,激发其求知欲,切实提高科学学科教学品质,充分体现生活教学化、教学生活化,不断融入劳动教育,提高学生对植物的审美能力。

### (二)强化教学中的趣味引导

在科学课中,引入是一个非常关键的环节,引入的质量会对整体的教学质量产生很大的影响。好的课堂引入可以有效提高课堂的教学效率,而不好的引入则会降低课堂的教学质量。例如在讲授"磁铁"时,为了让同学们对磁性有更多的学习热情,课堂上,老师向同学们展示了一种有趣的魔术。老师展示了一个装有小鱼和海藻的鱼缸,然后不小心将一枚铁钉掉落在鱼缸里面,老师问道:“如果不直接伸手进入水中捞取,那该怎么做?”学生们可以用发散性的科学思维给出许多答案,老师总是鼓励和赞扬。老师告诉大家:“我有一种魔术,可以让钉子听从我的指挥。”此时的学生会很困惑,也很好奇。老师可以用一根磁铁来控制钉子,让钉子随着磁铁的运动而运动,让学生们的注意力都集中在这根磁铁“魔法杖”上,这样学生们便能够主动地调节自己的学习,从而为老师们提供一个很好的教学环境。在这一过程中,学生的智能水平得到了提升,并与五育中的智育相结合。

### (三)重视教学环节,促进教学效果的提升

在学生的科学知识方面,由于他们年纪尚小,还没有形成一个系统的科学学习体系,来对其进行逻辑性的思考与分析。因此,要加强对科学的认识,就需要采取多种形式的课堂教学。例如,在“相貌各异的我们”的课程中,教师在第一次的观察活动中,发现了两名学生的差异。在此基础上,让同学了解个人的外形特点,再进行第二次调查活动,以大量资料验证外形的差异,并以团体方式进行,增加参与度,发展协作能力。第三次活动是外形特征的结合,通过对学生进行计算分析,帮助学生深入了解各种外形的差异,为以后的多种特征搭配打下基础。在学生得到表扬和鼓励时,提高学生的学习效果,提升学生的自信,增强学生对科学知识的了解和掌握,从而提高学生的逻辑思维能力。通过培养学生对自身特有的审美情趣,培养健康的自我意识,使课堂的内容变得更为充实和完善。

### (四)开展科学探究活动

科学探究活动包括观察活动、实验活动、制作活动等。观察和实验不一定是一个科学探究活动项目,但科学探究活动里则包含了观测和实验。能够根据所学的内容,提出可探究性的问题和设想,制订较为完备的探究计划,并制订相应的控制因素的实验方案。具备从事物结构、功能、变化、相互关系等角度出发,进行问题的发问和制订较为完备的研究方案的能力。能运用观察、实验、查阅资料、实地考察和案例分析等方法收集资料,用科学语言、概念图、统计图表等方法进行数据整理,表达研究的结果,并运用分析、比较、推理、归纳等方法进行科学研究,并对其进行科学探讨。具备获取信息、运用科学方法对信息进行描写、加工、总结等基本技能。采用小论文、调查报告等方法展示探究性研究的过程和成果,并以科学的方法对其进行阐释,对其进行流程式的反省、总结以及改进,从而具备探究、沟通、评价、反思、改进的能力。例如,在讲授

“桥的形状和结构”时，老师可以课前准备一些桥的照片或者视频，然后在课中播放，使其在后创作中体现出美学因素，然后由同学自己动手去设计、建造，以此来激发同学们对科学探究的兴趣，从而提高他们的自主学习能力。通过实施这种探究性实践活动，既可以促进学生智力的发展，又可以促进其动手能力的培养，从而实现德育、智育、美育和劳育的有机融合。

## 第二节　小学科学学科全息育人教学实施的原则

小学科学实施全息育人关注每一位学生，注重教学形式的多样化，有目的、有计划地创新教学内容和活动，进行认知育人、德性育人、审美育人、健康育人、劳动育人，通过全息育人实现学生科学核心素养的培养。

因此，在小学科学学科教学实施过程中，渗透全息育人时要重视全面性原则、个性化原则、开放性原则和启发性原则。

### 一、全面性原则

#### （一）全面关注每一位学生

面向全体学生，促进终身发展，这是学科全息育人的根本目标。提高全民素质，培养社会主义建设者和接班人，是目前我国教育事业发展的主要任务。全面关注每一位学生，首先，在设置课程内容标准时，要结合地区教育发展水平、学校基础条件和学生情况，设置多样化课程内容，以满足不同学生的需求；其次，教学中要渗透面向全体学生的理念，关注并尊重每一位学生，为每一位学生提供同等的学习机会和学习资源，帮助学生在原有能力水平上得到提升和发展；最后，在科学课程教学实施中，要重视学生的学习需求和客观差异性，综合学生的知识能力水平以及学习动机，有目标、有层次地因材施教，集体发展与个人发展并进，从而实现全息育人理念下全体学生的全面发展。[①②]

① 福山.关于“面向全体学生”的理解[J].内蒙古科技与经济，2003(5):134.

② 武娜.基于面向全体学生理念的生物教学设计与分析[D].济南:山东师范大学，2017.

## (二)全面落实五育并举

五育是指德育、智育、体育、美育、劳育五个方面。德育是指对学生进行思想品德教育,将外界的道德转化为自身品质的过程,是培养健康人格的关键,是实现全息育人的重要途径。智育是指让受教育者通过科学知识的学习过程,促进智力发展,核心是培养综合思维,激发创新意识。体育是指提高学生身体机能,保持健康身体的发展,帮助学生培养热爱运动、热爱生活的态度,是受教育者全面发展的基础。美育是一种审美教育,学生通过对美的事物的感知和欣赏,陶冶心灵,培养审美情操,从而树立正确的审美观念。劳育是指通过劳动培养受教育者的劳动能力和劳动习惯,帮助学生在劳动中得到成就感和满足感,对于学生健康成长、把握人生方向有重要作用。①

2019年,《中共中央、国务院关于深化教育教学改革全面提高义务教育质量的意见》明确指出,全面发展素质教育,必须要坚持实施德智体美劳五育并举,突出德育实效,提升智育水平,强化体育锻炼,增强美育熏陶,加强劳动教育。

全面落实五育并举,首先要强调五育融合,五育是有机整体,德育、智育、体育、美育和劳育之间紧密相连,缺一不可。德育是落实五育的根本,贯穿所有教育之中;智育是落实五育的认识基础,为其他四育的培养提供知识和智力准备;体育提供健康的生理和心理基础,是落实五育的机体保障;美育是落实五育的精神基础,审美情操的培养能促进其他各育发展;劳动教育是对其他各育效果的全面而实际的集中检验。②在科学学科教学中,教师要在教学目标、教学内容、教学资源、课堂活动和学生评价中,渗透全息育人理念,充分挖掘五育的要素,打破各育的边界和壁垒,真正做到五育相互作用、相互渗透,帮助学生实现德智体美劳全面发展。例如,教师可以整合科学学习资源,开展跨学科融合的STEAM教育活动:基于真实情景问题引导学生提出真实的、有挑战性的问题,并围绕此问题开展研究任务,学生在活动中体验工程师的设计、探索、优化、实践,同时提升沟通交流能力和动手能力,促进思维发展,陶冶审美情操,从而实现五育融合。

全面落实五育并举,其次要注重五育均衡。当前,学校教育多数呈现的是以智育为主的“疏德”“弱体”“抑美”“缺劳”的模式。五育均衡是指在教育过程中和结果上,五种教育的实施要保持均衡,学校教育不能偏重五育的某些部分,而忽略其他部分,要把五育放到同等重要的位置,例如为德智体美劳提供充分的师资力量和课时安排。③

① 孙旭.“五育并举”在高中地理教学中的实践研究[D].哈尔滨:哈尔滨师范大学,2022.

② 黄鸿.“五育并举”的教育实践反思及改进思路——以C市的六所中小学为例[D].重庆:西南大学,2021.

③ 高紫薇.“五育”并举在小学音乐课堂的实施研究[D].武汉:华中师范大学,2021.

从德智体三育到德智体美四育再到德智体美劳五育，全面发展的教育内涵逐步丰富，充分体现了新时代全面发展的人才培养新要求。全面落实五育并举，就是在学科课堂教学中实施全息育人，明确全面发展的育人目标，开设创造性的融合课程，构建融合创新的教学模式，建设标准化的融合评价体系，用全面发展的眼光塑造人才，最终培养全面发展的人。①

### （三）全面关联课堂与生活

18世纪，著名研究学者卢梭提出了生活化教学，认为充分考虑学生的实际生活进行教学，能够有效促进学生的学习进步。“生活即教育”，是我国著名的教育家陶行知先生的重要教育理念之一，他提出教育源自生活，强调教育与生活的紧密联系，教育只有通过生活才能产生作用，并成为真正意义上的教育。丰富多彩的生活是实施教育活动的经验源泉和知识宝库，教育不应该脱离生活，要以生活为中心，而不是刻板地用书本知识进行教学指导。《课标》强调活动化、游戏化、生活化的学习设计，小学科学课程和学生生活紧密相关，学生的生活经验是学习新知的前提。

因此，科学课堂可以根据课程内容，借助学生的生活经验，实施情境教学法。教师可以从学生的日常生活入手，创设情境引导学生发现和提出科学问题，激发学生的探究热情，运用已有科学知识解决问题，形成对新科学知识的建构和理解，在提高科学学习积极性的同时，提升核心素养。例如在“点亮小灯泡”一课的导入中，教师可利用学生生活中熟悉的事物——手电筒来创设情境，引导学生思考，生活中常见的手电筒是怎么亮起来的？激发学生对“点亮小灯泡”的探究欲望，学生自然而然进入课堂，自主展开“探究点亮小灯泡的方法”和“推理解释小灯泡亮起来的原因”的探究活动。从生活入手，教师通过对学生前概念知识（生活经验）的探查，激发学生的探究热情，让学生在贴近生活的情境中提出问题、解决问题，在此过程中逐渐获得知识与技能，提升核心素养。

科学教学实施全面关联课堂与生活，除了可借助基于生活经验的情境导入来激发学习兴趣，还可以借助重现生活场景的探究活动来助力构建新知、提高实践能力，借助源于生活认知的科学预测来发展学生的逻辑思维能力，借助结合生活实际的课堂延伸梳理学生认知发展过程。②将真实生活与科学课堂有机融合，以学生的生活经验为蓝本，通过系统深入的科学探究和实践活动，丰富和增长学生的生活经验，在积极参与科

① 钟柏昌，刘晓凡. 论"五育融合教育"[J]. 中国电化教育，2022(1):86-94,104.

② 王涛. 让课堂与生活关联，成长同参与共生——初中语文八年级下册第四单元大单元教学建构[J]. 教育科学论坛，2022(1):48-54.

学课堂的同时更能将课堂所学用于解决生活所需，实现科学核心素养的提升，达到全息育人的目的。

## 二、个性化原则

全息育人贯穿认知育人、德性育人、审美育人、健康育人、劳动育人五育目标，在育人目标达成的过程中，教育者要结合小学阶段科学教学内容与立德树人的根本任务，充分尊重受教育者的个性化和差异化，立足于不同学生的能力特点，因材施教，对学生进行差异化培养，从而满足学生的个性发展需求，帮助学生成长为积极进取、各具特色的个体。因此，小学科学教学实施要坚持个性化原则，才能实现全息育人。

### （一）个性化教师

科学学科全息育人的实施，离不开具有人格魅力、教学风格独特的个性化教师。作为科学教师，要增强个性化教学观，借助先进的教学理念，探索个性化的科学教学，不断积累实践经验，以提高个性化教学的效果；要不断接受新事物，充实和提升专业素养，创新教学方法和教学模式，提高课程整合与开发的科研能力。教师的独特人格魅力和教学风格，将不断激发学生的学习兴趣和热情，形成无形的、强有力的感召力，给予学生潜移默化的影响，因此在课堂教学中要注意细节言传身教。“亲其师，信其道”，拥有独特魅力的教师能赢得学生的喜欢，能让科学学科教学充满活力，帮助学生在课堂教学中不断修炼自己，促进学生个性化发展。①

### （二）个性化教学

个性化教学要围绕教学内容和全息育人目标，尊重学生的个性差异，立足于学生的学习兴趣、学习欲望和学习能力，针对不同学生的个体差异，对教学框架、课堂问题、课堂任务的设置进行个性化调整，通过采用个性化、差异化的教学手段，逐渐培养学生的逻辑思维能力、动手操作能力和问题解决能力等。个性化教学本质上就是在教师个性化教学中满足学生个性化学习的需求，促进学生全面发展。

1.个性化教学内容设计

小学科学个性化教学内容可以是已有的教学资源，也可以是基于现有的教学内容，根据学校资源或教师自身特色进行创新开发。独立开发的教学内容可以是教材中一个单元内容的整合，也可以是一个项目式的探究活动，还可以是将各学科共同学习

① 姜宝君.小学音乐个性化教学研究——基于S小学个性化教学改革[D].长春:东北师范大学,2018.

要素整合的跨学科活动。个性化的教学内容设计，能够为不同能力水平的学生提供学习平台，让学生选择自己擅长的方式参与到学习任务中，以此不断提升学生问题解决能力、动手能力、沟通交流能力和逻辑思维能力，促进学生的个性化发展。

例如，将教科版《科学》五年级下册“热”单元进行整合，创新开发成项目式探究活动。教师以帮助救火志愿者设计制作一个保温箱展开活动，保温箱的制作要求学生对热传递、物体导热性能等知识有一定的了解，因此教师首先提供关于热传递和物体导热性能的学习资料，学生以小组的形式展开自主学习，随后教师对学生自主学习情况进行测试，接着提供常见的制作材料，请学生自主设计制作保温箱，并测试和改进保温效果。该活动通过热知识的自主学习、保温箱的设计与制作、保温效果的测试与改进三大部分，帮助学生在任务驱动下展开对热学知识的学习，同时学以致用，制作与改进保温箱，实现了对所学知识的应用迁移。整个项目式活动丰富有趣，教师通过多层次的学习内容和目标，引导学生自主学习新知、创新应用迁移，学生以小组为单位展开探究活动，不同能力的学生在探究活动中发挥各自作用，从而提升了自主学习能力、应用迁移能力、创新实践能力、动手操作能力、小组沟通能力等，促进了其个性化发展。

2. 个性化教学方法

个性化教学方法要以学生为主体，尊重学生个体差异，以培养学生发现问题和解决问题能力为首要任务，因材施教，通过多元化的教学方法，增强教学的趣味性和有效性，促进学生个性化发展。在小学科学教学中，教师根据学生特点和学校条件，灵活采取相适应的教学方法，例如讲述教学法、启发式教学方法、情境教学法、体验式教学法、对话教学法等，有效选择教学方法，帮助学生主动学习和掌握知识，提升课堂效率，满足学生个性化发展需求。又如，可以根据不同学段学生的认知发展规律，灵活采用不同的教学方法：在低段科学教学中，教师可以采用情境教学法，通过学生熟悉的生活中的细节或事物展开课堂，吸引学生注意，激发学生积极思考，启发学生解决问题，培养科学思维能力；在中段科学教学中，教师可以开展分组课堂辩论赛，引导学生赛前充分做好资料准备，辩论赛中的有效提问、互动和点评，不仅能提高学生的表达和交流的能力，更能提升逻辑思维能力；在高段科学教学中，教师可以采用任务型或研究型教学方法，根据学生个体差异建立课题研究小组，引导学生针对某一命题展开探究性活动，学生自主提出问题、分析问题并解决问题。

3. 个性化教学组织形式

个性化科学教学中，教师要尊重学生的个体差异，将每位学生看作一个学习的个体，并为他们提供相适应的学习任务，从而达到学生的个性化发展。因此，小学科学的个性化教学组织形式通常包括充分的自主学习、有效的小组学习和及时的集体学习。

(1)充分的自主学习。教师根据学生个体特点,布置个性化自主学习指南,学生自主完成学习任务,如提出问题、整理探究思路、逐步解决问题等。充分的自主学习以学生的个体差异为起点,能有效促进学生的个性化发展。

(2)有效的小组学习。教师根据学生能力特点,分小组展开小组学习,小组成员可以将自主学习时未解决的问题进行深入讨论,实现学习任务的进一步深化,为集体学习提供基础。小组学习强调的是学生之间的交流分享,有利于学生间相互学习。

(3)及时的集体学习。学生可以以个人或小组的形式向集体呈现学习结果或结论,教师引导学生对不同小组的学习结果进行提问和评价。集体学习是对学习结果的分享和评析,有助于学生的个性化成长。

个性化教学的实施是全息育人有效落地的重要保障。在小学科学教学中实施个性化教学,能够提升课堂教学的针对性,教师根据不同学生的个体差异展开授课,对教学框架、课堂问题、课堂任务的设置进行个性化调整,分层设计问题、组织课堂活动,能够有针对性地提升教学效果和教学质量,促进学生全面发展,实现全息育人。

### (三)个性化学生

被誉为"多元智能理论之父"的加德纳说过,人的智能是多元化的,每个孩子都具有独特的优势,都是潜在的天才。每位学生都是独一无二的,不同学生的智力水平、气质类型、性格、兴趣、思维方式、学习习惯千差万别,教育者应当承认并尊重学生的个性和客观差异,努力发掘每个学生的优势。因此,教师要充分关注学生的差异,选择适合学生的学习活动,助力学生的个性化成长。

1.交流分享促进问题解决

学生通过自主学习后,以小组交流的形式分享学习结果(遇到的问题、解决问题的方法、未解决的困惑)。学生在交流和讨论中丰富了对问题的认识,在此过程中能不断发展学生的表达交流能力、科学思维能力等。

2.分层指导实现教学相长

不同学生的生活经验、家庭状况、个性特征不同,所以学生的学习能力具有差异性,教师要细心发现学生的不同情况,制订分层教学策略,帮助学生建立学习自信、提高学习兴趣,真正实现教学相长。

3.互评互助促进共同成长

在科学课堂教学中,可以设置基础性、发展性和挑战性的分层目标任务,在教师授课指导的前提下，学生之间也可以进行相互评价和帮助。例如，完成发展性和挑战性任务的学生可以帮助基础性任务的学生，通过示范和讲解，帮助基础性任务学生达成学习目标，同时帮助者在此过程中也进一步提升了认知和表达能力。

## 三、开放性原则

在科学学科全息育人理念下，开放性原则强调要实现课堂教学的开放性，要适应我国社会发展全面开放和思想观念多元化的特点，建立以学生为中心，以学生自主活动为主要形式的灵活多样的开放性课程教育内容、方式方法和运行机制，营造一种宽松的学习氛围。①

1.教学目标的开放性

传统教学目标是有计划、有组织的先验性目标，对于学生创新能力和个性发展产生了阻碍。全息育人理念下的教学目标应遵循开放性原则，逐步向生成性目标、多元化目标和个性化目标转变，帮助学生获得充分的开放性发展，逐渐适应社会的发展和变革。②

所谓生成性目标是指教学目标要以学生的学习发展为中心，根据学生在教学实施中的表现，生成不同的目标，即在学生的学习发展过程中不断形成适合学生当前发展的新目标。生成性目标以过程为取向，是以生为本的尊重人主观能动性的开放性目标，有利于挖掘学生的潜力和创造力，提高学生的综合能力。

多元化目标强调教学目标要由单一转向多元，教师要基于学生的智能多元发展，对课程目标进行多元分解与整合，关注学生学科知识、实践技能、情感态度等多方面的能力提升。多元化目标指向了学生的多元化发展，这是学生全面发展的需要，也是学科全息育人的必然要求。

个性化目标要求教育必须尊重学生的个性发展，根据学生个性发展需求的不同设置目标，教师要善于发现并尊重学生的独立性和个性，指导并发展学生潜能，因材施教，有效促进学生的个性化发展。

2.教学内容的开放性

教学内容的开放性强调要整合课程资源和社会生活事件，从学生的生活实际出发，广泛挖掘课程资源，最大限度地丰富科学教学内容。教师要立足于教材而又不能拘泥于教材，要以教材内容为起点，以学生生活实际和社会生活实践为蓝本，充分拓展

① 王圣方.关于课堂教学改革开放性原则的思考[J].山东教育科研，2000(5):58.

② 朱应煌.论教学目标的开放性[J].教育评论，2018(8):42-45.

教学内容，引导学生积极思考、主动参与。

教学内容的开放性既要考虑社会变化和学生身心发展，也要注重学科之间的融合，全息育人理念下的课堂教学要加强与其他学科的横向沟通，培养学生知识渗透和整合能力。①

3.教学手段的开放性

课堂教学手段开放性要求教师借助多种形式的教学手段开展教学，包括视觉手段如投影、幻灯片，听觉手段如录音、广播，视听手段如纪录片、微课资源，等等。开放性的教学手段有助于学生增强学习科学课的积极性，加深对探究内容的理解与掌握，有效发展学生的科学思维能力，提高课堂效率。

## 四、启发性原则

《义务教育科学课程标准（2022年版）》注重启发式教学的有效实施，强调小学科学作为实践性的综合性基础课程，教师在设计探究活动时要注重启发性原则，启发学生思考，激发学生学习的内在动机。科学学科全息育人强调，科学课程要通过探究实践，不断提高实践能力和自主学习能力，其中自主学习能力的培养离不开教师的启发式教学。“不愤不启，不悱不发”，早在2 000多年前，我国古代伟大的思想家、教育家孔子用八个字论述了启发式教学内涵。古希腊伟大的哲学家、教育家苏格拉底也曾在教学中运用了被称为“产婆术”的启发式教学法。

启发式教学是指教师在教学过程中，要基于学生的反馈，结合教学内容，采用多种方法启发学生思考，调动学生学习主动性和积极性，开放学生思维，最终实现学生的有效学习。启发式教学注重培养学生的问题意识和自主学习能力。②

### （一）直观展示启发自主思考

在科学课堂中，教师可以向学生直观展示与课程内容相关的实物、模型、图片、视频等，吸引学生注意力，有效启发自主思考，直观展示符合小学阶段学生的认知发展规律。③例如，在“点亮小灯泡”一课中，教师可以通过展示实物——手电筒导入，吸引学生注意，教师适时引导思考，“生活中常见的手电筒是怎么亮起来的呢?”启发学生对“点亮小灯泡”的探究欲望，自主开展“点亮小灯泡的方法”探究活动。

再如，在“地球的运动”这一单元的教学过程中，教师可以适当地运用模型、照片和

① 卢旭荣.小课堂 大舞台——浅谈教学内容的开放性[J].文教资料，2008(20)：91-92.

② 邓海漫.论灌输性和启发性相统一原则在高中思想政治课中的运用[D].南宁：南宁师范大学，2020.

③ 郝翠红.启发式教学法在小学科学教学中的应用[J].小学科学（教师版），2018(2)：61.

纪录片等教学资源来对学生进行启发式教学。在第一课“我们的地球模型”授课中，教师可以先向学生展示地球仪以及介绍地球结构的图片和视频资料，帮助学生直观了解地球知识，接着提供橡皮泥等材料，启发学生制作地球的结构模型、海陆分布模型或地球自转模型，学生通过直观体验加深了对地球知识的理解，也为本单元后续内容的学习打下了基础。在“昼夜交替现象”一课中，在学生对昼夜交替现象的形成原因提出各种猜想过后，教师可用实验材料启发学生进行模拟实验，借助地球仪和手电筒模拟地球和太阳，帮助学生验证猜想，最终找到昼夜交替现象的形成原因。借助直观的模拟实验，启发学生自主思考，激发了学生的探究欲望。在第四课“谁先迎来黎明”中，教师谈话导入“既然我们知道了是由于地球自转形成了昼夜交替，那么地球上不同的地区，每天迎来黎明的时间会相同吗？比如我国的北京和乌鲁木齐，哪座城市会先迎来黎明呢？”有效追问，启发学生深度思考“哪座城市先迎来黎明呢？这跟什么有关系呢？我们可以通过什么样的实验验证呢？”实物的直观感受不仅可以有效激发学生对课堂的兴趣，帮助学生高效地理解科学知识，而且可以借助实物探究新问题，让学生在教师的启发式教学中动手、动脑，发现并解决问题。整个过程不仅帮助学生掌握了科学知识，而且培养了学生的自主思考能力和思维能力。

### （二）巧妙提问激发思维能力

提问是课堂上师生交流的重要方式，也是启发式教学的重要一环。[①]在课堂教学中，教师适时设计启发式提问，从一个问题启发学生思考，再从一个问题引发学生探究，不断向学生提问，在提高学生注意力的同时，启发学生自主探究，培养思维能力和自主学习能力。提问时要注意以下几点：

1.学生积极思考后，再设置问题启发深入思考。

2.设置问题的难度要略高于学生此时的思维水平。

3.适时追问，及时点拨，启发学生在分析问题中领悟关键点。

例如，在教学“点亮小灯泡”一课时，在“点亮小灯泡的方法”探究活动中，教师通过一系列的提问，启发学生思考和探究，“点亮小灯泡的A小组是怎么连接的呢？”“为什么这样连接就能点亮？说说电是怎么工作的？”“（另外一个小组展示后）这一组用了不同的连接方式，为什么也能让小灯泡亮起来？”启发学生观察小灯泡的结构，从而找到小灯泡的两个连接点，教师继续追问“大家找到了小灯泡的连接点，电池有没有（连接点）呢？”“（学生认识了电池的正负极后）大家分析看看点亮的两种连接方法，你有信心用

① 郝翠红.启发式教学法在小学科学教学中的应用[J].小学科学（教师版），2018(2):61.

更多的方法点亮小灯泡吗？”通过“问题链”的形式，教师启发学生思考和探究，逐渐引导学生认识了小灯泡和电池的结构以及连接点，进而初步建立电路的概念模型，在此过程中锻炼了学生的自主学习能力和自主探究能力。

## 第三节　小学科学学科实施全息育人的方法

科学课程旨在培养学生的核心素养，为学生的终身发展奠定基础。①在小学科学学科中实施全息育人，能有效地在小学科学学科课堂这一主阵地中落实培养学生核心素养的根本任务。要想提升小学科学课堂的教学效率，只有采用适宜的教学方法作为支撑，才能使全息育人的目标落到实处。在小学科学学科中可以使用的教学方法有很多，根据人类认识事物的方法，我们以培养小学生认识世界的方式与增强实验技能为重点，对小学科学教学进行分类，主要有观察课、实验课、建模课等。②

### 一、观察课的教学法

#### (一)表现特征

以观察类课型教学的框架促进学生观察品质的培养。在小学科学课中，以观察为主组织教学过程的课属于观察课，它是一种指导学生有目的、有计划地利用感官对自然现象、物体特征及属性、动植物生长及其他习性等进行系统地观察，以获得知识、经验，并培养观察、分析、比较和概括能力的教学活动。③

#### (二)教学建议

在小学科学教学中，教师开展观察课教学，让学生能够在日常生活中去发现身边的科学问题。同时，通过这种观察式教学法，学生在学习科学知识的同时能够感受到生活中所存在的现象，从而树立起正确的道德观念和价值观。观察活动是学生获得科

① 中华人民共和国教育部.义务教育科学课程标准(2022年版)[S].北京:北京师范大学出版社,2022:6.
② 张超.核心素养视域下的小学科学教学创新实践研究[J].科学咨询(教育科研),2017(6):14-15.
③ 陈文秀.小学科学教学中培养学生良好观察品质的策略研究[C].广西写作学会教学研究专业委员会:教师教育论坛(第五辑),2019:42-45.

学知识、训练观察能力的重要活动之一。所以,在小学科学课中,教师应构建相应的生态环境、生活常识以及科学知识等内容于一体的课堂,教师应以一种平等和尊重的姿态去对待每一位学生,同时也要给予每一位学生自我能力得到逐步发展、科学素养得到逐步提升的机会。还必须为学生提供充足的观察材料,让每个学生都能够亲身经历观察和感知身边事物的过程,从而激发学生学习科学的兴趣以获取身边的科学知识,培养学生观察身边事物的能力。在小学科学学科实施全息育人中上好科学观察课,提高科学教育教学效果,我们可以从以下几个方面入手:

1.观察前准备足够的观察材料

在小学科学学科实施全息育人背景下,教师可根据学校周边环境,充分发挥师生的生活资源,课前给学生准备足够的观察材料,争取做到人人都有材料可观察。

教师可以独自为学生准备观察材料,也可以和学生共同收集观察材料。这样做既可以为科学观察课准备充足的观察材料,又带领学生做到了理论联系实际,让学生感受到了理论知识在现实中的存在。这样获得的知识,学生就会掌握得更加牢实。同时,学生也对家乡的物产资源有了翔实的了解,这样既拓宽了学生的知识面,也容易达成学生爱家乡、爱科学的德性育人目标和爱劳动的劳动育人目标,增强了学习兴趣。

在指导学生收集材料的同时,教师应根据科学观察的需要,特意准备一些学生有可能收集不到,或者不容易收集到,并且具有代表性的特殊材料,来丰富观察资源,为完成观察任务而做好充足的准备。

2.观察时给学生足够的观察时间和合理的指导

观察的过程是学生通过感官自主获得知识的活动过程,教师应该尽可能地给学生足够的观察时间,尽可能地给学生足够的观察空间,做到"时""空"有度。

第一,教师要在学生观察前让学生明白要观察什么物品?为什么要观察?用什么方式或者方法进行观察?在观察过程中有什么要求和注意的地方?这样既可以引起学生的观察兴趣,提高学习效率,同时又可以避免学生无目的、无秩序地玩耍,影响课堂纪律,浪费课堂时间。

第二,教师要给学生足够的时间和空间去观察。在观察的过程中指导学生做好观察记录,让学生在实际观察中产生疑问和思考。学生通过仔细地观察、认真地思考、激烈地争论,最后达成共识,总结出科学结论。只有这样,学生才能保持对科学的学习兴趣;只有这样,学生才能学到更多的科学知识;只有这样,学生才能提高自己的观察能力。

第三,在学生观察的过程中,教师要不断地巡视和指导,及时纠正学生在观察过程中的不规范做法和错误做法。另外,教师要单独指导那些动手能力差、无从下手的学生,对他们要反复地辅导,帮助他们按科学的方法去观察和记录,最终完成基本的观察任务。

3.观察后要给学生客观的评价

在教师的指导和监督下,学生经过仔细观察、认真分析、努力总结,最后得出了自己的结论。这些结论很有可能是不统一的,这时教师不要急于肯定,更不要马上否定。因为此时的学生正处于努力后的兴奋状态,教师要先对学生的努力过程和发言进行鼓励,并引导其他学生一起共同分析、共同辩论,最终形成一致结论。只有这样,才能保护好学生的观察兴趣和学习积极性。

## 二、实验课的教学法

小学科学实验教学是指在小学科学实验课堂中开展的教学活动,是教师从教学内容、学生的"前概念"出发,开展的对教学过程的科学设计,指导学生通过观察、使用科学仪器、动手操作等方式来完成科学实验,从而实现课堂教学目标的课堂教学活动。①

### (一)表现特征

小学科学课是以培养学生科学素养为宗旨的科学启蒙课程。在小学科学课的教学中,实验是教学中非常重要的组成部分,教师通过各种各样的实验,指导学生学习实验操作方法,培养学生学习科学知识的探究能力,激发学生爱科学、学科学的浓厚兴趣,最终达到提高学生科学素养的目的。

### (二)教学建议

实验是学习小学科学最常见的手段之一,也是最直接和最有效的方法之一。小学科学课中的实验课是非常重要的教学内容,主要是让学生在动手操作中对知识进行消化和理解,而这一内容也是小学科学课程中最难掌握的知识点之一。孩子们通过亲手做实验,可以激发他们对学习科学的浓厚兴趣,可以有效地开发他们的智力,可以提高他们的科学素质,可以激发他们对科学实验的探究欲望。

1.上课前的准备

实验前,教师首先要做的就是认真学习课程标准,从中熟知课程的性质和目标,明确课程的基本理念,对内容标准和实施建议也要全部了解。然后就是阅读教材和教学参考用书,把握本册教材的整体内容,查阅相关资料,掌握相关的学科知识。最后就是了解学生现有的认知水平和实验能力,对学生的兴趣、学习习惯等有一个大致的了解。

① 刘忠庆.深度学习理念指导下的小学科学实验教学探索[J].辽宁教育,2022(9):70-73.

只有做好这些，教师才能够根据教材的要求和学生的实际情况，拟订出科学合理的实验计划。实验计划要简单明了、突出重点。认真研读教材，了解编者安排实验活动的目的，最终确定实验课的实验探究过程。除此之外，教师还应该积极地为孩子们准备实验所需的实验器材，实验器材必须要做到数量充足、品种齐全。尽可能地避免孩子们上实验探究课无实验器材可用的现象，从而为孩子们顺利进行实验活动保驾护航。教师准备的实验器材要有利于学生的操作和学习，有利于探究活动的开展。当然，教师也可以根据实际情况，对教材中的活动设计做一些适当的改进。我们提倡教师自己设计和制作教学用具，从而提高实验的效率。教材上出示的实验活动，教师要完全掌握操作流程，选择操作性强的实验方法，注意预设详细的操作步骤。设计的实验过程要做到合理规范、切实可行。另外，每位教师在上课前最好能够亲自做一遍课堂实验，对实验中可能会出现的情况做出充分的预设。只有这样，实验的设计才算得上科学合理。

2.实验前的引导

小学科学课中的实验分为演示实验和分组实验。教师在进行课堂演示实验时，一定要注意自己每一个操作步骤的规范性。因为教师的每一个动作都可能成为学生的模仿对象，对学生的实验操作有着很强的引导性。每当这个时候，教师都应严格按照实验操作的基本方法和步骤要求进行规范的实验操作，这样才容易让学生养成规范操作的实验习惯。学生学习科学的动力时常伴随着目的性，如果课堂上学生对实验的目的明确，必然能激发他们的学习兴趣，激发他们对新鲜事物的探究欲望。学生在科学探究过程中，掌握科学的、规范的实验方法和步骤很重要，这将直接影响实验结果的科学性。

例如，在进行“导体和绝缘体”演示实验时，教师就一定要注意自己每个步骤的规范性，先检查电路检测器是否能正常工作，然后对一种物体进行检测（检测器的两端分别接触物品的两端），一边操作一边让学生说出实验现象（小灯亮了或者没亮），重复一次，然后记录实验现象，最后得出结论。学生们看了教师的演示实验，就会模仿教师的每一个步骤，甚至是动作，这样就容易让多数孩子很自然地掌握该实验的正确操作方法和步骤，从而很容易就得出正确的结论。

3.实验要分工合作

在小学科学实验教学时，许多教师都会选择分组合作的学习方式。由于每个人之间存在着个体差异，很多实验仅仅依靠个人的力量不便于操作，很难顺利完成。因此，我们可以对全班同学进行科学合理的分组，最好4~6名学生分成一个实验小组，共同开展实验探究活动。例如，小组内可选择组织能力强的孩子担任组长，动手能力强的担任实验操作员,观察能力强的担任观察员,语言表达能力强的担任汇报员,文字功底强的担任记录员,等等。大家在小组内分工合作,共同努力完成实验任务,达到探究的目的。这样既让优秀学生在小组内展示了自己的长处,又让其他相对较弱的孩子有了一个学习榜样的机会。大家既分工又合作,在不同方面都能得到锻炼和提高,共同进步,最终养成良好的实验习惯。

4.实验要有组织纪律

在获取科学知识的过程中,每个人都是一个独立的个体,因此,在科学实验课上出现一些意见不一致、相互争论是常有的事。遇到这种情况,教师如果不能妥善处理,就容易出现纪律问题,影响到实验教学正常进行。所以在科学实验课上,教师要很好地把握好课堂节奏,组织好实验进程,使科学实验课能够有序开展,达到提高实验效率的效果。井然有序的科学实验课堂纪律,需要通过长期的实践、反复地练习,而后逐步形成。科学老师可以通过调控分发实验材料来把控小学科学实验课堂纪律。科学实验课所用的材料,其种类和数量并不是越多越好,我们要充分利用不同材料的性质,寻找实验效果最佳的材料来帮助学生解释科学的现象,从而顺利地完成教学目标。对于发材料的节奏问题也是很有艺术的,是一开始就一股脑全部发给学生?还是完成一个实验步骤再发下一阶段的实验材料?分发材料的时间节点在哪儿?不同时间点分发材料对实验研究有什么影响?实验材料是否回收以及什么时候回收最合适?这一系列问题,都需要教师事先精心设计,做好安排,来不得半点疏忽。

5.实验后的汇报交流

对证据的追求和对证据的尊重是小学科学实验课的重要特性。尊重实验证据,追寻科学本质,追求实验数据来源准确,保证实验证据运用恰当。学生通过多次实验后,让学生把实验数据及时、准确地收集起来,尊重数据,不要随意修改。要求学生实事求是地分析数据,在各种可能的解释中选择最合理的数据,并把数据转化为证据。逐步教会学生有条理地收集和整理数据,学生经过反复多次训练后就会掌握科学的记录方法。汇报交流是科学实验课上最后的一个环节,这个环节是必不可少的。在这个环节中,结论不应该从教师的口里直接说出,而是应该通过学生各自充分发表自己在实验中得到的结论,以及在实验中的一些困惑,得出最终统一的结论。教师要教会学生善于倾听别人的意见,适时提出自己不同的观点,求同存异,用事实说话。提倡学生在实验数据基础上进行争辩,尊重实验证据,恰当运用证据,尊重多数学生的观点。

例如,衣服能不能给人增加温度这个实验,多数班级都会有两种截然不同的观点,一种观点是衣服能给人增加温度,理由是我们感到冷的时候,添加一些衣服,就会感到暖和;而另一种观点是衣服不能给人增加温度,理由是把成堆的衣服放在一起,温度一点也没有升高。学生经过激烈的争辩,最后就会明白一个道理,衣服本身是不会产生热量的,但把它穿在人身上,就会对人体起到保暖的作用,所以我们感到冷的时候,添加一些衣服,就会感到暖和。

## 三、建模课的教学法

### (一)表现特征

建模课是一种基于模型的学习方式,其主要流程是聚焦真实世界、建立原型与模型的联系、建立物理模型、建构理性世界。建模不只是制作模型,而且是以理论探究为主导的科学实践的体现,它对学生科学思维的训练有更多、更高的期待。[①]

### (二)教学建议

模型是小学科学课中帮助学生了解科学原理和认识世界的重要手段。小学科学课中的模型建构是小学科学教学的一个重要环节,我们通过建模课的实施来让学生体验科学探究的过程,逐步培养学生的科学思维能力及自学能力,让学生可以利用所学到的知识进行模型建构。在小学科学课中,模型建构是学生必须掌握的一种科学学习方法,也是科学课程标准的明确要求,它可以让学生体会到科学知识的用处和价值,同时也为解决现实中的具体问题提供了行之有效的方法,还可以培养学生学习科学的兴趣。在小学科学模型建构教学中,我们一定要紧紧把握促进学生科学探究能力和科学思维发展这一核心任务。只有这样,学生才能不断的在科学建模过程中,体验到科学建模的无限乐趣,提高科学建模的能力,发展科学的思维,乃至获取科学知识,形成实事求是、敢于质疑的科学态度,最终使学生的科学素养得到提升。

1.建模要选择材料

学生亲自动手,主动进行科学探究的重要活动形式之一就是模型建构实验。作为小学科学教师,应该在课前先做一做模型建构实验,从而优化模型建构的材料,预设模型建构的过程,验证模型建构的效果,等等,最终为学生选出合适的模型建构材料。理想的模型建构材料要根据实际情况而定。我们最好选择那些效果好,又实用的材料。对于一些不便于通过实际模型来展示的知识,教师可以运用多媒体技术,通过视频来构建模型,帮助学生认识这部分知识。

① 邵发仙,舒刚.小学科学教学中物理建模课型的建构与实施[J].教育探索,2015(9):60-63.

2.建模要尊重事实

建模是根据模拟对象的本质特性，建立一种与研究对象一致，或选择一种与研究对象相似的模型，在模型上进行实验研究，然后将研究的结果推广到研究对象中，从而达到认识研究对象和解释研究对象的目的。在小学科学课建模的过程中，必须尊重事实，只有这样的模型才能反映出物体的实际情况，便于学生学习和理解。它是一种间接的实验方法，所以建构的模型是否科学，直接影响到学生形成的科学概念是否正确。在小学科学课模型建构实验过程中，教师一定要让学生根据要求，按照一定比例，亲自对研究对象的数据进行计算。学生只有亲身经历了这一过程，才能对研究对象有一个更加深刻的认识。例如，在教学“太阳系”一课中，教师可以让学生对太阳系几大行星的相关数据进行计算，引导学生按照一定比例缩小，然后各小组按照比例做出不同行星的模型（由于特殊情况，这里可以选择星体体积大小比例和星体距离比例），学生模型建构成功后，就会对太阳系几大行星的相关知识有一个非常直观的认识。

3.建模要加强合作

建模的目的是更好地认识研究对象，从而掌握有关研究对象的客观规律和科学知识。这一过程一个人往往很难完成，因此，在建模过程中，教师要引导学生进行合作学习。学生在分工合作中，能够充分地把自己的思想和动手能力展现在众人面前，这对于提高学生的动手能力和思维能力都有极大帮助。学生在学习了其他队友的好方法后，也会积极地改进自己的方法，最终达到提升自我动手能力和提高创新思维发展的目的。所以，在小学科学课每次建模活动中，教师一定要加强合作学习的教育和辅导，从而促进学生的发展。仍然以“太阳系”一课为例，在学习太阳系几大行星距离这部分知识的时候，一个学生根本无法兼顾几大行星，这就需要几个同学分别手持不同的星球模型，按照一定的距离站在不同位置。只有这样，多位同学共同努力，才能让大家一起感受太阳系几大行星的距离。

## 第四节　小学科学学科全息育人课堂教学实施课例分析

教师在实施小学科学全息育人课堂教学时，可以借鉴本章第二、三节的教学实施原则和策略，让小学科学课堂教学充满趣味性、知识性和主动探究的乐趣。针对实验课、建模课和观察课的教学，我们选取了以下三个具有代表性的课例进行评析。

## 一、实验课课例评析

在小学科学教学中，实验课教学能让更多学生有参与探究的机会。在实验课上，学生通过自我发现学习，以及学生在实验过程中充分与他人合作，相较于传统的被动学习，学生学习兴趣会更浓。传统的填鸭式教学中，教师关注的是如何让学生都记住知识点，整个学习过程中学生是处于被动接收的状态，教学完全忽略了学生的学习兴趣和探究能力的培养。而实验教学中，学生可以从被动接收转变为主动积极探究，更有利于发挥学生的主体作用，教师也在学生的实验学习过程中让学生行知结合，同时有效加强对学生的劳动教育。下面我们以“导体和绝缘体”一课为例，看看如何在实验课教学中实施全息育人。

### 小学科学学科全息育人课堂教学实施课例（一）

#### 导体和绝缘体

执教：重庆市北碚区蔡家小学　陈伟

（重庆市小学科学优质课竞赛一等奖）

【课标分析】

本节课对应的学习内容是教科版《科学》四年级下册“电路”单元第6课，即有的材料容易导电，而有的材料不容易导电；容易导电的材料是导体，极不容易导电的材料是绝缘体。

本课学习内容主要包括检查电路检测器能否正常工作，预测被检测物体能否让电路检测器的小灯泡亮起来，借助电路检测器小灯泡是否亮起来从而对检测物体进行分类和研讨，等等，指向什么是“导体”“绝缘体”的科学概念。因此，本节课应关注被检测物体是否让检测器的小灯泡亮起来，以小灯泡亮的不同程度或不亮来区分什么是导体和绝缘体。

【学情分析】

学生前概念：我们对四年级部分学生进行访谈，发现多数学生不太了解什么是导体和绝缘体。他们普遍认为水、人体、金属是导体，布、塑料、筷子、泥土、小鸟的爪子是绝缘体。基于生活经验，看似如此。然而，用常见的10多种生活材料，尤其是对设置的“障碍”材料铅笔、导线一起进行研究，看似简单，实则不易，只有少数学生能通过探究发现这类材料的不一样。学生对导体和绝缘体的认识多是从家人告知或其他阅读材料中获得，但这些信息主要以灌输式告知为主，并不利于学生科学素养的培养。

为学生定制学习内容：学生也许听说过导体和绝缘体，但并不知道如何界定二者，也不清楚生活中常见材料哪些是导体，哪些是绝缘体，二者之间有什么联系。这主要是受没有亲自动手探究的影响。陶行知先生提倡“生活即教育”。如何借课堂教学这个教育发生的主要场所实施做中学、学中思？教师可以模拟生活与自然场景，在教室里通过建模的方式，让学生在模拟探究中，认识不同材料的导电状况，了解这些材料的导电性能，在交流所见、所感中比较、归纳出初步的规律，解惑人是不是导体等常识问题。

为学生制订能力目标：课堂上学生能直接观察多数材料的结构特征，但学生很少能够明确地将其结构和如何区分导体、绝缘体联系起来。本课使用电路检测器进行检测，借助小灯泡亮与不亮来验证其导电性，通过数据，在证据中分析、推理出什么是导体、什么是绝缘体。看似概念教学的本节课也是培养学生科学推理和科学论证能力的重要载体。学生可以在“对话”区分导体和绝缘体的过程中，形成自己的观点，在倾听、质疑、评价和反驳他人的观点的过程中，发展学生的科学推理和科学论证能力。由证据到结论的推理过程和反驳他人的相异观点，是引导学生进行科学推理学习的大胆尝试。

【教学目标】

学科认知：

1.通过自主探究，观察、分析、总结出生活中哪些物体是导体，哪些物体是绝缘体，并构建导体和绝缘体的基本概念。

2.建立概念：生活中的材料都有一定的性能，材料的性能决定了材料的用途，导体可以传输电，绝缘体可作导体的保护外壳。

德性育人：

1.进一步加强学生的安全用电意识。

2.培养学生严谨的科学观察、分析、思维习惯。

3.鼓励学生大胆地质疑，培养学生收集数据、用数据说话的科学探究精神。

劳动育人：

1.在检测前让学生先作出预测，在多次重复实验中，形成尊重事实的实证精神和认真细致的探究习惯。

2.学会与人合作，养成安全用电的生活意识。

【教学思路】

老师通过引导学生回顾电路检测器的使用，发现正确连接才可以让电流通过，同时灯泡被点亮；如果是将用检测器两端的塑料皮相连接，则电流就不能通过。学生通过这个环节发现有的材料具有导电性，有的材料不具有导电性。进而让学生对老师提供的多种材料的导电性进行预测并记录他们的想法，通过学生大胆地动手体验，发现有的材料具有导电性、有的材料不具有导电性。对于有争论的观点，老师可让学生反复动手体验，用实验数据为自己的观点佐证。运用灵敏的检测器让两个大组的学生手拉手点亮灯泡来证明人体是可以导电的，还可请两个学生上台运用干湿棉线的导电性体验，让学生发现导体和绝缘体并不是绝对的。

【教学重、难点】

教学重点：通过自主探究，观察、分析、总结出生活中哪些物体是导体，哪些物体是绝缘体，并构建导体和绝缘体的基本概念。

教学难点：通过探究电路检测器小灯泡亮的不同程度，归纳、推理物体的导电性能，破除导体和绝缘体的绝对论。

【教学准备】

教师演示材料：多媒体课件、建模板书材料、学生用器材一套、人体验电器等。

学生分组材料：长短粗细差不多的铁丝、铜丝、铝丝、铅笔芯、粗棉线、塑料棒、回形针、小木棒、锡焊丝、吸管、导线，实验记录单1张。

【教学过程】

| 教学环节 | 师生互动 | 育人目标及效果 |
|---|---|---|
| 课前活动 | 课前谈话：(带来惊喜，期待揭晓，手拉手围成圈)孩子们，上节课我们认识了电路检测器，你还记得怎么使用它吗？<br>生：先……再…… | |
| 聚焦问题 | 一、情境引入，聚焦问题<br>过渡：刚刚回顾了它的使用方法，为什么只能用导线的检测头接触检测物，而导线的其他部位不可以呢？<br>学生交流自己的观点。<br>生1：检测头是金属的，只有这样才会让电流通过。<br>生2：导线的其他部位有塑料皮，不容易让电流通过。<br>引导：是不是他们所说这样，暂不揭晓结果。敢于大胆表达自己的看法，掌声鼓励。刚才有同学说到让电流通过，那生活中哪些物体容易让电流通过，哪些不容易让电流通过？<br>生1：我觉得那些金属类的物体容易让电流通过。<br>生2：和木头差不多的物体不容易让电流通过……<br>生3：我不认同。那闪电怎么会通过大树传电呢？<br>引导：还有其他看法吗？<br>生1：水容易让电流通过，因为不能用湿布擦工作的电器。<br>生2：人体也容易让电流通过，不能用手触碰插线板上的插孔。<br>【设计意图】“生活即教育。”结合学生熟悉的内容和生活体验，借助复习的方式，引出对聚焦问题的思考，顺势从学生的表述中展开探究，显得顺畅自然。 | 教师创设活动情境，提供条件信息，聚焦探究问题。(学科认知) |

续表

| 教学环节 | 师生互动 | 育人目标及效果 |
|---|---|---|
| 自主探究 | 二、自主探究，研究发现<br>(一)预测<br>过渡：似乎他们说的都有一定道理。其实，物体容不容易让电流通过就是传导电流的能力，我们通常叫作导电性。(板书：导电性)<br>今天我们就借助电路检测器来检测一些材料的导电性。看看第一个惊喜是什么？(出示冰墩墩)我们不妨先预测一下它带来的这些材料的导电性能。<br>1.出示实验材料，学生观察认识材料，预测其导电性能。<br>2.抽学生表达自己的观点。<br>生1：我觉得铁丝导电，电线就是用的这种材料。<br>生2：铅笔芯会导电，我听别人说的。<br>生3：我觉得铜丝导电，它和铁丝一样，是电线的材料。<br>生4：粗棉线不会导电，它是干的。<br>生5：塑料棒不会导电，它就和视频里导线的塑料皮一样。<br>生6：我觉得回形针和铝丝会导电，因为它和前面的铁丝一样是金属。<br>生7：吸管和塑料棒材质差不多，只是吸管是空心的，因此也不会导电。<br>生8：锡焊丝不太清楚，有个金字旁，可能会导电吧！<br>生9：导线是导电的，我们生活中就是用它来通电的。<br>3.教师组织学生质疑。<br>引导：听了这些预测，大家觉得怎样？认同、反对还是补充？<br>生1：我不太同意他的观点。我要补充的是导线有两种材料，里面的金属线导电，外面的塑料皮不导电。<br>生2：铅笔和木棍不导电。<br>生3：我不认同他的观点。铅笔有两种材料，里面的铅笔芯是导电的，外面的木头或木棍一样是不导电的。<br>……<br>引导：听了别人的预测，你自己的预测是怎样的？等会儿请每位同学都在实验记录单上进行预测和记录。<br>4.分小组进行预测记录。<br>【设计意图】概念类的教学，最忌讳直接告知学生概念。该如何做？不妨让学生在“玩”中感知、思考与交流，让学生敢于将自己的科学猜想呈现和表述出来，为学生用自己的语言来整理出概念做好铺垫。这样既符合学生的认知规律，也利于其真正地理解知识点，无疑比灌输式要好得多。 | 学生通过初步观察与交流，调用已有经验，形成自己的科学猜想。<br>(学科认知)<br>引导学生将探究中获得的真实信息作为推测的依据。<br>从学生的表现中确定教学起点，计划下一步学习活动。<br>抓住学生的进步，表扬具体事件，为学生示范科学推理。<br>引导学生建立证据与观点之间的联系。<br>(学科认知) |
| 产生冲突 | (二)检验实验材料的导电性<br>过渡：材料的导电性到底怎么样，仅仅预测一下肯定是不够的。最讲求证据的科学课，需要我们亲自动手实验探究才行。<br>引导：大家觉得该怎样检验这些材料的导电性呢？<br>1.组织学生交流出检验的方法。<br>生1：拿出电路检测器，把检测头紧靠材料的两端。<br>生2：观察检测器的小灯泡发光情况。发光证明材料导电，不发光证明材料不导电。<br>……<br>引导：检验过程中，有值得注意的事情提醒大家吗？<br>生1：先检查电路检测器，连接两个检测点，小灯泡亮表明工作正常，可以使用。<br>生2：实验时，用检测器的两个检测点接触材料两端，要紧挨着。<br>生3：为了实验结果的准确，可以重复多做几次。 | |

续表

| 教学环节 | 师生互动 | 育人目标及效果 |
| --- | --- | --- |
| 合作建构 | 生4:要记得边操作实验,边做好记录。<br>引导:嗯,大家提醒得真不错!整理一下就是这几点。等会儿实验时,把能让小灯泡亮起来的材料放左边,不能让小灯泡亮的放右边,不确定的放下边。清楚这些要求没有?(清楚)那就依次领取材料,开始实验吧!<br>2.学生分组实验探究,教师巡视了解情况。<br>(三)实验材料的发现<br>过渡:先分好类的小组仔细观察材料,交流它们有什么异同?抽一个先分好的小组上台进行摆放。<br>引导:你们这样分的依据是什么?<br>生1:我们组这样分的依据是,铁丝、铜丝、回形针、铝丝、锡焊丝能让小灯泡发光,都是些金属类材料。<br>生2:其他的不能让小灯泡发光,是一些和金属不同的材料。<br>引导:对于这样的分法,大家有什么想说的没有?<br>生3:检测发现金属类的材料导电性好,容易导电,让灯泡亮了。<br>生4:不是金属类的材料导电性不好,不容易导电,灯不亮。<br>引导:通过检验这些材料的导电性,大家觉得什么是导体?什么是绝缘体?<br>生:我觉得容易导电的材料是导体,不容易导电的材料是绝缘体。<br>引导:你的依据是什么?你是借助什么作为证据的?<br>生:容易导电的材料让小灯泡亮了,不容易导电的材料没让小灯泡亮起来。<br>引导:老师把你们的想法写下来,这也是本节课我们要研究的内容。(板书:导体和绝缘体) | 引导学生进行比较、分析,归纳出更多点亮小灯泡的创新电路连接方式。<br>(学科认知) |
| 归纳反思 | 三、分享发现,深入研讨<br>过渡:除了刚才谈到的这些想法,大家在探究中还有其他发现没有?<br>生1:我们组有补充,铅笔里面的铅笔芯能让小灯泡发光,单独的铅笔芯不能让小灯泡发光。<br>引导:这个新发现大家认同吗?都是铅笔芯,导电性怎么就不一样呢?真值得思考!<br>生1:我们组还发现,都是导体的材料,让小灯泡亮的程度是不一样的。比如铅笔里面的铅笔芯让小灯泡有一点儿亮,而长短粗细差不多的铝丝让小灯泡就比较亮。<br>生2:我们发现导线外面的塑料皮是绝缘体,里面的金属丝是导体。它是由两种材料构成的。<br>生3:我有补充,我们组的铅笔由三种材料构成,它们分别是木头、铁皮、橡皮。铁皮导电,是导体;木头和橡皮不导电,是绝缘体。<br>过渡:真是细心观察和认真思考的孩子,为你们点赞!<br>引导:那我们人体是导体还是绝缘体?依据是什么?<br>生1:我认为人体是导体,老师一再强调不能用手去触碰插电口,容易触电发生伤害事故。<br>生2:我不认同。刚才用验电器接手上小灯泡时怎么没亮呢?<br>引导:似乎都有一定道理。为了验证这个事情,让第二个惊喜来帮助我们一下。这是一个更灵敏的验电器。(拿出教具并展示)<br>1.出示干、湿纸巾,全班预测,抽学生上台检验。<br>2.找一个小组上台手拉手进行验证演示。 | |

续表

| 教学环节 | 师生互动 | 育人目标及效果 |
| --- | --- | --- |
| 归纳反思 | 引导:刚刚这个实验现象验证了什么?<br>生:验证了人体是导体,不能随意触碰带电的插电口。<br>引导:对导体和绝缘体有新的看法吗?请看教材第35页的安全提示内容并进行思考。<br>3.学生默读材料,引导交流。<br>生:导体和绝缘体不是绝对的,它们在特定条件下会相互转化。(板书:不是绝对的)<br>引导:看来生活中的材料有的是导体,有的是绝缘体。根据材料的性能可以决定它的用途,在表述时要说清楚,尤其是多种材料组合成的物体。现在大家明白验电器只能用检测头的原因了吗?<br>4.学生表述原因,对课前问题进行释疑。<br>【设计意图】有了基本规律的归纳,学生理解什么是导体、什么是绝缘体将不再是难事。学生体验到成功的喜悦后,有更大的信心开展深度的对话,更好地锻炼了学生的科学推理和科学论证能力。类似"人体是不是导体"这样的生活问题将迎刃而解。 | 教师引导学生对研究过程和思维方式进行反思。(实践育人) |
| 总结迁移 | 三、回顾总结,拓展应用<br>过渡:孩子们,通过这堂课的探究,你们收获了些什么?<br>1.抽学生谈自己的收获感悟。<br>2.教师结合学生感悟与板书进行总结。<br>3.教师鼓励拓展:其实,我们身边的材料还有很多,课后在保证安全的前提下,不妨对更多的材料或物体进行调查统计与检验。期待你们更多的精彩表现!<br>【设计意图】"生活即教育。"最好的教学是在生活与自然中,鼓励学生学好科学、用好科学,结合下一课的教学内容,培养学生持续的科学探究兴趣和求知欲。 | 鼓励学生多角度思考问题,学以致用,走进生活,亲近自然。(德性育人) |

【案例评析】

对于导体和绝缘体,很多学生比较陌生,但老师通过让学生大胆预测,激发了学生的求知欲。在这一节实验课上,老师很好地平衡了师生之间、生生之间的互动,高效地促使学生参与到课堂教学活动中。教学中老师也非常注意引导学生仔细观察,当有一组学生发现铅笔不能导电时,有另外几个同学发出了不同的声音。老师马上让这几个有不同结论的学生交流,鼓励他们大胆说出铅笔能导电的原因,并对他们的仔细观察予以肯定。对于本节课老师提供的材料,哪些是导电的,哪些是不导电的,老师大胆放手让学生尽量去尝试。老师十分重视学生在实验教学中的主体地位,让位于学生,让学生充分地实验,让学生在实验中发现问题和分析问题。通过自主探究,观察、分析、总结出生活中哪些物体是导体,哪些物体是绝缘体,并构建导体和绝缘体的基本概念,实现了学科认知目标。当有小组发现铅笔可以导电时,老师鼓励其他学生大胆质疑,同时让其他组的学生再次实验,培养学生收集数据、用数据说话的科学探究精神,无形中实现了德育育人。课堂上，在检测前让学生先作出预测，在多次重复实验中，形成尊重事实的实证精神和认真细致的探究习惯。同时，学生在实验过程中也学会与人合作。

小学科学课中很多时候其实都可以在条件允许的前提下进行实验教学。结合这节课的教学，建议老师们在全息育人实验课教学中注意以下几点：

1. 在实验课教学中，结合知识点准备好可能会用到的材料。建议老师可以提前为学生准备充足的材料，当然这个材料也可以提前让学生做准备。充足的材料可以让学生在实验过程中有更多的尝试。

2. 重视学生自己的探究实验。除了让学生设计实验，其实学生更感兴趣的是自己动手做实验，在自主探究中去发现，这样的科学课才是学生喜欢的。而且学生在课堂上有更多的主动实验，收获也会更多，学生的行知结合也更有利于培养他们的创造性。

3. 我们在实施实验教学时要尊重学生的主体地位，注重学生的知行结合。老师要根据内容设计合理的情境，让学生在实验中去收获知识，整个体验过程可以大胆试错，适当地放手，这样更能有效培养学生的实践能力。同时，实验教学也要注重知识生活化的结合。比如在本课中棉线是不导电的，但被打湿后就变成了可以导电的；放几天棉线干了，又不导电了。这个实验活动让学生对导体和绝缘体的认识就有了进一步提升，同时也从安全角度去教育了学生，无形中做到了全息育人。

## 二、建模课课例评析

在小学科学课堂中要充分发挥建模思想的作用，建模教学的目的是使传统枯燥的教学课堂变得生动活泼，让学生通过对探究过程的理解，完成对新知识的学习，从而构建好完整的知识体系，这从某种意义上真正做到了全息育人。北碚区蔡家小学陈伟老师在区级现场教学比赛中执教的“沉浮与什么因素有关”就注重了学生学段认知，根据教学内容合理设计了一节建模课教学，从而在教学中实现了全息育人。

### 小学科学学科全息育人课堂教学实施课例（二）

### 沉浮与什么因素有关

执教：重庆市北碚区蔡家小学　陈伟

（重庆市北碚区小学科学现场赛课一等奖）

【课标分析】

本节课对应的学习内容是教科版《科学》五年级下册“沉和浮”单元第2课，延续上一节课：同一种材料构成的物体，在水中的沉浮规律的特点，进一步探究不同材料的物体在水中的沉浮规律。小学5~6年级，要求学生能基于所学知识，通过语言、图表等方式分析、比较、推理、概括信息，在进行过程性反思中，大胆质疑、调整探究、迁移应用。

科学地解释现象的能力是PISA测试学生的科学素养之一。对自然进行解释是科学实践活动的一个共同目的。所以本课设计在落实国家课程标准内容要求的同时，结合探究目标及国际科学教育新的要求，引导学生基于沉浮与什么因素有关，尝试解释（预测）合理结果，以期促进学生科学解释能力发展和"沉浮规律"这一主要概念发展。

【学情分析】

学生前概念：在对4~5年级200多名学生的试教中发现，多数学生认为石头、橡皮擦会沉，物体的沉浮与它的重量、体积大小有一定关系，但说不清，道不明。基于生活经验，的确如此。然而，用指定材料（苹果、蜡烛、橡皮擦）来预测，观察其沉浮状况，看似简单，但是如何找出其沉浮的依据进行解释，得到大家的认同，实则不易。学生对沉浮的认识要么是生活经验，要么是家人告知或从其他阅读材料中获得，但这些资料不会明确地将物体的沉浮与什么因素有关讲述得简单易懂，这些碎片化的认知在潜意识里影响着学生的认知发展。

【教学目标】

学科认知：

1.利用悬浮实验及数据，分析、推理、归纳、概括出影响物体沉浮的规律。

2.学会控制变量的科学方法，学习用分析的方法研究问题。

德性育人：

1.养成严谨的科学思维习惯。

2.利用悬浮挑战实验，激发学生探究兴趣，养成对实验观察的兴趣。

3.培养学生收集数据、利用数据进行实事求是地开展科学探究的精神。

审美育人：

感受物体在水中沉浮变化的美妙。

劳动育人：

能够通过动手操作并在实验中控制变量做出判断，使思维和动手能力得到发展。

【教学思路】

当学生对物体沉浮的预测和实验现象发生冲突后，老师出示了一个空瓶，让学生挑战让空瓶悬浮，让学生在实验探究中自己去找到影响物体沉浮的因素。当学生了解了物体沉浮与哪些因素有关之后，学生又开始挑战悬浮。学生通过两次挑战实验，通过实验及数据的收集，分析、推理、归纳、概括出影响物体沉浮跟物体的轻重和大小有关。

【教学重、难点】

教学重点：体验用控制变量的科学方法探究物体沉浮的原因。

教学难点：学习用逻辑推理的科学方法研究影响物体沉浮的因素。

【教学准备】

教师演示材料：多媒体课件，苹果、蜡烛、橡皮擦、气球，学生材料1套。

学生分组材料：200 mL烧杯，空玻璃瓶，小螺母若干，干毛巾1张，自制伸缩筒，实验记录单2张。

【教学过程】

| 教学环节 | 师生互动 | 育人目标及效果 |
| --- | --- | --- |
| 设置情境<br>聚焦问题 | 一、聚焦<br>师：孩子们，欢迎来到陈老师的科学课堂。<br>教师出示苹果，设置真实情境：看，老师带来了一些材料，要是把它们放入水里，是沉还是浮呢？<br>学生根据前概念进行预测，教师写下学生的观点及理由。<br>教师依次出示蜡烛、橡皮擦让学生先进行预测，再演示求证，形成矛盾冲突。<br>师：怎么会这样呢？以为沉的反而浮了，它们的沉浮好像和重量有关，又好像和大小相关，甚至还有同学说到其他一些原因，但又都说得不太明白。看来，沉浮与什么因素有关这个问题困扰着你们。<br>教师顺势揭示课题：沉浮与什么因素有关。 | 该环节教师设置真实情境，帮助学生产生并聚焦本课探究的问题。学生调用已有经验谈自己的猜想，进一步呈现前概念，产生矛盾冲突，产生学习需求，激发学习动机。<br>（学科认知） |
| 探索挑战<br>分享交流 | 二、探索<br>教师结合多媒体课件明确沉和浮的标准与状态，并介绍不容易实现的悬浮状态，激发学生参与挑战任务的兴趣。<br>师：孩子们，对于平时不容易看见的悬浮，想不想亲自来玩一玩、试一试？<br>（一）挑战任务1<br>教师出示空玻璃瓶：要让它悬浮，你打算怎么做？<br>学生谈自己的想法，并说出这样做的理由，师生之间以商量的方式，形成共识——用小螺母来代替。<br>师：通过完成这个挑战任务，也许就能找到影响物体沉浮的因素。既然是挑战任务，一起来看看挑战要求吧！<br>结合课件让学生明确挑战要求和注意事项后，学生领取材料进行挑战。<br>学生分小组挑战实验，教师巡视了解各小组情况。<br>挑战时间结束后，教师组织学生进行分享交流。 | |

续表

| 教学环节 | 师生互动 | 育人目标及效果 |
| --- | --- | --- |
| 探索挑战<br>分享交流 | (二)分享交流:沉浮与什么因素有关<br>教师组织学生结合汇总的班级记录信息进行交流、分析。<br>学生对各个小组接近于悬浮的数据有些不一样进行质疑。<br>师:噢,我们圈起来,悬浮的颗数有些出入。那可能是什么原因造成的?<br>学生分析出可能是小螺母有水没擦干,让它变重造成的。<br>师:嗯,有这个可能,造成了我们数据上有点变化。不过没关系,我们都挑战成功了。真值得祝贺一下!(掌声)<br>师:通过这些数据,你觉得沉浮和什么有关系呢?<br>预设1:学生谈到和重量有关系。<br>教师追问:是怎样的关系?<br>生:越重越容易沉,越轻越容易浮。<br>教师对学生观点做记录,使用好白板策略:重↓,轻↑。<br>预设2:学生谈到颗数越多越容易沉,颗数越少越容易浮。<br>教师让学生在班级记录表上圈出浮的颗数,表述浮的状态。<br>学生表述和数据的呈现使全班明确:空瓶的沉浮和重量有关。<br>教师对学生观点进行梳理:重↓,轻↑。<br>这样的结果和前面预测一样,自然引发学生质疑:刚刚的苹果也很重,它怎么就浮起来了呢?<br>学生之间进行对话与反驳,梳理出:感觉差了什么条件?<br>教师引导学生观察、分析空瓶:什么改变了?什么没有变?<br>从学生的认知层面对话,追问出:大小没变,就是大小相同。<br>教师:有了这么一个控制条件后,解释似乎就更合理了。<br>学生进行完整的解释,明确苹果、橡皮擦不能比的原因。<br>对学生自己发现的沉浮规律,教师予以肯定与认可。<br>(三)挑战任务2<br>师:刚才的挑战任务发现,在大小相同的情况下,物体的沉浮和轻重有关系。预测时,也有同学谈到和大小有关,那到底会是什么关系呢?<br>老师介绍创新实验材料——伸缩筒,让它接近于悬浮。<br>学生商量挑战时间,领取材料后,开始挑战。<br>学生小组实验,教师巡视了解情况。<br>挑战时间结束后,教师组织学生用科学的方式进行分享交流。<br>(四)分享交流:沉浮与什么有关(6分钟)<br>师:看看这些数据,有没有小组上来用数据说话?<br>师:你们觉得这次的数据与沉浮有什么关系?<br>预设1:学生回答长度越长,就越往上浮。<br>…… | 帮助学生在挑战实验中观察记录沉与浮的数据,学生再自主建构方法及理解。在分析交流中,寻找证据支撑自己的观点或质疑、反驳他人的观点,构建一个因果链,推测这一现象背后的因果机制。<br>(实践育人)<br>放手让学生挑战实验,引导学生确立证据与观点之间的联系,让解释更加有理有据。引导学生进行科学、严谨地表述自我观点的训练,发散思维,发展学生的创新思维。<br>(实践育人) |

续表

| 教学环节 | 师生互动 | 育人目标及效果 |
| --- | --- | --- |
| 总结反思<br>延伸问题 | 师：你是从哪些数据看出来的？把它圈一圈。<br>学生在班级记录表上圈出相应的数据。<br>师：看看，这是他们的数据，他们得出越长越容易浮。越长用我们的话来说就是它的个头就越大。<br>教师整理写下学生的观点：大的容易↑，小的容易↓。<br>师：那你们听了、看了这些数据，有没有想说的？<br>预设2：学生谈到拉伸长短的数据不同。<br>教师引导分析：那可能是什么原因造成的？<br>学生分析出可能是伸缩筒里进了水；可能跟烧杯里的水量有关……组织学生交流、质疑，形成各自观点之间的回应。<br>师：嗯，这些原因可能造成了数据有点儿变化。刚才有同学说到拉长就是它变大了，那它什么没变呢？<br>学生谈到它原本的样子，它的重量没变。<br>师：刚才控制条件是大小相同，这次放的都是这个伸缩筒，那它的控制条件是什么？<br>学生确认是重量相同，大的容易↑，小的容易↓。<br>师：有了这个控制条件，我们再来解释2次挑战任务似乎就更严谨一些了。现在你们觉得物体的轻重、体积大小与沉浮有没有关系？<br>学生确认是有关系的，并进行完整的描述。<br>三、总结延伸<br>师：孩子们，回顾这堂课的学习，你收获了些什么？<br>学生谈自己的收获。<br>教师从知识层面和探究方法上进行总结。 | 明线：不明确沉浮与什么有关—挑战2个任务—明确轻重、体积大小与沉浮的关系，经历推理背后机制的过程。<br>（学科认知）<br>暗线：呈现前概念形成认知冲突—自主建构形成解释—检验解释并迁移应用，形成思维教学模型逻辑线。<br>（学科认知） |
| 迁移应用<br>检验解释 | 四、应用<br>教师布置回家挑战任务：用今天所学知识，给家人讲讲守卫祖国海疆的巨大潜水艇是如何上浮、下沉和悬浮的？ | |
| 板书 | **预　测**　　**控制条件**<br>沉↑　浮↓　与什么因素有关<br>重↑　轻↓<br>实心↓<br>小↓　大？<br>水多<br>水的浮力↑<br>大小相同—重　易↓；轻　易↑<br>重量相同—大　易↑；小　易↓ | |

【案例评析】

本节课通过创设简单的情境，产生聚焦的问题，利用学生的前概念对沉浮的认知形成前后认识上的冲突，激发了学生探究沉与浮的兴趣，培养了学生实事求是的科学态度，是一节师生共同建构概念模型与实践的好课。小学科学课堂上对教材的学习是获取知识的一种主要方式，但是小学科学的知识概念有的比较抽象，所以不论是小学一年级的启蒙教育阶段还是其他学段，都需要一个生动形象的内容来对教学主体进行引导学习。所以我们根据教材知识点进行情境创设一定要紧扣教材内容重点，只有教师深入研究教材，深入对课标的研究，设计的情境才有针对性，才能更好地帮助学生学习。

本案例较于传统的课例设计具有3个创新之处。

1.基于实证，创造性使用教材

教师不能一味地教教材，还要根据情况创造性地使用教材，可对教材的使用进行调整。教材中，先准备了7种不同材料，按大小顺序、轻重顺序排列，比较后也看不出它们的轻重、体积大小与沉浮之间的关系。于是引出科学家采用的控制其他因素不变的方法，把一组大小相同的球按轻重顺序排列，推测它们的沉浮，再放入水中观察；把一组轻重相同的立方体按体积大小顺序排列，推测它们在水中的沉浮，再放入水中观察。这两组实验中，大小相同、重量相同都是直接告知学生的，多数学生都能进行有效推测，只是做一个"乏味"的求证性实验，并不利于学生的思维发展。为此，笔者将本课的实验材料进行大胆整合，用最简单、最少的材料（空心玻璃瓶、小螺母、自制伸缩筒）让学生在2个挑战任务中，先尝试轻重改变与沉浮的关系，形成证据结果的同时与挑战前的预测再次产生冲突：重的容易沉，怎么苹果就浮呢？轻的容易浮，怎么那么小的橡皮擦就沉了呢？顺势引导出这个结果没有错，是缺少了一个条件。再引导学生寻找到大小相同的这个控制条件……这样似乎更适合学生的认知特点，比直接告诉要用控制变量法来做实验，学生的记忆更加深刻，更能理解使用控制条件的方法进行科学探究的意义。

2.调整教学策略，还学生课堂空间

老师设置真实情境，产生冲突，聚焦问题后，先帮助学生挑战让空心玻璃瓶接近于悬浮，再放手让学生挑战让伸缩筒接近于悬浮。其实这个情境创设就结合了潜水艇的沉浮，让学生做了一个简易的沉浮子。让学生在乐于挑战的任务中，收集整理数据和现象，借助白板策略尊重学生、鼓励学生提出自己的想法，为学生创造倾听的氛围，形成彼此间的倾听与质疑，不断修正自己的观点，反驳、质疑他人的观点。在良好对话氛围中，还以学生为主体的课堂空间，让学生在相互表达中交流、质疑，形成各自观点之间的回应，接近于相互尊重、真正民主的课堂。

3.创新实验材料，普通而不简单

为做好教学准备和课堂减负，让学生真正关注到探究活动的本质中来，笔者将教材中用一组轻重相同的立方体按体积大小顺序排列，推测它们在水中的沉浮实验进行了创新改进。

创新实验材料设计简单，学生使用同一个伸缩筒开展实验，更能感受到重量是相同的。通过拉伸，观察到刻度的变化，明显感知到改变的是它的长短，也就是物体的大小。从满足儿童的好奇心和求知欲出发，结合情境，给出挑战任务，让学生带着任务进行探究学习，这既符合儿童的认知特点，也迎合儿童的学习心理。

这节课本是普通的认识规律的建模课，但如何提升其教学价值，融合多重目标，将记忆、理解等基础思维转化为分析、迁移与创造等高阶思维，这堂建模教学课就做了很好的示范。

在开课时，老师向学生展示了苹果、橡皮擦、回形针等物品，让学生借助前认知预测这些物体放入水中是浮还是沉。借助这个情境创设，进一步呈现前概念，产生矛盾冲突，产生学习需求，激发学习动机。当学生对沉与浮有了初步感知后，老师出示了一个空瓶，提出了挑战让瓶子悬浮的想法。在这个情境创设环节，老师利用学生的求知欲和求胜心，激发了学生的探究兴趣。

结合本教学案例，建议老师在全息育人建模教学设计和实施中注意以下几点：

1. 模型思想需要经历潜意识、形成和深化的过程，在渗透建模思想的小学可行性教学过程中，教师是学生科学学习的组织者、引导者、合作者，所以尽可能在课堂上让每一个学生充分参与到探究活动中，让学生全程经历从发现问题、收集信息、抽象简化，到假设、建立模型的过程。经历建模的学习过程也能提高学生学习科学、应用科学的能力。

2. 建模课教学的设计一定要服务于学生知识学习，并让学生在教学情境学习中一定得到五育的某方面的锻炼。科学课中并不是每个教学任务都需要建模思考，不要为了体现建模教学而强加，一定要结合学生的学情和地区特点以及知识点进行设计。

3. 在设计时我们一定要重视和正视孩子在不同年龄段的认知水平，特别是低、中段的孩子，巧妙的情境创建更有利于教学主体的自主学习。在这个过程中，建立模型是学生开展科学学习的方式。当然在中高年级的学习中，教师也应该考虑学生难以理解和抽象的概念，并做合理的情境创建，帮助学生将抽象的知识转化为学生易理解的知识，让学生在学习中养成理性思考的习惯。

4. 在教材内容有相适应的建模创建空间的前提下，完全可以应用建模教学法，让学生快速、主动、积极地融入课堂。巧妙创设生活情境，激发学生思考，建模让课堂普通而不简单。

## 三、观察课课例评析

实施学科全息育人观察课就是在师生平等的前提下，以观察活动为主要问题开展研究，从而使学生思维得到发展，构建以知识体系为目的的教学活动。观察课注重学生的合作观察和信息的整理，它有利于师生针对某个知识困惑的突破，也益于更好地培养学生探索和学习科学。好的观察课会着重培养学生的观察能力及自我认知批判、合作交流和与人沟通的能力。下面我们以“热在水中的传递”为例，看看这位老师是如何在观察课的教学中实现五育融合的。

### 小学科学学科全息育人课堂教学实施课例(三)

#### 热在水中的传递

执教：重庆市北碚区朝阳小学　杨健伟

(重庆市小学科学优质课竞赛一等奖)

【课标分析】

本节课对应的学习内容是教科版《科学》五年级下册“热”单元第5课，即热可以在物体内和物体间传递，通常热从温度高的物体传向温度低的物体。小学5~6年级要求学生能说出生活中常见的热传递现象，知道热通常从温度高的物体传向温度低的物体；举例说明影响热传递的主要因素，举例它们在日常生活和生产中的应用。

本课具体活动为：准备好酒精灯、三脚架、石棉网、烧杯、小茶屑等材料，用酒精灯加热装有小茶屑和水的烧杯，借助小茶屑观察、推测热在水中的传递方式，了解热对流的特点；用温度计测量被加热的U型管中不同位置的水温，用数据证明热对流的特点，知道热在水中的传递方式为热对流，与热在金属中的传导方式不一样；尝试解释热在水中传递的方式。本课的教学内容包括热在水中传递的方式、热对流的原因。指向课标内容：热可以改变物质的状态，以不同的方式传递，热是人们常用的一种能量表现形式。让学生通过实验，探究、认识热在水中的传递方式。

在探究过程中科学地解释现象的能力是PISA测试学生的科学素养之一。对自然现象进行解释是科学实践活动的一个共同目的。所以本课设计在落实国家课程标准内容要求的同时，结合探究目标及国际科学教育新的要求，引导学生基于小茶屑不断上下运动的因果关系，尝试解释并结合实验论证合理结果，以期促进学生科学思维的发展和“热是能量的一种表现形式”这一主要概念的发展。

【学情分析】

学生前概念：我们在对五年级200多名学生的前期检测中发现，许多学生都观察过水加热的过程,他们已经知道水受热后温度会升高。学生在三年级的学习中已经知道了水结冰时的温度和水沸腾时的温度,但他们不清楚在加热烧杯底部时,热量在水中是怎样传递到各个部分的,多数学生觉得这和热在金属中的传递类似。在本节课的学习中,学生将在小茶屑或温度计的帮助下,观察、了解、推理、论证热在水中传递的方式。

【教学目标】

学科认知:

1.理解热这种能可以在物体间和物体内传递,固体、液体都能传递热,热在水中是以对流的方式传递的。

2.能综合运用分析、比较、讨论、推理等方法得出热对流的方式和特点。

德性育人:

1.培养学生严谨的科学观察、分析、思维习惯。

2.能和他人一起合作实验和交流,能基于观察的证据阐明或质疑观点。

劳动育人:

能够按设计要求操作热对流实验;能仔细观察并运用图形绘制观察结果,通过合作与交流建立热在水中传递的新认知。

【教学思路】

在前一节课的学习中,同学们对热在金属中的传递有了一定的了解。知道热量的传递有一定的方向性,通常热从温度高的物体传向温度低的物体;无论是物体内还是物体外都存在热传递。还了解了热传递的方式有热传导、热对流、热辐射三种。

“热在水中的传递”这一课的设计,很多人都会从烧开水这个生活活动入题。相较于传统设计,杨老师用了一个U型试管,放弃了普通的试管。老师先让学生预测U型试管中左右两边距加热点距离相等位置的温度计的度数会怎么变化,再对U型试管底端的一侧进行加热,并记录两支温度计的示数。老师引导学生结合温度计的变化和预测,讨论、交流形成对热在水中传递方式的初步理解。为了更好地了解热在水中的传递,在学习中,很多人都会用红墨水帮助学生观察、了解热在水中的传递。在对话教学中,学生会有很多的观察方法,老师借学生所说的利用茶叶帮助观察的方法,在安全的情况下放手让学生实验,通过观察小茶屑在水加热过程的烧杯中翻滚,发现水的对流现象,让学生在快乐的实验中自己找到答案。

【教学重、难点】

教学重点:探究热在水中传递的过程。

教学难点:热对流的形成机制,冷水受热后,密度变化而向上运动。

【材料准备】

教师准备材料：热在水中传递的课件资料，学生小组记录单。

学生准备材料：U形试管、烧杯、小茶屑、滴管、三脚架、石棉网、酒精灯、点火器、铁架台、试管架、清水、实验记录单。

【教学过程】

| 教学环节 | 师生互动 | 育人目标及效果 |
|---|---|---|
| 情境创设 | 一、聚焦<br>师：同学们，从上节课的学习中，我们知道热在金属中的传递方式是热传导，热从受热的一端向温度低的一端传递。而生活中除了有金属这样的固体外，还有水这样的液体。今天我们一起来学习“热在水中的传递”。（板书题目）<br>根据你的生活经验，你认为热在水中是怎样传递的呢？请你把自己的想法画下来。我们找几个同学来黑板上画一画。<br>生1：可能是从下向上。<br>生2：可能是从四周向中间。<br>生3：可能是先向上，再向四周。<br>师：还有没有不同的想法呢？这三种想法我们暂称作“假设”，那怎样判断这些假设是否符合真实情况呢？<br>生：我们应该实验。 | 制造冲突，激发学生兴趣。通过复习引入，帮助学生进行概念的迁移运用与比较、建构。创设引发学生认知冲突的情境，为学生建立新概念创造条件。<br>（学科认知） |
| 探索加热烧杯中的水温变化 | 二、带领学生开展加热烧杯中的水实验<br>师：那我们怎么做这个实验呢？为了帮助大家找到答案，我们可以像探索热在金属中传递的方式时，借助蜡、感温油墨帮助我们进行观察。今天，老师也为大家请来了一位小帮手——小茶屑，希望它能够帮助我们寻找到答案。我们先来学习实验步骤。<br>在教学设计中出示实验步骤，并强调实验时的注意事项。<br>师：实验中我们观察什么？怎么记录？<br>生：观察几个小茶屑的运动。<br>学生实验并完成记录，老师走进小组帮助学生实验。<br>师：大家观察到了哪些现象？这些现象说明了（或代表了）什么？（选2~3个小组的记录单进行展示交流，引导学生进行发言交流）<br>生：我们小组观察到，茶叶会先向上，再从上面沿着四周向下，所以我们认为是先向上，再向下。<br>师：你们有补充或者疑问吗？<br>生1：我们小组观察到，茶叶会向上，然后形成一个圈，所以我们认为是先向上，再形成一个圈。<br>生2：我们小组观察到，茶叶会向上，然后扩散开，所以我们认为是先向上，再扩散开。 | 通过实验帮助学生认识到热在水中的传播与在金属中的传播是不一样的，初步建构对热在水中传递方式的理解。<br>（学科认知） |

续表

| 教学环节 | 师生互动 | 育人目标及效果 |
|---|---|---|
| 探索加热烧杯中的水温变化 | 师:大家还有其他的发现吗？我们一起来看看大家画出的小茶屑的运动路径。小茶屑在逐渐被加热的水中会先向上,对吧？<br>生:对的。(板书:小茶屑先向上)<br>师:向上之后呢？<br>生:会扩散、会转圈、会向下。<br>师:不管是扩散或者转圈或者向下,它们运动方向的共同点是向哪个方向呢？<br>生:向下。(板书:再向下)<br>师:只有一条这样吗？<br>生:很多条,所以我们看到的是一个圈或者扩散开。<br>师:也就是说在循环。(板书:循环)<br>师:小茶屑会向上和向下往返运动,说明了什么沿着这样的路径在向上和向下运动呢？<br>预测1:水在这样运动<br>师:大家赞成吗？(板书:水、向上、向下、对流)水的特点是可以流动的。<br>预测2:热在这样运动<br>师:热可以单独运动吗？<br>生:不可以。<br>师:那是什么在运动呢？<br>生:热借助水在这样运动。<br>师:大家赞成吗？(板书:水、向上、向下、对流)水的特点是可以流动的。<br>师:水为什么会上下对流呢？<br>生:因为热。<br>师:你能说得具体点吗？<br>生:把水加热了,水会上升,水冷下来时又下降,所以会这样循环。<br>师:大家赞成吗？<br>生:赞成。(板书:水受热上升,水冷下降,对流) | 试着用数据证明,让科学探究更加严谨,培养学生的科学思维。用数据证实我们的推测,因为水是无色透明的,很难观察到水变化的过程,让学生思考有什么办法可以验证我们的结论。借助实验验证大家的推测是否合理,激发学生继续探究科学的兴趣。<br>(实践育人)<br>研讨生成结论,还以学生为主的课堂空间,发展学生思维和表达交流能力。因为水是流体,会流动,所以跟金属中的热传递不一样。在研讨对话中,根据小茶屑的运动方向和水的运动情况,师生研讨并小结出三点情况,学生达成共识后,初步推测热在水中的传递方式是对流,培养学生的逻辑思维能力。<br>(学科认知) |
| 探索加热U型管中的水温变化 | 三、带领学生开展加热U型管中的水实验<br>师:我们回头看一下,这个结论和我们的假设一样吗？<br>生:不一样。<br>师:但是我们有了新的发现,得出了新的科学结论,这是科学向前进步的必经路。如果还有别的证据证明我们的发现就更好了。<br>教师出示U形管和左右管道中的两支温度计,引导学生按照得出的结论,推测哪支温度计先升温,再带领学生一起演示实验。<br>生:果然是1号温度计先升温,说明我们的结论是正确的。<br>师:通过我们的努力,找到了热在水中传递的方式——对流,水受热上升,上方冷水向下的传热方式叫热对流。 | 通过实验探究,培养学生设计实验和动手能力。水是无色透明的,在实验前需要重点探讨“怎样清楚观察水中热的传递”的问题,学生很容易联想到上节课借助的感温油墨、蜡等,教师适时提出新助手——小茶屑。在实验中,学生还观察到水会流动,这与上节课的金属传递热的情况有所不同,要指导学生在实验中认真观察并记录好。<br>(实践育人) |

续表

| 教学环节 | 师生互动 | 育人目标及效果 |
| --- | --- | --- |
| 热在水中的传递 | 四、研讨<br>师生讨论,集体建构对热传递的理解。<br>1.热在水中是怎样传递的?<br>2.尝试解释水这样热传递(对流)的原因。 | 通过对关键问题的讨论,共同解释热对流的原因。<br>(学科认知) |
| 拓展 | 师:水受热了为什么会上升?<br>生1:因为热胀冷缩,水受热变胀了,所以会上升。<br>师:这是一种解释,大家认同他的解释吗?或者有疑问、补充吗?<br>生2:我认为是因为有小气泡,我们观察到,加热时候有小气泡,小气泡让水上升的。<br>师:这是一种完全不同的解释,大家对他的观点有疑问或者补充吗?小气泡从哪里来的呢?是不是小茶屑运动都伴随着小气泡呢?<br>生3:我认为水加热了密度会变小,所以会上升。<br>师:为什么水加热了密度会变小呢?这是第三种解释了,大家联想一下,我们生活中见过的和三年级我们学过的热气球,它们之间会不会有联系呢。<br>生4:空气受热会上升,水受热了也会上升,因为它们之间的距离变大了。<br>师:你说的距离变大是不是指空气和水分子的距离?分子距离变大,体积怎么变呢?这解释了刚才提到的密度变小的原因。<br>你更认同哪种解释?或者你怎样把这两种解释联系起来,形成新的解释?哪种解释更符合真实情况?我们需要更多的证据,也就是实验现象来验证。<br>在今天的实验过程中,你产生了什么新的问题?你的假设是什么?可以怎样验证它? | 拓展学生的思维,促进学生深度的思维互动,解释水受热上升的机制,尝试分析为什么水受热后会上升,并结合之前学习过的和生活中见过的热气球,拓展学生思维。<br>(实践育人) |
| 板书 | **热在水中的传递**<br>小茶屑　向上　向下　循环运动<br>水　向上　向下　对流<br>水受热会上升,冷水下降,相互循环对流 | |

【案例评析】

案例中,学生和老师完全在一种比较平等的环境中进行交流、探究,老师对学生的点拨、引导、启发,让学生感受到一种非常轻松的氛围。在本堂观察课教学中,师生之间相互享受着同等的言语权利,老师巧妙创设情境,引导学生有目的地观察,观察后生与生之间主动分享发现,把学生主体地位体现了出来。老师设计的问题有逻辑性和层次性,面对突发问题,老师能灵活快速地梳理学生的交流信息,并引导他们高效地、有针对性地观察。

这是一节思维型观察课教学课例,通过观察、交流促进学生深度学习。整节课强调学习中的动机激发、认知冲突、自主建构、自我监控、反思与迁移等过程。重点培养学生的合作、观察、探究技能和推理、论证、批判性思维以及解决问题的能力,理解科学本质。相比普通的试管观察和观察水烧开的入题方式,运用U型试管,对U型试管底端的一侧进行加热,U型试管中左右两边距加热点距离相等位置的温度计的度数会怎么变化?让学生做出预测,创新性地激发学生的兴趣。

这一节课,老师借助情境创设引出认知冲突的问题,触发学习动机,引发积极思维。预测U型试管中水的热传递时,学生会把金属热传递的概念迁移过来,实验结果却与预测相左,从而引发学生的认知冲突,激发出他们强烈的学习欲望和积极思维。在本次课堂观察中,学生发现实验的结果与之前的预测出入很大,于是老师又借用这种知识认知冲突与学生建立新的问题,而学生之间不同的观点也通过对话得以继续。在实验一之后,学生发现之前的猜想与现在看到的现象不同,而老师在实施对话教学中也巧妙地把本课的内容转变为学生自己想去学的内容,学生的学习兴趣很自然地就被老师激发。在观察教学中,老师通过实验交流,巧妙引导学生综合运用分析、比较、讨论、推理等方法得出热对流的方式和特点。当实验出现新的问题时,老师还不断鼓励学生大胆质疑,充分培养学生收集数据、用数据说话的科学探究精神。

我们在实施全息育人的观察课教学时,可以关注以下几个方面:

1.在整个观察课的教学中,注重师生之间、生生之间的对话和谐。老师认真倾听每个学生的观点,同学也在对话学习中有话语权,同学间也可以相互点评质疑。观察教学中,老师借助对话产生的认知冲突提供体验活动。例如,本案例中通过对U型试管中水温变化和小茶屑在水加热过程中的运动的观察活动,很好地帮助学生发现和理解水的热传递与金属不同,水的热传递过程和小茶屑运动过程相似,阶梯性地为学生论证水的热传递搭建起学习支架。

2.观察教学中注重师生之间、生生之间的对话平等性。在本次观察教学中,老师主动把自己的地位降下去,同时提升学生的主体地位,学生的积极性很快就得到了调动。本节观察课教学的实施完全将课堂还给了学生,学生参与观察的意识强,学习兴趣浓厚。看似简单的一堂观察教学课,学生在老师有逻辑、有层次的话题引导下进行观察,用比较的方法抓住事物特点去观察,很好地培养了学生分析问题的能力。

3.观察要实事求是,保证观察的科学性和可靠性。学生观察时要注意各种细节的记录，同时学生的每一次观察一定要带着任务、有目的地观察，不能盲目观察，尽量不放过对每一个细小变化的观察，并及时记录。

4.在观察课教学中，老师要注重学生开展自主观察与合作观察的学习，进行认知建构学生个体为所学知识建构意义的积极过程，包括认知建构（个人建构）和社会建构。教学过程中，一方面教师要不断激发学生进行独立的高层次思维活动，进行预测、观察、解释，通过学生自己的观察，引导学生自我质疑，对科学探究过程和结论进行反思，确保每个学生都参与到科学探究的过程中，支撑了学生的个体自主建构。另一方面，老师积极创设安全、平等、开放、合作、共享的讨论氛围，鼓励学生分享想法和交流实验观察时的发现和解释，激发不同个体之间的思维碰撞，促使学生思维活动外显化。本节课中，老师注重引导学生边观察边思考，丰富对热传递的理解，集体建构对水中热传递——对流的理解的同时，还发展了学生的合作观察素养。在学生观察学习过程中要求学生边观察边记录，客观真实地记录观察现象，培养了学生分析问题的能力。在观察课教学中，老师的激励性评价及时实现了德性育人，学生注重了合作学习。在动手实验环节，学生仔细观察并运用图形绘制观察结果，很好地达成了劳动育人目标。

# 第五章

# 小学科学学科全息育人教学评价

新时代的小学科学教学要充分发挥落实立德树人根本任务的关键作用。面对新时代的新使命、新要求，在小学科学学科教学中落实全息育人理念具有极强的现实意义。全息育人理念强调“五育融合，落实全面育人、育全面人”，全息育人理念指导下的小学科学教学评价能促进师生共同发展，实现以教促学的目标。小学科学全息育人教学评价应遵循方向性、客观性、激励性、时效性、平等性原则，采取量表评价法、同课异构法、庭辩式评课法、行为跟进式评课法的评价方式，以便更好地实现小学科学教学的育人效果。

# 第一节 小学科学学科全息育人教学评价理念与原则

## 一、评价理念

### (一)关注学生发展

全息育人的课堂教学评价,要体现促进学生发展这一基本理念。这一理念首先体现在教学目标上,即要按照课程标准、教学内容的科学体系实现认知育人、德性育人、审美育人、健康育人、劳动育人等基础性目标,同时还要注意学生发展性目标的形成。其次,体现在教学过程中,教师要认真研究课堂教学策略,激发学生学习兴趣,体现学生主体,鼓励学生探究,高效实现目标。

### (二)促进教师成长

依据课程标准的要求,全息育人课堂教学评价要沿着促进教师成长的方向发展。其重点不在于鉴定教师的课堂教学成果,而是诊断教师课堂教学的问题,制订教师的个人发展目标,满足教师的个人发展需求。

### (三)重视以学促教

新课程课堂教学要真正体现以学生为主体、以学生发展为本,就必须对传统的课堂教学评价进行改革,体现以学生的“学”来评价教师的“教”的“以学促教”的评价思想,强调以学生在课堂教学中呈现的状态为参照来评价课堂教学质量。提倡以学促教,主要从学生的情绪状态、注意状态、参与状态、交往状态、思维状态等方面进行评价。①

1. 探究欲:学生是否具有浓厚的学习兴趣,对学习具有好奇心与求知欲?是否能长时间保持兴趣?能否自我调节和控制学习情绪?学习过程是否愉悦?学习愿望是否不断得以增强?

2. 专注度:学生是否始终关注讨论的主要问题,并能保持较长的注意力?学生的目

① 张健.创新教学评价:“以学论教”[J].四川教育,2003(C1):46-48.

光是否始终追随发言者(教师或学生)的一举一动?学生的倾听是否全神贯注?回答是否具有针对性?

3.参与度:学生是否全员参与学习活动?是否积极主动地投入思考,兴致勃勃地参与讨论和发言?是否自觉地进行练习?

4.交流度:整个课堂气氛是否民主、和谐、活跃?学生在学习过程中是否友好分工与合作?是否虚心听取他人的意见?遇到困难时学生能否主动与他人交流、合作,共同解决问题?

5.思维度:学生是否围绕讨论的问题积极思考、踊跃发言?学生回答问题的语言是否准确、有条理?学生是否敢于质疑,提出有价值的问题并展开争论?学生的回答或见解是否有自己的思考与创意?

## 二、评价的原则

全息育人教学评价过程涉及各个层面,评价原则应对评价活动涉及的各层面作出总体要求。概括教学评价的基本原则有以下几点。

### (一)方向性原则

方向性原则指通过评价内容和标准等的制定,评价过程的侧重、评价结果的肯定与否定等推动教育活动贯彻国家的教育方针,进而满足社会需求,保持良性发展的方向。

方向性原则要求教育评价活动与教育评价研究要给教育活动以符合国家教育方针政策的导向。要做到这一点,评价过程的各个环节都同样重要,如评价的目的、评价标准和内容、评价信息的收集方式、收集何种信息以及评价结果的呈现等。全息育人教学评价活动作为一个整体对教育活动起导向作用。

### (二)客观性原则

教学评价的客观性原则指评价主体要以真实的资料为基础,对教学活动过程和成果作出客观的价值判断。

教育评价是对教育现象进行价值判断,但价值判断必须以事实判断为基础。因此,评价主体要想作出符合客观实际的科学价值判断,就必须竭尽可能地了解评价对象的客观实际,以客观实际的真实信息为基础。追求教育评价的客观性是教学评价的一个基本特点,也是全息育人教学评价的一条重要原则。

教育评价的客观性原则,要求评价主体在评价过程中克服主观随意性和感情因素的影响。特别是评价主体与被评者个人感情上的因素,更容易使评价偏离客观性原则。

教育评价的客观性原则要求严格执行评价标准。要使教育评价做到公正、客观,评价主体就必须正确理解且严格把握评价标准,不允许用自己的认识或喜好去曲解甚至任意改变评价标准。

评价主体只有坚持教育评价的客观性原则,才能按照评价标准对评价对象作出客观的价值判断。否则,就会挫伤评价对象的积极性,破坏评价双方的心理平衡,产生消极的后果。

### (三)激励性原则

激励性原则指教学评价应促使评价对象形成继续努力或在进一步的活动中改善不足之处,提高活动效果的动机或期望。

坚持评价的激励性原则,要求评价的实施者应注意评价对象的实际状况和个体的心理状态,评价态度和评价技术应考虑评价对象的可接受程度。同时,评价者也应要求评价对象了解自己活动的状态和结果,了解教学活动的优劣之处及其原因,以激发评价对象在进一步的活动中保持优势,改善不足之处。

### (四)实效性原则

实效性原则指教学评价过程应根据评价的目的与内容、评价对象的具体情况、具体的社会环境背景等制订切合实际的评价计划,采用适宜的评价方法使评价能有效地对教学活动提供指导与帮助。在制定评价标准时,既体现社会对教学活动的需求,也要考虑评价对象的背景、现有水平状况及心理状况,采用适当的评价策略作为计划的依据。选用评价方法也要根据评价目的、评价活动实施的环境、评价技术采用的可能性等进行综合考虑,尽量选用适宜可行的方法。

### (五)平等性原则

平等性原则指教学评价实施者应以与评价对象共同探讨教育活动得失的平等身份进入评价活动,使评价对象将评价者作为朋友接受其评价,采纳其意见或建议。

评价者若以居高临下的姿态进入评价活动,会使评价者与评价对象的关系更加疏远,会使评价对象采取不合作的方式,不提供活动的全部信息,甚至可能提供虚假信息,使评价结果无法形成对教育活动的准确反馈,从而影响教育评价对教育活动的改进作用。

# 第二节 小学科学学科全息育人教学评价的方法

教学评价是以教学目标为依据，按照科学的标准，运用一切有效的技术手段，对教学过程及结果进行测量，并给予价值判断的过程，是对教学工作质量所作的测量、分析和评定，包括对学生成绩的评价、对教师教学质量的评价以及进行课程评价。

在全息育人教学实践中，教学评价主要有以下几种方法。

## 一、量表评价法

所谓量表评价法就是事先制定一个关于课堂评价的量表，评价者根据量表上所陈述的各项教学要求，对被评价方进行打分的评价方式。量表评价法的优点在于评课者必须根据量表上提供的各项评价指标对教学者进行评价，评价的视角比较全面、客观；量表评价法的缺点在于有时由于过于量化，操作起来比较困难。量表设计的好坏直接影响着评价方向，也影响着评价质量。

在全息育人教学评价中，教师在课堂教学以后进行教学反思，相互听课以后进行教学评议，教研人员对课堂教学进行教学分析，以及评委对各类评优课的评判，都需要一个工具，一个可操作的量表，即全息育人课堂教学评价表。全息育人课堂教学评价量表分为教师观察组量表和学生观察组量表，它体现了不同的观课、评课维度，为我们评价课堂教学提供了全新的视角，如表5-2-1、5-2-2所示。

表5-2-1 教师观察组量表

<table>
<tr><td colspan="10">教材版本：____________ 第____单元 第____课 课题：____________<br>学　　校：____________ 班　级：____________ 学生数：____________<br>任课教师：____________ 观察者：____________ 时　间：____________</td></tr>
<tr><td rowspan="2">对象</td><td rowspan="2">维度</td><td rowspan="2">项目</td><td rowspan="2">观察项目</td><td rowspan="2">观察点</td><td colspan="4">评价等级</td><td rowspan="2">得分</td></tr>
<tr><td>A</td><td>B</td><td>C</td><td>D</td></tr>
<tr><td rowspan="5">教师</td><td rowspan="2">认知育人</td><td>科学观念</td><td></td><td></td><td></td><td></td><td></td><td></td><td></td></tr>
<tr><td>科学思维</td><td></td><td></td><td></td><td></td><td></td><td></td><td></td></tr>
<tr><td rowspan="3">德性育人</td><td>科学精神</td><td></td><td></td><td></td><td></td><td></td><td></td><td></td></tr>
<tr><td>合作品质</td><td></td><td></td><td></td><td></td><td></td><td></td><td></td></tr>
<tr><td>个体品格</td><td></td><td></td><td></td><td></td><td></td><td></td><td></td></tr>
</table>

续表

| | | | | | | | | | |
|---|---|---|---|---|---|---|---|---|---|
| 教师 | 审美育人 | 感知美 | | | | | | | |
| | | 表达美 | | | | | | | |
| | 健康育人 | 健康意识 | | | | | | | |
| | | 健康能力 | | | | | | | |
| | | 健康习惯 | | | | | | | |
| | 劳动育人 | 劳动意识 | | | | | | | |
| | | 劳动能力 | | | | | | | |
| | | 劳动习惯 | | | | | | | |
| 育人效果 | 学生发展明显<br>学习方式多元<br>学习情绪积极<br>教学策略恰当<br>五育目标达成 | | 总体等级 | | | | | 优<br>良<br>中<br>差 | |

**表5-2-2 学生观察组量表**

教材版本:＿＿＿＿＿ 第＿＿单元 第＿＿课 课题:＿＿＿＿＿

学　　校:＿＿＿＿＿ 班　级:＿＿＿＿＿ 学生数:＿＿＿＿＿

任课教师:＿＿＿＿＿ 观察者:＿＿＿＿＿ 时　间:＿＿＿＿＿

| 对象 | 维度 | 项目 | 观察项目 | 观察点 | 评价等级 | | | | 得分 |
|---|---|---|---|---|---|---|---|---|---|
| | | | | | A | B | C | D | |
| 学生 | 认知育人 | 科学观念 | | | | | | | |
| | | 科学思维 | | | | | | | |
| | 德性育人 | 科学精神 | | | | | | | |
| | | 合作品质 | | | | | | | |
| | | 个体品格 | | | | | | | |
| | 审美育人 | 感知美 | | | | | | | |
| | | 表达美 | | | | | | | |
| | 健康育人 | 健康意识 | | | | | | | |
| | | 健康能力 | | | | | | | |
| | | 健康习惯 | | | | | | | |
| | 劳动育人 | 劳动意识 | | | | | | | |
| | | 劳动能力 | | | | | | | |
| | | 劳动习惯 | | | | | | | |

评析:

教师观察组量表和学生观察组量表渗透了小学科学学科全息育人的理念,从教师的主导作用(教师行为)和落实学生的主体地位(学生行为)两条线对课堂教学进行评价,脉络清晰,评价涵盖了课堂教学的全过程。特别是它以简明的语言提出了每个方面的评价标准,操作性很强。

## 附：案例1

### “神奇的纸”教学设计[①]

| 课题 | 神奇的纸 |
| --- | --- |
| 育人目标 | 考察材料经过加工、改造、优化后其性能会发生变化；性能得到改变与优化的材料可以用来制作具有一定功能的物品。（认知育人） |
| | 知道造纸术是我国古代四大发明之一，是华夏儿女的骄傲；产生研究、加工、改造纸的兴趣和愿望；养成节约用纸的习惯，有环保意识。（德性育人） |
| | 认识到纸的性能具有多样性美；根据需要，选择使用不同性能的纸。（审美育人、健康育人） |
| | 用不同的方法改造纸，体验改造后的纸在弹性、缓冲、承受力及隔热能力等方面的变化；尝试从多种角度、多种方式去认识材料。（劳动育人） |
| 学习重难点 | 学习重点：用不同的方法改造纸，体验改造后的纸在弹性、缓冲、承受力及隔热能力等方面的变化。 |
| | 学习难点：尝试从多种角度、多种方式去认识材料。 |
| 教学准备 | 教师准备：瓦楞纸箱、瓦楞纸杯、瓦楞纸杯套、纸凳、课件等。 |
| | 学生准备：普通的纸、小木块、承重台、记录单、油纸、热水等。 |

教学评活动设计

| 环节 | 教学内容 | 教师活动 | 学生活动 | 教学评价（育人目标及效果预设） |
| --- | --- | --- | --- | --- |
| 课题导入 | 制造情境 | 播放造纸术如何产生的视频，并强调造纸术是我国四大发明之一。纸从产生至今，已经出现了各种各样的纸，然后进入课堂。 | 了解造纸术是如何产生的，是哪个国家发明的，纸是用什么做的。 | 德性育人：知道造纸术是我国古代四大发明之一，是华夏儿女的骄傲。 |
| 新课教学 | | 让学生上台体验坐纸凳和站纸凳活动，引导学生关注到对纸的改造，让纸的作用发生了巨大变化。 | 从体验软软的纸张可以承受人的重力，感受改造纸张对纸的作用带来的巨大变化，初步感受到纸的神奇。 | 审美育人：激发学生改造纸张的兴趣，并为后续的探究学习做好铺垫。通过折叠纸凳感受折纸之美。 |
| 探索 | 活动一：观察纸箱 | 从学生常见的纸箱入手，聚焦纸箱可以承重和保护物品，引导学生观察纸箱纸，猜测纸箱纸的秘密是中间有波浪形状，尝试做一张这样的纸——瓦楞纸。 | 回答普通纸的作用（写字、画画、折纸、做手工……），通过观察承重能力强的纸箱纸，得出改造承重能力强的纸的方法——做成瓦楞状。 | 认知育人：通过让学生回顾与思考如何改造一张纸使它具有新的功能，使学生开始关注纸的特点。此过程在提升学生参与度的同时又促进学生思考的深入。<br>用科学词汇描述常见纸张的特征；根据可观察到的特征和性质，对物品和材料进行描述、比较和分析。 |

① 本案例由重庆市北碚区朝阳小学杨健伟提供

续表

<table>
<tr><th>课题</th><th colspan="4">神奇的纸</th></tr>
<tr><td>探索</td><td>活动二：制作瓦楞纸</td><td>教师示范折叠瓦楞纸的方法。（播放微视频，明确注意事项）</td><td>学生动手制作瓦楞纸。</td><td>劳动育人：通过示范和指导，引导学生折出符合实验要求、便于实验操作的瓦楞状的纸，为接下来的活动做铺垫。同时进行实践育人渗透：动手参与对物品的改造。</td></tr>
<tr><td rowspan="3">新课教学</td><td>活动三：感受瓦楞纸的“神奇”</td><td>引导学生在观察中发现纸的新特点（微视频），在实践中发现纸的新功能，并探讨纸箱承重的秘密。</td><td>学生观察纸的形状或纸的宽度发生了变化。感受到普通纸变成瓦楞状的纸后具有全新的功能和神奇的本领——有弹性、承重能力强，并完成记录单。</td><td>劳动育人：引领学生从不同的角度观察和感受，用不同的方式描述瓦楞状的纸的特点和功能，丰富学生对瓦楞状的纸形状的认识。</td></tr>
<tr><td>活动四：找油纸的特点</td><td>我们除了把纸通过折一折，变成瓦楞状的纸，用来做纸箱，还可以怎样改造纸，让它有新的用途呢？大家看看这种东西是什么？（通过视频引入油纸伞）</td><td>认识更多纸做的物品；有环保意识；尝试独立自主地观察纸或者其他物品。</td><td>德性育人：愿意倾听他人的意见，激发学生改造纸的兴趣。<br>审美育人：通过观看油纸伞的视频，感受美。<br>劳动育人：通过体验油纸防水性活动，巩固学生的探究方法，丰富学生对纸这一材料的认识，以及探索新材料的兴趣。</td></tr>
<tr><td>课后拓展</td><td>介绍生活中更多经过改造拥有新功能的纸，如牛奶盒、纸杯等，并引导学生节约用纸，循环利用纸。课后观察、探究身边关于纸的物品，是通过怎样的改造，让它有新的用途呢？</td><td>认识更多用纸做的物品；有环保意识；尝试独立自主地观察纸或者其他物品。</td><td>德性育人：对加工改造纸有更深层次的感受；通过节约用纸增强环保意识。</td></tr>
<tr><td>板书设计</td><td colspan="4">神奇的纸<br>加工　凳子（站人）<br>普通纸　改造　折一折　瓦楞纸（承重、厚、硬）<br>刷油　油纸（不怕水、光滑、透明）</td></tr>
</table>

## 教师观察组量表

教材版本：____________ 第____单元 第____课 课题：____________
学 校：____________ 班 级：____________ 学生数：____________
任课教师：____________ 观察者：____________ 时 间：____________

| 对象 | 维度 | 项目 | 观察项目 | 观察点 | 评价等级 | | | | 得分 |
|---|---|---|---|---|---|---|---|---|---|
| | | | | | A | B | C | D | |
| 教师 | 认知育人 | 科学观念 | 知道物体都是由一种或多种材料做成的。 | 探究在新知环节老师的追问是否指向预设目标的达成。 | | | | | |
| | | 科学探究 | | | | | | | |
| | 德性育人 | 科学精神 | 1. 发现不同材料的餐具有不同的用处。<br>2. 培养小组合作意识。 | 1.在合作学习中帮助学生发现获得同伴认可的策略，让学生有很强的自信心。<br>2.在探究环节中教师提供民主、平等、宽松的学习氛围。<br>3.在探究环节中教师提供合作学习和探究的机会。 | | | | | |
| | | 合作品质 | | | | | | | |
| | | 个体品格 | 学生提出不同的见解。 | 1. 教师提供学生发表不同见解的机会，并尊重学生的观点。<br>2. 教师采用积极对话的策略，帮助学生建立正确的认识观。 | | | | | |
| | 审美育人 | 感知美 | 体验不同材料的餐具，感受餐具的多样美。 | 教师提供不同材料的餐具。 | | | | | |
| | | 表达美 | | | | | | | |
| | 健康育人 | 健康意识 | 正确使用不同材料的餐具。 | 1.教师引导学生正确使用不同的餐具。<br>2.在探究过程中培养学生的安全意识。 | | | | | |
| | | 健康能力 | | | | | | | |
| | | 健康习惯 | | | | | | | |

续表

| | | | | | | | | | |
|---|---|---|---|---|---|---|---|---|---|
| 教师 | 劳动育人 | 劳动意识 | 观察和辨认不同的材料；描述常见材料的特点；通过调查，发现不同材料在日常生活中的不同用途。 | 1. 教师的引导方法灵活。<br>2. 突出重点、难点，结构合理，层次清楚。<br>3. 探究过程尊重学生人格。<br>4. 根据不同学生的学习需求适时调整教学。<br>5. 评价注意激励性。<br>6. 为可能需要的学生准备个性化学习材料。<br>7. 在探究活动中，教师巡视整个班级，提供必要的指导线索。 | | | | | |
| | | 劳动能力 | | | | | | | |
| | | 劳动习惯 | | | | | | | |
| 育人效果 | 学生发展明显<br>学习方式多元<br>学习情绪积极<br>教学策略恰当<br>五育目标达成 | 总体等级 | | | | | | 优<br>良<br>中<br>差 | |

**学生观察组量表**

教材版本：________ 第____单元 第____课 课题：________
学　　校：________ 班　级：________ 学生数：________
任课教师：________ 观察者：________ 时　间：________

| 对象 | 维度 | 项目 | 观察项目 | 观察点 | 评价等级 | | | | 得分 |
|---|---|---|---|---|---|---|---|---|---|
| | | | | | A | B | C | D | |
| 学生 | 认知育人 | 科学观念 | 1. 知道物体都是由一种或多种材料做成的。<br>2. 认识我们周围的常见材料有木头、金属、塑料、陶瓷等。 | 区分不同材料的餐具，说出不同材料的特征。 | | | | | |
| | | 科学探究 | | | | | | | |
| | 德性育人 | 科学精神 | 1. 发现不同材料的餐具有不同的用处。<br>2. 培养小组合作意识。<br>3. 提出不同的见解。 | 1. 有小组合作分工意识。<br>2. 与他人有效合作，照顾他人的学习需要。<br>3. 对课堂提问的参与度高，能积极主动地回答老师的提问。<br>4. 乐于并善于表达自己的想法。 | | | | | |
| | | 合作品质 | | | | | | | |
| | | 个体品格 | | | | | | | |
| | 审美育人 | 感知美 | 体验不同材料的餐具，感受餐具的多样美。 | 说出不同材料餐具的特征。 | | | | | |
| | | 表达美 | | | | | | | |

续表

| | | | | | | | | | |
|---|---|---|---|---|---|---|---|---|---|
| 学生 | 健康育人 | 健康意识 | 正确使用不同材料的餐具。 | 1.正确、安全使用餐具。<br>2.注意在研究过程中的安全事项。 | | | | | |
| | | 健康能力 | | | | | | | |
| | | 健康习惯 | | | | | | | |
| | 劳动育人 | 劳动意识 | 观察和辨认不同的材料;描述常见材料的特点;通过调查,发现不同材料在日常生活中的不同用途。 | 1.学生自主探究。<br>2.学生具有视听、操作、阅读、研讨、展示、评价的能力,并学以致用将兴趣延伸至课外。 | | | | | |
| | | 劳动能力 | | | | | | | |
| | | 劳动习惯 | | | | | | | |

## 附:案例2

### "时间在流逝"教学设计[①]

| 课题 | 时间在流逝 | | | |
|---|---|---|---|---|
| 育人目标 | 认知育人:学生根据自然界有规律运动的事物或现象及身边信息估计时间;感受时间的存在以及关注我们每天流逝的时间。 | | | |
| | 德性育人:培养学生珍惜时间的意识,并将这种意识与自身生活实际联系。 | | | |
| | 健康育人:学会利用有限的时间做有效的事情,例如学习、锻炼身体。 | | | |
| | 实践育人:通过实践分析出科学估计时间的方法应具有规律性;通过对一分钟活动的体验的对比、讨论,得知时间在以不变的速度流逝这一抽象理念。 | | | |
| 学习重难点 | 学习重点:运用多种方法感受一分钟的长短。 | | | |
| | 学习难点:如何更准确地估计一分钟的长短。 | | | |
| 教学准备 | 教师准备:课件、时钟。 | | | |
| | 学生准备:电子计时器。 | | | |
| 教学过程 | | | | |
| 环节 | 教学内容 | 教师活动 | 学生活动 | 教学评价<br>(育人目标及效果预设) |
| 课题导入 | 感受时间的重要性 | 1.展示孙杨2012年伦敦奥运会400米自由泳成绩表。思考:如果孙杨的成绩慢了一秒会怎样?(设计意图:激发学生兴趣的同时让学生意识到一秒钟的重要性)<br>2.感受秒的节奏。<br>3.揭示课题:时间在流逝。 | 学生回答:可能不会夺得冠军。 | 认知育人:通过感受"秒"这个短暂的时间单位,引入本课的学习,让学生意识到时间的重要性。 |

① 本案例由重庆市北碚区人民路蔡家小学张怡老师提供

续表

| 课题 | 时间在流逝 | | | |
|---|---|---|---|---|
| 新课教学 | 活动一：估计现在几点了 | 1. 同学们，对于时间我们都很熟悉。但在我们身边流逝的时间，又是看不到、摸不着的。如果你不看钟表，你能估计现在大约几点钟吗？<br>2. 出示时钟，得知正确的时间。<br>3. 小结：原来，我们可以感受时间，也可以估计时间，但是容易发生偏差。 | 1. 学生猜测，并说出依据。<br>2. 学生可能会看看外面的太阳，也可能会根据上课铃声来推测现在的时间。 | 认知育人：引导学生根据自然界有规律运动的事物或现象及身边信息估计时间。 |
| | 活动二：感受一分钟有多长 | 1. 回顾：钟表上分针转动一圈，就代表时间流逝了一个小时，秒钟转动一圈，代表时间流逝了一分钟。<br>2. 谈话：在你们印象中，一分钟长吗？<br>3. 感受一下一分钟有多长。（课件：一分钟滴答声）<br>4. 思考：在没有钟表的情况下，如何估计1分钟的流逝？（板书：计量时间）<br>5. 小组活动：同桌之间用自己的方法来记录一分钟。感觉“你的一分钟”到了，就举手。老师用秒表来记录，看看哪个同桌估计“一分钟”最接近钟表计时。<br>6. 对比演示：选一位用手记录时间较准确的学生上前演示。教师故意以不规律的节奏与他做同样的事情。大屏幕出示时钟计时。<br>7. 质疑：谁估计一分钟的方法更为科学？引出做有规律的运动来计量时间才更为科学。 | 1. 学生根据已有的认知回答，并举例说明自己认为一分钟长还是短。<br>2. 全体学生闭眼感受一分钟。<br>3. 学生发言。（预设：眨一下眼、拍一下手、呼吸一次、心跳一次……）<br>4. 组织与实施：组织学生以同桌为单位合作体验，用不同的方式感受一分钟的长短。<br>5. 学生观察，发现并指出老师“拍手”估计时间过程中，一会快一会慢，没有规律。<br>6. 学生根据事实做出判断并说明依据。<br>7. 学生联系知识与生活实际，举出更有力的例子。 | 认知育人：让学生初步感受一分钟的时长，意识到时间在流逝。<br>劳动育人：了解学生对一秒钟的估计方式。鼓励学生用多种方法估计一秒钟，加强与实际生活的联系。<br>劳动育人：通过实践分析出科学估计时间的方法应具有规律性。通过对一分钟活动的体验的对比、讨论得知时间在以不变的速度流逝这一抽象理念。 |

续表

| 课题 | 时间在流逝 | | | |
|---|---|---|---|---|
| 新课教学 | 活动二：感受一分钟有多长 | 8.提出问题：根据这个道理，同学们还知道哪些有规律运动的事物或现象可以计量时间吗？（课件出示一些可以估计时间的自然界有规律变化的事物或现象） | | 劳动育人：通过对比，进一步让学生认识到借助有规律的事物才能更科学地估计时间。 |
| | 活动三：时间过去多久了 | 1.组织全体学生一起观看一分钟时长的动画片，再做一个把手举过头顶坚持一分钟的动作。说说你有什么感受？<br>2.什么时候感觉时间过得特别快？什么时候感觉时间过得特别慢？<br>3.小组讨论：时间真的有快慢吗？<br>4.小结：是呀！时间是没有快慢的，每一天、每一分、每一秒的长度都是一样的。 | 1.学生分享实际感受。<br>2.学生联系生活举例。<br>3.学生四人一组开展讨论。 | 劳动育人、认知育人：通过两种不同的活动引导学生初步体会时间的长短与人感觉之间的关系。<br>德性育人：养成实事求是的态度。 |
| 课堂小结 | 珍惜时间，有效地利用时间做有意义的事 | 1.思考：时间在流逝，转眼间，你们都十一二岁了。生活中还有哪些变化可以让你感觉到时间在流逝？<br>2.来看看在流逝的十几年时间中，他们都做了些什么？（课件出示牛顿、爱迪生的小故事）<br>3.送给学生共勉的话：时间宝贵，我们要在有限的时间内做一些有意义的事，成为更有价值的人，贡献给社会，这需要我们有强健的体魄，过人的智慧和勤劳的双手，希望大家能够珍惜时间，努力学习，常常锻炼，成为更好的孩子。 | 学生谈谈看完后的感受。学生可能会感悟并说到关于要珍惜时间的重要性。 | 德性育人：为让学生学会珍惜时间这一情感价值观埋下伏笔。<br>健康育人：学会利用有限的时间做有效的事情，例如学习、锻炼身体。 |
| 拓展 | 在钟表出现之前，古人是怎样测量时间的呢？请查找课外资料找到答案吧！ | | | |

续表

| 课题 | 时间在流逝 |
|---|---|
| 板书设计 | **时间在流逝**<br>估计时间:易偏差<br>珍惜时间<br>计量时间:有规律 |

**教师观察组量表**

<table>
<tr><td colspan="10">教材版本:__________ 第____单元 第____课 课题:__________<br>学　校:__________ 班　级:__________ 学生数:__________<br>任课教师:__________ 观察者:__________ 时　间:__________</td></tr>
<tr><td rowspan="2">对象</td><td rowspan="2">维度</td><td rowspan="2">项目</td><td rowspan="2">观察项目</td><td rowspan="2">观察点</td><td colspan="4">评价等级</td><td>得分</td></tr>
<tr><td>A</td><td>B</td><td>C</td><td>D</td><td></td></tr>
<tr><td rowspan="7">教师</td><td rowspan="2">认知育人</td><td>科学观念</td><td rowspan="2">1.知道时间是指某一时刻,有时则是表示一个时间长度。<br>2.知道借助自然界有规律的事物或现象估计时间。</td><td rowspan="2">通过感受“秒”这个短暂的时间单位,引入本课的学习,让学生意识到时间的重要性。</td><td></td><td></td><td></td><td></td><td></td></tr>
<tr><td>科学探究</td><td></td><td></td><td></td><td></td><td></td></tr>
<tr><td rowspan="3">德性育人</td><td>科学精神</td><td rowspan="2">1.意识到时间的长短不以人的意志而改变,时间以不变的速度在流逝。<br>2.培养小组合作意识。</td><td rowspan="2">1.在合作探究中帮助学生建立珍惜时间的意识。<br>2.在探究环节中教师提供民主、平等、宽松的学习氛围。<br>3.在探究环节中教师提供合作学习和探究的机会。</td><td></td><td></td><td></td><td></td><td></td></tr>
<tr><td>合作品质</td><td></td><td></td><td></td><td></td><td></td></tr>
<tr><td>个体品格</td><td>学生提出不同的见解。</td><td>1.教师提供学生发表不同见解的机会,并尊重学生的观点。<br>2.教师采用积极对话的策略,帮助学生建立正确的认识观。</td><td></td><td></td><td></td><td></td><td></td></tr>
<tr><td rowspan="2">审美育人</td><td>感知美</td><td></td><td>教师补充介绍圭表、日晷等测量时间的仪器。</td><td></td><td></td><td></td><td></td><td></td></tr>
<tr><td>表达美</td><td>了解在钟表发明之前,古人是怎样测量时间的,感受测量时间方式的多样美。</td><td></td><td></td><td></td><td></td><td></td><td></td></tr>
</table>

续表

| | | | | | | | | | |
|---|---|---|---|---|---|---|---|---|---|
| 教师 | 健康育人 | 健康意识 | 利用有限的时间做有效的事情，例如学习、锻炼身体。 | 教师引导学生正确利用时间。 | | | | | |
| | | 健康能力 | | | | | | | |
| | | 健康习惯 | | | | | | | |
| | 劳动育人 | 劳动意识 | 运用多种方法感受一秒钟、一分钟的长短，加强与生活实际的联系；知道科学估计时间的方法应具有规律性。 | 1. 教师的引导方法灵活。<br>2. 突出重点、难点，结构合理，层次清楚。<br>3. 探究过程尊重学生人格。<br>4. 根据不同学生的学习需求适时调整教学。<br>5. 评价注意激励性。<br>6. 为可能需要的学生准备个性化学习材料。<br>7. 在探究活动中，教师巡视整个班级，提供必要的指导线索。 | | | | | |
| | | 劳动能力 | | | | | | | |
| | | 劳动习惯 | | | | | | | |
| 育人效果 | 学生发展明显<br>学习方式多元<br>学习情绪积极<br>教学策略恰当<br>五育目标达成 | 总体等级 | | | | | | | 优<br>良<br>中<br>差 |

**学生观察组量表**

教材版本：________ 第____单元 第____课 课题：________
学 校：________ 班 级：________ 学生数：________
任课教师：________ 观察者：________ 时 间：________

| 对象 | 维度 | 项目 | 观察项目 | 观察点 | 评价等级 | | | | |
|---|---|---|---|---|---|---|---|---|---|
| | | | | | A | B | C | D | 得分 |
| 学生 | 认知育人 | 科学观念 | 1. 知道时间是指某一时刻，有时则是表示一个时间长度。<br>2. 知道借助自然界有规律的事物或现象感受一分钟的长短。 | 根据各种自然现象估计时间，感受时间的存在，关注时间的流逝。 | | | | | |
| | | 科学探究 | | | | | | | |

续表

| | | | | | | | | | |
|---|---|---|---|---|---|---|---|---|---|
| 学生 | 德性育人 | 科学精神 | 1. 意识到时间的长短不以人的意志而改变，时间以不变的速度在流逝。<br>2. 培养小组合作意识。<br>3. 提出不同的见解。 | 1. 有小组合作分工意识。<br>2. 与他人有效合作，照顾他人的学习需要。<br>3. 对课堂提问的参与度高，能积极主动地回答老师的提问。<br>4. 乐于并善于表达自己的想法。 | | | | | |
| | | 合作品质 | | | | | | | |
| | | 个体品格 | | | | | | | |
| | 审美育人 | 感知美 | 了解古人是怎样测量时间的，感受测量时间方式的多样美。 | 说出古人使用的多种测量时间的方式。 | | | | | |
| | | 表达美 | | | | | | | |
| | 健康育人 | 健康意识 | 利用有限的时间做有效的事情，例如学习、锻炼身体。 | 学生正确利用时间。 | | | | | |
| | | 健康能力 | | | | | | | |
| | | 健康习惯 | | | | | | | |
| | 劳动育人 | 劳动意识 | 运用多种方法感受一秒钟、一分钟的长短，加强与生活实际的联系；知道科学估计时间的方法应具有规律性；通过对一分钟活动的体验的对比、讨论得知时间在以不变的速度流逝这一抽象理念。 | 1. 学生自主探究。<br>2. 学生学以致用并将兴趣延伸至课外。 | | | | | |
| | | 劳动能力 | | | | | | | |
| | | 劳动习惯 | | | | | | | |

## 附：案例3

### “生活中的静电现象”教学设计[①]

| 课题 | 生活中的静电现象 |
|---|---|
| 育人目标 | 1. 认知育人：静电现象是物质在外力的作用下电荷位置发生变化所产生的带电现象；电荷有正电荷和负电荷两种，同种电荷相互吸引，异种电荷相互排斥；电荷在电路中持续的定向流动就形成了电流。 |
| | 2. 德性育人：对静电的研究产生兴趣；愿意倾听他人的意见，乐于交流自己的观点，主动进行合作学习。 |
| | 3. 健康育人：了解电的危险性，要学会自我保护，注意安全。 |
| | 4. 劳动育人：认真、正确参与静电探究活动。 |

① 本案例由重庆市北碚区人民路蔡家小学陈伟老师提供

续表

| 课题 | 生活中的静电现象 | | | |
|---|---|---|---|---|
| 学习重难点 | 学习重点：对静电的研究产生兴趣并尝试解释静电现象；发现电荷间相互作用的规律。 | | | |
| | 学习难点：通过摩擦判断物体的带电情况。 | | | |
| 教学准备 | 教师准备：多媒体课件、学生用器材1套、手电筒。 | | | |
| | 学生准备：1把塑料梳子、1把塑料尺子、碎纸屑、2~3个充气气球、1张毛皮、绑气球的细线、挂气球的支架。 | | | |
| 教学过程 | | | | |
| 环节 | 教学内容 | 教师活动 | 学生活动 | 教学评价<br>（育人目标及效果预设） |
| 课题导入 | 谈话导入 | 近段时间，老师晚上脱毛衣的时候总是听到噼里啪啦的响声，甚至还能看到电火花。你们有遇到过这样的情况吗？知道这是什么现象吗？怎么解释这种现象呢？先从今天要探究的内容“生活中的静电现象”说起吧。（板书课题） | 1.学生：遇到过。<br>2.学生：是静电现象。（预设） | 德性育人：通过平等的谈话，营造轻松愉悦的学习氛围。<br>德性育人：交流大家看似熟悉的静电，对本课的研究产生兴趣。 |
| 新课教学 | 前概念知识梳理 | 大家是怎么理解静电的？它和我们生活中的电一样吗？ | 学生交流自己对静电的认知。 | 认知育人：了解学生的前概念知识，为单元内容学习的展开做好铺垫，并做出相应的教学调整。 |
| | 聚焦 | 1.大家能用塑料梳子、彩色纸片、碎纸屑来制造静电现象吗？你们是怎么做的？怎么才知道产生静电了？<br>2.生活中的静电现象随处可见，大家知道的还有哪些？<br>3.学生交流过程中，教师适时引导与点评。教师利用课件中的图片补充生活中常见的静电现象。<br>4.填空形式小结：静电现象是物质在外力的作用下，电荷位置发生变化所产生的带电现象。通过摩擦的方法可以使一些物体带上静电，带静电的物体可以吸引一些轻小的物体。静电存在于我们周围的一切物质之中，当然也包括我们人类自身在内。 | 1.学生进行小组活动，并尝试收集证据来证明观点。<br>2.学生把塑料梳子放在头发上来回摩擦。<br>3.学生在纸片上使劲摩擦，通过物体之间的摩擦产生静电。<br>4.学生摩擦后，把碎纸屑吸引起来了。<br>5.学生交流生活中的静电现象。<br>6.学生根据课件进行反馈。 | 德性育人：对静电的研究产生兴趣；愿意倾听他人的意见，乐于交流自己的观点，主动进行合作学习。<br>认知育人：静电现象是物质在外力的作用下，电荷位置发生变化所产生的带电现象。 |

续表

| 课题 | 生活中的静电现象 | | | |
|---|---|---|---|---|
| 新课教学 | 探索 | 1.认识电荷<br>提问：静电既然存在于所有的物质之中，那为什么我们通常感觉不到物体带电呢？<br>在学生交流汇报后，多媒体播放《静电的产生》视频。明确：感觉不到物体带电，是没有外力摩擦物体，电荷没有发生转移。<br>补充：摩擦起电的物体电荷位置是怎么变化的呢？原来，摩擦起电带电的正负是由材料对电子的束缚能力的强弱决定的。束缚能力弱的（玻璃棒），容易失去电子，呈正电荷；束缚能力强的（橡胶棒），容易得到电子，呈负电荷。<br>2.生活释疑<br>提问：如何解释梳子梳干头发的静电现象呢？<br>3.探索电荷之间的相互作用<br>师：接下来请大家完成下面两个实验，并填写记录表。<br>活动一：用毛皮摩擦充气气球后，再用这个气球的摩擦面靠近头发，观察现象。<br>活动二：两个悬挂着的气球，用毛皮摩擦后，观察现象。<br>提问：根据两个活动现象，借助磁极之间的相互作用，你能试着寻找电荷之间相互作用的规律吗？<br>教师适时根据学生的回答进行评价与板书。 | 1.分小组交流、讨论、汇报。<br>2.学生在老师的引导下，结合课件科学地认识静电现象及电荷转移情况。<br>3.学生解释梳头时的静电现象：塑料梳子梳理干燥的头发，梳子带负电荷，头发带正电荷，互相靠近时产生互相吸引的现象，所以头发就飘起来了。<br>4.学生两人一个小组，一人操作，一人观察，再互换角色记录后汇报。 | 认知育人：图文结合进行板书，有效引导学生理解静电这一概念，能很好地区分潜意识里对静电的片面认识。<br>认知育人：电荷有正电荷和负电荷两种。同种电荷相互排斥，异种电荷相互吸引。<br>德性育人：对静电的研究产生持续的兴趣。 |

续表

| 课题 | 生活中的静电现象 | | | |
|---|---|---|---|---|
| 新课教学 | 研讨 | 1.让电荷流动起来<br>师：通过刚才的学习，我们知道了静电可以通过摩擦得到。我摩擦这个小灯泡它会亮吗?(演示用手摩擦灯泡)<br>追问：静电也是电，它为什么不能点亮小灯泡?<br>2.如何形成电流<br>为了弄清楚这个问题。老师借助到生活中的好帮手，出示手电筒、播放课件，初步了解手电筒结构。<br>小结：为了让小灯泡等用电器正常工作，就需要有电流流过。但是带静电的物体中的电荷是不能持续流动的，还需要像手电筒那样，由电池提供动力，让电荷在电路中流通起来才行。 | 1.学生观看演示：不能点亮小灯泡。追问后让学生发表观点。<br>2.结合课件认识电路及电流通路。 | 认知育人：电荷持续的定向流动就形成了电流。 |
| 课堂小结 | | 提问：这堂课，大家收获到些什么? | 抽学生结合板书或自己的理解进行小结。 | 德性育人：愿意倾听他人的意见，乐于交流自己的观点，主动进行合作学习。 |
| 拓展 | 想消除静电，可以怎么做？请大家在生活中寻找或查找相关资料。 | | | |
| 板书设计 | 正电荷“＋”　负电荷“－”　⟸（相互摩擦／电荷流动）　生活中的静电现象　⟹（电荷之间的作用）　同荷相斥　异荷相吸 | | | |

**教师观察组量表**

教材版本：__________ 第____单元 第____课 课题：__________
学　　校：__________ 班　级：__________ 学生数：__________
任课教师：__________ 观察者：__________ 时　间：__________

| 对象 | 维度 | 项目 | 观察项目 | 观察点 | 评价等级 | | | | 得分 |
|---|---|---|---|---|---|---|---|---|---|
| | | | | | A | B | C | D | |
| 教师 | 认知育人 | 科学观念 | 1.知道生活中有很多静电现象，通过摩擦等方式可以使物体带电。<br>2.解释静电现象，认识带同种电荷的物体相互排斥，带异种电荷的物体相互吸引。<br>3.理解电荷可以流动，电荷在电路中持续流动可以产生电流。 | 探究在新知环节老师的追问是否指向预设目标的达成。 | | | | | |
| | | 科学探究 | | | | | | | |

续表

| | | | | | | | | | |
|---|---|---|---|---|---|---|---|---|---|
| 教师 | 德性育人 | 科学精神 | 1. 交流大家看似熟悉的静电，对本课的研究产生兴趣。<br>2. 培养小组合作意识。 | 1. 在合作学习中帮助学生发现获得同伴认可的策略，让学生有很强的自信心。<br>2. 在探究环节中教师提供民主、平等、宽松的学习气氛围。<br>3. 在探究环节中教师提供合作学习和探究的机会。 | | | | | |
| | | 合作品质 | | | | | | | |
| | | 个体品格 | 学生提出不同的见解。 | 1. 教师提供学生发表不同见解的机会，并尊重学生的观点。<br>2. 教师采用积极对话的策略，帮助学生建立正确的认识观。 | | | | | |
| | 审美育人 | 感知美 | 体验生活中的各种静电现象，感受科学魅力。 | 教师提供不同的实验材料供学生感受静电现象。 | | | | | |
| | | 表达美 | | | | | | | |
| | 健康育人 | 健康意识 | 知道电的危险性，学会安全用电，保护自我和他人生命安全。 | 1. 教师引导学生安全用电。 | | | | | |
| | | 健康能力 | | 2. 在探究过程中培养学生的安全意识。 | | | | | |
| | | 健康习惯 | | | | | | | |
| | 劳动育人 | 劳动意识 | 利用常见材料开展静电探究活动；利用一个个有趣的小实验将电荷“可视化”，理解产生静电的本质原因。 | 1. 教师的引导方法灵活。<br>2. 突出重点、难点，结构合理，层次清楚。<br>3. 探究过程尊重学生人格。<br>4. 根据不同学生的学习需求适时调整教学。<br>5. 评价注意激励性。<br>6. 为可能需要的学生准备个性化学习材料。<br>7. 在探究活动中，教师巡视整个班级，提供必要的指导线索。 | | | | | |
| | | 劳动能力 | | | | | | | |
| | | 劳动习惯 | | | | | | | |

续表

<table>
<tr><td>育人效果</td><td>学生发展明显<br>学习方式多元<br>学习情绪积极<br>教学策略恰当<br>五育目标达成</td><td>总体等级</td><td>优<br>良<br>中<br>差</td></tr>
</table>

**学生观察组量表**

<table>
<tr><td colspan="10">教材版本：__________ 第____单元 第____课 课题：__________<br>学　　校：__________ 班　级：__________ 学生数：__________<br>任课教师：__________ 观察者：__________ 时　间：__________</td></tr>
<tr><td rowspan="2">对象</td><td rowspan="2">维度</td><td rowspan="2">项目</td><td rowspan="2">观察项目</td><td rowspan="2">观察点</td><td colspan="5">评价等级</td></tr>
<tr><td>A</td><td>B</td><td>C</td><td>D</td><td>得分</td></tr>
<tr><td rowspan="16">学生</td><td rowspan="2">认知育人</td><td>科学观念</td><td rowspan="2">1. 知道生活中有很多静电现象，通过摩擦等方式可以使物体带电。<br>2. 解释静电现象，认识带同种电荷的物体相互排斥，带异种电荷的物体相互吸引。<br>3. 理解电荷可以流动，电荷在电路中持续流动可以产生电流。</td><td rowspan="2">1. 区分不同材料的物品，说出不同材料的特征。<br>2. 知道静电现象是物质在外力的作用下，电荷位置发生变化所产生的带电现象。<br>3. 知道电荷有正电荷和负电荷两种，同种电荷相互排斥，异种电荷相互吸引。<br>4. 理解电荷持续的定向流动形成了电流。</td><td rowspan="2"></td><td rowspan="2"></td><td rowspan="2"></td><td rowspan="2"></td><td rowspan="2"></td></tr>
<tr><td>科学探究</td></tr>
<tr><td rowspan="3">德性育人</td><td>科学精神</td><td rowspan="3">1. 交流大家看似熟悉的静电，对本课的研究产生兴趣。<br>2. 培养小组合作意识。</td><td rowspan="3">1. 有小组合作分工意识。<br>2. 与他人有效合作，照顾他人的学习需要。<br>3. 对课堂提问的参与度高，能积极主动地回答老师的提问。<br>4. 乐于并善于表达自己的想法。</td><td rowspan="3"></td><td rowspan="3"></td><td rowspan="3"></td><td rowspan="3"></td><td rowspan="3"></td></tr>
<tr><td>合作品质</td></tr>
<tr><td>个体品格</td></tr>
<tr><td rowspan="2">审美育人</td><td>感知美</td><td rowspan="2">体验生活中的各种静电现象，感受科学魅力。</td><td rowspan="2">感受各种静电现象的魅力。</td><td rowspan="2"></td><td rowspan="2"></td><td rowspan="2"></td><td rowspan="2"></td><td rowspan="2"></td></tr>
<tr><td>表达美</td></tr>
<tr><td rowspan="3">健康育人</td><td>健康意识</td><td rowspan="3">知道电的危险性，学会安全用电，保护自我和他人生命安全。</td><td rowspan="3">1. 正确、安全使用电。<br>2. 注意在研究过程中的安全事项。</td><td rowspan="3"></td><td rowspan="3"></td><td rowspan="3"></td><td rowspan="3"></td><td rowspan="3"></td></tr>
<tr><td>健康能力</td></tr>
<tr><td>健康习惯</td></tr>
<tr><td rowspan="3">劳动育人</td><td>劳动意识</td><td rowspan="3">认真、正确参与静电探究活动。通过实验了解静电产生的本质原因。</td><td rowspan="3">1. 学生自主探究。<br>2. 学生具有视听、操作、阅读、研讨、展示、评价的能力，并学以致用将兴趣延伸至课外。</td><td rowspan="3"></td><td rowspan="3"></td><td rowspan="3"></td><td rowspan="3"></td><td rowspan="3"></td></tr>
<tr><td>劳动能力</td></tr>
<tr><td>劳动习惯</td></tr>
</table>

## 二、同课异构评析法

同课异构是指同一节课的内容，由不同教师根据自己的实际、自己的理解，自己备课并上课。

由于教师的不同，所备、所上的课的结构、风格，所采取的教学方法和策略各有不同，这就构成了同一内容用不同的风格、方法、策略进行教学的课。

同课异构根据学生实际、现有的教学条件和教师自身的特点，进行不同的教学设计。同课异构教学研讨为教师们提供了一个面对面交流互动的平台。在这个平台中，教师们共同探讨教学中的热点、难点问题，探讨教学的艺术，交流彼此的经验，共享成功的喜悦。或者，为某个未解问题冥思苦想、食不甘味、夜不能寐。多维的角度、迥异的风格、不同的策略在交流中碰撞、升华，这种多层面、全方位的合作探讨，可以整体提升教师的教学教研水平，提高教学质量。

### 重庆市北碚区2019学年秋小学科学全息育人课例研讨活动

2019年10月10日，北碚区全体科学教师在北碚区状元小学开展了课例研讨活动，状元小学汤小琴老师和西南大学附属小学王颖老师，同时执教教科版《科学》三年级上册第一单元“加快溶解”一课。

附：案例1

汤小琴老师教学设计①

| 课题 | 加快溶解 |
|---|---|
| 育人目标 | 1.知道通过搅拌和提高水的温度，能够加快方糖在水中的溶解速度。（认知育人） |
| | 2.在教师的指导下，学会使用对比的方法观察实验现象，研究同样的水中溶解相同方糖的速度。（劳动育人） |
| | 3.感受生活中的溶解现象，知道可以利用各种方法加快溶解的速度。（健康育人） |
| 学习重难点 | 学习重点：知道通过搅拌和提高水的温度，能够加快方糖在水中的溶解速度。 |
| | 学习难点：在教师的指导下，学会使用对比的方法观察实验现象，研究同样的水中溶解相同方糖的速度。 |
| 教学准备 | 相同方糖4份，两杯一样多的冷水和热水（自来水、热水）、两杯一样多的冷水、玻璃棒1根、学生活动手册、记录单等。 |

① 本案例由重庆市北碚区状元小学汤小琴老师提供

续表

| 课题 | 加快溶解 | | | |
| --- | --- | --- | --- | --- |
| 教学评活动设计 | | | | |
| 环节 | 教学内容 | 教师活动 | 学生活动 | 设计意图<br>（育人点及育人效果预期） |
| 聚焦 | 谈话引入 | 今天老师给大家带来了方糖和水，方糖放入水中会怎样？方糖在水中完全溶解大概需要多长时间？你们有什么办法可以加快方糖的溶解？（揭示课题） | 预设：会溶解，大概需要3分钟、5分钟、8分钟，可以用热水、搅拌等方法加快溶解。 | 德性育人：谈话引入简单明了、开门见山，让学生说说有哪些方法能加快方糖溶解，了解学生前概念，激发学生的探究兴趣。 |
| | 过渡 | 仔细观察，看看他们的实验公平吗？思考应该怎么做？ | 一个学生演示相同时间内用不同的方法溶解方糖实验，其余同学观察、交流、讨论、对比实验中相同的条件和改变的条件等。 | |
| 新课教学 | 探索活动一：演示温度与溶解快慢实验 | 出示记录单，强化对比实验中改变的条件只有一个，其他条件都保持不变。 | 学生观察记录不同温度的水中方糖颗粒的变化，交流汇报。 | 劳动育人：让学生明确对比实验应注意进行变量的控制，只能改变一个条件，其他条件保持不变，为后面的实验探究做好铺垫。 |
| | 探索活动二：分组探究搅拌与溶解快慢的关系 | 刚才我们运用了对比的方法探究了温度与溶解快慢的关系，接下来请你们用对比的方法自主设计探究搅拌与溶解快慢的关系实验。 | 学生自主设计方案，分组观察记录，探究搅拌与溶解快慢的关系，交流汇报。 | 劳动育人：在探究了温度对溶解快慢的影响的基础上，充分调动学生学习的自主性，让学生自主设计搅拌对溶解快慢的影响实验，由“扶”到“放”探究影响溶解快慢因素的实验，突破重难点。进一步强化学生对对比实验只能改变一个条件的认识，培养学生初步设计对比实验的能力。<br>健康育人：注意引导搅拌和实验注意事项。 |
| | 研讨 | 1.影响溶解快慢的因素有哪些？你是怎么知道的？<br>2.如何让方糖更快地溶解在水中，还可以怎样做？ | 学生汇报。 | 审美育人：分析实验结果，得出结论，体验成功之美。学会使用科学的方法探究实验。 |

续表

| 课题 | 加快溶解 | | | |
|---|---|---|---|---|
| 课堂小结 | | 通过今天的学习，我们知道了对比实验中改变的条件只有一个，其他条件保持不变，设计了对比实验来帮助认识到影响物质溶解的快慢的因素有水的温度、是否搅拌等。因此我们可以用提高水的温度、搅拌等方法来加快物质的溶解。 | | 认知育人：整理信息，理解知识概念。 |
| 拓展 | 请你在生活中继续寻找加快溶解的方法，并通过实验证明自己的观点。 | | | |
| 板书设计 | 影响溶解的因素：搅拌？水的温度？<br>加快溶解　对比实验<br>只有一个<br>改变的条件　相同的条件 | | | |

## 附：案例2

王颖老师教学设计[1]

| 课题 | 加快溶解 | |
|---|---|---|
| 单元 | 水 | 第6课时 |
| 育人目标 | 1.通过搅拌和提高水的温度，能够加快方糖在水中的溶解速度。（认知育人） | |
| | 2.通过对比的方法研究同样的水中溶解相同方糖的速度，能用搅拌使水中的物体充分溶解。（劳动育人、认知育人） | |
| | 3.学会使用对比的方法观察实验现象，实事求是进行数据分析。（德性育人） | |
| | 4.感受生活中的溶解现象，知道可以利用各种方法加快溶解的速度。（审美育人） | |
| 教学重难点 | 教学重点：学生认识到通过搅拌和提高水的温度，能够加快方糖在水中的溶解速度。 热水加搅拌能更快溶解方糖。 | |
| | 教学难点：设计对比实验进行探究，对数据进行分析。 | |
| 材料准备 | 相同方糖4份，两杯一样多的冷水和热水（自来水、热水）、两杯一样多的冷水、玻璃棒1根、学生活动手册、记录单等。 | |

① 本案例由西南大学附属小学王颖老师提供

续表

| 课题 | 加快溶解 | | | |
|---|---|---|---|---|
| 教学过程 | | | | |
| 环节 | 教学内容 | 教师活动 | 学生活动 | 设计意图<br>(育人点及育人效果预期) |
| 聚焦 | 谈话引入 | 出示方糖和水。把方糖放入水中会如何?<br>(板书:溶解)<br>昨天我们家小朋友,看到方糖想做成一杯甜甜的水。拿了杯子,倒了水,放了一块方糖在水里,一尝不甜;再放一块,也不甜;又放一块,一尝还不甜;就又放了一块,一尝怎么还是不甜?他皱着眉头来找我:“妈妈,为什么我放了4块方糖水还不甜呢?”三年级的哥哥姐姐们,你们知道为什么吗? | 预设:方糖会溶解在水里。<br>学生推测:放入的方糖还没有溶解,所以不甜。 | 德性育人:谈话引入简单明了,让学生从生活中发现问题、聚焦话题,学会去思考生活现象背后的原因。 |
| | 过渡 | 谁有办法使食盐溶解得更快? | 学生推测:用热的水、搅拌。 | 德性育人:让学生说说有哪些方法能加快方糖溶解,了解学生前概念,激发学生的探究兴趣。 |
| 探索 | 讨论实验要求 | 提出对比实验:我们在验证用热水是否能加快溶解时,应当确保哪些条件一致?<br>那验证搅拌是否能加快溶解呢?<br>用什么数据来记录溶解的快慢呢? | 预设:一杯冷水,一杯热水,水量相同,方糖大小相同,都不搅拌。<br>将两块相同大小的方糖分别放入两个杯子里,水量相同,水温相同,一杯搅拌,一杯不搅拌。<br>完全溶解需要的时间。 | 劳动育人:让学生明确对比实验应注意进行变量的控制,只能改变一个条件,其他条件保持不变,为后面的实验探究做好铺垫。 |
| | 分组实验 | 教师巡视指导,提示搅拌时把杯子扶着。 | 学生按实验要求分组,选择其中一个验证点进行实验,小组内分工合作,观察记录方糖颗粒的变化,记下溶解时间,小组内交流汇报。 | 德性育人、健康育人:教师巡视督促学生严格按对比实验要求进行实验,有助于培养学生严谨的科学探究精神,养成边实验边记录的习惯,并注重实验安全。 |

续表

| 课题 | 加快溶解 | | | |
|---|---|---|---|---|
| 探索 | 讨论交流 | 汇总各组数据，横向对比分析数据：看看搅拌和热水溶解方糖的时间，你有什么发现？<br>不搅拌冷水的情况下方糖还没有溶解，因为溶解较慢，需要时间太长，我们不等待。课下我将实验结果贴在这里，看你又有什么发现？<br>教师小结：我们用对比的方法把实验数据进行比较，找到了证据。发现这两组进行比较，实际上就是搅拌和不搅拌进行比较、热水和冷水进行比较。数据是会说话的，数据告诉我们搅拌、热水都可以加快溶解。(板书：图示)我们找到证据证明我们的生活经验，这些就是我们的科学发现，科学家就是这样做研究的。<br>纵向分析数据：<br>同样是热水，同样是搅拌，为什么有些稍微快点，有些稍微慢一点呢？<br>小结：水温越高，搅拌越快，方糖溶解的速度越快。看来要快速得到一杯糖水，需要把方糖放到温度更高的水，并快速搅拌才行。不过水温太高时要注意什么呢？ | 学生将小组实验数据汇总，并填到黑板上的班级实验记录表中。<br>学生横向对比两种实验方法。<br>预设：搅拌比不搅拌溶解快；热水比冷水溶解快(冷水中的方糖仍未溶解)。<br>预设：热水的温度不一样，搅拌的速度不一样。<br>小心别被水烫着。 | 德性育人、劳动育人、审美育人：通过引导学生进行横向、纵向的数据分析，养成学生的数据意识，提供以数据作为观点的论证依据，学会反思自己的实验过程，找到不同实验数据的来源，体验成功之美。学会使用科学的方法探究实验。 |
| | 用更快的方法溶解方糖 | 刚才我们运用了对比的方法探究了温度与溶解快慢的关系，现在你能确定地回答怎么才能很快地喝到一杯甜水。那你有没有其他更快的方法呢？你能验证你的想法吗？(提示实验安全) | 预设：热水加搅拌。<br>学生自主设计方案，分组观察记录，探究搅拌与溶解快慢的关系，交流汇报。 | 劳动育人、健康育人：在探究了温度和搅拌对溶解快慢的影响的基础上，充分调动学生学习的自主性，让学生自主设计并综合运用双因素对溶解快慢的影响实验，培养学生初步设计对比实验的能力，提高科学应用能力。 |
| 研讨 | | 1.影响溶解快慢的因素有哪些？你是怎么知道的？<br>2.如想让方糖更快地溶解在水中，还可以怎样做？ | 学生汇报。 | 审美育人：分析实验结果，得出结论，体验成功之美。学会使用科学的方法探究实验。 |

续表

<table>
<tr><th>课题</th><th colspan="4">加快溶解</th></tr>
<tr><td>课堂小结</td><td></td><td>通过今天的学习，我们知道了对比实验中改变的条件只有一个，其他条件保持不变，设计了对比实验来帮助认识到影响物质溶解的快慢的因素有水的温度、是否搅拌等。因此我们可以用提高水的温度、搅拌等方法来加快物质的溶解。</td><td></td><td>认知育人：整理信息，理解知识概念。</td></tr>
<tr><td>拓展</td><td colspan="4">用今天学习的方法验证生活常识。思考：为什么炒菜的时候用的盐是粉末状的而不是块状的？</td></tr>
<tr><td>板书设计</td><td colspan="4">
</td></tr>
<tr><td>实验记录单</td><td colspan="4">

**用热水溶解方糖**

静置观察方糖的溶解过程（方糖颗粒变化，液体颜色变化），用文字或者图画记录。

<table>
<tr><th></th><th>刚开始<br>（颗粒大小，液体颜色）</th><th>过程中<br>（颗粒大小，液体颜色）</th><th>结束<br>（颗粒大小，液体颜色）</th></tr>
<tr><td>热水中方糖的溶解情况</td><td></td><td></td><td></td></tr>
<tr><td colspan="4">用热水使方糖溶解，用了______分______秒。</td></tr>
</table>

**用搅拌的方法溶解方糖**

静置观察方糖的溶解过程（方糖颗粒变化，液体颜色变化），用文字或者图画记录。

<table>
<tr><th></th><th>刚开始<br>（颗粒大小，液体颜色）</th><th>过程中<br>（颗粒大小，液体颜色）</th><th>结束<br>（颗粒大小，液体颜色）</th></tr>
<tr><td>搅拌后方糖的溶解情况</td><td></td><td></td><td></td></tr>
<tr><td colspan="4">用搅拌的办法使方糖溶解，用了______分______秒。</td></tr>
</table>
</td></tr>
</table>

研讨环节两位老师思想上高度重视，深钻教材，精心设计教学环节，使同一节课的教学呈现出异彩纷呈的画面。最后，在区教研员李建老师的组织下，区内老师们对这两节课进行了评课，大家畅谈了自己的看法。

朝阳小学张艳红老师说：“王颖老师注重创设情境，紧密结合生活，运用‘情境教学法'激发学生的学习兴趣。教学中,注重引导学生的思维,强调对比实验中的公平性,小组实验分工明确,贯彻了全息育人中德性育人、劳动育人点。"

人民路小学陈伟老师说:"汤老师在这节课中,按照'自主、合作、探究'的学习模式设计,教学思路清晰,让学生围绕问题设计对比实验、合作实验,然后交流汇报,这些都体现了全息育人所倡导的劳动育人、健康育人。同时汤老师还注重实验规范性的培养,这点值得大家学习。"

李建老师说:"要上好一节课,教师对教材内容的理解、把握和处理特别重要,老师们在备课时,一定要吃透教材。'加快溶解'在聚焦环节,直接提出问题'我们有什么办法可以加快物质在水中的溶解呢?'表明了本节课的探究主题。教材中探究部分有两个活动,第一个是探索温度与溶解快慢的关系,第二个是探索搅拌与溶解快慢的关系。在本课中,学生在老师的引导下进行对比实验,虽然没有提到'控制变量法'这一实验方法,但是在实验设计的过程中,渗透了这一方法,并且学生在之后的课堂中,实际应用了这一方法进行实验的设计和实践。研讨部分提出了两个问题'影响食盐溶解快慢的因素有哪些?''如果要让食盐更快地溶解在水中,还可以怎样做?'两个问题具有层次性、递进性。通过对比实验,学生得出科学结论后,在拓展部分,教师引导学生根据之前的生活经验和课堂上的学习,继续思考和探究。"

……

评析:

本案例是北碚区2019学年秋小学科学全息育人课例研讨活动中的一个片段,参加对象为北碚区全体科学老师,执教是状元小学汤小琴老师和西南大学附属小学王颖老师。两位老师来自不同的学校,教学环境有差异,教学风格也不同。因此,大家在交流评课时,采用同课异构评析法,比较了不同的教学策略所产生的不同教学效果,并由此打开了教师的教学思路,体现了教师的教学个性。老师们小组合作、同伴互助、相互学习与借鉴,大家收获匪浅。

## 三、庭辩式评课法

庭辩式评课法改变以往评课中听课者评、授课者听的模式,让授课者在课后解说自己的教学思路,并针对听课者提出的各种问题进行辩论,从而促进听课者与授课者之间的交流。庭辩式评课法具体包括以下几个程序。

1.教师准备授课。

2.评课小组听课。

3.授课后,授课教师对评课小组进行陈述

(1)陈述准备过程;(2)陈述本节课设计情况;(3)上课情况;(4)本节课的创新之处;(5)机动灵活处理之处;(6)其他方面。

4.评课小组与授课教师的问答

(1)针对本节课的内容提问;(2)针对授课情况提问;(3)针对本节课涉及的相关内容提问;(4)针对学生学习方面提问;(5)针对课堂其他问题(结构、语言、环节的处理)提问。

5.辩论阶段

授课人与评课人进行直接的辩论、讨论,双方可针锋相对,不作最后结论,只将问题表述清楚即可。

6.授课人最后陈述

(1)针对上几个程序,提出较完整的陈述并作重点的阐述;(2)经过以上讨论,授课人自我评价并总结;(3)特别申明的问题。

7.评课小组集体评议(授课教师退席)

(1)针对以上过程,提出各自意见,提出依据;(2)评课小组辩论阶段;(3)采用科学的、灵活的办法做出集体评议;(4)拟出集体的、有较强针对性的、较有价值的意见。

8.授课教师返回听取意见,评课小组再合议并写出等级,得出结论。

**附:案例1**

"沉浮与什么因素有关"教学设计①

| 课题 | 沉浮与什么因素有关 |
|---|---|
| 育人目标 | 1.学会控制变量的科学方法,学习用分析的方法研究问题,感受科学原理应用于实际的巨大作用。(认知育人) |
| | 2.在活动中学生的思维得到递进。(审美育人) |
| | 3.在实验中理解控制变量的科学方法和思想的意义。(健康育人、德性育人) |
| 学习重难点 | 学习重点:用控制变量的科学方法,探究物体沉浮的原因。 |
| | 学习难点:学习用逻辑推理的方法研究影响物体沉浮的因素。 |
| 教学准备 | 教师准备:多媒体课件、苹果、水气球、蜡烛、回形针、橡皮擦、自制可伸缩的沉浮管。 |
| | 学生准备:水槽、空玻璃瓶、小螺母若干、干毛巾1张、实验记录单1张。 |

① 本案例由重庆市北碚区人民路蔡家小学杨欣提供

续表

| 课题 | 沉浮与什么因素有关 | | | |
|---|---|---|---|---|
| 教学过程 | | | | |
| 环节 | 教学内容 | 教师活动 | 学生活动 | 教学评价（育人目标及效果预设） |
| 课题导入 | 制造情境聚焦问题 | 一、情境导入<br>师：同学们，今天老师准备了生活中常见的几种物体。把它们放入水中，会怎样呢？你的依据是什么？<br>师：找位同学来帮大家求证一下。请你依次轻轻地将它们放入水中。<br>师：从这些现象中你觉得沉浮与什么因素有关呢？今天我们就一起来探究一下。（揭示课题） | 生1：我觉得苹果、石头会沉，因为都比较重。<br>生2：我预测蜡烛、回形针会浮，因为它们很轻。<br>生3：我认为回形针可能会沉，虽然它很轻，但它太小了。<br>生4：我不认同苹果会沉，虽然它个大，但密度小，我洗苹果时就看到它是浮在水面的。<br>教师创设生活情境，提供条件信息，引出挑战任务，帮助学生产生并聚焦本课探究的问题。 | 审美育人、认知育人：在问题驱动下，学生调用已有经验说出自己的猜想，进一步呈现前概念，引发认知冲突，激发探究欲。 |
| 新课教学 | 实验探究建构解释概念 | 二、探索<br>师：今天，老师还请来了一个小帮手。它是什么呢？（出示水气球）<br>解释什么叫浮、悬浮、沉。（通常把物品按在水里松开后，一部分露出水面是浮；能停留在水中不同位置，像悬在那里的状态叫悬浮，也认为是浮；松开后，不再上浮的状态认为是沉）<br>师：今天我们就通过挑战一个空心玻璃瓶的悬浮状态过程来探究物体沉浮的一些规律。<br>（一）挑战任务<br>师：如何让空心玻璃瓶处于这三种状态，并思考这个过程你发现了物体沉浮与什么因素有关？（学生思考后，出示小螺母）<br>师：一起来看看这些挑战要求。<br>1.时间10分钟，每小组有6次挑战机会。<br>2.随时记录下每次的数据、现象和沉浮状况。<br>3.分析、整理数据，推理出挑战后的观点。 | 在问题驱动下，学生调用已有经验说出自己的猜想，学生在实验中观察记录。 | 德性育人、审美育人、劳动育人：在分析、交流、合作中，寻找证据支撑自己的观点或质疑，反驳他人的观点，构建一条因果链，推测这一现象背后的因果机制。<br>学生在实验中观察，自主建构方法并理解。 |

续表

| 课题 | 沉浮与什么因素有关 | | | |
|---|---|---|---|---|
| 新课教学 | 实验探究建构解释概念 | 师:按4人小组进行分工合作,挑战中注意合理安排时间,做到轻声交流,每次要用毛巾把器材和桌面的水擦干。清楚挑战任务和要求了吗?<br>师:请每小组的组长上来领取材料,分好工后就开始挑战吧!<br>教师巡视了解各小组情况。<br>(二)分享与推理<br>师:挑战时间到,请各小组迅速整理好材料。<br>师:谁来说说你们组的发现,通过这些数据,你觉得物体的沉浮与什么有关?<br>(教师板书:重易沉、轻易浮)<br>师:大家都同意他们组的观点吗?<br>师:有其他想发表意见的吗?<br>师:那为什么刚才我们比较苹果、回形针时不能得出这样的结论呢?这里的比较和刚才的比较有什么不同?你们的推理有条件没有?要在符合怎样的条件下,才可以这样表述?<br>师:大家回想一下,挑战中都是用的这个空玻璃瓶,保证了它的什么没有发生改变?<br>师:经过大家的分析、推理,怎样描述这个结论更合理些?<br>(三)拓展中交流<br>师:刚才我们通过控制体积不变研究了沉浮与轻重的关系。同学们想一想,我们还可以怎样研究沉浮与大小的关系呢?<br>师:根据你们说的老师来实验验证一下大家的猜想。(出示可伸缩的沉浮管) | 学生4人小组,分工配合进行任务挑战,在思维中应用实践。<br>生1:物体的沉浮与它的重量有关系。<br>生2:轻的物体容易浮,重的物体容易沉。<br>生1:瓶子的大小没改变。<br>生2:也就是它的体积始终是相同的。<br>生3:体积相同的物体,轻的容易浮上来,重的容易沉下去。 | |

续表

<table>
<tr><td>课题</td><td colspan="4">沉浮与什么因素有关</td></tr>
<tr><td rowspan="2">新课教学</td><td>实验探究建构解释概念</td><td>师：大家真了不起！像刚才这样，控制物体的体积大小不变来研究重量变化后的物体沉浮方法和控制物体的重量不变来研究体积大小变化后的物体沉浮方法，就是科学家们常用的控制变量法。<br>三、应用<br>师：祝贺大家，借助控制变量的方法推理出物体沉浮的规律。军事方面的潜水艇就很好地应用了这个沉浮规律。尤其是我们国家的096型核动力潜水艇在很多领域都排在世界前列。你打算怎么用今天所学知识来解释它的上浮和下沉呢？</td><td>生1：推理出控制物体重量不变，改变物体大小，去研究沉浮与大小的关系。<br>生2：物体重量不变，大的易浮，小的易沉。</td><td>德性育人：开阔学生眼界，培养学生爱国情怀。</td></tr>
<tr><td>拓展与小结</td><td>师：同学们，回顾这堂课，你们收获了些什么？<br>1.抽学生谈自己的收获感悟。<br>2.教师结合学生感悟与板书进行总结。<br>师：那关于物体的沉浮，有没有新的想探究的问题？<br>师：带着这些问题，让我们在后面课程的学习中继续探究沉浮的奥秘，展现出更多的精彩。<br>今天的课就上到这里，感谢大家。</td><td>总结反思，延伸问题。<br>学生谈自己想探究的问题。</td><td></td></tr>
<tr><td>板书设计</td><td colspan="4">控制变量<br>沉↓ 浮↑ 与什么因素有关<br>— 体积相同 — 轻的易↑<br>— 体积相同 — 重的易↓<br>— 重量相同 — 大的易↑<br>— 重量相同 — 小的易↓<br>重 轻<br>大 小</td></tr>
<tr><td>实验记录单</td><td colspan="4">“物体沉浮和什么因素有关”实验记录单<br>第______小组 ______月______日
<table>
<tr><td rowspan="2">次数</td><td colspan="3">数据</td></tr>
<tr><td>颗数</td><td>沉浮状态</td><td>其他现象</td></tr>
<tr><td>第1次</td><td></td><td></td><td></td></tr>
<tr><td>第2次</td><td></td><td></td><td></td></tr>
<tr><td>第3次</td><td></td><td></td><td></td></tr>
<tr><td>第4次</td><td></td><td></td><td></td></tr>
<tr><td>第5次</td><td></td><td></td><td></td></tr>
<tr><td>第6次</td><td></td><td></td><td></td></tr>
<tr><td>我们的解释</td><td colspan="3"></td></tr>
</table></td></tr>
</table>

庭辩式评课过程展示。

1.教师准备授课

设计教案,进行上课。

2.由评课小组听课

邀请专家、教研员、学校领导、教研组听课。

3.授课后,授课教师对评课小组进行陈述

本节课延续上一节课:同一种材料构成的物体,在水中的沉浮规律,进一步探究不同材料构成的物体在水中的沉浮规律。基于学生的生活经验,多数学生弄不清物体的沉浮与它的重量、体积大小没有直接关系,陷入思维矛盾。根据教学目标,具体活动为:用苹果、水气球、蜡烛、回形针、橡皮擦等材料的沉浮现象,引发对物体在水中沉浮规律的提问、质疑、猜想。通过活动2,挑战空心玻璃瓶任务,对空心玻璃瓶的三种沉浮状态,在现象中获取信息,在过程中分享、推理、拓展、应用,发展学生目标。活动2结论:控制体积大小不变,重的易沉,轻的易浮。学生在拓展中交流,讨论出如何探究物体沉浮与大小的关系的实验方法,而后由于时间关系,老师演示实验进行验证。最后从本节课的实验方法中提炼出控制变量法,让实验方法有迹可循、有例可证。学生在本节课的探究挑战实验中,形成自己的观点,在倾听、质疑、评价和反驳他人的观点的过程,既学习到了物体沉浮知识和控制变量实验方法,又发展了学生的科学推理和科学论证能力。

4.评课小组与授课教师的问答

评课组:

本节课的设计与书本的实验设计有所不同,请你说说你的实验设计有什么优点?

授课教师:

实验一(教师演示),利用7种物体,分别是小石块、泡沫块、回形针、蜡烛、带盖的空瓶、萝卜、橡皮擦,将它们分别放入水中观察沉浮现象,激发学生思考,引出沉浮与什么因素有关课题。

实验二和实验三,利用水槽,将一套相同体积不同质量的小球、一套相同质量不同体积的立方体进行沉浮实验,得出结论。

我的实验设计有所不同,课前导入实验一,没有选取过多物体,只选择了苹果、石头、橡皮擦、回形针作为矛盾冲突,激发了学生探究兴趣,引出课题。新课教学探究实验二,活动也更加简单化,利用小螺母改变空心玻璃瓶的重量,探究空心玻璃瓶浮、悬浮、沉的三种状态,实验目的清楚,又进一步激发学生思考实验背后的规律,在简化实验器材的同时，侧重学生自主经历实验过程，总结实验结论，思考共性规律，更深层次发展学生思维。拓展中交流实验三，同样用一个自制的、可伸缩的沉浮管，很好地保证了物体重量不变，只改变物体体积大小，来探究物体沉浮与大小的关系，直观明了。

评课组：

在探究实验二中，往空心玻璃瓶当中添加小螺母，有很多学生提到了空气对瓶子的影响，这个问题你是怎么理解的？

授课教师：

其实学生的思维是发散的，学生的各种观点我们都应该接受与支持。那么这里往空心玻璃瓶中添加螺母，确实空气减少了，是一个变量。但是我们要让学生清楚，空气减少与螺母增加对瓶子的影响哪一个更大？最终关注到瓶子的重量变化上来。

评课组：

本节课其实是一个控制变量法的应用，是否应先提出控制变量法再设计实验方案呢？

授课教师：

本节课的设计是通过学生进行实验得出结论，总结出控制变量法的实验方法。

5.辩论阶段

本节课中对控制变量法提出的先后，评审组的教师和授课教师有不同的意见。

评课人：

科学实验探究的过程一般有提出问题、猜想与假设、制订计划与设计实验、进行实验并收集证据、分析论证、评估、交流合作等环节，这符合学生思维发展。针对本节课探究物体沉浮与什么因素有关的问题，教材上的导入也是非常清晰的，利用按体积大小排序，按轻重顺序排序，引导学生利用控制变量法进行实验，给出了学生思考的方向。而你所设计的这节课，通过挑战空心玻璃瓶的沉浮情况，让学生自己总结，是不是有一点推动学生思考，让学生感到压力呢？通过刚才课堂的观察，也担心有学生跟不上本节课的思维进度。

授课教师：

我认为本节课的设计可以，首先通过学生的直接生活经验，从比较开始引发如何比较重量？出示两种东西进行预测，如苹果、回形针，猜测他们的沉浮情况并给出原因，最后与实际情况对比制造矛盾。然后引发到比较上去，就可以直接得到相同体积比重量，相同重量比体积，最终让学生了解两个因素要比较，就需要控制条件，从而提出控制变量实验方法。

本节课打破了书本设计，我一开始的想法是想让学生在课堂中激发更多的思维变化，而不是一味地限制学生的思考、统一学生的想法。本节课的一个反向设计，先从生活情境出发，制造矛盾，认识物体沉浮与重量、大小等因素的矛盾关系，激发学生思考，推动进入挑战任务，带动全体学生进入课堂氛围。在挑战空心玻璃瓶沉浮的任务中，学生经历增减螺母改变空心玻璃瓶的沉浮过程，并在实验中给出证据形成自己的观点，再倾听、质疑、评价和反驳他人的观点，从流程走向思维。本节课我的设计也侧重第一个实验，控制体积大小不变，改变物体重量，探究沉浮与重量的关系过程，让学生在过程中充分发展思维。第二个实验在第一个实验基础上进行拓展，由教师演示验证学生的猜想。最后控制变量法的得出也非常清晰，有迹可循，有例可证。最终希望学生在分析过程中自然思考、发展思维，提高学生的科学推理和科学论证能力。

6.授课人最后陈述

本节课的设计，做了很多大胆的改变，既考验学生的思维发展，又考验教师的灵活应变能力。首先激发学生思维矛盾，刺激挑战任务，然后带着问题进行实验，最后在实验结论中，进一步提取规律，得到最终结论。从学生的上课情况中也能看出学生的成长。

7.评课小组集体评议

本节课的设计确实非常大胆，也非常创新，教师自己设计出新的实验教具，非常用心。本节课旨在激发学生的思维发展，有深度也有难度。

8.授课人返回听取意见，评课小组再合议并写出等级，得出结论

科学课对学生的思维发展非常有帮助，也有很多值得我们思考的地方，如：如何培养学生思维？如何引导学生多维度、多角度思考？如何引发学生的真实想法？在学生实验时，不仅要注重操作的提示，也要关注学生思维的延伸；学生汇报时教师属于倾听者角色；教师在备课时要了解学生学情，在此基础上进行升华修正，淡化已知，突破未知。

## 附:案例2

### “感受我们的呼吸”教学设计①

| 课题 | 感受我们的呼吸 |
|---|---|
| 育人目标 | 1.通过探究活动,感受呼吸是人体的重要活动,鼻腔、口腔、气管、肺等器官共同参与呼吸活动,呼吸的过程是气体交换的过程,氧气对生命具有重要的意义。(认知育人) |
| | 2.通过开展呼吸体验活动,感受呼吸时身体各部分的变化,并进行人体呼吸的模拟实验,了解呼吸器官在呼吸过程中的协同合作,意识到氧气和二氧化碳与人体生命活动的联系。(审美育人) |
| | 3.在体验活动与模拟实验中,培养对探究自己身体的兴趣,保证研究的真实性,乐于参与集体的讨论,分享彼此的观点。(健康育人、德性育人) |
| 学习重难点 | 学习重点:通过感受呼吸,理解呼吸过程是气体交换的过程。 |
| | 学习难点:通过人体呼吸的模拟实验,感受呼吸器官在呼吸过程中的协同合作 |
| 教学准备 | 教师准备:教学课件、呼吸系统结构图、班级记录表等。 |
| | 学生准备:呼吸过程模拟装置、学习记录单。 |

教学过程

| 环节 | 教学内容 | 教师活动 | 学生活动 | 教学评价(育人目标及效果预设) |
|---|---|---|---|---|
| 课前调整 | 制造情境营造氛围 | 师:上课之前我们先来做一个小调整,请听音乐。(播放“心理健康呼吸空间音频”)<br>师:(结束音乐)调整好了状态,让我们精神抖擞地开始上课吧! | 学生坐定,呼吸操闭眼感受呼吸。 | 审美育人:课前活动,放松心情,调整好上课状态,感受呼吸是生命存在的基本特征。 |
| 新课教学 | 聚焦问题,出示前概念 | 1.刚才呼吸时你感受到了什么?那么气体进入人体时都经过了哪些呼吸器官呢?<br>(学生表达,教师不评价。)<br>过渡:同学,你画的是什么?请说给大家听听。(学生上台展示)<br>2.过渡小结<br>听了五位同学的介绍,他们都认为呼吸和哪些器官有关呢?再往后意见就不同了,那么空气进入人体究竟通过了哪些器官呢?<br>3.揭示课题<br>今天就让我们仔细来感受一下自己的呼吸,寻找更多的依据。 | 生1:气体由鼻腔和口腔进入人体。<br>生2:会往返气体交换,吸入氧气呼出二氧化碳。<br>生3:有一条通道让空气到达肺。<br>生4:需要多种器官协作。课前同学们已经用画图的方式表达了自己的观点。(选择典型的图示,学生表达) | 德性育人:根据前概念,引发认知冲突,激发探究欲。<br>审美育人:初步感受维持生命呼吸的复杂系统。 |

① 本案例由重庆市北碚区人民路蔡家小学杨欣提供

续表

<table>
<tr><td>课题</td><td colspan="4">感受我们的呼吸</td></tr>
<tr><td>新课教学</td><td>探索一:感受呼吸,体验呼吸器官</td><td>1.如何感受呢?<br>过渡:现在我们重新认真地感受呼吸的过程,请同学们从抽屉里拿出记录单,你感受到气体经过了哪个呼吸器官就在器官所在的位置贴一个红色圆点。比如你觉得经过了鼻子就贴在鼻子这里,感觉经过了喉咙就贴在喉咙这里……并搜集你的判断依据。大家一起感受,集中注意力,手往上深深地吸气,手往下缓慢地呼气,感受吸进去的空气到底经过了哪些呼吸器官。<br>2.交流体验感受。(收起材料,屏幕展示学生记录单)<br>师:你感受到了气体经过了哪些器官?<br>(1)鼻腔、口腔(声音、气流、鼻翼)<br>你呼吸的时候这两个地方有什么感觉?<br>过渡:这可是空气进出我们身体的出入口。接下来去哪里了?<br>(2)咽喉(机动)<br>师:你有哪些感受?与鼻腔的感受比呢?<br>小结过渡:再往后还能感受到吗?<br>(3)气管<br>师:什么感受?明显吗?呼吸科医生有一个法宝——听诊器,它可以放大呼吸的感受。请你来试一试。<br>(4)肺<br>师:你怎么感受到气体到达了肺?你说的肺在哪里?指一指。<br>师:其他同学有这个感受吗?其实肺在帮助我们呼吸的过程中起着非常重要的作用,它是我们人体气体交换的场所。它交换的是什么气体呢?让我们一起来阅读下面的资料。读完后,谈谈你知道到了什么信息。</td><td>学生感受呼吸,交流体验感受。<br>生:气体从鼻腔、口腔进入,然后到喉咙,最后到达肺。<br>生:吸气、呼气有声音,鼻翼会缩一下,呼气时有热的气流。<br>生:气体到达喉咙里喉咙在动。<br>生:气管不太明显(学生上台听听诊器),有一点风声。<br>生:肺部有压迫感。肺部上提,肺部变大;肺部下降,肺部变小。肚子也在变化。<br>生:肺可以吸收氧气,把二氧化碳排出体外。</td><td>审美育人、认知育人、德性育人:感受呼吸,寻找观点、证据。</td></tr>
</table>

续表

| 课题 | 感受我们的呼吸 | | | |
|---|---|---|---|---|
| 新课教学 | 探索二:模拟人体的呼吸,探究膈肌的作用 | (一)借助模拟器 探究膈肌<br>1.过渡:我们已经知道参与人体呼吸的器官有鼻腔、口腔、气管、肺等,但它们是怎么协同工作的呢?我们还有点不太清楚。我们的肺能够吸入气体,还能呼出气体,有点像什么?(动作提示)接下来我们用简易人体呼吸模拟器来探索一下。(出示人体呼吸模拟器)<br>2.提问:里面的气球模拟的是肺,其他各部分分别模拟的人体哪些部位?它对我们的呼吸有什么作用呢?(保留疑问)这就是等会同学们要去探究的问题了,各个小组可以想多种办法用这个呼吸器去模拟肺呼吸时的变大变小,探究这层橡皮膜的作用。(交流:用了几种方法?怎么做模拟的是才呼吸?)<br>3.学生分组体验,操作呼吸模拟器。(注意安全措施)<br>4.展示实验现象,研讨交流<br>(1)展示:你们是怎样模拟呼吸过程的?怎样模拟吸气?怎样模拟呼气?吹气的时候费力吗?<br>根据实验现象,排除预设1,肯定预设2。<br>(2)研讨:哪一种更接近我们真实的呼吸过程?排除的原因是什么?(提示:平时我们呼吸的时候都有人往我们的鼻子或者嘴里吹气吗?)<br>(3)提问:吹其实模拟的是什么?<br>师:既然大家都觉得第一种模拟呼吸的方法更接近人的真实呼吸,那么这个橡皮膜的作用究竟是什么呢?<br>过渡:其实我们人体内也有一块肌肉跟我们气球膜的作用类似,叫作横膈膜,也叫作膈肌。(板书)它在我们呼吸过程中的作用是什么? | 学生借助模拟器探究膈肌,模拟感受呼吸的变化。<br>生:用塑料管模拟气管,小气球模拟肺,塑料瓶模拟胸廓。<br>预设1:吹吸管。<br>预设2:拉下面的膜。<br>生:吹的时候肺有点变大,很费劲,平时呼吸很轻松,拉的时候大小变化非常明显,很轻松,更接近实际。<br>生:人工呼吸。<br>生:当它向下时,可以帮助肺部吸入空气,向上时可以帮助肺部排出空气。 | |

续表

<table>
<tr><td>课题</td><td colspan="4">感受我们的呼吸</td></tr>
<tr><td rowspan="2">新课教学</td><td>探索二:模拟人体的呼吸,探究膈肌的作用</td><td>总结:因此,我们发现人体吸气时,膈肌向下,肺变大;人体呼气时,膈肌向上,肺变小。<br>(二)回到人体,感受膈肌<br>刚才还有同学提到了呼吸时肚子也会有感受,你想体验一下膈肌运动引起的胸腔和腹部的变化吗?<br>那我们一起来再次感受呼吸:分别把手放在胸腔(肋骨)和腹部(肚脐以上部位)。准备好了没有?深吸气,保持不动,慢慢地呼气,再来一次,慢慢地吸气,不动,吐气。好,你感受吸气、呼气时两个部位是怎样变化的?<br>小结:人体吸气时,膈肌向下,胸腔扩张,肺变大;呼气时,膈肌向上,胸腔收缩,肺变小。</td><td>生:和橡皮膜的作用一样,它向下时,可以帮助肺部吸入空气,向上时可以帮助肺部排出空气。</td><td>审美育人、认知育人、德性育人、健康育人、认知育人:发散学生思维,体现团队合作的乐趣,收获知识与乐趣。</td></tr>
<tr><td>拓展与小结</td><td>1.小结:呼吸是人体的重要活动,它与我们的健康息息相关。请同学们再次跟随老师的节奏来进行呼吸。<br>2.提问:那么怎样呼吸才是健康的呢?请同学课后查阅资料,后面的学习我们会更加深入地了解呼吸。</td><td></td><td>健康育人:呼吁学生了解健康知识,学会健康生活。</td></tr>
<tr><td>板书设计</td><td colspan="4">感受我们的呼吸<br>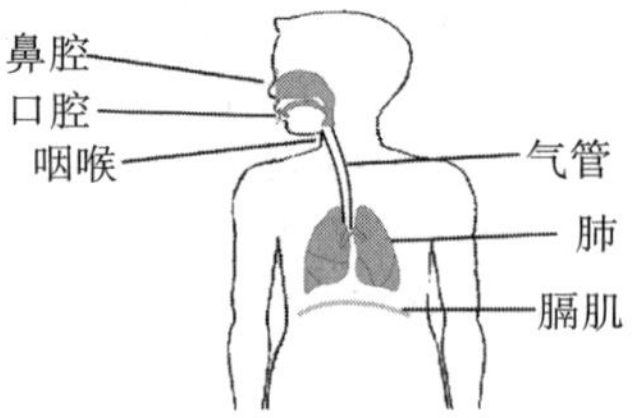
</td></tr>
</table>

庭辩式评课过程展示。

1.教师准备授课

设计教案,进行上课。

2.评课小组听课

邀请专家、教研员、学校领导、教研组听课。

3.授课后,授课教师对评课小组进行陈述

本课教学以学科阅读为设计背景,提升学生核心素养发展。"感受我们的呼吸"这一课,通过学生自己进行阅读,感受呼吸的过程,体验呼吸器官在呼吸过程中的协同作用,以突破本课的难点,实现本课的重点,最终培养学生的科学核心素养。

本课设计有四个环节:

第1个环节,课前放松。利用音乐,在感受音乐之美的同时,将学生带入本课的氛围当中。

第2个环节,初步阅读。聚焦认知矛盾,激发学生探知欲,感受自己的呼吸器官。

第3个环节,深入阅读。解锁呼吸科学密码,感受呼吸之美。

第4个环节,同步阅读。利用身体呼吸的隐性感受阅读和模拟呼吸器的显性阅读,学习呼吸的科学知识,体验科学之美。

通过本节课的设计,学生多次感受呼吸,沉浸在感受呼吸的氛围中,体验了不同的阅读方式,学习到了科学知识。

4.评课组与授课教师的问答

评课组:

说说你自己对本节课的看法?

授课教师:

呼吸是一件既平常又神奇的事,与我们生命息息相关。本节课以音乐导课形式,简洁明了,营造氛围。学生感受呼吸过程,进入课堂氛围,展现学生的前概念,在培养学生探究能力的同时,激发探究欲望。通过感受呼吸的过程及用简单装置模拟人体呼吸,让学生感受呼吸,体验呼吸器官的内在与外在变化,最后通过观察、描述、交流活动,发展对呼吸系统的新认识。

评课组:

说说为什么要用模拟材料进行模拟实验?

授课教师:

人每时每刻都要呼吸,基于对学生前概念的探知,他们对于呼吸有许多经验性的感性认知，但呼吸使人体外部和内部是怎样变化的？有哪些器官参与了呼吸过程？这些概念是模糊和不完善的。因此，我们借助模拟呼吸装置，可以更加清楚地模拟展现呼吸的过程。

5.辩论阶段

本节课评审组教师针对“侧重学生呼吸感受描述，还是侧重呼吸器官介绍”进行讨论。

评课人：

基于本节课的学科阅读设计背景，以学生阅读身体呼吸改变为主线，可以侧重学生感受呼吸变化的描述。比如，在探索一中有这样一个片段：

师：谁来说说，你感受到了哪些呼吸器官？

生：鼻腔。

生：肺。

生：嘴巴。

……

教师可以追问：你感觉到它怎样的变化？是什么感觉？让尽可能多的学生参与感受，多出现热气、振动、像风吹过一样等描述，丰富学生的描述，使课堂更加生动有趣。我觉得通过这样的方式，更能激发学生的学习主动性，让学生通过语言描述，形象地感知呼吸变化过程。

授课教师：

科学教学具有实践特点，本节课在学生已有的认知基础上，引导学生通过猜想、实验等探究活动，感受呼吸是人体的重要活动，认识鼻腔、口腔、气管、肺等人体器官共同参与呼吸活动，了解呼吸过程，理解呼吸的意义。

本节课以呼吸为阅读内容，不断厘清学生模糊、复杂的概念，这些概念的支撑就是器官科学知识的介绍，因此我觉得器官的介绍是必不可少的。本节课的难点是让学生感受呼吸器官在呼吸过程中的协同作用，利用模拟呼吸器进行探究，整个过程充分发挥学生的主体作用，让更多学生参与进来。

科学课重在探究过程，让学生说说哪些器官参与了呼吸，并寻找自己观点的证据，这里重点是说证据，培养学生科学观点，不是瞎猜，不是比喻描述，而是经过事实、经验的总结。在上课中有几个学生的描述值得表扬，比如有同学说到器官肺，理由是呼吸的时候，感受到胸在起伏，这是基于经验和观察的表达。也有同学想到了肺炎是一种呼吸疾病,所以肺参与了呼吸,这些也是结合了生活,让学生了解到科学不是书本上的冰冷知识,而是融入生活中的知识。

6.授课人最后陈述

关于呼吸的过程,本节课以阅读呼吸感受为主线,多次引导学生吸气、呼气,以发散学生思维,感受呼吸,最后用科学知识整合。本节课还利用了体验法、实验法,内在感受呼吸,外在观察模拟器的呼吸情况,贯穿教学,循序渐进,让学生亲自感受呼吸的变化,大大激发了学生学习兴趣,营造了浓厚的学习氛围。最后健康呼吸知识拓展,引导学生把课堂所学的知识运用于生活,让学生感到学有所用,科学就在身边。

7.评课小组集体评议

本节科学课,教师注重学生的探究过程,先放开,让学生自由感受呼吸,体验呼吸运用了哪些器官;后收拢,帮助学生厘清呼吸过程,学习呼吸器官协同合作;最后利用呼吸模拟器,从内到外,从隐性到显性,观察呼吸过程。本节课营造了浓厚的感受呼吸氛围,学生参与积极性高。

8.授课人返回听取意见,评课小组再合议并写出等级,得出结论

语言的描述确实能够帮助学生充分感受呼吸过程。本节课还有一个难点,就是误以为吸气时胸部会收缩,对胸部和腹部的变化进行混淆,这其实是学生误把腹部收缩的变化默认为是吸气所导致的。因此,教师要进行适当的引导,得出结论:吸气时胸部扩张,腹部收缩;呼气时,胸部收缩,腹部放松。同时吸入了空气,胸部内的空气增加,胸部肯定会扩张,而扩张的胸部会将膈肌往下压,因此,吸气时膈肌向下,呼气时膈肌向上,这些呼吸过程的科学描述,都需要教师关注学生的理解程度,进行适时引导与强调,以提高学生的知识与能力发展。

## 四、行为跟进式评课法

行为跟进式评课是指教师在上完一节课,评课者与授课者共同讨论教学中的优点、缺点,提出修改意见后,授课者在修改的基础上再进行教学,再进行评价和修改,如此反复几次,使教师的教学行为不断改变、教学水平不断提高。这一评课方式的优点在于评课更加关注教师的行为跟进,更加关注通过评课促进教师的成长。这一方法在新课程改革中运用得越来越多,是校本教研的一种重要方式。

## 附:案例1

种子的传播[①]

教科版《科学》四年级下册第一单元第7课

| 教学片段案例 | 教研评析 |
|---|---|
| 第一次授课:教学片段——引入苍耳。<br>师:我们首先看看这种大家都比较熟悉的植物的种子能传播到这儿吗?让我们看看这种植物的介绍,了解一下这种植物在自然界中的生长状况。你觉得苍耳能传播到这儿吗?会以怎样的方式传播呢?<br>生:动物传播(是什么让你作出这样的推测的?)。苍耳有小刺,能粘到动物身上……<br>师:哦,你关注到了苍耳有小刺这个结构特点,难道苍耳果实的特点能帮助我们推测它的传播方式吗?好,我们先来观察一下苍耳的果实到底有哪些特点。<br>观察后交流。<br>师:通过这些特点,你认为苍耳会怎样传播种子?<br>(1)生:动物传播。(教师在记录单上写下来,并画上横线)<br>师:(指着记录单)是我们观察到的什么特点让你作出这样的推测呢?<br>生:长有小刺。(画上横线)<br>师:为什么长有小刺就能通过动物传播呢?<br>生:能粘到动物身上。<br>师:那还有没有其他特点也能证明苍耳可以通过动物传播呢?没有学生举手。 | 在教研组的教研活动当中,我认真反思了这个现象,为什么全班没有学生举手了?是这个问题太难了,学生根本不愿去思考?是不是这个问题已经超出了学生的能力了?<br>教研组的老师:<br>1. 在学习本节课之前,学生对种子的传播有一定的了解,但不够深入和系统。教师在课堂设计中没有充分关注学生实际的学前认知状态与科学概念目标间的差距。大多数学生知道几类种子的传播方式对他们而言并不困难。但是,这些种子的传播方式与它们的生存环境有什么关系?一种植物的种子只有一种传播方式吗?不同植物种子传播方式各有些什么利弊?……这些有趣的问题学生很少进行深入思考,而如果理解了这些问题,学生对生物繁殖的理解将更加深入,并能够把本课所学知识建构入自己对生命世界的理解体系中,成为进一步学习生物与环境、生物多样性等内容的基石。<br>2. 在德性育人目标上,本节课开课的课堂氛围较紧张,学生参与热情不够。 |
| 第二次授课:教学片段——引入苍耳。<br>师:我们首先看看这种大家都比较熟悉的植物的种子能传播到这儿吗?让我们看看这种植物的介绍,了解一下这种植物在自然界中的生长状况。你觉得苍耳能传播到这儿吗?会以怎样的方式传播呢?<br>生:动物传播(是什么让你作出这样的推测的?)。苍耳有小刺,能粘到动物身上……<br>师:哦,你关注到了苍耳有小刺这个结构特点,难道苍耳果实的特点能帮助我们推测它的传播方式吗?好,我们先来观察一下苍耳的果实到底有哪些特点。<br>观察后交流。<br>师:通过这些特点,你认为苍耳会怎样传播种子?<br>(1)生:动物传播。(教师在记录单上写下来,并画上横线)<br>师:(指着记录单)是我们观察到的什么特点让你作出这样的推测呢?<br>生:长有小刺。(画上横线)<br>师:为什么长有小刺就能通过动物传播呢?<br>生:能粘到动物身上。 | 1. 第二次授课,在实践育人目标上,教师的引导方法更加灵活,并根据不同学生的学习需求适时调整教学。<br>2. 在德性育人目标上,此次的教学课堂探究氛围浓厚,学生的积极性、参与度明显提高。 |

① 本案例由重庆市北碚区朝阳小学校科学教研组提供,本课由北碚区朝阳小学郑小波老师执教

续表

| 教学片段案例 | 教研评析 |
|---|---|
| 那还有没有其他特点也能证明苍耳可以通过动物传播呢？<br>师：苍耳除了有刺还有其他特点吗？<br>生：褐色。颜色与周围环境、动物皮毛、人的衣物相近，不易被发现，更容易粘上。<br>生：小、轻、椭圆形。更容易粘到动物身上，且不易被发觉，掉落后椭圆形能滚到更远地方。<br>(2)生：风传播。(写下风传播，并画上波浪线)<br>师：(指着记录单)又是我们观察到的什么特点让你作出这样的推测呢？<br>生：小、轻。<br>师：为什么？(容易被风吹走)<br>(3)自体传播。(写下并打上虚线)<br>师：(指着记录单)又是我们观察到的什么特点让你作出这样的推测呢？<br>生：椭圆形，掉落后能滚动。<br>生：枯萎后自己掉落。<br>师：是刚才我们观察什么特点让你这么认为？那你怎么知道会自己掉落？<br>生：植物枯萎了种子一般都会掉落。<br>师：哦，是你了解到的植物生命过程让你作出的推测。不错，能运用所了解的知识解决问题。 | 3.在科学课上，很多思考是为了在现象与解释间架起合理的桥梁，教师的引导很多方面都是为了帮助学生在观察实例和科学概念间建立连接。如“把种子散播到远处”一课学科认知的发展，是需要学生在观察果实和种子的特点基础上，把它与传播方式联系起来。同时，我们提供了各种植物的生活环境和生长概况资料，方便学生从生物与环境的相互作用方面进行思考。所以第二次对于苍耳的传播方式学生就不只是说出动物传播，有可能还有风的传播。 |

## 附：案例2

### 点亮小灯泡①

**教科版科学四年级下册第二单元第2课**

| 教学片段案例 | 教研评析 |
|---|---|
| 第一次授课：教学片段。<br>师：通常我们将灯泡的这些部分叫作玻璃泡、灯丝、螺纹、连接点。要使小灯泡亮起来，还需要些什么？<br>生：电池、小灯泡、电线。<br>师：(出示电池、小灯泡、电线)怎么使小灯泡亮起来呢？每个小组的同学可能都有不同的想法，请你们先商量一下，将你们的想法画在纸上，有几种想法就画几种，并将它们编上号，注意不要出现重复的想法。为了方便，这儿有剪好的灯泡和电池的模型图(出示详图)，可直接贴到纸上再用黑色笔连接起来，写上你们的组号和编号，然后贴到黑板上。<br>(学生分小组活动，画模型图，并贴在黑板上) | 教师个人反思。<br>在学生观察完电池和小灯泡的结构后，我让学生猜想怎样连接才能使小灯泡亮起来，要求多种连接方法。我发现有经验的学生很快就能找到点亮小灯泡的方法，但是方法不够多；而经验不太丰富的学生就相对有点困难，他们认为让小灯泡接触到电池就可以点亮小灯泡了。汇报时每组学生都能想出一二种连接的方法，但有的是断路的，有的是短路的。学生虽然想出了许多方法，也画了图，但这种没有实践基础的猜想收效不大。最后，学生根据各组想出来的方法进行实验，师生一起总结出使小灯泡亮起来的规律。 |

① 本案例由重庆市北碚区中山路小学科学教研组提供，本课由重庆市北碚区中山路小学陈易江老师执教

续表

| 教学片段案例 | 教研评析 |
|---|---|
| 师:你们是怎样连的和怎样想的?请把怎样连接灯泡、电池的具体情况描述清楚,哪一组先来?<br>生:我们组觉得应该把灯泡的螺纹连着电线的一端,再把灯泡连接到电池的正极。第二种方法就是灯泡连接点连接电池的负极。<br>生:还可以把电线的两头连在电池的正极和负极,然后把灯泡安在正极上。<br>生:我认为至少要把灯泡连接在一端才可以亮。<br>生:把灯泡横着来接触电池的一极,另一端用电线连着灯就会亮。<br>师:那就请你们按照刚才的想法来连接小灯泡,做了实验后,如果小灯泡亮了,就在图上打“√”;如果没有亮,就在图上打“×”。<br>(学生分小组活动,连接电路并在图上做记号。教师巡视,发现有学生认为小灯泡不太亮,把两组电池合在一起来做点亮小灯泡的实验,让小让灯泡更亮一些,教师对这种行为进行了制止)<br>师:虽然大家的方法很多,但大家发现有什么共同的地方了吗?<br>生:我们发现只要把小灯泡的螺纹和电池的一端相连,小灯泡的小圆点和电池的另一端相连,小灯泡就可以亮了。 | 同伴观察及访谈情况。<br>刘老师的课堂观察情况及建议:学生在讨论点亮小灯泡的方法时,总共讨论出了四种方法,而且有一种方法是错的。这是学科认知上的错误,后半段的实验有点像“照图施工”。本课的设计对有经验的学生比较适用,但这种班级一般比较难找。一个普通的班级,一般有部分学生对点亮小灯泡有经验,但多数学生并没有经验,所以最好是采用求异思维形式,让学生分组探究如何点亮小灯泡,再画出图来。小组竞相开展活动,有效激发学生的兴趣。<br>向老师的课堂观察情况及建议:在学生讨论点亮小灯泡的方法时,学生并不积极,很多学生盯着实验器材,希望早点开始实验,所以讨论并不充分。在后段的实验中,很多学生“照图施工”,影响了学生求异思维的发展。实验中有两组学生相互借电池,想把小灯泡点得更亮一些,但被制止了,学生不太高兴。学生对新奇事物感兴趣是正常的,他们自己想办法进行组间合作,实际上教师不应该制止,也许学生的创造火花就是在这种情况下被点燃的。<br>李老师课后对学生进行了访谈。对部分学生提了两个问题:<br>(1)实验中你最感高兴的是什么?有学生说我找到的让小灯泡亮的方法和让四驱车上的电动机转动的方法是一样的;有的说我们组的小灯泡比其他组的亮一些,所以很高兴。<br>(2)你对这节课有什么建议?<br>有学生说时间太少了,我们只找到了两种方法;有的说希望老师多拿几节电池,让小灯泡更亮一些。<br>讨论结果。<br>大家一致认为,好奇是学生的天性,学生一看到实验就非常想做,这是四年级儿童的心理特征。对教学设计可以进行修改,在讲解小灯泡的构造后,本课适于先让学生进行实验,在实验中去找让小灯泡发亮的方法,并鼓励他们探索出不同的让小灯泡发亮的方法,再把它们展示出来。修改后的教学设计,可以让学生在实践的基础上去追求更多的“异”,在不断的实验中去思考,在实验中去修正自己的想法,更能培养学生的求异思维。如果在实验中发现有学生相互借电池,想把小灯泡点得更亮一些的情况,教师可以默许他们,让他们去做自己感兴趣的事,这也是学生自学能力和求异思维的体现。但为保证课堂教学任务的顺利完成,不宜在全班提倡这种行为。只有兼顾好了学生个性发展和全班共同发展的“度”,才能让每个学生有所发展。 |

续表

| 教学片段案例 | 教研评析 |
| --- | --- |
| 第二次授课:教学片段。<br>师:通常我们将灯泡的这些部分叫作玻璃泡、灯丝、螺纹、连接点。要使小灯泡亮起来,还需要些什么?<br>生:电池、小灯泡、电线。<br>师:(出示电池、小灯泡、电线)怎么使小灯泡亮起来呢?每个小组的同学可能都有不同的想法,请你们先进行实验,然后把你们发现的点亮小灯泡方法画在纸上,并将它们编上号,注意不要出现重复的想法,看哪一组找到的方法最多。为了方便,这儿有剪好的灯泡和电池的模型图(出示详图),可直接贴到纸上,再用黑色笔连接起来,写上你们的组号和编号,然后贴到黑板上。<br>(学生分小组实验,画模型图,并贴在黑板上) | 教师个人反思。<br>在学生观察完电池和小灯泡的结构后,学生都迫不及待地想开始实验了,我这次顺势而为,让学生马上投入到实验中,并鼓励学生找出更多的方法。学生积极性非常高,最后让学生总结使小灯泡亮起来的规律,学生学得很高兴,找出的方法也比上一节课多了,这让学生的求异思维得到了发展。在黑板上展示的方法都是经过学生实验后的正确方法,学生的成就感更强了。<br>同伴观察及访谈情况。<br>刘老师的课堂观察情况及建议:学生在实验中,实验每成功一次就进行记录,每一次记录学生都非常高兴,学生一共找到了八种方法让小灯泡亮起来。<br>向老师的课堂观察情况及建议:学生在实验中积极参与,每找到一个让小灯泡亮起来的方法都兴奋不已。在实验的最后,有四组学生相互借电池,想把小灯泡点得更亮一些,这次默许了他们。学生在私下"偷偷"做的实验更让他们兴奋,因为他们的小灯泡比别人的更亮。也许学生的这种经历比课堂上做常规的实验更印象深刻,他们今天可以打破这种常规,明天也许就会有自己的发明创造。<br>李老师课后对学生进行了访谈。对部分学生同样提了两个问题:<br>(1)实验中你最感高兴的是什么?有学生说我们组找到的让小灯泡亮的方法是最多的,我们胜利了;有的说我原来做过这个实验,但只用了一种办法,今天我学到了更多的让小灯泡亮的方法;有的说开始我不会做,在同学的帮助下,我也让小灯泡发亮了。<br>(2)你对这些节课有什么建议?<br>有学生说实验器材少了点,要是每个人都有一套就好了;有的说希望发的小灯泡更亮一些,我家里电筒的灯泡比我们做实验用的亮多了。 |

续表

| 教学片段案例 | 教研评析 |
| --- | --- |
| 师：哪一个组找到的方法最多？请你们把怎样连接灯泡、电池的具体情况描述清楚？<br>生：我们组把灯泡的螺纹连着电线的一端，灯泡小圆点连接电池的正极，电线的另一端连接电池的负极。第二种方法是在第一种方法的基础上，把电池的正负极对调一下。<br>生：我们也可以让小灯泡螺纹和电池的正极相连，再用一根电线连接电池的负极和小灯光的小圆点，小灯泡同样也亮了。<br>生：我们把小灯泡螺纹和电池的负极相连，再用一根电线连接电池的正极和小灯光的小圆点，小灯泡也亮了。<br>生：我们用两根电线连接电池的两极，再用电线的另一端分别连接小灯泡的螺纹和小圆点，也能让小灯泡亮。<br>师：虽然大家的方法很多，但大家发现有什么共同的地方了吗？<br>生：我们发现只要把小灯泡的螺纹和电池的一端相连，小灯泡的小圆点和电池的另一端相连，小灯泡就可以亮了。 | 讨论结果。<br>大家一致认为，本次课让学生充分地参与实验，顺应了儿童的天性，在实验中学生找到了不同的让小灯泡亮的方法。让小灯泡发亮的方法很多，找出多种让小灯泡发亮的办法对于小学生来说还是有一定的难度，但学生在认识过程中往往凝注于客观事物间的复杂性与多样性，找到了思维的切入点，这样就形成了对事物现象认识的多次试探和多路尝试，培养了学生的求异思维。课堂中老师对“学生相互借电池，想把小灯泡点得更亮一些”这一行为没有进行制止，默许他们“偷偷”作自己感兴趣的实验，这是打破常规的做法，有利于培养学生的创新思维。这种“求异求新”，我们老师应该灵活把握“度”。哪些可以默许学生做，哪些是不能让学生做的，这没有一个定论，老师应该根据当时的课堂情形进行评估，只要是有利于培养学生探究能力和创新思维的方法，我们都可以进行鼓励。<br>运用灵活的课堂形式能够调动课堂气氛，在访谈中学生们提到希望自己的小灯泡更亮一些，这使他们在实验过程中体会到乐趣。在以后的教学中，可以引入竞争机制来提高学生的学习兴趣。 |

# 第六章

# 小学科学学科全息育人学科研修

2014年9月9日，习近平总书记到北京师范大学看望教师学生时的讲话中指出：百年大计，教育为本；教育大计，教师为本。努力培养造就一大批一流教师，不断提高教师队伍整体素质，是当前和今后一段时间我国教育事业发展的紧迫任务。

自党的十八大以来，在各级、各地教育部门的努力下，我国小学科学教师队伍建设取得了显著成效，但还不足以支撑起培养未来科技人才的重任，主要表现在教师初始数量不足，专职教师少，任课教师中具有科学学科专业及理科背景不多，专业素质不够，城乡区域差异及校际差距大等几个方面。[①]这样的小学科学师资队伍，对于推动区域内小学科学教育教学的发展，培养和引领未来科技人才都存在着局限性。因此，通过加强学科研修，更新现有科学教师的教育观念，提升现有科学教师的教育教学水平就显得尤为重要。本章将从小学科学学科全息育人研修理念、原则、方法、案例评析四个方面阐述，力求给小学科学学科全息育人研修活动的组织者、参与者提供操作性的思考及建议。

① 高政.中小学科学教师队伍建设要从三方面发力[N].光明日报，2022-09-27(14).

# 第一节 小学科学学科全息育人研修理念

在教师培训方面,北碚区教师进修学院吸取我国教师培训的实践经验,并将目光投向了全球教师培训,研究成人学习规律和中小学教师专业成长规律,从教育学、心理学、社会学等多角度寻找教师培训的理论依据,结合我国基础教育倡导的研训合一的教师研训理念,借鉴最新的“U”型学习理论,经过多年的实践,提出了“浇根式改善教师培训”,在教师培训理念、课程设计、培训模式、培训评价方面呈现了诸多亮点,取得了积极的教师培训成果。在小学科学学科全息育人研修工作中,吸收“浇根式改善型”教师培训的先进经验,“浇教师之根,促行为之改善”,实现“五育融合、全息育人、全面发展”课堂教学目标。

## 一、教师为本,因需而训

在小学科学学科全息育人研修活动中,坚持以教师为本的理念,就是坚持马克思主义以人为本人本主义思想为指导,尊重教师主体地位,激发教师研修主动性和内驱力,从而实现科学教师主动发展,实现专业化水平的提升。

要激发教师参与研修活动的主动性和内驱力,应该从教师的内在需求入手,根据教师的不同需求,分层分级,开展形式多样的研修活动,达到全员参与的目的。北碚区教师进修学院针对我区小学科学教师队伍现状,专任教师主要集中在城区学校或城镇中心小学校,而在乡镇中心校和农村小学兼任教师偏多,教师参与研修活动的积极性层次不同、专业水平参差不齐等实际情况,找准教师的实际需求点,或为学习需求,或为研究需求,或为自我展示需求,采取集中培训、网络培训和个人自主研修相结合的方式,通过专题讲座、教学设计、课堂大赛、论文评选、课题研究等形式,让全区专兼职科学教师参与到全息育人研修活动中,提升专业能力。

不同层次的教师,需求有所不同,研修内容也应有所不同。对于新教师,欠缺的是课堂教学的组织、课程教学的把握等,应以课程标准的理解和课堂教学培训为主,帮助新教师积累教学经验;对于老教师,课堂教学经验丰富,欠缺的是顺应时代发展的新的教育观念,应以新课程理念培训为主,帮助老教师更新教育教学理念,适应教育教学改革的发展；对于专职教师，要理论联系实际，将科学课程标准、科学核心素养、全息育人理念与教师专业能力的发展有机结合；对于兼职教师，应突出科学课程思想方法和教学思想的培训，重视课堂教学观摩，帮助兼职教师准确理解科学知识，提高动手操作能力。

## 二、研训一体，网格实施

研训一体是促进小学科学学科全息育人研修、契合基础教育改革的需求，也是促进教师专业发展的重要途径。其中的研，主要是指教研，重在解决小学科学教学中存在的真实问题、疑难问题，以解决问题为指向；训即培训，学科专家或骨干教师对教师专业发展进行引领，包括实施学科全息育人的理论与方法、理解与实施，旨在促进小学科学教师专业素质的提高，以专业发展为指向。研训一体指教研工作和师资培训工作一体化，将研与训有机融合，做到研中有训，训中有研，整合优质教学研究和师资培训资源，协调统一成为研训共同体，服务于区域、服务于学校、服务于教师，合力提升区域内小学科学教师的教育教学能力，提高区域小学科学教育教学质量。

落实小学科学研训一体的研修策略，可以以校本研修、集团研修、区域研修的形式，进行网格化实施，既能提高研修频次，又能丰富研修内容，让老师们有针对性地参与或开展研修活动，获得不同层面的发展。

### （一）校本研修

校本研修是教师研修的基础，是以学校为基础的教育教学及管理方面的研究，是促进教师成长的有效手段，其内涵包括校本培训和校本教研两个方面。校本培训重在对教师教育理念、教育教学方法等方面的培训，以提高教师的教育教学能力；校本教研重在基于教育教学、教育管理的研究，解决教育教学管理及教育教学实施过程中的真实问题，两者相辅相成、互相促进，共同服务于教育教学工作的实施。校本研修可以是以学校为单位，可以是以单一教研组或复合教研组为单位，也可以以教师个人为单位。校本研修可以是教师个人的自我学习实践、自我总结反思行为，从而提高教师个人教育教学效果；可以是教研组成员群策群力，以打磨一堂精品课为目的的团队磨课行为，从而提高团队教学认知能力；可以是以解决某一真实问题而开展的单一教研组或符合教研组的课例研修或课题研究行为，从而找到解决真实问题的有效策略。学校也可根据自身实际情况，有效整合校内外研训资源，有针对性地开展一些讲座、实践等培训，从学校整体层面对教师进行引领，从而有效落实学校的教育教学理念，促进学校发展。

## (二)集团研修

全息育人集团研修是北碚区为有效发挥区内优质学校的引领示范作用,促进区域教育均衡发展而实施的一种教师研修方式。即将区内朝阳小学、人民路小学、中山路小学和实验小学四所优质小学作为牵头学校,成立四大小学教育集团,其他小学进行划分加入各集团。在研训一体的研修理念指导下,集团牵头学校和集团内兄弟学校整合教育教学资源,开展校际互动、师徒结对、学科团队交流等研修活动。各集团的小学科学学科全息育人研修活动采取课例展示研讨、专题培训、跟岗学习等形式,发挥集团牵头学校教师的引领示范作用,缩短集团科学学科教师之间的差距,致力于教育集团学科全息育人研修活动落地生效。

## (三)区域研修

校本研修及集团研修的研修资源、研修能力有限,参与研修的教师视野无法拓宽,因此需要区域研修来打破校际壁垒,整合、拓宽研修资源,引领方向,让更多的教师得到更高层次的发展,同时也有助于区域学科能手、学科专家的产生。北碚区小学科学学科区域研修是在学科全息育人理念指导下,以培养区域内科学教师的教育情怀、学科自信,提高学科教学专业理论及教学实践水平,解决实施学科全息育人教学实践中存在的普遍真实问题为目的,由北碚区教师进修学院小学科学教研员根据学科全息育人理念、学科课程改革方向及调研发现的区域学科教学普遍问题等主持开展的具有一定主题性的,全区小学科学教师全员参与的研修活动。

小学科学学科全息育人研修活动通常以读书交流、成长(故事)分享、教育或学科教学理论传播、主题课例研修、专家引领等方式开展。旨在不断培养教师情怀,更新教师理念,帮助教师解决日常遇到的一些教育教学问题,鼓励教师以研究的态度看待遇到的问题,并通过阅读专业书籍、教学实践、同伴互助、寻求专业引领等方式促进自身的专业成长。其中主题课例研修坚持推进北碚区提出的民主、安全、开放、多元、共生、发展的“双主共学”生态课堂文化建设,以课例为载体,通过课堂观察、课例观摩,发现和解决日常课堂教学中的问题,持续进行实践改进,提升小学课堂教学质量,助力学生发展和教师专业发展。

除了集中性的区域研修外,北碚区教师进修学院还建立了北碚区小学科学教师QQ群和北碚区小学科学核心小组QQ群,鼓励全区科学教师把自己在教育教学过程中遇到的问题在群内交流,核心小组成员积极组织讨论解惑,收集普遍性困惑为研修主题,组织策划集中性区域研修活动,群策群力解决问题。

# 第二节 小学科学学科全息育人研修活动原则

全息育人教师主要是指具备全息视野、思维和能力的教师。全息育人教师研修则是指教师根据全息育人理念,以学科教学为中心,围绕教学计划、课程标准、教材、教法等内容展开的科研过程。小学科学学科全息育人教师研修聚焦让教师在科学教育教学中深入渗透"五育融合""全息育人"观念,对教师的教学研究、实验创新、课程教学及自身科学素养等方面进行研修,培养教师终身学习能力,促进教师专业学习和发展。

## 一、问题导向原则

问题导向原则是以问题需求为引导方向,这一原则是开展全息育人教师研修活动必不可少的一环。马克思在《莱茵报》第137号刊论《集权问题》中提到:历史本身除了通过提出新问题来解答和处理老问题之外,没有别的方法。教师研修时需结合研修主题、学习者需要、学习者能力层次、教学内容、课程标准等相关因素,经由全体成员交流讨论,提出并确定研修问题,围绕这一问题再次进行一系列正确解决问题思路、方法、方案的研讨,从现实问题中找到答案。

基于问题导向的小学科学全息育人研修具备以下特点:

1. 现实性

研修时的问题提出是来自本地区教师根据所任教年级以及现实教学中实际面临的问题,经过反复出现成为困惑点,没有及时有效的解决策略。这样结合实际进行研讨提出的问题,使得教师研修活动更具有针对性和现实意义。

2. 情境性

情境学习理论认为,学习是在一定的情境下发生的,是学习者参与实践与学习共同体、环境等相互作用的过程。①在多年的教师研修培训中,教师们在提出教育实践上的困难问题时描述是比较宽泛的、不具体的,如"如何激发学生学习兴趣?""如何做到五育融合?"这类问题需要研修团队共同参与,对问题进行梳理、重构,让问题具体化、情境化,使得教师们丰富的实践性知识得到激活和展现,在真实具体化的情境中交流碰撞,让研训效果得到进一步优化,参与成员得到的启发在后续教学中能得心应手,具备实际操作性。②

① 谢丽,李念.情境学习理论对教师培训的启示[J].中小学教师培训,2006(11):16-18.

② 陈向明.从教师"专业发展"到教师"专业学习"[J].教育观察,2013,2(15):94.

3.反思性

教师日常生活、教育教学、教师专业化学习和发展都离不开反思，教师在教学反思中不断提升自身素养和技能，然而这样具有重要意义的反思并未完全发挥它的价值，需要在“全息育人”“五育融合”理论指导下，让教师教学实践中的教学反思作为“前反思”进入到研修活动中进行深化，加深对教学活动困境的感知，全身心投入，在过程中深刻体验并不断自我修炼。[①]研修活动进程中，结合课例情境中的实际问题，促进教师对问题的深入挖掘或发现、提出新问题，从这一层面来看，问题导向的研修可以促进教师反思能力的养成，形成活动中反思，自我行为的跟随变化。

4.实践性

小学科学教育上的问题总是从实践中汇聚而来，研修活动以任务驱动教师自建实践共同体，促进知识的流动与超越。一项研训的成效如何，也将看参训者回到教学岗位后，是否能将理论指导下问题的解决方式进一步在教学中拓展实践，在理论实践中再进行总结反思，在反思中提炼教学实践的问题成为下一次研修活动的问题导向。[②]

## 二、双主体参与原则

双主体理论运用在教学中，我们的认知是学生是学习的主体，教师是教学的主体，教学双边活动过程中双主体参与合作、协调互动，在学习过程中建构学生的主体地位，在教学过程建构教师的主体地位，教学相长。“教育不是灌输，是点燃”苏格拉底的这句教育名言伴随教育事业者一生。小学科学全息育人过程中需要这样的思想，以此全方位培养学生的核心素养，为学生的终身发展奠定基础。同理，在教师研修活动中角色转换，教师们扮演“学习者”这一角色时也同样适用，不管是处于哪个阶段的教师都需要被不同形式“点燃”。教师研修培训中培训者和参训者双主体之间的互动、沟通、交流、讨论、实验、论辩等都离不开双主体的积极参与。

双主体的积极参与体现在培训前、培训时和培训后的各个阶段。培训前双主体的能动参与为有效的研修结果奠定了基础，参训教师在小学科学全息育人研修问题的引导下逐步思考，明晰自身知识、技能和能力现状，能更好地把握自身实际需求，以积极的心态参与研训，而培训导师团队对教师描述不够具体的疑问进行引导、梳理、研讨，确定研修问题，能更有针对性地对研修问题进行课程内容、形式、时长、互动方式的设

① 敖峰，曾佳.教师教学反思的溯源性追问与深化路径——基于前反思的视角[J].当代教育科学，2020(11):45-51.

② 蓝卫红.网络研修与校本研修整合的教师实践性知识管理[J].教育探索，2015(6):133-136.

计，使课程内容具有连续性、整体性和融合性。[①]在培训时，双主体的积极参研为对方提供了有效沟通的桥梁，双主体也能在有效的沟通中提炼出小学科学全息育人策略，为小学科学教育教学中出现的各种教学理论和实践问题提供积极的经验。培训后的双主体积极参与导馈和反馈，为研修效果提供评估依据。每个环节有依据、有反馈，做好协调组织，让培训不仅为参训者们带去收获，也给培训者自身带来收获和成长。

## 三、多元化原则

小学科学全息育人研修活动的多元化是本学科重要的研修原则。从2011年教育部发布《教育部关于大力加强中小学教师培训工作的意见》以来，通过"国培计划"大力推动了各地对全体中小学教师进行分类、分层、分岗培训，并取得了重大成效。随着科技进步和时代要求，小学科学教育愈加凸显重要的地位，对小学科学学科教师研修的重视也在《义务教育科学课程标准（2022年版）》中得到体现，新版课程标准中单独分章节对教师研究与教师培训进行了阐述和指导。由于地方的特殊性，存在兼职教师多于专职教师、不同学校占比差异较大等因素，导致研修困难和效果不佳的情况，在全息育人理念下的多元化教师研修，使得对本学科教师有了针对性、长效性、实时性的专业引领途径。多元化的小学科学全息育人教师研修体现在不同层级的研修活动中，包含校本研修、集团研修和区域研修；体现在技术支持下不同层级研修方式中的在线教师研修、混合式研修、网络教研等；也体现在研修活动中的交互方式，如：QQ群、微信群、课程研讨区座位编排方式（演讲式、小组式、U型式、鱼骨式、T台式）将全息育人的理念与多样化空间桌椅摆放相融合；更体现在不同研修活动开展进程中导师团队的教学方法上。根据不同研修内容、研训目标、参训者层次选定合适的教学方法，不断创新，注重实践、体验、参与式的培训。如：为了让参训者教师了解教育改革相关的理念、内容和目标，一般会采用专题讲座的方法，线上、线下可同时进行，具有覆盖性。

从层级—研修方式—交互方式—教学方法上对小学科学教师进行全方位的"量身制定"多元化研修活动，从导师团—教师—学生形成的研修活动"双主体"和教学活动"双主体"都贯穿全息育人理念，这里的贯穿是相互的（如图6-2-1），从而更有效地引导学生成为认知、德性、审美、健康和劳动全面发展的社会主义建设者和接班人。

① 王冬凌．科学与人文：区域教师培训项目设计的价值取向——兼论教师培训机构专业化的路径[J]．大连教育学院学报，2010，26(4)：16-19.

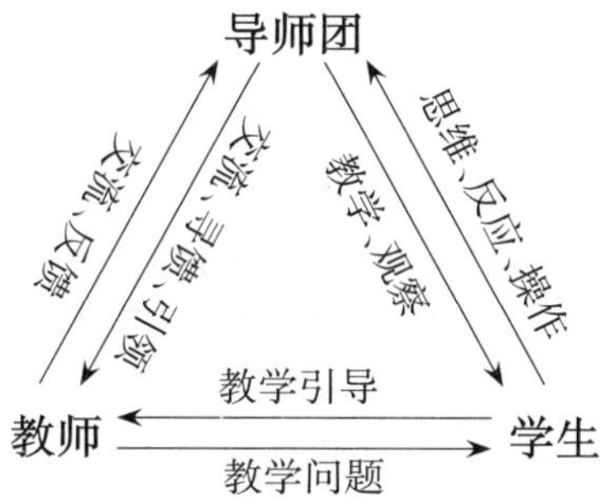


图6-2-1 “双主体”关系图

## 四、反馈性原则

研修活动的内容符合全息育人理念并尽可能做到五育融合，适合研究者的知识专业领域与教育教学实践经验；研修主题的难易程度、设计的课程范围科学且理论依据适用；经过短期或长期的研修和实践，研修的问题能被解决；对研修活动效果进行追踪并进行有效评价等，都应该以研修活动的参与者们的各种形式反馈来检验。研修反馈是促进教师专业发展的重要途径，使教师能对自己的研修成果进行归纳、总结，并将研修内容进行梳理，反思本学科的实际课堂教学所存在的问题和困惑；从多个维度对所学内容进行深层次的剖析和理解，重点关注自身亟须进步学习和提升的地方；通过研修活动的经验交流与分享，了解同伴对自身所学内容的评价与反思；将自身实践经验与所学知识相结合，对研修学习的效果进行研究分析，概括、提炼出具有针对性、可操作性且行之有效的教学策略。因此，在整个全息育人研修活动过程中，研修反馈不仅能使参训者及时反思将理论知识内化并转化为实践行为，实现自我的提升和发展，同时也能为培训者提供反馈素材，提升教育研修培训能力和实践案例。

# 第三节 小学科学学科全息育人研修的方法

《义务教育科学课程标准(2022年版)》在教学研究建议中明确指出：各级教研部门应配备科学学科教研员，建立地区性科学课程教研系统和网络，形成完整的教研体系，定期开展教研活动，使教研活动与教师专业发展相结合，并给予经费支持，形成制度。北碚区小学科学教研工作结合地区实际，优化科学学科研修方法，开展扎实有效的研修活动，对提升科学教师实施学科全息育人专业素养起到了积极作用。

## 一、研修方法类型

研修方法一般是指在促进教师专业发展的过程中，组织者有针对性地帮助教师解决教育教学思想理论问题和教育教学实践操作问题所采取的途径、步骤、手段等。

在教师研修活动中，组织者采取适宜的方法不仅能激发教师参与研修的主动性，还能使研修活动取得事半功倍的效果。

### （一）专题讲座式研修

专题讲座式研修是指组织者在研修活动中开展的有明确主题、有具体目标、有操作程序和评价的专业知识讲座研修活动。培训主题一般来自当下教育热点话题、学科教育教学共有的关键性问题、通识性培训等，培训活动有短期和中长期之分。北碚区在小学科学学科“学科融合、全息育人”研修实践活动中，聘请专家开展了理论学习、教学设计、课堂实践、教学评价、实验操作、课程开发等多项专题知识讲座培训。通过专家讲座进行专业引领，帮助科学教师理解学科核心素养，理解科学课程育人目标，理解开展学科全息育人的重要性和必要性，增强开展科学学科全息育人的主动性和内驱力，提升科学学科全息育人理论水平。通过教学设计、课堂实践、教学评价、微课制作等专题培训，帮助教师理解基于学科全息育人理念下核心概念的教学设计和实施、学业质量评价等，逐步提升教师科学学科全息育人设计与实施能力。

### （二）课例研修式研修

课例研修式培训是指参训教师以课堂教学过程中某一个或某几个急需改进的教学问题为研究对象，以提高参训教师课堂执行力为研究重点，以真实的课例为载体，以共同的目标为指引，利用集体研讨的方式来确立研讨主题、设计教学预案、制订观课量表，并在课例的基础上进行不断地反思，通过反思不断修正自己的预案，直至形成成功的课例，最终达到改进参训教师的教学行为、提升参训教师教学技能的目的的一种培训方式。

课例研修根据其作用不同又可分为课例示范式研修、课例研讨式研修和全员课例展示研修三种模式。

1.课例示范式研修

北碚区小学科学全息育人研修活动，紧紧围绕小学科学课堂教学中如何进行五育融合、全息育人进行。为给全区小学科学教师的课堂教学实践提供实践操作范式，由区级小学科学学科核心研究组共同设计课例，研究组成员提供现场课例，为全区小学科学教师提供示范，引领教师选择合适的教学方法和技术手段，将提炼出的科学学科五育育人点与教学内容有机融合，在科学学科教育教学中，既有效落实了五育目标，又充分体现了科学学科特点。研究组成员的课例具有示范性和引领性，为广大一线教师提供了学习的机会，让一线教师掌握了基本的融合方法，有利于教师在实践中检验和创新教学方法。

2.课例研讨式研修

课例研讨式研修是在小学科学学科“五育融合、全息育人”研究过程中，以核心研究组成员提供示范引领课例为基础，以“五育融合、全息育人”为主题，以课例为载体，以观课、议课为形式进行的研修方法。每次课例研讨准备要充分，包括研修主题的确立、研讨计划的制订、课例的打磨和教学预案的撰写。研讨过程应深入、充分，对病例问诊、反思小结、课例跟进和修正完善四个环节展开深入探讨。病例问诊是课例研讨的重要组成部分，分四部分进行，首先由研修成员对本次课例研讨的主题进行简要阐释，接着是上课教师的说课，然后是课例展示，最后是研修成员利用课堂观察量表分工观课并做好记录，观课的重点放在研讨主题上。反思小结要求指导教师、上课和观课教师对观摩课例中出现的问题进行梳理并反思问题出现的原因，提出解决问题的办法，进行教学设计的修订。课例跟进是对改进后的教学设计进行再次的实践，以检验策略是否有效。修正完善是对跟进课的再反思，是对跟进课中暴露的不足进行改进并重修教学设计。

课例研讨一般要经历“三课两反思”的历程，表明了在注重实践的同时也注重反思的作用。将反思运用于研讨的各个环节，无论是集体备课，还是课例展示，参与研修的教师都要对自己在研讨中的收获与不足进行及时的反思和总结，提出目前存在的问题，思考解决问题的办法，设计下阶段的研讨计划。

课例研讨也可采用同课异构、异课同构等课例形式进行，运用评价量表进行教学评价，并分析课堂教学中出现的问题及其原因，落实解决措施，并修订完善评价量表。

3.全员课例展示研修

全员课例展示研修是体现小学科学学科“五育融合、全息育人”研修成果的重要形式。全员课例展示并不只包括课例，还包括教学经验交流学习。全员课例展示以校本方式组织进行，结合常规教研活动开展。每位教师每期展示一节常态课例，供学校其他科学教师观摩学习，其他教师运用课堂教学评价量表进行评估，提出存在的问题和改进的意见，供课例提供者作为改进教学的参考。经验交流通过组织开展教学设计大赛、课题研究、教学案例等形式进行，引导教师个体或小组在自我反思的基础上，内部进行交流和实践操作，将之内化为可操作的实践技能，促进教师教学行动的自觉，不断提升科学学科“五育融合、全息育人”水平。

### （三）技能比赛式研修

技能比赛式研修指通过开展备课、说课、上课、课件制作、微课、教学论文、实验操作等多种形式创造机会，给教师提供展示和交流学习的平台，让参赛教师经受锻炼，得到长足进步，从普通教师逐步成长为骨干教师；给其他教师提供观摩学习的机会与平台，学习新的教育理念、教学方法等，并将其运用到自己的实际教学中去，达到提升整个教师队伍教育教学专业技能的目的。北碚区在推进小学科学学科“五育融合、全息育人”实践研究中，在区级、联盟集团、学校三个层级先后开展备课、说课、上课、课件制作等多项技能竞赛，有力提升了全区小学科学学科教师的全息育人能力，促进了全区小学科学学科全息育人质量的提高。

### （四）课题研究式研修

课题研究式研修是指组织者组织教师学习教育科研课题研究的理论、方法，从课题选项与立项、课题申报与结题、研究论文撰写、文献查阅、成果资料收集、研究活动的组织等进行实操培训，引导教师提升教育研究能力，实现教师从经验型教师向科研型教师的跨越，从普通骨干教师成长为“首席教师”。

教师经过教育科研知识系统学习，关注科学学科全息育人课堂教学实践，围绕学科教学中的重要问题和突出问题开展课题研究，以实践为途径，以反思和行动研究为主要手段，不断反思、改进、调整，逐步从实践到理论进行概括提升，有效达成学科全息育人目标。

课题研究式研修不仅可帮助科学教师提升学科全息育人理论水平，增强科学学科全息育人能力，形成个人教学风格，还有助于形成良好的研修氛围，打造学习型教师团队，建设良好的研修文化，从而促进整所学校、整个地区教师队伍整体素质的提高。

### （五）工作坊式研修

工作坊式研修是指聚焦与教师专业发展密切相关的教育教学真实关键问题，着力解决教育教学中的实际问题，以学习共同体为结构的研讨、交流、学习。一般由优秀教师主持引领，通过问题聚焦、专题研讨、实践反思、协同合作、评价、反馈、成果共享的方式，共同学习研修，打造宽松、自主的教师研修平台，达到资源共享、策略整合、共同进步的目的。工作坊一般由相对固定的人员组成，有明确的研修目标。北碚区小学科学工作坊由教研员主持，学员来自区属各校骨干教师，在全区小学科学全息育人实践研究中起到典型的示范作用和引领作用。

研修方法多种多样，作用不尽相同，也各有优缺点。采用何种研修方法，组织者要根据地区、学校实际情况选择性使用或综合使用或创新式使用，才能发挥研修对教师专业成长的巨大作用，达到学科全息育人的根本目的。

## 二、研修的组织实施

研修的组织实施是指为达到研修目标，开展有针对性的研修活动过程，它一般包括“选择研修主题—撰写研修方案—确定研修方法—实施研修活动—反思研修效果—整理研修资源”六个环节。

### （一）选择研修主题

凡事预则立，不预则废，教师研修活动的开展也是如此。选择一个研修项目，首先要根据项目实施要求、研修对象、研修资源等确定研修主题，确立适宜的研修主题是开展好研修活动的重要前提。

研修活动的基本价值是帮助教师解决教育教学中的问题，提升教师专业素养。不同的研修活动，有不同研修主题。研修主题不同，研修目标、实施方法也不尽相同。学科全息育人研修主题的确立基于以下几个方面：

1.基于国家发展的需求

我国在全面建成小康社会，完成第一个百年奋斗目标的基础上，提出了在2035基本建设成为社会主义现代化强国的目标任务，教育、科技、人才是全面建设社会主义现代化国家的基础性、战略性支撑。坚持为党育人、为国育才，成为各级各类学校教育的根本目的。改革教育教学，转变人才培养方式，提高人才培养质量，是学校教育改革的重要课题。学科全息育人研修就是基于国家发展需要，从学科育人的领域提出了全面培养、发展学生核心素养，从而为国家建设发展提供人才支撑。

2.基于教师的专业成长

研修活动的内在机制是教师在研修活动的过程中，不断与原有的教学知识相互作用，对自己的教学知识体系进行重组，进而实现教学新知识体系的建构。在这一过程中，组织者不仅需要从外在的研修制度来寻求途径，更需要从内因中来探寻教师专业发展的机制，实现主动发展、自主发展。学科全息育人实践研修，能充分激发教师专业发展内驱力，让教师主动去提升学科育人能力，提高学科育人水平，促进教师专业成长，实现学科育人目标。

3.基于问题的生成解决

《义务教育科学课程标准(2022年版)》指出：聚焦实际问题开展研究。课程标准的实施，在学科全息育人实践中会产生很多具体问题，将具体的问题进行提炼、聚焦，抽象为研究课题，以提高研修活动的实用性。研修问题来源于教学实际，研修的结果应用于改进教学，建立完善教学问题生成解决范式，助推学科育人效率提升。科学学科全息育人点梳理、科学课堂教学五育融合范例等为小学科学学科全息育人实施提供了参考。

### (二)撰写研修方案

为达成研修目标，需要对研修活动进行计划或规划。根据确立的研修主题，制订出具体可行的研修方案。研修方案的撰写应该体现三项原则：一是科学性，整个研修活动必须以教师专业发展为本，体现教师的主体性，符合教师在职学习的特点和规律；二是针对性，研修活动的目的明确，有利于为一线教师提供理论或实践操作支持，有利于提高教师核心教学力；三是系统性，整个研修活动要前后有序，既突出重点，又环环相扣，不断深化。

研修方案一般包括研修主题、研修内容、研修目标、研修时间、研修人员、研修方法、研修形式、研修环节、研修评价等内容，根据研修时间的长短或研修内容的不同，研修方案的内容也不尽相同。

在实施小学科学学科学全息育人研修活动时，北碚区教师进修学院小学科学工作室通过前期的调研和访谈，了解了全区科学教师队伍现状，确立了“基于‘五育融合、全息育人’理念下的小学科学课例研修”主题，旨在为全区小学科学教师开展小学科学全息育人实践提供范式，供全区小学科学教师学习参考。

### (三)确定研修方法

研修是促进教师专业发展的引擎，怎样让引擎真正发动起来，给教师专业发展提供强大动力呢？在教师研修工作中，应该坚持以教师为本，紧贴一线教师工作实际，围绕教师专业发展诉求和专业发展中的困惑，改善、优化教师教育教学行为，有针对性地开展研修工作。近年来，基于“研修合一、浇灌心灵、改善行为”的研修理念，北碚区教师进修学院积极总结国内外教师研修经验，大力开展研修实践探索，不断创新教师研修方式，形成了“区域研修—集团研修—校本研修”三级研修体系，建立了规范的研修制度。

不同层级开展研修活动，组织者根据研修活动主题，为达成研修的目标任务，选择适宜的研修方法开展研修活动，才能使研修活动达成预期目标，收到实际效果。北碚区小学科学学科全息育人实践研修充分发挥了三级研修体系的作用，选用适宜的研修方法，定期开展研修活动，使研修活动与教师专业发展相结合，促进了教师专业发展，提升了全区小学科学教师专业素养，提升了科学学科育人质量。

### （四）实施研修活动

实施研修活动是具体实施预设的研修方案动态调整的过程，同时也是研修活动达成研修目标收获效益的过程。研修活动特别要重视研修过程的设计，聚焦研修目标，精心选择研修内容，选择适宜的研修方法，彰显研修过程的体验性，突出思维活动的引领性，体现研修成果的实证性。在小学科学学科全息育人实践研究中，北碚区小学科学工作室开展了多次课例研修活动，其活动主要环节主要有以下几点：

1.课例准备。课例研修，选择好的课例是关键。一个好的课例需要具备以下几个特点：一是突出研修主题，能充分体现小学科学学科全息育人理念实践成果；二是线索清楚，能体现学科全息育人理念指导下的小学科学课堂教学全过程，体现小学科学学科教学思路；三是突出重点，既要突出科学学科本身聚焦的核心概念教学，又要体现在开展核心概念的教学中，如何结合教学内容，将育人点落实于教学活动中，达成科学学科全息育人目标。

2.观摩课例。观摩课例就是组织者组织参训人员观摩课堂教学实例。为了使课例观摩达到预期的效果，组织者应在课例观摩开始前对参训者进行短期培训。一是通过谈话，激发参训者对本次课例研修的兴趣，让参训者能主动参与整个课例研修活动；二是向参训者布置本次课例观摩任务，提出研修活动评价方法，让参训者带着任务参与研修活动。根据参训教师的数量，可按分小组的方法，每小组布置不同的观测点。

3.评价总结。课例观摩结束后，按不同的组数进行小组研修，汇聚小组意见，再在大会上进行交流分享。由于参训者的教育理论知识水平、教学经验等存在差异，对一些问题的看法不同；在小组讨论中由于时间、环境等因素的限制，交流也不彻底，这就需要对参训活动作必要的专业理论提升，对存在的误区进行廓清，对争议较大之处鼓励进行实践探索。最后对研修活动进行总结，在总结中不仅要总结活动取得的成绩，指明在今后教学中应探索的问题和努力的方向，还要充分肯定参训者的积极表现，鼓励大家积极主动参与研修活动，带着问题来，带着收获去，在教学实践中不断进行实践探索，实现专业水平的不断提升。

### (五)反思研修效果

作为研修活动的组织者,对研修活动进行及时的反思,回顾研修过程,梳理方法策略,总结研修经验,分析存在的问题及产生的原因,提出建设性的意见及建议,形成研修报告,对组织者和参与研修者的专业素养提升有积极的意义。

反思的主要内容:一是与研修目标对比,反思目标的达成度。本次研修活动是否达到了预期设置的目标,可以把参与教师在思想和行为方面的前后变化进行对比,通过研修活动前后的问卷调研、活动现场观察和行动跟进等途径搜集资料,进行实证分析。二是研修活动的实施是否有序,方式是否恰当? 方法是否合理? 取得了哪些成果? 三是本次研修活动存在哪些不足或问题,提出解决的方法和途径建议,供组织者和教师在实践中探索。

在研修活动中,普通教师是主要的参与者,专家是研修活动的专业引领者,学校领导是研修活动的支持服务者,作为研修活动的组织者在对活动进行系统的反思时,要充分尊重各类人员的主体性,对他们的意见、建议,进行分析、梳理,对教研活动进行深度反思,形成活动报告,进行活动报道。在北碚区的小学科学全息育人研修活动中,每次活动开展后,区科学教研员都会组织核心组成员对活动进行系统的反思,撰写活动报告,及时将活动成果对参与者进行通报,供全体教师在科学学科全息育人实践中加以运用,提升科学学科育人质量。

### (六)整理研修资源

收集整理研修活动的相关材料,使之形成研修资源,是研修活动的必要环节,也是持续开展研修工作的重要资源。作为研修活动的组织者要具备资源意识,从活动设计开始到活动结束,要有意识地把与研修主题有关的材料进行收集,活动结束后进行整理分析,为撰写研修报告提供实证材料。研修材料按活动开展的先后顺序进行收集。

一是活动实施前期:包括活动前期的调研问卷、调研报告和拟订的研修方案等。

二是活动实施中期:包括教学设计、教学资源、教学视频、议课视频、观察量表、交流材料、专家讲座资料等。

三是活动实施后期:包括活动后期调研问卷、调研报告、活动报告、活动报道等。

北碚区研修工作已经形成了良好的研修资料收集制度,在举行研修活动前,教研员都要对资料的收集进行分工,安排科学工作室的教师分工负责资料的收集。活动结束后,及时组织科学工作室教师对收集的资料进行整理、分析,撰写活动报告,进行活动报道,形成研修资源。

# 第四节 小学科学学科全息育人研修案例评析

## 一、校本研修活动的案例与评析

### [案例1]重庆市北碚区朝阳小学校本研修案例“思维发展型课堂的教学路径探索”

校本研修是以学校为单位组织开展的研修活动，是教师专业成长主要渠道之一，该部分将以北碚区朝阳小学科学教研组某一次集团研修活动为案例进行说明，一般流程如下图6-4-1所示。

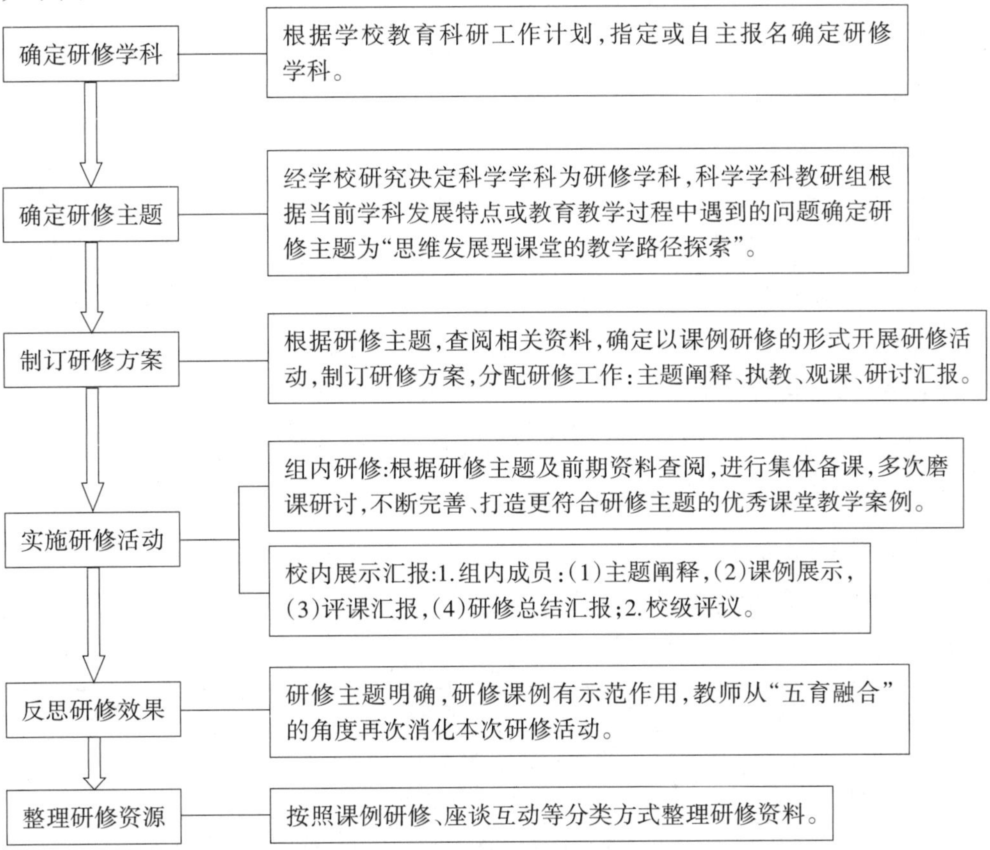


图6-4-1 重庆市北碚区学校校本研修活动流程

## (一)案例示例

1.研修主题

思维发展型课堂的教学路径探索。①

2.研修背景

根据当前小学科学学科提出在课堂教学中要注重学生思维发展的理念和组内成员对该理念的理解及日常教学中相关方面的困惑,为探寻如何在科学学科课堂教学中促进学生的思维发展,构建思维发展型课堂,特开展此次主题为“思维发展型课堂的教学路径探索”的课例研修。期望通过在课堂中创设相对真实的问题情境,提供潜在的认知冲突和可视化的思维过程、结果,设计以实现思维的迁移运用等策略活动,构建科学思维型课堂的教学路径。

3.研修形式

一人执教,多人磨课。

4.研修课例课题

相貌各异的我们。

5.研修及汇报分工

研修主持:廖晓星。

主题阐释:廖晓星。

课例执教:吴历历。

观课记录及汇报:杨健伟(学生观察);江鸿娅、杨悦(教师观察)。

课例研讨:科学组全体成员。

研修总结汇报:李芳。

专家指导:郭勇、张艳红。

研修流程:

| 时间 | 内容 | 具体安排 | 参与人员 |
|---|---|---|---|
| 2022年<br>11月15日—17日 | 理论学习 | 收集并交流关于在科学课中促进学生思维发展的相关理论知识。 | 全体组员。 |
| 2022年11月18日<br>8:40—10:20 | 集体备课 | 集中教研进修,集体备课,研读教材内容,探讨如何在课中促进学生思维发展,拟出教学设计初稿。 | 全体组员、指导专家。 |
| 2022年<br>11月19日—11月21日 | 备课 | 执教老师根据集体意见进行备课。 | 执教老师。 |

① 该案例由重庆市北碚区朝阳小学科学教研组提供

续表

| 时间 | 内容 | 具体安排 | 参与人员 |
|---|---|---|---|
| 2022年11月22日<br>第一节课 | 第一次试教<br>六年级(5)班 | 试教、议课,提出修改意见,执教老师根据修改意见撰写教学反思,修改教学设计。 | 全体组员、指导专家。 |
| 2022年11月24日<br>第一节课 | 第二次试教<br>六年级(7)班 | 试教后,全体组员进行议课,提出修改意见,执教老师根据修改意见撰写教学反思,修改教学设计。 | 全体组员、指导专家。 |
| 2022年11月29日<br>第二节课 | 第三次试教<br>六年级(8)班 | 试教、议课,修改,撰写主题阐释、观课汇报、研修总结等文本。 | 全体组员、指导专家。 |
| 2022年12月3日<br>8:40—10:20 | 课例研修汇报 | 主题阐释。(廖晓星)<br>课例执教。(吴历历)<br>学生观察汇报。(杨健伟)<br>教师观察汇报。(江鸿娅、杨悦)<br>研修总结汇报。(李芳)<br>其他学科教师评议。<br>领导专家评议。 | 全校各学科教研组长、校级领导、教导处、教科室。 |

附件:1.课例研修主题阐释。

2.四次试教教学设计。

3.教学反思。

4.教师观课汇报。

5.学生观课汇报。

6.课例研修总结。

## 附件1:课例研修主题阐释

### 思维发展型课堂的教学路径探索

(廖晓星)

一、研究主题

思维发展型课堂的教学路径探索。

二、主题背景

《义务教育小学科学课程标准(2017版)》指出,小学科学课程以培养学生的科学素养为总目标。学生在一个个科学探究中培养科学素养,而操作活动仅仅是科学探究的外在形式,其中内隐的科学思维才是它的灵魂。

英国思维教学专家麦吉尼斯的《从思维技能到思维发展型课堂》一书中定义思维

发展型课堂是以促进学生思维能力发展为核心目标的新型课堂教学形态。在这种课堂中，学习者或习得新的思维技能，或拓展已有思维技能的应用情景，或将已有思维技能作为加工知识的手段和方法，实现对学科知识的更深入理解以及对思维技能的更熟练运用。

小学科学探究的过程就是用科学的思维方式获取知识的过程。科学探究和科学思维是无法分割的，对学生而言，经历真正的探究过程就意味着经历思维的过程。

在科学课堂上采取探究教学容易带来一些问题，如教学活动盲从于形式，为了探究而探究，忽视了科学的本质和科学思维。科学教学要体现科学的本质特征，无论探究的形式如何，都必须以科学思维为核心。因此，在课堂教学中我们要注重培养、训练学生的科学思维，要善于抓住课堂的每一个活动环节，把对学生科学思维的培养贯穿在探究活动中，促进学生的思维发展，为他们的乐学而教。

基于以上思考，借用此次课例研究的契机，确定本次研究的主题为“思维发展型课堂的教学路径探索”。期望通过在课堂中创设相对真实的问题情境，提供潜在的认知冲突和可视化思维过程、结果，设计以实现思维的迁移运用等策略活动，构建科学思维型课堂的教学路径。

三、确定研究形式

通过讨论，我们组选用“一人执教，多人磨课”的研究模式。非常感谢吴历历老师主动承担了此次上课任务。我们采用“课例观摩—互动研讨—行动跟进—反思提升”的形式进行研究，及时调整教学设计，使设计趋于合理、完善。为提高研究质量，我们沿用以前的方法，将组内观课老师分为三个观察小组，从不同角度观课、议课。

1.教学设计观察组

重点观察：教学设计是否契合主题？是否合理有实效？

2.教师教学行为观察组

重点观察：教师设计的活动、语言的组织是否能激起学生探究的兴趣？教师的指导、提问、评价是否能很好地帮助学生提升探究的乐趣？

3.学生学习行为观察组

重点观察：学生的倾听习惯、学生的互动情况、学生小组合作学习情况和学生科学思维的发展。

## 附件2:四次试教教学设计

### “相貌各异的我们”一稿

（吴历历）

| 学习内容 | 相貌各异的我们 | | |
|---|---|---|---|
| 育人目标 | 1.理解同一种生物不同个体之间存在着差异,具有不同的相貌特征,这些特征的不同组合造就了多种多样的生命个体。<br>2.提高观察能力和辨析不同相貌特征的能力,发展协同合作的意识和能力。<br>3.激发学生探究生命奥秘的兴趣,培育学生珍爱生命、尊重生命的意识。 | | |
| 教学重难点 | 教学重点:知道同一种生物不同个体之间也存在着差异。 | | |
| | 教学难点:提高学生的观察能力和辨析不同现象特征的能力。 | | |
| 教学准备 | 学生准备:我的相貌特征分析表、小组相貌特征调查统计表、平面镜若干。 | | |
| | 教师准备:教师相貌特征分析表、班级相貌特征调查统计表、课件等。 | | |
| 环节 | 教师活动 | 学生活动 | 五育融合育人点提示 |
| 聚焦 | 1.引入:世界上有长得一模一样的人吗?<br>2.引导观察图片人像:两位少年长得一样吗?哪里不一样?<br>揭示:相貌特征。 | 根据自己的理解进行推测,并说出理由。<br>仔细观察图片中人物的相貌特征,找出不同点。 | 通过简单问题,展现学生前概念作为教学起点,引导学生聚焦本节课话题,培养学生细致的观察能力。 |
| 探究 | 1.现在我们找两位同学观察他们的耳朵有什么不同?<br>2.现在我们把范围扩大,统计一下全班的相貌特点。(找5个相貌特征来观察)<br>3.介绍如何区分单、双眼皮,下颌是否有沟,是否有耳垂,是否是卷发,是否是“V”发际。<br>4.那么,同学们你们有什么办法来观察自己的相貌特征呢?<br>5.出示“我的相貌特征分析表”,组织学生相互观察记录。<br>6.出示小组汇总表,引导学生统计小组不同特征人数。<br>7.出示班级汇总表,组织统计各小组数据。 | 观察并发现两位同学耳朵的不同特点。(形状、有无耳垂)<br>学习、理解如何区分其他身体特征。<br>小组内相互观察并记录在个人特征记录表里。<br>组长组织组员将小组内各种特征的人数统计到小组汇总表里。<br>组长汇报小组内不同特征的人数。 | 学会观察方法是观察的基础,学会合作能提高观察效率,这样能培养学生的观察能力和合作意识。<br>由个人数据统计到小组数据统计,最后到全班人数统计的过程,让学生明白数据统计的步骤与方法,提高学生的统计能力与意识。 |

续表

| 学习内容 | 相貌各异的我们 | | |
| --- | --- | --- | --- |
| 研讨 | 1.将班级统计数据输入电脑并形成环形统计图。<br>2.通过环形统计图你有什么发现?<br>3.引导学生根据已有数据进行分类数量的推算。<br>通过以上的研究,如果只考虑耳垂这一个特征,就可以把我们分成2类;加上发际这个特征,就可以把我们分成4类;再加上下颌中央是否有沟,就可以把我们分成8类;再加上头发,就可以把我们分成16类;再加上有无双眼皮,就可以把我们分成32类。我们统计了5个相貌特征就可以将我们分成32类,如果将我们更多的相貌特征都组合进去,将会出现什么现象呢?<br>6个相貌特征可以将我们分成了64类;10个相貌特征可以将我们分成1024类;20个相貌特征就可以将我们分成了1048576类;40个相貌特征就可以将我们分成了1099511627776类……<br>4.验证分类数据推理<br>请同学们听口令:请全体同学起立,请无耳垂的同学坐下,请平发际的同学坐下,请下颌中央有沟的同学坐下,请卷发的同学坐下,请有双眼皮的同学坐下。<br>(做2~3次这样的游戏)<br>师:同学们数一数有几位同学的这5个相貌特征和你相似呢?<br>这几位同学的5个相貌特征都相似了,那他们的相貌一样吗?哪里不一样呢?<br>我们只分析了其中的5个相貌特征,还有很多相貌特征没有考虑。如果我们再考虑更多的相貌特征,和你们相貌相同的同学会越来越少。<br>那我们还能找到两个完全相同的人吗?今天老师就给同学们带来了一对双胞胎,请同学们仔细观察这对双胞胎,看看他们是否完全相同?<br>看来,虽然双胞胎有很多相貌特征都相同,但是他们还是存在着差异的。 | 根据环形统计图说说自己的发现。<br>根据教师的引导进行数据推理,从推理的数据中体会到涉及的特征越多,出现的特征组合分类就越多。<br>通过直观观察,发现人与人虽然具有相同特征,但相同特征中仍然有不同点,进一步体会每个生物个体之间是有差异的。<br>观察、比较双胞胎小时候和长大后的不同。 | 数据推理—直观验证是学生思维发展的一种重要方法,对于学生核心素养和认知能力的培养有重要意义。 |

续表

| 学习内容 | 相貌各异的我们 | | |
|---|---|---|---|
| 总结 | 出示一位男生照片、一位女生照片、全班男生照片、全班女生照片、全班照片。<br>板书:相貌各异的我们。<br>人的相貌很大程度上受基因的影响,但是基因在遗传的过程中也会发生变化,再加上后天生活环境等在一定程度上也影响着我们的相貌。<br>可见世界上没有两个相貌完全相同的人,我们是独一无二的。<br>伟大的德国自然科学家莱布尼兹曾说过:“世界上没有两片完全相同的树叶。”因此,世界上也没有两个相貌完全相同的人。正是有了这些种种不同,从而造就了这个多姿多彩的生命世界。 | 从众多人物照片中进一步感受相貌各异的我们,知道人的相貌各不相同的原因。 | 通过实物观察总结,数据分析,然后再次用图片引导总结,理解生物的形态多样性。 |

观察记录表

**我的相貌特征分析表**

姓名:

| 相貌特征 | 有耳垂 | 无耳垂 | “V”发际 | 平发际 | 下颌中央有沟 | 下颌中央无沟 | 卷发 | 直发 | 有双眼皮 | 无双眼皮 |
|---|---|---|---|---|---|---|---|---|---|---|
| 我的特征 | | | | | | | | | | |

**小组相貌特征调查统计表**

第______小组　　人数:

| 相貌特征 | 有耳垂 | 无耳垂 | “V”发际 | 平发际 | 下颌中央有沟 | 下颌中央无沟 | 卷发 | 直发 | 有双眼皮 | 无双眼皮 |
|---|---|---|---|---|---|---|---|---|---|---|
| 人数 | | | | | | | | | | |

**班级相貌特征调查统计表**

| 小组 | 有耳垂 | 无耳垂 | “V”发际 | 平发际 | 下颌中央有沟 | 下颌中央无沟 | 卷发 | 直发 | 有双眼皮 | 无双眼皮 |
|---|---|---|---|---|---|---|---|---|---|---|
| 1 | | | | | | | | | | |
| 2 | | | | | | | | | | |
| 3 | | | | | | | | | | |
| 4 | | | | | | | | | | |
| 5 | | | | | | | | | | |
| 6 | | | | | | | | | | |
| 7 | | | | | | | | | | |
| 8 | | | | | | | | | | |
| 合计 | | | | | | | | | | |

"相貌各异的我们"二稿(修改部分)

根据第一次执教，发现要说明世界上是否有两个完全相同的人，光靠班级学生数据还欠缺说服力。因此，第二次执教时，在研讨环节，有意引导学生从班级数据推理到街道、区、市、全国、全世界，进一步帮助学生体会哪怕是全世界，也不会有完全相同相貌的两个人，教学设计更改部分如下：

| 环节 | 教师活动 | 学生活动 | 五育融合育人点提示 |
|---|---|---|---|
| 研讨 | 我们只分析了其中的5个相貌特征，还有很多相貌特征没有考虑。如果我们再考虑更多的相貌特征，和你们相貌相同的同学会越来越少。<br>我们班上还能不能找到相貌一样的人？<br>北温泉街道还能找到吗？<br>北碚呢？<br>重庆呢？<br>中国呢？<br>世界呢？<br>师：那我们还能找到两个完全相同的人吗？今天老师就给同学们带来了一对双胞胎，请同学们仔细观察这对双胞胎，看看他们是否完全相同？<br>看来，虽然双胞胎有很多相貌特征都相同，但是他们还是存在着差异的。 | 根据老师的引导进行更多的数据推理，从推理的数据中体会到涉及的特征越多，出现的特征组合分类就越多。 | 引导学生是从小数据开始，逐渐推理到大数据，教会学生思维方法和习惯，实现认知育人。 |
| 教学反思 | 通过这样的调整，学生对于从小数据推理到大数据，对于世界上没有两个完全相同的人这一概念基本理解。但本节课学生在准确观察并描述相貌特征方面出现了一些困难，不能有效地抓住某一器官的重要特征进行分类。在下一次执教时需要在相貌特征的观察、描述方面作一些更为细致有效的指导。 | | |

"相貌各异的我们"三稿(修改部分)

根据第二次执教，发现学生不能准确辨别、描述外貌等特征的问题，第三次执教将在探究环节采取先扶后放的方式，先带领学生观察并描述一个器官的特征，让学生知道如何观察并描述某器官的特征，抓住显著特征相异点进行特征分类。然后放手让学生去相互观察其他器官的特征，并根据特征相异点进行特征分类。教学设计更改如下：

| 环节 | 教师活动 | 学生活动 | 五育融合育人点提示 |
|---|---|---|---|
| 探究 | 1.示范观察一个相貌特征。<br>有无耳垂是一个重要的相貌特征。请两位同学到前边来,大家看看,他们两个谁有耳垂?谁没有耳垂?你是怎么分辨的?(介绍有无耳垂的判断标准)<br>同桌互相看看,确定自己的耳垂属于哪种类型。<br>有没有难以确定的?大家认为该怎么办?(学生讨论,使标准更明确,或者划分出第三类型)<br>师:通过观察耳垂这一相貌特征,我们全班可以分成两(或三)类,哪些同学属于有耳垂?哪些属于无耳垂?……(以一个特征分类和后边的以更多特征分类相关联、铺垫)<br>2.观察更多的相貌特征。<br>那我们的相貌特征还有哪些呢?学生说,教师板书。(如单双眼皮、鼻梁直和弯、眉毛类型等)<br>教师补充,除了同学们说的,还有……<br>3.现在我们把范围扩大,统计一下全班的相貌特点。(找5个相貌特征来观察)<br>介绍如何区分单、双眼皮,下颌是否有沟,是否有耳垂,是否是卷发,是否是"V"发际。<br>那么,同学们,你们有什么办法来观察自己的相貌特征呢?<br>4.出示"我的相貌特征分析表",组织学生相互观察记录。<br>5.出示小组汇总表,引导学生统计小组不同特征人数。<br>6.出示班级汇总表,组织各小组统计数据。 | 仔细观察台上两位同学的耳朵特征,着重引导学生对有无耳垂进行观察。学习如何辨别不同人同一器官的相异点,并以此作为分类标准的方法。<br>通过观察同学之间相同器官的最大区别,找到可以作为分类标准的显著相异特征。<br>组长组织组员从5个显著相异特征方面相互观察,并作好记录。<br>组长组织组员将小组内各种特征的人数统计到小组汇总表里。<br>组长汇报小组内不同特征的人数。 | 学会观察方法是观察的基础,学会合作能提高观察效率,这样能培养学生的观察能力和合作意识。<br>由个人数据统计到小组数据统计,最后到全班人数统计的过程,让学生明白数据统计的步骤与方法,提高学生的统计能力与意识。 |

**"相貌各异的我们"四稿**

从前三次的执教中发现,之前实施的教学设计,虽然能够让学生准确找到并描述相貌特征的异同点,并以此进行分类,通过对分类特征数据多样性带来的庞大分类类别,进一步体会相貌特征的差异性,明白世界上没有完全相同的两个人,但是学生对于这个庞大数据推理的过程理解起来仍然比较牵强,在小组统计和班级统计数据的过程中耗费了不少时间,减少了数据分析、研讨时间。为增强对数据推理的引导效果,在最后一次教学时将小组统计省去,班级数据统计也改变方法,直接通过教师安排具备指定特征的学生起立,由学生记录数据,在逐步引导中让学生去动脑思考并计算,增加学生学习的主体性。修改后教学设计如下:

| 学习内容 | 相貌各异的我们 | | |
|---|---|---|---|
| 育人目标 | 1.理解同一种生物不同个体之间存在着差异，具有不同的相貌特征，这些特征的不同组合造就了多种多样的生命个体。<br>2.提高观察能力和辨析不同相貌特征的能力，发展协同合作的意识和能力。<br>3.激发学生探究生命奥秘的兴趣，培育学生珍爱生命、尊重生命的意识。 | | |
| 教学重难点 | 教学重点：知道同一种生物不同个体之间也存在着差异。<br>教学难点：提高学生的观察能力和辨析不同现象特征的能力。 | | |
| 教学准备 | 学生准备：我的相貌特征分析表、小组相貌特征调查统计表、平面镜若干。 | | |
| | 教师准备：教师相貌特征分析表、班级相貌特征调查统计表、课件等。 | | |
| 环节 | 教师活动 | 学生活动 | 五育融合育人点提示 |
| 聚焦（相貌特征的含义） | 1.引入：世界上有长得一模一样的人吗？<br>2.引导观察图片人像：两位少年长得一样吗？哪里不一样？（将问题解决方法引导于关注“相貌特征”）<br>板书：相貌特征。 | 根据自己的理解进行推测，并说出理由。<br>聚焦人物的相貌特征，找出不同点。 | 学生在教师引导下进行聚焦性思考，培养学生有针对性、有方向性地思考问题的习惯。 |
| 探究 | 1.示范观察一个相貌特征。<br>有无耳垂是一个重要的相貌特征。请两位同学到前边来，大家看看，他们两个谁有耳垂？谁没有耳垂？<br>你是怎么分辨的？（介绍有无耳垂的判断标准）<br>同桌互相看看，确定自己的耳垂属于哪种类型。<br>有没有难以确定的？大家认为该怎么办？（学生讨论，使标准更明确，或者划分出第三类型）<br>师：通过观察耳垂这一相貌特征，我们全班可以分成两（或三）类，哪些同学属于有耳垂？哪些属于无耳垂？……（以一个特征分类和后边的更多特征的分类相关联、铺垫）<br>2.观察更多的相貌特征。<br>那我们的相貌特征还有哪些呢？学生说，教师板书。（如单双眼皮，鼻梁直和弯、眉毛类型等）<br>教师补充，除了同学们说的，还有……<br>现在我们把范围扩大，统计一下全班的相貌特点。（找5个相貌特征来观察）<br>介绍如何区分单、双眼皮，下颌是否有沟，是否有耳垂，是否是卷发，是否是“V”发际。<br>那么，同学们，你们有什么办法来观察自己的相貌特征呢？<br>3.出示“我的相貌特征分析表”，组织学生相互观察记录。 | 仔细观察台上两位同学的耳朵特征，着重引导学生对无耳垂进行观察，学习如何辨别不同人同一器官的相异点，并以此作为分类标准的方法。<br>通过观察同学之间相同器官的最大区别，找到可以作为分类标准的显著相异特征。<br>组长组织组员从5个显著相异特征方面相互观察，并作好记录。 | 学会观察方法是观察的基础，学会合作能提高观察效率，这样能培养学生的观察能力和合作意识。<br>由个人数据统计到小组数据统计，最后到全班人数统计的过程，让学生明白数据统计的步骤与方法，提高学生的统计能力与意识。 |

续表

| 学习内容 | 相貌各异的我们 | | |
|---|---|---|---|
| 探究 | 大家应该都清楚了自己的相貌特征,那现在我们对全班特征进行统计。<br>首先,请有耳垂的同学起立,数一数,一共A人。(请一位学生记在分类图相应位置上)那没起立的都是无耳垂的吗?<br>如果我们只考虑耳垂这一个特征,就可以把我们分成2类:有耳垂和无耳垂。<br>师:下面再统计发际,请“V”发际同学起立,B人;那么平发际的应该有C人。<br>那把耳垂和发际两个特征综合考虑,“V”发际且有耳垂的有多少人?<br>张同学,你可以当主持人把分类图上的具体数字一步步统计出来吗?<br>全班统计,李同学记录。<br>4.提出研讨问题。<br>(1)1~4个特征分别能把全班分成几类?从数字变化中,你发现了什么规律?<br>(2)你还对哪个相貌特征感兴趣?只考虑这个特征,能把全班同学分成几类?加上前4个特征,全班又可以被分成几类?<br>此处开始引导简单计算6个相貌特征可以将我们分成64类;7个相貌特征可以将我们分成128类;8个相貌特征可以将我们分成256类;9个相貌特征可以将我们分成512类;10个相貌特征可以将我们分成1024类。<br>算一算:如果20个相貌特征可以将我们分成了多少类?<br>依此类推,40个相貌特征可以将我们分成1 099 511 627 776类。<br>眼睛除了单、双眼皮,还有哪些可以用来分类的特征?<br>人脸上大约有多少个特征能被用来与他人区分?这么多特征可以把人分为多少类?<br>课件出示:我们的特征会不会超过40个呢?<br>就眼睛一个器官而言就有至少8个特征,刚才我们只研究了眼睛上眼睑的特征,而多个器官很容易就超过40个特征。 | 根据老师的引导进行数据计算与推理,从推理的数据中体会到涉及的特征越多,出现的特征组合分类就越多。 | 数据推理—直观验证是学生思维发展的一种重要方法,将数据的统计、计算都交给学生完成,让学生更加投入到数据统计、分析、推理中,对于学生核心素养和认知能力的培养有重要意义。 |
| 研讨 | (课件出示眉形分类)一个特征往往不止分为2类,例如眉毛至少可以分为12类。刚才我们以2类算40个2相乘就达1万亿。如果按实际情况可能乘的不是2,而是3,4,5甚至更大的数,那我们的相貌分类就轻易地超过了1万亿。<br>刚才是理论,那现实是这样吗?<br>师:现在我们再在班上试一试我们的研究,看看是否和刚才的理论相符。你们想知道我们班有哪些同学的这5个相貌特征和你相似吗? | | |

续表

<table>
<tr><td>学习内容</td><td colspan="3">相貌各异的我们</td></tr>
<tr><td>研讨</td><td>验证分类数据推理。<br>请同学们听口令：请全体同学起立，请无耳垂的同学坐下，请平发际的同学坐下，请下颌中央有沟的同学坐下，请卷发的同学坐下，请有双眼皮的同学坐下。<br>（做2~3次这样的游戏）<br>师：同学们数一数有几位同学的这5个相貌特征和你相似呢？这几位同学的5个相貌特征都相似了，那他们的相貌一样吗？哪里不一样呢？<br>我们只分析了其中的5个相貌特征，还有很多相貌特征没有考虑。如果我们再考虑更多的相貌特征，和你们相貌相同的同学会越来越少。<br>我们班还能不能找到相貌一样的人？<br>北温泉街道还能找到吗？<br>北碚呢？<br>重庆呢？<br>中国呢？<br>世界呢？<br>那我们还能找到两个完全相同的人吗？今天老师就给同学们带来了一对双胞胎，请同学们仔细观察这对双胞胎，看看他们是否完全相同？<br>看来，虽然双胞胎有很多相貌特征都相同，但是他们还是存在着差异的。</td><td>通过直观观察，发现人与人之间虽然具有相同特征，但相同特征中仍然有不同点，进一步体会每个生物个体之间是有差异的。<br>观察、比较双胞胎小时候和长大后的不同。</td><td>通过现象—数据统计分析—数据推理—数据规律验证这一系列思维过程，有效促进学生的科学思维发展。</td></tr>
<tr><td>总结</td><td>出示一位男生照片、一位女生照片、全班男生照片、全班女生照片、全班照片。<br>板书：相貌各异的我们。<br>人的相貌很大程度上受基因的影响，但是基因在遗传的过程中也会发生变化，再加上后天生活环境等在一定程度上也影响着我们的相貌。<br>可见世界上没有两个相貌完全相同的人，我们是独一无二的。<br>伟大的德国自然科学家莱布尼兹曾说过：“世界上没有两片完全相同的树叶。”因此，世界上也没有两个相貌完全相同的人。正是有了这些种种不同，从而造就了这多姿多彩的生命世界。</td><td>从众多人物照片中进一步感受相貌各异的我们，知道人的相貌各不相同的原因。</td><td>通过实物观察总结，数据分析，然后再次用图片引导总结，理解生物的形态多样性。</td></tr>
<tr><td>观察记录表</td><td colspan="3">我的相貌特征分析表<br>姓名：<table>
<tr><td>相貌特征</td><td>有耳垂</td><td>无耳垂</td><td>“V”发际</td><td>平发际</td><td>下颌中央有沟</td><td>下颌中央无沟</td><td>卷发</td><td>直发</td><td>有双眼皮</td><td>无双眼皮</td></tr>
<tr><td>我的特征</td><td></td><td></td><td></td><td></td><td></td><td></td><td></td><td></td><td></td><td></td></tr>
</table></td></tr>
</table>

附件3:教学反思

## 教学反思

(吴历历)

本节课的设计首先感谢整个科学教研团队,若上课方面有不尽如人意的地方,说明本人仍需继续努力。

本节课从章节对动植物的研究,推演到对我们人类自己的分类观察研究。教学时,尝试用"世界上有长得一样的人吗?"这个问题引领学生关注人类相貌的多样性。我们通过分辨两位同学相貌上的不同之处来创设情境,从而将解决上述问题的关键指向相貌特征,引发学生主动思考。在此基础上,展开组内的观察活动,引导学生协作,描绘同组内同学的相貌特征。学生在活动中表现得非常积极主动,基本掌握了相貌特征。

全班的相貌调查统计活动,我将原来的和本节课前后衔接不好的班级统计表去掉,然后进行班级大调查,让学生组织统计,这样既培养了学生的协作能力,又简化了统计流程。学生根据统计图可以很直观地看到班上同学3个相貌特征的分布状况,并且强调用数据来说明问题,更有说服力,同时根据统计图找一找与自己相貌特征相似的同学,相信学生会对这个活动很感兴趣。然后我又抛出研讨问题,让学生自己计算和分析,主要是想提高学生的主体性。相貌是唯一的吗?这项活动是通过分类统计的应用,建构分类的数学模型。多种相貌的组合排列结果有几种?对于六年级学生而言,应该可以利用数学的方法得出结论。这节课我刻意引导了计算,比如3个相貌特征就是3个2相乘,进而引导学生进行20个的计算,并在40个特征以上时加入简单计算,对学生进行意义建构。在实际教学中,学生对这个问题能够理解和应用,使学生了解到每增加1个相貌特征,分类结果就多1倍。最终了解自己属于哪一种相貌特征,班级中哪一种相貌特征的同学较多,哪一种较少,直观明了。再引导学生发现原来我们的特征不止40个,每个特征分类也不止2个,于是很自然得出我们的相貌分类远大于世界人口数,也远大于1万亿。再通过找一找班上和自己5个相貌特征相似的人证实理论的可靠,然后将班级的问题扩大到社区乃至世界,引出规律的普遍性。

有学生会说双胞胎的相貌特征是一样的,这就需要引导学生联系生活情况再进行分析。事实上,虽然双胞胎有很多相貌特征都是相似的,但是部分相貌特征是有差异的,不可能是一模一样的。从而得出课题"相貌各异的我们"。正如伟大的德国科学家莱布尼兹所说的"世界上没有两片完全相同的树叶"是一个道理。

## 附件4:教师观课汇报

### “相貌各异的我们”课堂教学之教师行为观察报告

（江鸿娅、杨悦）

在本次课例研修活动中，我从教学目标的落实和课堂活动的组织两个方面对吴老师执教的“相貌各异的我们”一课进行了相应的观察和记录，并对其中的教师行为进行了简单的分析。

一、教学目标的落实

吴老师以“世界上有长得一样的人吗?”问题引入，然后通过观察两位同学的相貌，帮助学生构建起相貌的概念，让学生感受到人与人之间相貌特征存在差异。随后吴老师组织学生进行相貌特征的普查，经过小组记录、数据汇总和计算，让学生深切知道了人相貌特征的唯一性，知道更多相貌特征的组合造就了相貌各异的我们，造就了多种多样的生命个体。

吴老师之前只落实了学科认知目标，注重知识的传授，而今天还落实了育人目标。吴老师在教学中渗透、引导学生学会欣赏自己独特的美，养成健康意识，让教学内容更加丰富，得以升华。同时帮助学生构建起从生活、从自己出发去探索问题的思维方式。

二、课堂活动的组织

第一个活动，观察两位同学的不同，帮助学生认识到人的相貌特征。第二个活动，相貌普查，通过大范围的数据来印证人们相貌特征的不同，以小组形式进行活动，提高了活动参与性，培养了学生合作意识。第三个活动，相貌特征的组合。吴老师带领学生一起计算、分析，帮助学生深刻认识到不同相貌特征组合出的人的相貌是不同的，为之后的更多特征组合做好铺垫，培养了学生逻辑思维和数学思维。

吴老师在上一次课中，课前准备不够充分，没有提前做好分组、分工等工作，今天做好了充分的准备，让课堂更加顺利、高效。在进行相貌普查时，吴老师也由自己输入全班数据改为小组长输入数据，把更多时间交给学生，一方面节省时间，另一方面让学生有事可做，使课堂更具组织性，贯彻了课标“以学生为主体”的思想。

## 附件5:学生观课汇报

### “相貌各异的我们”课堂教学之学生行为观察报告

（杨健伟）

一、观察对象

本次观察我分别从学生的倾听习惯、学生的互动情况、学生小组合作学习情况和学生科学思维的发展等方面，对吴老师执教“相貌各异的我们”一课的学生行为进行了相应的观察和记录。

二、课堂精彩再现

在本节课学习中，学生主要通过小组合作学习法、自主学习法，先分辨了两位同学相貌上的不同之处，自然地认识了相貌特征。在此基础上，开展组内的观察活动，描绘同组内同学的相貌特征。再开展全班的相貌调查统计活动，最后教师利用电脑进行统计，并得到环状统计图。学生根据统计图很直观地看到班上同学5个相貌特征的分布状况，并且学会使用数据和证据来说明问题。整个过程中学生的倾听习惯、表达交流等都非常好，还能积极参与小组合作，并完成学习目标。其中突出亮点有以下几个方面。

（一）数据分析，培养学生高阶思维

《义务教育小学科学课程标准（2022年版）》中指出，实验时要注重事实证据，培养学生的实证意识，使学生的高阶思维得到进一步提升。

吴老师的这节课设计得很好。他把不容易表达的相貌特征用数字代替，让学生应用数学课中的分类统计，把多种相貌用组合排列的方式进行比较分析，让学生利用数学的方法得出结论，使学生了解到每增加一种相貌特征，分类结果就多一倍，多个相貌特征组合在一起就是数量级的变化。最终了解到我们有不同的相貌特征，这些特征的不同组合造就了多种多样的生命个体。学生学会使用证据和数据说话，潜移默化中培养了学生的高阶思维。

（二）教学内容面向学生和社会

本节课选材贴近学生生活，丰富学生眼界，使学生与课程内容有亲近感，让学生兴趣盎然地投入到学习中。学生从两张熟悉的照片开始寻找相貌特征，激发了学习兴趣，又把身边的同学或者自己作为学习探究的对象，使课堂有浓郁的生活气息，学生急于想弄清楚原因，全情投入。很多老师能够把课堂引向课外，就地取材，摄取身边的材料为科学课所用，学生自然明白科学道理就在我们身边。

（三）渗透了开放教学的意识

本节课学生的思维发展、教学空间和教学时间，都不局限于课堂，相貌特征的研究，激发了学生课后继续延伸和拓展的兴趣，让学生体验到科学探究的乐趣，而不是单纯地为掌握科学知识而敷衍探究过程。

在整个课堂中，学生的倾听习惯很好，表达能力强，学生经历科学研究的过程。在本节课中，学生经历了完整的科学过程，通过观察现象、搜集科学证据，从而在实践中得出结论。

附件6:课例研修总结

## 朝阳小学科学组课例研究总结

### ——思维发展型课堂的教学路径探索

（李芳）

大家好！本次科学组的课例研修主题是“思维发展型课堂的教学路径探索”。首先我们一起了解思维发展型课堂产生的背景。

一、思维发展型课堂产生的背景

我国教育改革经历了从强调双基阶段,向强调知识与技能、过程与方法和态度、情感、价值观相结合的三维目标阶段的转变,当前正进一步向强调核心素养的阶段转变,这从客观上要求课堂教学更加注重学生思维的发展。

二、思维发展型课堂的具体表现

思维发展型课堂强调通过课堂教学实现思维发展。具体来说,思维发展型课堂有以下三个表现:

1.习得了新的思维。

2.拓展了已有思维的应用场景。

3.运用已有的思维实现了对知识的深度加工和理解。

通过本次研究,我们发现吴老师的教学对促进学生的思维发展作出了有效的尝试,归纳为以下四点:

1.创设问题情境激发学习动机

思维是在具体的问题情境中得以发展的,脱离情境,思维能力无法形成,也毫无用武之地。好的问题情境可以充分激发学生的学习动机,成为思维发展的依托。导入环节,吴老师设计的问题“世界上有长得一模一样的人吗?”成功激发了学生的学习动机,为后续的研究打下基础。

2.设置认知冲突促进教学

认知冲突是思维发展的起点,也是思维发展的必要条件。设置合理的认知冲突,打破学生认知平衡,迅速帮助学生开启学习状态,促进有意义学习的发生。吴老师抓住学生对“世界上有长得一模一样的人吗?”这个问题的认知冲突,顺理成章地推动了教学环节。既然意见不一致,那我们就来做一个调查统计,看看到底有没有一模一样的人,学生自而然地展开小组和班级活动。活动是思维发展的载体,通过活动,我们可以发现学生从最开始怀疑世界上有一模一样的人,到认识世界上不会有一模一样的人,思维发生了明显的转变。

3. 可视化思维过程

思维发展过程是隐性的，在课堂上隐性因素要发挥作用就要可视化。目的在于让师生了解彼此的想法，便于进行交流和反思，促进问题的解决。因此，在课堂上要努力实现思维的可视化。本节课吴老师采取了一些有效措施，例如使用小组调查活动结果统计图表，可以清晰地显示全班同学特征分布的人数以及种数，纠正了学生的认知偏差，对学生思维的最终发展起到了至关重要的作用。

4. 迁移运用促进学生的思维发展

学生思维能力发展的表现，就是能在实际情境中将新的知识、情感、态度等迁移运用。课堂教学中，学生通过在一定场景中的实践练习，能透彻理解思维变式，能自主运用思维技能解决问题，这样的课堂才是真正的思维发展型课堂。吴老师巧妙地设计了“寻找班里有和你长得一样的人”的活动，学生通过有趣的活动很快实现思维迁移。课堂上比较的特征还不足以区分同学们的相貌，我们还要继续比较，特征越多，越能发现人的相貌是各异的，而且是唯一的，学生也能深刻体会生物多样性的奇妙之处。

综上所述，思维发展型课堂以促进学生思维能力发展为核心目标。要实现这个目标，我们要创设相对真实的问题情境，提供潜在的认知冲突、可视化思维过程和结果，设计活动实现思维的迁移运用，最终才能逐步将我们的课堂打造成思维发展型课堂。

我的总结到此结束，谢谢大家！

### （二）案例分析

1. 研修主题鲜明，目标明确

本次校本研修是一次典型的主题式课例研修，其研修主题是在北碚区全息育人教育理念指导下，结合学科本质提出的，来源于学科发展新理念，也来自学科日常教育教学工作中的困惑。学生思维的发展是科学学科核心素养的要求之一，所以本次的研修目的是探寻思维发展型课堂的建构途径，以更为有效地培养学生这一核心素养。从课堂教学的不断改进中可以发现，学生的思维培养在逐步改进，创设真实情境、制造认知冲突，利用表格、板书将思维可视化，采用迁移学习方法……这些改进是围绕着研修目标而开展的，也取得了一定的成效。教师从过多关注认知育人逐步发展到关注认知育人的同时渗透德性育人、健康育人等，将学科全息育人的教育理念充分体现。

2. 充分发挥团队智慧，共促教师成长

一所学校的教师成长、学科教学发展离不开团队的力量。北碚区朝阳小学尤其注重发挥团队智慧，以日常教学为根本，学科教研组内经常开展集体备课，以互听、互评等形式相互促进。每一次校本研修，每一次教学展示，参加每一次教学竞赛课都由校级领导牵头，教导处、教科室负责具体落实，单一学科全体教师和部分跨学科教师共同参与，群策群力，站在不同的高度，从不同的视角来促成更优的效果，促进教师的成长。在本次校本研修活动中，采用了课例观摩—互动研讨—行动跟进—反思提升的形式进行研究，科学组的教师们围绕研究目标，共同出谋划策改进课堂教学结构，探讨学生思维发展途径，教学副校长、教科室主任站在学科以外，站在大教育观、大教学论的高度予以指导，形成了一次优秀的课堂教学展示案例，一次精彩的课例研修活动。在这过程中，每一位参与教师都得到了不同程度的成长，尤其是负责课例执教的吴历历老师收获颇多。这位由十几年的中学物理老师转岗小学科学的老师，因中学与小学的教学追求不一样，其教学观念、课堂组织方式的转变一直颇为困扰，经过这样一次团队智慧的帮助，其对小学科学的教学有了更清晰的认识，对于其更有效适应小学科学教学有明显作用。

3. 实施课堂观察，关注师生课堂发展

课堂观察是教师收集学生资料、分析教学方法的有效性、了解教与学行为的基本途径，是观课者有计划地观察师生在课堂中的表现，从课堂情境中收集资料，并依据资料作相应研究的一种教育科学研究方法。这样的方法具有一定的目的性、系统性、选择性、理论性，是促进有效教学和教师专业化发展的重要途径。在本次校本研修中，采用了针对教师行为和学生行为的课堂观察，由不同的观课者从教师的教学目标落实、课堂教学组织等，以及学生的倾听习惯、学生的互动情况、学生小组合作学习情况和学生科学思维的发展等方面进行有目的性的观察记录，并以此作为每次执教后的研讨改进依据，让执教者、研讨者更为清晰地发现教学设计与课堂教学实施的优劣点，从而作出相应的调整，这对于教师的发展有重要作用，也能促进学生在课堂中的发展。

4. 展示分享，打破学科界限

校本研修的目的不仅仅是为了促进参与研修小组和学科的发展，更应该带动学校整体教育教学的发展。在北碚区学科全息育人理念指导下，朝阳小学的校本课例研修打破了学科界限，采用了学科研修后全校展示汇报的形式，让更多的学科相互了解、相互促进。本次校本研修中，科学学科开展了主题课例研修并取得一定成果后，邀请学校其他学科的教研组长、部分教师参与展示汇报。展示汇报分为主题阐释—课例展示—观课汇报—研究成果汇报—互动研讨—专家点评等步骤。本次展示汇报中，参与研修的科学组教师全面汇报研修过程及成果，增进了其他学科对科学学科教学的了解，其他学科教师根据观展收获，结合自己所教的学科和自己对教育教学的理解，提出了自己的想法予以探讨，专家则站在学校教育教学发展的角度给予点评。这样的过程，从学校层面来说，促进了学科之间的了解，有利于学科融合；从教师层面来说，不同学科教师之间的交流能够相互借鉴、相互学习，促进本学科的发展，促进教师的发展；对于学生来说，则更为有益，学科融合，学科发展，教师发展，学生自然能得到全面发展。

## 二、集团研修活动的案例与评析

### [案例2] 重庆市北碚区人民路小学教育集团科学教研活动[①]

集团研修活动是在各自教育集团内开展的研修活动，该部分将以北碚区人民路小学教育集团科学教研组某一次集团研修活动为案例进行说明，该案例大致流程如图6-4-2所示。

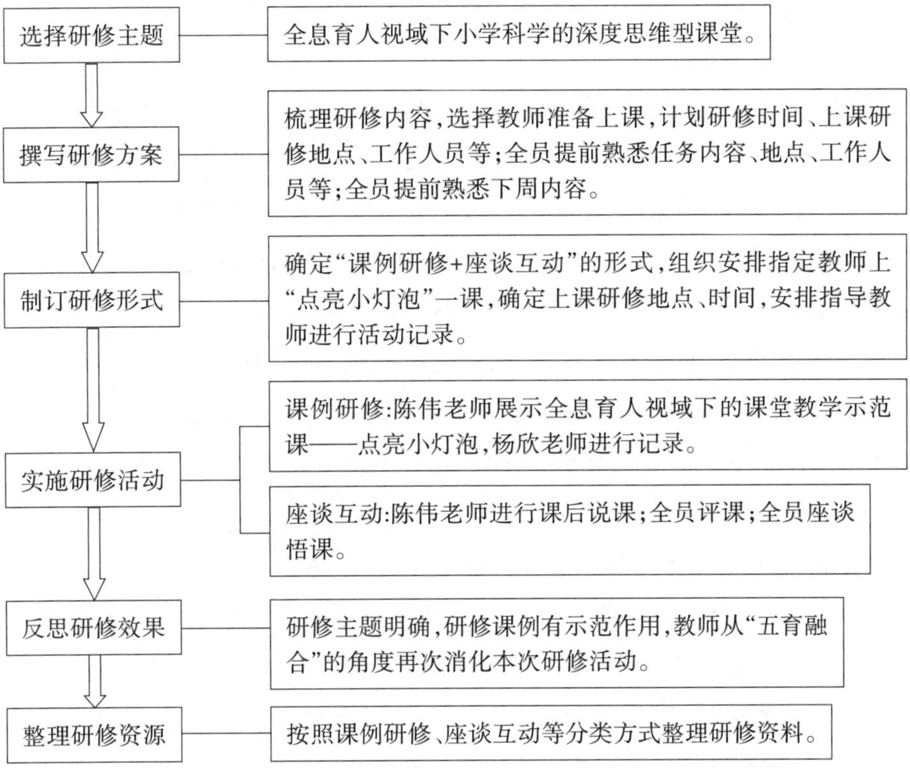


图6-4-2 北碚区人民路小学教育集团科学教研组研修活动流程

① 本案例由重庆市北碚区蔡家小学陈伟提供

## (一)案例示例

1.案例研修主题的选择

为贯彻落实北碚区全息育人的教育理念,更好地培养学生的科学核心素养,在科学课堂中实现五育融合,在科学教研员的指导下,各集团学校、各教研组均积极响应,鼓励相关人员将全息育人渗透在日常教学过程中。在这个过程中,需要教师不断尝试,提前查阅资料,对不同的教学内容要思考并采取适当的教法和策略,每一个细节都需要探索尝试、精细规划,逐步尝试如何用更恰当、更自然的方式来完成课程。

每次集团研修活动都是一个良好的契机,旨在以集团牵头学校科学教研组为单位,共同打造聚焦核心素养、全息育人的课堂。恰逢重庆市第九届小学科学优质课评选比赛在即,本次研修活动亦可作为教研组集体磨课的平台,结合比赛相关要求、各年级教学进度和参赛教师情况的综合考虑,选择"点亮小灯泡"一课作为本次研修活动的上课内容。

故本次校本研修主题为"全息育人视域下小学科学的深度思维型课堂"。

2.案例研修方案的撰写

本次校本研修的目的:(1)以课例为载体,通过"上课+评课"的基本环节实现集团教研组全体科学教师共同参与、集体进步;(2)探讨"点亮小灯泡"中实现五育融合的可行性、创新性,并形成优化方案,打造一堂有深度思维碰撞的科学课。

为达成以上研修目的,集团教研组组长需要初步确定并组织进行以下事宜:组织选择主讲教师,并提前备课;组织本集团科学教师提前熟悉课程"点亮小灯泡"和本次研修所需相关资料;确定研修时间;确定上课班级;确定听课地点和研修地点;提前准备听课凳;安排课堂影像资料记录者及研修活动记录员;提前发出研修通知,要求所有参研教师准时到听课地点听课;拟定课后研修流程。

3.案例研修形式的确定

为贯彻落实全息育人教育理念,在课堂中实现五育融合,本质还是要回归到真实课堂当中。一线教师是课堂的引导者,课堂是一线教师进行教育的主阵地,学生主要在课堂上接受科学教育,所以以课例为载体的研修具有可行的现实意义。

本次研修采用"课例研修+座谈互动"的形式,细化研修方案,落实细节。

(1)请主讲教师蔡家小学陈伟老师提前备课,上课前两周定好第一稿后,先在其他班级的真实课堂进行实践,并上传与本课相关的资料(全息育人版教学设计、课件、实验记录单、视频等)到网络平台(QQ群等)供老师们提前了解学习。

(2)组织在本校区的全体科学教师提前熟悉"点亮小灯泡"和本次研修相关资料,

包括教材、教师用书、学生活动手册、育人点、本次研修的教学设计、课件、视频资料等。

(3)确定时间:2020年4月8日上午第二、三、四节课。

(4)确定上课班级:四年级(2)班。时间和班级的确定需要与上课教师共同沟通,可以借班上课,也可以在自己任教的班级上课。陈伟老师任教四年级三个班的科学教学,与学生们配合程度更高;确定班级后根据该班级的课表确定时间,也可以根据所有参研老师的空余时间和后续研修需要进行调课;上课和研修讨论预计三节课,学校一般没有在上午第二节安排科学课,所以将四年级(2)班上午的第二节课调换成科学课。

(5)听课地点为蔡家小学录播室,研修地点也在录播室。研修地点最好选择地方宽敞、私密性好、相对比较安静和方便记录、讨论的地方,也省去转换场地所浪费的时间。

(6)提前准备听课凳。根据参研教师的人数准备足够的凳子,摆放在教室后方,如果摆放不下还需要提前调整桌椅位置或者转移到大教室上课。

(7)由杨国强老师负责记录各环节师生的表现,用录播室设备记录课堂中育人点的渗透,为研修活动收集资料,由杨欣老师负责研修中座谈互动要点记录。

(8)提前两天(2020年4月6日)通知所有参研教师准时到蔡家小学五楼录播室参与集团研修活动。要求参与活动的教师提前调整好自己的任课,并注意来回途中的安全。

(9)细化课后研修流程:由主讲陈伟老师先介绍本节课的设计思路,听课教师进行评议。为了达到本次研修目的,所有教师再针对细节问题进行讨论、磨课,形成一堂有质量的集团研修课。

4.案例研修活动的实施

在主讲教师精心备课和参研教师提前学课之后,人民路小学教育集团科学学科教师准时到达蔡家小学五楼录播室听课。

(1)观课学习。

2020年4月8日上午第二节课,陈伟老师在四年级(2)班展示教科版《科学》四年级下册“电路”单元第2课“点亮小灯泡”。

(2)评课交流。

第三、四节课,集团教研组全员参与评课。在集团教研组组长的主持下,首先由授课教师陈伟老师进行课后说课。

陈伟老师尝试打破本节课常规的“组织引导—认识材料—介绍方法—实验操作—总结印证”的教学流程,结合小学生认知特点及对事物充满强烈好奇心和求知欲的前提，采用具有挑战性的教学模式，即放手让学生通过自主交流、探究、整理、分析表达出点亮小灯泡的方法，通过生生互动、师生互动以实现教学目标。

随后全员参与评课交流。各位老师先肯定了陈伟老师采用学生自主探究的思维型学习形式，打破了教材里传统学习方式的“亮点”；紧接着提出观察到的细节问题，如对导入和衔接的设计、生生对话的环节设计、各环节对应的学科育人点等进行细致分析。

（3）座谈悟课。

集团教研组全员以本课题为例进行讨论：如何设计教学过程？在课堂中渗透科学学科核心素养时，如何将重心放在深度科学思维的引导与对话上？如何更融洽、自然地实现五育融合？等等。

大家集体发言后讨论、总结出以下改进建议：

①导入需要更加简洁、生活化和神秘感，故可以更改为：同学们，今天老师带来了我小时候使用过的一个家用老电器。它是什么呢？(隐秘地拿出老式手电筒)你们使用过吗？有想过这个小灯泡是怎么亮的吗？可能用到哪些材料？进而引出本节课贯穿的中心问题：只用1节电池、1根电线、1个小灯泡，如何点亮小灯泡？

②推理思维“对话”环节，建议教师引导学生敢于大胆发言与质疑，让学生学会用自己探究过程中发现的现象或数据作为支撑自己观点的证据，逐渐养成有理有据地表述自我观点的逻辑思维习惯。关于对电是如何让小灯泡亮起来的分析，作为小学生而言的确有难度。为了激发和保护学生的好奇心和求知欲，不妨先让学生充分表达自己的看法，根据自己的生活经验或探究理解进行尝试推理，教师再抓关键词概括出学生表述的“正负说”“负正说”“两端说”。鼓励学生课后继续寻找证据支撑自己的观点，并将这种探究精神延续到中学乃至大学里，体现了学习的阶段性和延续性。

③梳理出本课的基本流程。

引课聚焦环节：老式手电筒介绍，设置“只用1节电池、1根电线、1个小灯泡，如何点亮小灯泡？”问题情境进入课程。

自主探究环节：呈现原认知(借助学具模型摆出自己认为能点亮小灯泡的连接方法)—探究挑战(借助3种材料分2人小组尝试点亮小灯泡，把点亮的连接方法在黑板上用学具呈现出来)—观察、分析能点亮小灯泡的连接特点(整理黑板上能点亮小灯泡的连接方法图，顺势认识小灯泡内部结构的放大图，明白它的2个连接点后，找出电池、导线各自的2个连接点，引导学生观察得出：每个连接点依次连接，循环成一个圈)—挑战用更多方法点亮小灯泡(用学生自主探究得出的点亮方法，尝试找出更多点亮小灯泡的连接方法，并用学具呈现在黑板上)—分类观察、对比、分析点亮和不亮的连接方法的区别和依据。

研讨推理环节：推理想象一下，电可能是怎么流动让小灯泡亮起来的？抽学生上台画出电流工作流向图。

建构模型环节：正负说、负正说、两端说（电流从“+”“-”两端同时流出，在灯丝处相遇，点亮小灯泡），推理建构出3种让小灯泡亮起来的工作模型。选择自己支持的观点，借助自己的依据进行对话发言。

总结延伸环节：大家的推理真是精彩！竟然有3种观点。关于电到底是怎么工作的话题，今天暂时讨论到这里。大家保留自己的观点，可以带着这个问题和想法到中学，甚至到大学去继续交流学习。

5.案例研修效果的反思

本次教育集团研修采用了“课例研修+座谈互动”的形式，在真实的课例中进行感受，课后有实际的课堂细节可以讨论，集大家之所长共同改进以体现本节课的亮点、线索、思想，是一次比较成功的教育集团研修活动。

授课人和听课人通过座谈互动，对本节课的内容进行反思总结，更新策略。学习了如何更好地组织教学，引导学生进行深度思维，提出了探究观点的交流模型。本节课两线并行，明线：从“不能点亮—能点亮—明确点亮的方法”，并推理背后机制的过程；暗线：从“呈现前概念形成认知冲突—自主建构形成解释—检验解释并迁移运用”，形成思维教学模型逻辑线。整堂课的教学中充分体现了核心素养的育人观念，在课堂的学以致用环节，以游戏的形式既验证了大家探究、归纳出的点亮小灯泡的连接方法，又顺其自然地让学生亲身感受到人是会导电的，初步了解“电”知识在日常生活中的应用，达到安全用电的健康育人目标。

研修结束后，各位教师又私下讨论，写下自己的感悟和收获。无论是听课还是评课，集团教研组都站在全息育人的视角去观察、领悟、考量是否恰到好处地做到五育融合。

6.案例研修资源的整理

将本次研修的资源进行整理，按照一定的分类方式，把研修资源用更便捷的方法进行分类并储存。

### （二）案例分析

案例分析是对该研修案例内容的分析，以及对案例中研修活动的组织进行评价。通过分析能细致地观测到案例中的研修活动内容是否完善、实施是否到位、效果是否明显，并对该研修活动进行评价。

1.案例背景

北碚区教师进修学院创造性地提出了学科全息育人的行动主张，将五育并举有效落实于学科的教学实践，以此体现育人要素课堂实现的全息性和学生发展的全面性。将社会主义核心价值观和立德树人的总要求与教师教学和学生学习融汇贯通，实现了备、教、学、评的有机统一。将这些创新性理念进行落地，让教师通过教学创造条件，引导学生认知、德性、审美、健康、劳动五个维度的全面发展。在教研员的指导下，借助集团教研活动以课为引，进行大胆的实践性尝试，以此推动学科全息育人的有效开展。将全息育人渗透到日常教学过程中，从而聚焦核心素养，落实立德树人根本任务，优化学习时空，推进北碚区的课堂革命。

2. 案例主题

撰写研修方案和确定研修形式属于前期工作，从确定主题到真正实施，中间的统筹、规划、准备决定了后续的质量，所以教师在准备的过程中也是熟悉、思考育人点的过程。无论是授课教师还是参培教师都在前期做了充足的功课，在听课、评课时才能观中思、思中辨、想即言，思维转瞬而至，既提高研修效率又达成研修目的，这才使本次教育集团研修活动真正围绕着全息育人主题而开展。

3. 案例实施过程

案例中的教育集团研修活动遵照全息育人研修活动的一般流程，从确定研修主题到整理研修资源一应俱全。既考虑到了区域性研究的主要方向——全息育人，又结合了学校“和谐育人、和谐管理”的教育理念，有目的性地设计课例研修，包括选择地点、班级的合理性和对应课题与全息育人的融合实施的可行性，以及主讲教师课例准备时的精心设计。通过探究点亮小灯泡的方法和推理解释小灯泡亮起来的原因，激发了学生探究电的兴趣，培养了实事求是的科学态度，此为德性育人。通过探究活动，分析、总结出点亮小灯泡的基本连接方法，初步建立“电路”概念模型；会连接简单电路，参与对话探究，通过归纳推理后，探究更多点亮小灯泡的创新连接方法，合理思考电是怎样点亮小灯泡的，此为认知育人、劳动育人。此外，顺其自然地结合实际生活情境，设计用电安全重要性的健康育人目的也不言而喻。精巧的设计较好地实现了五育融合，课例是研修的主体和基础，完备的课例促使研修活动的起点较高，但效果更好。

4. 案例反思

反思是研修活动的升华。本案例中的反思集中在小组讨论该堂课育人点的梳理上，仔细剖析每个环节，梳理其体现的育人点，再从宏观角度看待整堂课，综合起来以实现五育融合。反思还体现在厘清课例的教学思路上，学生探究从不能点亮到能点亮再到明确点亮的方法，推理背后机制的过程为明线；教师希望通过学生的认知特点，保护其好奇心和求知欲，从呈现前概念形成认知冲突到自主建构形成解释再到检验解释并迁移运用,形成思维教学模型逻辑线为暗线。反思使研修教师一起听了一堂课,还展开讨论、评析了一堂课,无论是对这堂课本身而言,还是对教育集团研修活动而言,反思都有助于反复思考、精练思维、提取要点、总结不足,为以后类似的集团教学和研修活动的开展积累经验。

5.案例资源生成

资源总结偏向于收尾工作。资源整理的过程中可以梳理资源类型,删除多余文件,保留有效资源,分类详细、层级清晰。本次研修的资源多以电子资料的形式呈现,包括课例展示和座谈互动,将课例部分和座谈部分的资源归档。每一次展示课和研修活动都是今后研讨学习的宝贵资料,通过整理使得资源分门别类、方便查找和参考使用。

## (三)总结与评析

1.教学准备充分

以往的教学是教师做好相应的教学准备,但为了使全息育人更好地落实下来,现在的课前准备不仅包括教师教的准备还有学生学的准备。教师教的过程除了明确教学目的和要求、熟悉教材内容、了解学生情况、设计教学任务、选择教学手段和方法、精心设计教学过程外,还要分析学情,根据学生的实际情况来创设活动。

学生也要提前做好相应的准备,如做好课前调查、准备好需要的资料和照片、提前熟悉课本内容等。让学生提前去熟知和了解,不仅激发了学生的探究欲望,也为教师教学打下了良好的基础,起到了一箭双雕的效果。

2.教师不要因教而教

传统的教学方式依靠的是不变的教材,以及教师以知识传授为根本任务。这类注入式模式既束缚了教师的思维方式,也使一部分学生的个性以及创新能力受到限制。而全息育人模式则改变了传统的教学方式,全面培养学生的学习习惯和兴趣。在整个课堂教学中构建一个以学生为主体,教师为主导,师生互动、生生互动的课堂活动,引导学生自主学习,营造一种生动活泼、轻松愉快、教学互动的课堂氛围。

3.教师要善“导”而“教”

教学设计的重点在于“导”,引导学生掌握学习本课内容的方法,让学生学会自己探究与思考、分析与推理;引导学生学会自己思考问题、提出问题、分析问题、解决问题,让学生在生疑、答疑、质疑中把问题引向深入,从而提高学习效率。

教师要善于引导学生互动交流,展示学案中学习问题的思维过程和解题方法,促使学生积极思维,让学生通过交流展示共享学习成果。特别是小组合作,每位学生都应积极参与活动。教师要善于观察学生交流展示中讨论的问题答案,倾听学生的发言,进一步把握学情,考虑调整互动探究的问题,精讲点拨的要点,等等。在对学生的交流展示进行评价时,教师应鼓励学生主动参与、积极参与,营造轻松愉悦的学习氛围,提倡学生创新,着力点定位在学生不断的进步和发展上。

总之,在全息育人教学模式的引领下,教师在教学过程中所采取的师生互动、生生互动、交流展示等环节要注重培养学生的独立性和自主性,促进学生在教师指导下主动地、富有个性地学习。教师要创设能引导学生主动参与的教育环境,激发学生的学习积极性,逐步培养学生掌握和运用知识的态度和能力,使每个学生都能得到充分的发展。

## 附:教学设计

“点亮小灯泡”教学设计

<table>
<tr><td>学习内容</td><td colspan="3">点亮小灯泡</td></tr>
<tr><td rowspan="3">育人目标</td><td colspan="3">1.通过探究活动,分析、总结出点亮小灯泡的基本连接方法,初步建立“电路”概念模型;会连接简单电路并参与对话探究;通过归纳推理后,探究更多点亮小灯泡的创新连接方法,合理思考电是怎样点亮小灯泡的。(认知育人、劳动育人)</td></tr>
<tr><td colspan="3">2.在探究中,寻找证据论证连接方法,推理电的工作机制,建构自己的解释;愿意倾听他人的意见,乐于交流自己的观点,主动进行合作学习;通过探究点亮小灯泡的方法和推理解释小灯泡亮起来的原因,激发学生探究电的兴趣,培养实事求是的科学态度。(德性育人)</td></tr>
<tr><td colspan="3">3.记录电路图时,做到清楚、美观;初步了解“电”知识在日常生活中的应用,做到安全用电。(审美育人、健康育人)</td></tr>
<tr><td rowspan="2">学习重难点</td><td colspan="3">学习重点:通过探究活动,观察、分析、总结出点亮小灯泡的基本连接方法。</td></tr>
<tr><td colspan="3">学习难点:探究点亮小灯泡的更多创新连接方法,推理电是怎样点亮小灯泡的。</td></tr>
<tr><td rowspan="2">教学准备</td><td colspan="3">教师准备:多媒体课件、灯泡、电池模型教具若干、学生用器材一套等。</td></tr>
<tr><td colspan="3">学生准备:小灯泡1个、1.5 V的干电池1节、导线1根、实验记录单1张。</td></tr>
<tr><td colspan="4">教学评活动设计</td></tr>
<tr><td>环节</td><td>教师活动</td><td>学生活动</td><td>五育融合育人点提示</td></tr>
<tr><td>制造情境<br>聚焦问题</td><td>1.同学们,我带来了一件老师小时候使用过的家用电器,它是什么呢?(隐蔽而神秘地拿出手电筒)你们有用过吗?<br>2.让手电筒的小灯泡亮起来,可能要用到些什么?<br>3.老师准备了可能点亮小灯泡的3种材料(1节电池、1根电线、1个小灯泡),想亲自连一连吗?今天我们就用这3种材料来进行点亮小灯泡的探究。(板书课题)</td><td>1.学生充分表达自己的观点。<br>2.学生表述可能要用到的材料,教师用关键词呈现。</td><td>德性育人:能够激发学生的探究学习兴趣,引出本节课要学习的内容,为接下来的学习做铺垫。通过平等的谈话,营造一个轻松愉悦的学习氛围。</td></tr>
</table>

续表

| 学习内容 | 点亮小灯泡 | | |
|---|---|---|---|
| 原有认知<br>前概念梳理 | 1.用这3种材料，怎样连才能点亮小灯泡？大家可以借助黑板上的模型摆出自己的想法。<br>2.手拿灯泡模型：我们用粉笔画线来代替导线，谁来？<br>3.为什么你觉得这样连就会亮？<br>4.大家认同这种连法吗？<br>5.来，把你的想法也摆出来。<br>6.还有不同想法吗？这么多同学都有想法，再找一位同学摆摆看。<br>7.大家的想法不可能都呈现出来，那就让我们带着自己的想法挑战第一关，看能不能点亮小灯泡。 | 1.学生在黑板上用磁性学具摆出自己的连接方法。<br>2.拼摆的学生解释自己这样连接的理由。<br>3.有不同看法的学生反驳并陈述自己的观点。 | 认知育人：在问题驱动下，学生调用已有经验摆出自己的猜想，进一步呈现前概念。<br>德性育人：在遇到不同想法中产生冲突，激发学习动机。 |
| 探索<br>挑战一：点亮<br>小灯泡 | 1.既然是闯关，当然就有闯关要求，一起来看看。(结合课件出示相关挑战要求)<br>2.记录时，像这样画出连接的简图就可以了。没点亮的记下来，可以帮助我们更好地分析，找到点亮的方法。确认点亮后摆在这个位置。<br>3.那就用10分钟试一试，时间一到，老师就提醒你们。明确了这些，那就依次领取材料按2人小组开始挑战。<br>4.好像有小组点亮了，请再次确认，并做好记录，其他小组继续加油。<br>5.时间到，孩子们。<br>6.刚才，大家比较辛苦地尝试着想让小灯泡亮起来。为什么只有他们点亮了，有请他们来说一说。(组织好学生倾听)<br>7.为什么这么连可以亮，之前感觉挺有道理的连法却没亮？它们有什么区别呢？<br>8.其他组也点亮了，再听听他们是怎么做的。<br>9.大家听后，觉得是不是这个道理，有什么想问他们的没有？<br>10.那怎么才能把这些材料连成一个圈，看似简单的材料，难道有什么秘密？我们一起来观察一下。<br>11.导线很简单，两个金属接头。看看电池，有什么发现？<br>12.不仅有发现，还知道一些相关知识，真不错。(顺势标出电池的“+”“−”)<br>13.小灯泡太小了，借助放大图来认识一下。这是小灯泡的基本结构：玻璃泡，起保护作用；中间是小小的灯丝；黄色像支柱一样的，是金属架；周围一圈是螺纹柱。找找小灯泡的发光点在哪里？连接点在哪里？现在你们认为该怎么连接才对？ | 1.学生了解挑战的具体要求。<br>2.学生依次领取材料，按要求分组实验。<br>3.抽点亮的2人小组在黑板上摆出连接方法。<br>4.让点亮的小组上台分享连接方法。<br>5.学生认识、了解3种实验材料。<br>6.学生借助模型和交流，明确3种材料各自的2个连接点。 | 认知育人：学生在挑战实验中观察记录不亮和亮的连接方式，自主建构方法及理解。 |

续表

| 学习内容 | 点亮小灯泡 | | |
|---|---|---|---|
| 探索<br>挑战一：点亮小灯泡 | 14.通过观察后，为什么他们现在的能点亮，而之前的不亮呢？<br>15.老师帮大家梳理一下：（举出小灯泡大模型）小灯泡的一个连接点是底部，另一个连接点是侧面的金属螺纹。对吧？那导线、电池、小灯泡各自的2个连接点要怎么相连，才能让小灯泡亮起来呢？<br>16.就像课前我们在操场跑步一样，连成了一个…… | 7.学生观察点亮小灯泡的连接方法，用自己的语言表述连接的特点。教师引导出关键词：连接点分别相连，循环连成一个圈。 | 德性育人：在分析交流中，寻找证据支撑自己的观点或质疑，反驳他人的观点，构建一个因果链，推测这一现象背后的因果机制，主动进行合作学习。 |
| 探索<br>挑战二：挑战用更多方法点亮小灯泡 | 1.同学们，通过大家的分析和推理，似乎找到了点亮小灯泡的方法。是不是借助导线，把这些材料的连接点像这样分别相连，连接成一个圈就可以了。是这个意思吧？<br>2.如果是这样的话，你们有没有信心都来点亮小灯泡？<br>3.那我们就进入第二关挑战，看看闯关要求是什么？哪位同学给我们读一下？<br>4.刚才没点亮的小组，先用这个方法点亮小灯泡进行验证。所谓的新方法，就是在我们推理出能点亮的前提下，看看能不能对材料的方向和位置做些调整？希望同学们大胆地尝试，老师期待有第2种、第3种……确认新方法并记录好后，再上台来摆一摆。<br>5.请大家在点亮小灯泡时想一想，为什么这样连也可以点亮？我们前面的这些想法有道理吗？带着问题，挑战开始！<br>6.挑战时间到。同学们，小灯泡都点亮了吗？首先，祝贺大家！（掌声）有些小组还找到了新方法，一起来看看，新的方法是怎么点亮小灯泡的？<br>7.为什么他的这个是新方法？为啥能点亮？<br>8.大家觉得有没有道理？对他们的介绍还有问题没有？<br>9.这是一种新方法吗？它是怎么点亮的？来介绍一下。<br>10.经过大家的分析、推理，好像找到点亮小灯泡的秘密了：新方法验证了刚才的方法，只要连接点分别相连，循环连成一圈，小灯泡就亮了。<br>11.那大家能用这个方法帮助一下陈老师吗？这是我邻居家小孩的一个特殊玩具。送礼物的人说，要很多人手拉手连成圈才能让它工作起来。要不要试试看？<br>12.大家用点亮小灯泡的规律，让这个玩具亮起来了。谢谢你们！看来，人和导线一样，也是会导电的。为了安全起见，我们最好不要随意触摸带电的插线板和用电器。 | 1.教师引导学生梳理明确点亮小灯泡的方法。<br>2.抽学生读第二次挑战的要求。<br>3.学生按要求分组实验。（用新方法点亮的小组在黑板上摆出新的连接方法，鼓励学生继续挑战）<br>4.抽上台的学生表述自己的创新连接方式。<br>5.学生间交流、质疑与对话。<br>6.学生在教师的引导下，整理出点亮小灯泡的4种方法，再次明确连接方法的特点。<br>7.组织学生手拉手连成一根导线的样子，触摸玩具。 | 认知育人：学生在挑战实验中观察记录不亮和亮的连接方式，再次自主建构方法及理解。<br>劳动育人：通过归纳推理，探究更多点亮小灯泡的创新连接方法。<br>审美育人：学生在记录电路图时，多数能做到清楚、美观、规范。<br>健康育人：即学即用，以游戏的形式既验证了大家探究归纳出点亮小灯泡的连接方法，又顺其自然地让学生亲身感受到人是会导电的。初步了解“电”知识在日常生活中的应用，做到安全用电。 |

续表

| 学习内容 | 点亮小灯泡 | | |
|---|---|---|---|
| 研讨<br>小灯泡是如何亮起来的 | 1. 刚才的两次挑战任务用到的都是安全的干电池，通过大家的探究，连接点亮了小灯泡。连接方法清楚了，那小灯泡是如何亮起来的呢？<br>2. 大家可以大胆推理一下，干电池里的电在这个闭合一圈的连接里可能是怎么流动的？依据是什么？<br>3. 你认为是从“+”到“-”，是这个意思吧？大家认同吗？<br>4. 哦，他有新的看法，从“-”到“+”。还有其他可能性吗？<br>5. 为什么觉得灯丝是燃烧亮起来的？<br>6. 又是一种新看法，从“+”“-”两端同时流出，在灯丝处相遇点亮小灯泡，灯丝还是燃烧的。<br>7. 嗯，大家的推理真是精彩！根据同学们的推理，就是说电一定要从电池的一端出来（可能是“+”，也可能是“-”），再借助导线经过小灯泡，然后再从另外一端回到电池，小灯泡就亮了。也有可能从电池两端同时出来，在灯丝处相遇燃烧，让小灯泡亮起来。<br>8. 关于电是怎么工作的话题，由于我们的知识储备还不够，可能一时谁也说服不了谁，今天就暂时讨论到这里。建议大家保留自己的观点，带着这个问题和自己的想法到中学、大学继续学习。 | 1. 学生思考、整理头脑中的信息。<br>2. 学生交流小灯泡发光的不同观点。<br>3. 学生大胆推理，相互交流、质疑与对话。 | 认知育人：通过归纳推理，合理思考电是怎样点亮小灯泡的。<br>德性育人：通过探究点亮小灯泡的方法和推理解释小灯泡亮起来的原因，激发学生探究电的兴趣，培养实事求是的科学态度。 |
| 总结<br>拓展 | 1. 同学们，回顾这堂课，你们收获了些什么？<br>2. 教师结合学生感悟与板书进行总结。<br>3. 关于手电筒，还有没有新的想探究的问题？<br>4. 带着这些问题，让我们在后面的课程学习中继续探究电的奥秘，展现出更多的精彩。 | 1. 抽学生谈自己的收获、感悟。<br>2. 学生谈自己还想探究的问题。 | 德性育人：愿意倾听他人的意见，激发学生探究电的相关知识的兴趣。 |
| 板书设计 | 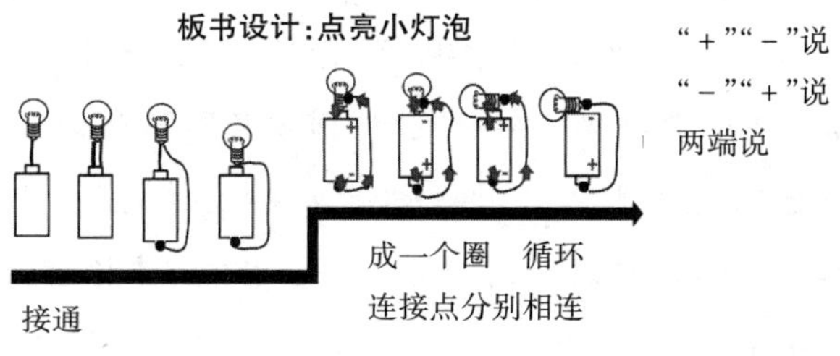 | | |

【课例评析】

本节课以分析、总结出点亮小灯泡的基本连接方法，初步建立“电路”概念模型（科学知识)和科学推理与科学论证(科学思维)为教学目标,构建“聚焦—探索—研讨(融入探索环节)—延伸”的进阶教学环节,一步一步引导学生探究点亮小灯泡的方法和推理解释小灯泡亮起来的原因,激发了学生探究电的兴趣,培养了实事求是的科学态度,是一节师生共同建构概念模型与实践的好课。凸显以下几个亮点:

1.找准认知起点,教学目标精准

探索环节的第一板块,教师先构建“用3种材料怎样点亮小灯泡?”的任务驱动,引导学生利用教师提供的教具表达自己的想法,并结合摆出的连接图适时探测学生的理解程度。如此设计,充分调动了学生已有的学习及生活经验,前概念呈现更便于教师在学生产生的认知冲突中找准认知的起点,以学定教,让本节课的教学目标更为精准,两条目标线索更为立体。

明线:从“不能点亮—能点亮—明确点亮的方法”,并推理背后机制的过程。

暗线:从“呈现前概念形成认知冲突—自主建构形成解释—检验解释并迁移运用”,形成思维教学模型逻辑线。

2.设计进阶活动,展示思维过程

这节课最大的亮点是根据学习进阶,开展教与学活动。从教学目标来看,这节课融合了概念建模和科学逻辑思维两条目标线,教师在探索环节,通过设计的3个学习活动“摆出点亮小灯泡线路图—点亮小灯泡—用更多方法点亮小灯泡”来实现这两个目标,并开展进阶活动。这3个教学活动看似都在点亮小灯泡,但每次点亮的目标如同山坡的阶梯一样,第一阶梯靠近地面,非常容易通过,后面几级慢慢变高(如表6-4-1)。教师把学生真正放在了课堂的主体地位,关注学生的真实想法,顺应学生的学习逻辑,通过相互质疑、评价、辩护或反驳,让学生的思维发生碰撞,自然生成认知冲突,在质疑与反驳中加深理解。此过程,教师针对学习目标搜集相关的证据,关注学生想法的实质,解读学生思维的证据,依据学习进阶判断学生在概念、推理、论证等方面所达到的水平,衡量学生表现与下一水平之间的差距,决定后续合适的教学活动,帮助学生开展下一步探究,再在新的探究活动中观察学生的表现,解读和判断学生的表现水平……在新的探究活动中需要提供支架时及时“递梯子”,确保学生始终在最近发展区进行科学探究。整堂课围绕学生感兴趣的统领性任务——点亮小灯泡进行探究、推理和论证,将知识学习、科学逻辑思维的培养与机制推理、建构解释融为一体,在进阶活动中实现了三大学习目标。

表6-4-1 学习进阶表

| 水平 | 科学概念 | 科学实践 | 跨学科概念 |
| --- | --- | --- | --- |
| 水平1 | 学生能知道点亮小灯泡的连接方法。 | 学生能用1种方法点亮小灯泡,能接纳他人意见但不能分析、推理背后的原因。 | 能接纳他人对点亮小灯泡亮起来原因的解释。 |
| 水平2 | 学生能知道更多点亮小灯泡的连接方法。 | 学生能合作用2种方法点亮小灯泡,并对点亮缘由做出主动解释。 | 能主动解释小灯泡亮起来可能是什么原因。 |
| 水平3 | 学生能知道更多点亮小灯泡的连接方法,并能推理点亮的原因。 | 学生能够用4种方法点亮小灯泡,并基于证据分析、推理,做出合理解释。 | 能分析、论证与评估点亮小灯泡的多种解释。 |

3.创设生活情境,普通而不简单

兴趣是最好的老师,教师善于利用生活中熟悉的事物创设情境,激发学生探求新知的欲望。开课伊始,教师用学生生活中常见的手电筒做引,引导学生思考:有想过这个小灯泡是怎么亮起来的吗?探究结束,又回到手电筒,引导:通过今天的学习,关于手电筒,你们有没有产生新的想探究的问题?将普普通通的手电筒的价值最大化,开课——帮助学生产生并聚焦本课探究的问题;结束——梳理认知发展过程,发展学生元认知,培养学生持续的科学探究兴趣和求知欲,也为下一课教学“投石问路”。

重庆市北碚区教师进修学院原科学教研员　李健

【专家点评】

回顾整堂课,通过创设简单的真实情境,产生聚焦的问题,经过初步尝试,形成前后认知上的冲突;交流、分析、归纳方法后再次尝试,通过实践让学生产生对点亮小灯泡的基本方法和更多方法的理解,进一步对电是怎么工作的进行合理的机制推理。这堂课本是普通的认识规律的课,但如何提升其教学价值,融合多重目标,将记忆、理解等基础思维转化为分析、迁移与创造等高阶思维,这堂课做了很好的示范。

重庆市教育科学研究院科学教研员、正高级教师　曹雷

## 三、区域研修活动案例分析

### [案例3]重庆市北碚区2019学年秋小学科学全息育人课例研讨活动

重庆市北碚区教师进修学院创造性提出的“学科全息育人”“五育并举”行动主张,需要重构育人理念,设计育人课程,转变育人方式。这一创造性理念的提出,对于一线教师来说需要一个熟悉、理解的过程。如何挖掘学科教学的育人点,如何将育人点落实到课堂中去,是学科全息育人理念指导下区域研修的重点研修内容。小学科学学科

着重研究了本学科全息育人的内涵、目标和实施方法，旨在梳理学科全息育人点，优化教学方法，将五育有机融入学科课堂教学中，实现学科育人目的，全面提高学生的学科核心素养。该部分将以北碚区小学科学学科一次区域研修活动为案例进行说明，流程如图6-4-3所示。

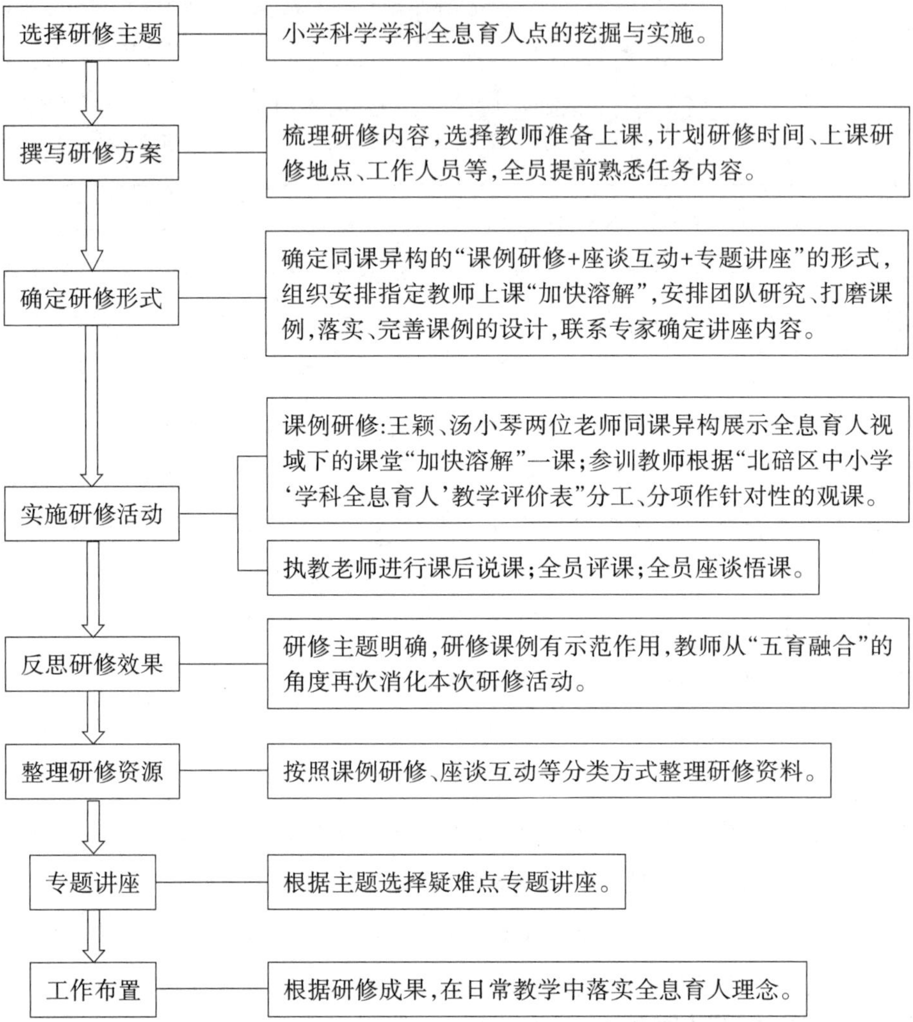


图6-4-3　北碚区小学科学区域研修活动流程

## (一)案例示例

本次区域研修以课例研修为载体，通过课堂观察与研讨、全息育人专题报告等形式，帮助广大教师进一步理解全息育人理念，探寻在科学学科实施全息育人的方式、方法。

研修主题：小学科学学科全息育人点的挖掘与实施。

主办单位：北碚区教师进修学院。

研修时间:2019年10月10日。

研修地点:重庆市北碚区状元小学。

1.研修课例:教科版《科学》三年级上册第1单元第6课“加快溶解”。

2.活动主持:重庆市北碚区教师进修学院小学科学教研员。

3.活动具体安排见表6-4-2。

表6-4-2 活动安排表

| 时间 | 环节 | 内容 | 主讲\主持 | 备注 |
|---|---|---|---|---|
| 8:10 | 报到 | 参训人员到报告厅报到。 | 北碚区状元小学,喻华栋。 | |
| 8:30 | 专题讲座 | 教师专业发展的学校探索与思考。 | 北碚区状元小学,石言忠。 | |
| 9:00 | 观课引导 | 阐述研修主题,指导并分工用教学评价表观课。 | 北碚区教师进修学院小学科学教研员。 | |
| 9:10 | 同课异构 | 加快溶解。 | 北碚区状元小学,汤小琴。 | |
| | | | 西南大学附属小学,王颖。 | |
| 10:35 | 课后说课 | 执教者介绍教学设计及实施的理论依据,并进行育人点分析。 | 北碚区状元小学,汤小琴。<br>西南大学附属小学,王颖。 | |
| 10:45 | 互动研讨 | 参会教师根据“北碚区中小学‘学科全息育人’教学评价表”分工、分项作针对性的观课,并对结果进行互动研讨。 | 北碚区教师进修学院小学科学教研员。 | |
| 11:05 | 研究动态介绍 | 北碚区学科全息育人研究推进情况介绍。 | 北碚区教师进修学院小学科学教研员。 | |
| 11:25 | 专家引领 | 师生个人认知水平对学生学业成绩影响的多层线性分析。 | 北碚区教师进修学院小学科学教研员。 | |
| 11:55 | 学科育人点分析 | 小学科学健康育人文献报告。 | 北碚区文星小学,胡进。 | |
| 12:10 | 工作布置 | 北碚区小学科学学年教研工作布置。 | 北碚区教师进修学院小学科学教研员。 | |

温馨提示:

1.按时参训,不迟到,不早退。

2.参训教师认真记录,积极发言,确保研训质量。

3.第一节课学生进场时间为9:08,第二节课学生进场时间为9:52。

附件:

1.“加快溶解”教学设计一。

2.“加快溶解”教学设计二。

3.北碚区中小学“学科全息育人”教学评价表。

4.小学科学健康育人文献报告。

5.研修报道。

## 附件1:“加快溶解”教学设计一

详见第五章第二节同课异构法案例。

## 附件2:“加快溶解”教学设计二

详见第五章第二节同课异构法案例。

## 附件3:北碚区中小学“学科全息育人”教学评价表

北碚区中小学“学科全息育人”教学评价表

时间:　　年　　月　　日　　　　地点________

教学科目及内容________　　　　授课年级________

授课教师________　　　　评价人单位________

| 评价维度 | 价值导向 | 观察要点 | 可视化行为 | 评价等级 | | | | |
|---|---|---|---|---|---|---|---|---|
| | | | | A | B | C | D | E |
| 全要素设计 | 目标定位准确、全面,表述准确。 | 目标设计 | 1.定位全面,凸显立德树人思想,聚焦学科核心素养。 | | | | | |
| | | | 2.立足学科本质,蕴含德、智、体、美、劳育人要因(至少三项)。 | | | | | |
| | | | 3.重、难点的确定与处理得当,符合新课程标准要求和教材、学生实际。 | | | | | |
| | 知识点与育人点恰切,切合学生经验。 | 内容设计 | 4.对学科知识点的把握准确、具体。 | | | | | |
| | | | 5.体现知识的形成过程,结论由学生自悟与发现,课堂教学自然生成。 | | | | | |
| | | | 6.尊重教材,创造性地使用教材,合理开发、利用教学资源,教学策略适切。 | | | | | |
| | 紧扣知识点,有效渗透育人思想,逐层逼近育人目标。 | 过程设计 | 7.坚持以学生为主,体现教师是组织者、指导者、合作者的思想。 | | | | | |
| | | | 8.育人点渗透,与知识、材料视点相关度高,全息育人表现形式丰富。 | | | | | |
| | | | 9.结合知识视点,教学内容情景化,教学过程问题化,有效调动学生已有认知。 | | | | | |
| | 激励氛围浓,作业设计彰显五育要义。 | 评价设计 | 10.聚焦育人点,体现追问、反问、质疑、激励等互动评价氛围。 | | | | | |
| | | | 11.根据学习内容和育人目标,有效设计课堂及课外作业。 | | | | | |

续表

| 评价维度 | 价值导向 | 观察要点 | 可视化行为 | 评价等级 | | | | |
|---|---|---|---|---|---|---|---|---|
| | | | | A | B | C | D | E |
| 全过程育人 | 学习方式多样，知识点揭示准确，关注育人目标、内容与评价检测的一致性。 | 目标意识 | 12.学生知晓学习目标和结果，知识点、育人点和学生发展点的确立一致。 | | | | | |
| | | | 13.育人点准确、具体、有层次性，接近学生的学习发展区。 | | | | | |
| | | | 14.教师讲授生动、育人自然，有利于激发学习兴趣，促进学生思维和素养的发展。 | | | | | |
| | | | 15.关注学生学习状态和听课感受，从学生学习的视角出发，能根据课堂生成调整预案。 | | | | | |
| | | 学习意识 | 16.注重学习过程中对学生的完整表达能力、逻辑思维能力的培养和训练。 | | | | | |
| | | | 17.教学方式多样，既关注双基落实，又关注思维培养，更关注品性养成。 | | | | | |
| | | | 18.熟练运用现代教学手段，为学生提供丰富的学习资源，帮助学生有效学习。 | | | | | |
| | | | 19.注重问题导学，学习活动开展有趣、有序。 | | | | | |
| | | | 20.强化分层训练，学习的检验和练习及时到位。 | | | | | |
| | | | 21.采取任务式学习，注重学生运用能力和创新能力培养。 | | | | | |
| | | | 22.能及时反思自己的学习行为，调整学习策略。 | | | | | |
| | | | 23.师生互动、生生互动，课堂体现竞争合作的意识。 | | | | | |
| | | | 24.关注学生生活实际，育人点生成自然，学生在课堂中获得良好的情感体验。 | | | | | |
| | | | 25.课堂氛围民主，师生关系和谐，体现教学相长。 | | | | | |
| | | 融合意识 | 26.育人点与知识点结合好，课堂教学中“五育”融入自然、生动。 | | | | | |
| | | | 27.强化学习时空的拓展，有效打通学习与生活、时代的联系，培养学生正确的价值观。 | | | | | |
| | | | 28.注重养成教育，充分关注学生学习动机、习惯、信心等非智力因素。 | | | | | |

续表

| 评价维度 | 价值导向 | 观察要点 | 可视化行为 | 评价等级 | | | | |
|---|---|---|---|---|---|---|---|---|
| | | | | A | B | C | D | E |
| 全过程育人 | 学习方式多样，知识点揭示准确，关注育人目标、内容与评价检测的一致性。 | 评价意识 | 29.评价有依据、有标准，紧扣课程标准和育人目标。 | | | | | |
| | | | 30.方式多元，有自评、互评、教师激励性评价等。 | | | | | |
| | | | 31.载体多样，有活动、实验、交流、讨论、作业等开放式评价。 | | | | | |
| | | | 32.及时有效，具有明显的以“五育”为抓手促进学生终身发展的理念意识。 | | | | | |
| | | 发展意识 | 33.注重让学生经历知识习得的过程，注重知识整体价值的体现，促进学生综合素养的形成与发展。 | | | | | |
| | | | 34.出错时有良好的心态，阳光乐观，不气馁。 | | | | | |
| | | | 35.能大胆质疑已有结论，并提出自己的见解。 | | | | | |
| 全息性达成 | 价值导向正确，学习愉悦，参与度高。 | 目标达成 | 36.课堂形态丰富，学生自主学习、自我展示能力强。 | | | | | |
| | | | 37.学生求知欲强，专注度高，思维活跃，积极主动参与到学习的全过程。 | | | | | |
| | | | 38.师生互动、生生互动，课堂体现竞争合作的意识。 | | | | | |
| | | 行为表现 | 39.学生能围绕学习内容积极开展自主合作、探究性学习，参与面广，活动有效。 | | | | | |
| | | | 40.学生感受到学习的快乐，人文素质、探究精神、审美意识、创新思想、德性认知得到提升和培养。 | | | | | |

## 附件4：小学科学健康育人文献报告

# 小学科学健康育人文献报告

（胡进）

一、研究背景

2018年9月10日，习近平总书记在全国教育大会讲话中指出：坚持中国特色社会主义教育发展道路，培养德智体美劳全面发展的社会主义建设者和接班人。为此，我们在北碚区教师进修学院的带领下开展全息育人研究。

自2001年启动基础课程改革以来，经过十几年的深入研究和探索，教育部于2017年正式颁布了《义务教育小学科学课程标准》。该标准结合实践教育教学和全息育人理念，提出了健康育人的三大要点：健康知识、健康意识和健康能力。

二、研究意义

长期以来，人们往往忽视学生的健康教育，更有甚者把学生中存在的厌学、离家出走、情感脆弱、承受力差等问题归纳为思想品质问题，从而出现认识误区。这些实质上都是因为认识偏颇、情绪激动、意志薄弱、内心矛盾而产生的苦恼困惑，或受到刺激、挫折而引起的心理失衡所致。因此，这要求我们必须大力抓紧加强健康教育，尤其是中小学生的心灵陶冶和心理塑造。

小学教育是人才成长的一个关键环节。如果在小学科学教育的课堂上不能培养学生对科学的兴趣，在中学阶段就会流失一大批科学爱好者。反思我们小学阶段的科学教育为什么会这样呢？不得不让我们重新审视，加强小学科学教育势在必行，落实健康育人的育人要点意义重大。

三、国内外研究现状及概念的界定

我们查阅了相关文献资料，发现大多数都是心理健康教育或针对高校的健康育人，对于小学科学教育健康育人的文章相对较少。在科学教学如何健康育人方面没有具体的指导意义。

心理健康教育是指根据心理活动的规律，采用各种方法与措施，以维护个体的心理健康及培养其良好的心理素质。

科学学科在全息育人中提及的健康育人是指一种健康的科学课堂，是在学习探究过程中了解相关的健康知识，形成相应的健康意识后，上升为学生正确处理相关情况的健康能力。

健康知识是指学生在科学学科课堂中所了解到的与科学探究有关的温馨提示或实验操作方法等知识。比如酒精灯的使用方法，过滤的方法，实验操作过程中与安全有关的温馨提示……

健康意识是指学生在科学学习中了解健康知识后，在头脑中逐渐形成的知识积累意识。

健康能力是指学生在科学学习中了解健康知识，形成健康意识后所作出的正确操作或言行。

（一）文献资料分析与求证

我们提出的健康育人要点包括健康知识、健康意识和健康能力，健康育人需要通过健康课堂来实现。大多数人往往容易把健康育人里的健康和安全混为一谈，两者能不能画上等号，还需通过文献资料进行分析和求证。

天津师范大学学报（基础教育版）2008年6月第9卷第2期在《“健康育人”办学模式研究》（郭文政）一文中提出健康的课堂主要体现在五个方面：一是学生主动参与学习过程；二是师生互动恰当；三是课堂教学效率高；四是师生关系平等，情感丰富，相互尊重，相互信任；五是有利于学生的健康成长，有助于提高课堂生活的质量。该文章是从师生关系、学生内因等方面就健康育人进行了阐述，和本课题提及的健康育人要点并不相符。

2013年8月29日，西藏日报刊文《发挥文化浸润作用　营造健康育人氛围》，阐述以多元校园文化合力营造健康育人的大学氛围为主：西藏民族学院的校园文化建设，以促进校风建设、优化育人环境为根本，聚校园精神文化、学术文化、主题文化、形象文化等多元文化之合力，发展与综合性民族大学相匹配的、特色鲜明的、富有内涵的高品位校园文化。该文从宏观上就健康育人做了描述，和本课题提及的健康育人要点也不相符。

《现代交际》2016年第15期在《小学科学教学中的安全意识培养探讨》（庞春悦）一文中提到培养安全意识的重要性：学校教育不仅需要向学生传授文化知识，对其综合素养进行提升，更主要的是帮助学生形成正确的人生态度，进而对自身生命安全负责。因此，在小学科学教学中的安全意识培养内容至关重要，要高度关注小学生的心理健康，并向其传递生命意识，于常态生存状态中培养良好的安全意识。本文针对科学地、合理地在小学科学教学期间培养并提升学生安全意识的策略进行了分析及探讨，旨在为实践教学工作提供有价值的理论借鉴。小学科学课程是科学启蒙课程，其教学宗旨为培养并提升学生的科学素养和能力，并且在科学课程中也涉及理性以及实证意识。科学作为一种社会文化，一方面具备了人文性特点，另一方面也涵盖人类生活的精神，包括对生命的珍爱、对他人的关怀等内容。因此，把安全教育渗透到科学课程教学工作中，将学生作为教育服务中心，明确其主体地位，并结合各自的课程特点，充分对安全教育因素进行挖掘，在课堂上为学生传授有价值的安全知识内容，进而可以在学生心中树立起高度的安全意识和培养规避隐患问题的态度。此外，在实施安全教育过程中，应该让学生对生命现象的现实感具有良好的认知，重视生命教育的意义。通过安全教育课程，可以获得学生自我教育的效果，帮助学生进一步了解到生命的定义、价值以及意义。例如，在讲授“生命周期”的内容时，应该将实际和教材内容进行充分融合，让学生体会生命的宝贵，自觉珍爱生命。同时生命教育期间，学校在对课程资源进行充分利用的同时，也要应用有效的安全教育途径对学生安全防范意识予以唤醒。整合有价值的同实际生活密切相关的实例等，让学生更加贴近生活并体验生活，增强自我保护意识以及安全意识，提升自我保护能力，进而在生活中健康地成长。

在小学科学教学中，进行安全意识培养期间要结合教学内容，具体地传授学生科学安全方面的知识。通过多种形式，用观察、讨论等方法，将学生的探索欲望唤醒，在学生头脑中有疑问的情况下，可以更好地将安全知识灌输到他们的脑海中，使其接受能力更强、更彻底。因此，在科学教学中教师应该多给予学生提问的机会，再结合讲授内容贯穿于课堂中，通过长时间坚持此种训练举措，不仅能够培养学生独立思考问题的能力，而且能够让他们加强安全意识。例如，教学热气球的有关知识时，进行课堂实验教学的举措，选取自制热气球，将中间酒精棉点燃，则热气球就会飞到空中。在此情境下，不仅会极大地吸引学生的注意力，激发其学习热情，活跃课堂气氛，而且也会增加他们的思考能力。在此期间，教师要抓住提问的机会，例如，"在热气球飞起的时候，大家都想到了什么问题?"等。在有具体问题的情况下，学生的头脑中会产生一系列的疑问，例如，"热气球是怎样飞起来的?""热气球飘在空中，是什么力量支持它的?""它可以飞多高?""它能够飞多久?"等。在学生达到一定的热情度时，教师将提前做好的多媒体课件进行展示，包括氢气爆炸的照片、视频等内容，在出其不意的状态中，把学生的思路带入到安全防范的角度上。

若想获得安全意识的提升，学生自身的体验也是必要的实现途径。在实践教学期间，教师可以通过不同的具备安全保障的活动使学生能够亲历这些体验，并且在此期间实施自我反省，进而得到更多的安全保护意识。教师可以制造一些小突发事件，以获得显著的教育效果。例如，采取不小心打翻酒精灯的方式，引发桌面上的纸着火，这时教师应该立即用湿毛巾进行灭火。在看到此种场景的情况下，学生的头脑中会形成深刻的体会，并能产生深远的影响。此外，教师可结合多媒体讲授一些防火自救等内容。对于小学生而言，生活周围存在诸多的不安全因素，有些事情不可预料，所以让学生在心中树立起高度的安全意识至关重要。例如，在教学期间，教师可以展示发霉的面包和食物中毒症状的图片，以此告知学生增强食品安全意识，远离食物中毒。并且告知学生食品包装袋上有显示食品的安全信息，正确辨别保质期，认清三无产品及其危害，不购买危害食品，进而避免发生安全事故。

(二)研究现状述评

通过在网上查阅39篇与健康育人描述相关的文章得出：目前对全息育人课题提出的健康育人及育人要点没有相关研究，而《小学科学教学中的安全意识培养探讨》一文阐述的安全知识、安全意识、自我保护能力等和本课题提出的健康育人要点——健康知识、健康意识和健康能力比较相符，并通过案例进行了求证和说明。

因此，对本课题下的健康育人要点——健康知识、健康意识和健康能力，这样的提出和定位是可行的！

附件5：研修报道

## 北碚区小学科学名师工作室活动简报

（廖晓星）

2019年10月10日上午，为提高教师的教育教学水平，给教师一个发现自我、重塑自我的平台，在北碚区教师进修学院的精心计划安排下，北碚区小学科学名师工作室全体成员，以及我区全体科学教师相聚北碚区状元小学，开展了小学科学学科全息育人课例研讨活动。今天的活动分五个阶段进行。

第一阶段，状元小学石言忠校长做专题讲座，讲座的题目是“教师专业发展的学校探索与思考”。石校长用自己的发展经历，分享了教师发展的三个关键词：学习、研究、反思。

学习——多看书，看有价值的专业领域的书；研究——研究课堂，研究课题；反思——反思教学的成功与不足。

石校长的精彩分享让各位老师受益匪浅，为我们教师的发展指明了方向。

第二阶段，课例研讨。本次同课异构的课题选自教科版《科学》三年级上册“加快溶解”，由汤小琴老师和王颖老师进行授课。两位老师思想上高度重视，深钻教材，精心设计教学环节，使同一节课的教学呈现出异彩纷呈的画面。

王颖老师注重创设情境，紧密结合生活，运用“情境教学法”激发学生的学习兴趣。教学中，引导学生的思维，强调对比实验中的公平性，小组实验分工明确，贯彻全息育人中品德育人和劳动育人点。

汤小琴老师在这节课中，按照“自主、合作、探究”的学习模式设计，教学思路清晰，让学生围绕问题设计对比实验，再合作实验，然后交流汇报。同时，汤老师还注重实验规范性的培养，这些都体现了全息育人所倡导的劳动育人、健康育人。

在活动中，教师们畅所欲言，通过讲课与听课、自己和他人的对比，找到自己在教学过程中的一些漏洞、不足和有待提高的地方，发现别人好的教学方式和教学方法，促进了教师教学能力的提升。

第三阶段，课例研讨结束后，由区教研员、名师工作室主持人就北碚区学科全息育人研究推进情况作了介绍。接着教研员给我们作了“师生个人认识水平对学生学业成绩影响的多层线性分析”报告。通过教研员的讲解，让我们对师生个人认识论测评常用的工具、存在的问题以及KUhn的EBA测试有了进一步的了解。

第四阶段，工作室的胡进老师分享了学科全息育人中健康育人文献报告，使全区教师们对学科全息育人要点加深了认识。

第五阶段，最后教研员对学年工作进行了布置，明确了接下来的工作重点。

【编者对本次案例评析】

1.研修内容丰富多样，做浇根式改善型的教师研训

北碚区教师进修学院创新性提出“浇根式改善型”教师研训，在培训中实施教师专业情意与核心能力的行为浇根，通过推进“建三端、连三体、抓三课”的区域行动策略，以教师个体知识、能力的提升，精神、心智的全面提振，达成教师的行为改善。[①]本次区域研修活动之初，安排了题为“教师专业发展的学校探索与思考”的专题讲座，石校长以自己的发展经历为例，鼓励教师们要在日常工作中多学习、多研究、勤思考，为教师的自我发展提供了参考方向。这样的专题讲座直指心灵，可以引起参修教师们对教育的情怀，对学科专业的情感共鸣，从内心里激发教师参与研修的动力。同时，依托同课异构的课例研修，对话课堂，研究课题的行动研修，抓准了教师教育的根本点——课堂。在课例与研讨中探寻如何在科学学科的日常教学中实施学科全息育人，以典型引路，将方法传授于教师。同时通过师生个人认知水平对学生学业成绩影响的多层线性分析和学科全息育人以及健康育人文献报告的分享，更是从理论层面对教师进行指引，加深了教师对学生学业的分析和全息育人概念的理解，提升了教师的学科核心素养，促进了教师对自己教学行为的改善。

2.借助评课工具观课评课，促进学科全息育人理念的课堂教学实施

“五育并举、全息育人”理念指出，教育应由知识技能教学转向核心素养教学，由学科教学转向学科育人，那如何在日常学科教学中得以落实呢？北碚区教师进修学院制订了“北碚区中小学‘学科全息育人’教学评价表”，该评价表包括全要素设计、全过程育人、全息性达成三个维度，目标定位、知识点与育人点恰切、渗透育人思想、激励氛围和作业设计、学习方式、学习氛围六个价值导向，目标、内容、过程、评价设计、学习、融合、评价、发展意识、目标达成、行为表现等四十项可视化行为观察要点，对学科全息育人的课堂教学进行评价。本次研修活动的课例设计、课堂观察、课后评课都以此为参

① 朱福荣.浇根式改善型教师培训[M].重庆:西南师范大学出版社,2016:26.

照。在参照执行的过程中，让教师对如何在学科教学中落实全息育人理念有了更深层次的理解，促进了教师由学科教学向学科育人转型。

3. 同课异构，拓展学科育人研讨空间

同课异构就是同一节课的内容，根据学生实际、现有的教学条件和教师自身的特点，进行不同的教学设计。同一节课的异构指的是课的整体结构，而不仅仅是某种方法或方式，它更广泛地包含了不同教师的教材解读、教学思路、教学程序、教学方法……乃至教学理念的多元异构。本次研修活动，两位老师根据自己对教材的理解及学生的实际情况，对同一节课进行了不同的设计，汤老师注重循序渐进，由扶到放；王老师的课堂更开放，注重学生的自主探究与综合运用能力的培养。两位老师不同风格的教学设计与课堂教学的展示，引起了观课老师们对自己教学方法的思考，也拓展了他们对如何在学科教学中做到学科育人的研讨空间，促进了学科全息育人理念的落实。

学科全息育人理论的有效实践，是小学科学学科教师在日常教育教学中必须面对的一项挑战，如何在学科全息育人理念指导下进行教学设计与实施，如何从学科教学向学科育人转型，是小学科学教学实践和教师研训工作的重要内容，我们将不断地探索与实践。

# 参考政策性文件

1.党的十八大报告精神摘要

2.党的十九大报告精神摘要

3.党的二十大报告精神摘要

4.《国家中长期教育改革和发展规划纲要(2010—2020年)》

5.《教育部关于全面深化课程改革 落实立德树人根本任务的意见》

6.《中国教育现代化2035》

7.《中共中央、国务院关于深化教育教学改革全面提高义务教育质量的意见》

# 参考文献


[1]徐学福.教学论[M].北京:人民教育出版社,2012.

[2]黄必忠.高中思想政治课“新时代的劳动者”活动型教学设计与实施[D].南宁:南宁师范大学,2020.

[3]诸凌虹.小学英语课堂教学设计的科学性原则[J].首都外语论坛,2014.

[4]姜珊珊.小学科学单元整体教学的设计思考与实践[J].科幻画报,2020.

[5]张超.核心素养视域下的小学科学教学创新实践研究[J].科学咨询(教育科研),2017.

[6]陈文秀.小学科学教学中培养学生良好观察品质的策略研究[J].教师教育论坛(第五辑),2019.

[7]刘忠庆.深度学习理念指导下的小学科学实验教学探索[J].辽宁教育,2022.

[8]邵发仙.小学科学教学中物理建模课型的建构与实施[J].教育探索,2015.

[9]中华人民共和国教育部.义务教育科学课程标准(2022版)[S].北京:北京师范大学出版社,2022.

[10]孟万金.中小学五育并举课程实施的学生向度考察及改进[J].当代教育科学,2022.

[11]蔡铁权,郑瑶.科学观念及其科学教育价值[J].教育科学研究,2019.

[12]胡卫平.深入理解科学思维 有效实施课程标准[J].课程·教材·教法,2022.

[13]严文法,胡卫平.国外青少年科学推理能力研究综述[J].外国中小学教育,2009.

[14]宁本涛,覃梦蒙.“五育”如何美美与共[J].教育发展研究,2021.

[15]曾宝俊,孙子棋.落实培养儿童科学态度与社会责任[J].湖北教育(科学课),2022.

[16]刁叔钧.科学实验教学中的美育探究[J].教育理论与实践,2012.

[17]刘仲林.科学臻美方法[M].北京:科学出版社,2002.

[18]徐恒醇.科技美学[M].西安:陕西人民教育出版社,1997.

[19]耿淑玲.科学美:科学教育的审美之维[J].教育教学论坛,2020.

[20]张涵.美学大观[M].郑州:河南人民出版社,1986.

[21]陈望衡.科技美学原理[M].上海:上海科学技术出版社,1992.

[22]李闻忠.论审美能力的培养[J].山西煤炭管理干部学院学报,2011.

[23]胡玉华,李健,徐扬,王钦忠.提升健康素养培育"健康"少年——中小学健康教育内容体系的设计与构建[J].中小学管理,2018.

[24]孙红军,刘阳.在小学科学中渗透"三味"劳动教育[J].中国教育学刊,2021.

[25]中华人民共和国教育部.义务教育劳动课程标准(2022年版)[S].北京:北京师范大学出版社,2022.

[26]刘义兵,汪安冉."大概念"视域下劳动教育课程的内容释义与实践理路[J].西南大学学报(社会科学版),2023.

[27]马克思,恩格斯.马克思恩格斯全集(第四十卷)[M].中共中央马克思、恩格斯、列宁、斯大林著作编译局,译.北京:人民出版社,1982.

[28]谢丽,李念.情境学习理论对教师培训的启示[J].中小学教师培训,2006.

[29]万伟,秦德林,吴永军.新课程教学评价方法与设计[M].北京:教育科学出版社,2004.

[30]敖峰,曾佳.教师教学反思的溯源性追问与深化路径——基于前反思的视角[J].当代教育科学,2020.

[31]蓝卫红.网络研修与校本研修整合的教师实践性知识管理[J].教育探索,2015.

[32]王冬凌.科学与人文:区域教师培训项目设计的价值取向——兼论教师培训机构专业化的路径[J].大连教育学院学报,2010.

[33]张健.创新教学评价:"以学论教"[J].四川教育,2003.

[34]Hu Weiping, et al.A scientific creativity test for secondary school students[J]. International Journal of Science Education, 2010.

[35]朱立明.高中生数学学科核心素养:内涵、价值与特质[J].教育科学研究,2020.

[36]王秋芳,王鹏.试析我国小学科学课程标准之"新"与"行"[J].上海教育科研,2018.

[37]王鉴,姜纪垒."立德树人"知识体系的百年演进及其经验总结[J].东北师大学报(哲学社会科学版),2020.

[38]李荣,马勇军.义务教育小学科学课程标准的比较研究——基于2022年版和2017年版课标的分析[J].现代教育,2022.

[39]周叶中.引导学生树立正确的劳动观(新论)[N].人民日报,2021-08-30(09).

[40]马飞.论从“五育并举”到“五育融合”的教学范式转型[J].当代教育科学,2022.

[41]朱丽桢,段兆兵.从并举到融合:“五育”融合之源、之难与之序[J].教育理论与实践,2022.

[42]李小红,武倩.小学科学教育如何链接学生真实生活?[J].中小学管理,2017.

[43]穆林凤.在情境中探究,促兴趣发展——小学科学课堂有效探究学习的策略初探[J].新作文(教育教学研究),2011.

[44]杨培明.重新认识和思考“五育”并举[J].人民教育,2020.

[45]周婧,张志敏.科普活动对学校科学教育的价值研究——以某次“水”主题科普活动为例[J].科普研究,2013.

# 后记

聚焦立德树人根本任务，提高学生科学素养是科学教师的责任和使命。在重庆市北碚区教师进修学院全息育人理念的指引下，小学科学学科全息育人研究组进行了小学科学学科全息育人理论研究和实践探索。

在研究过程中，学科研究人员结合新课程标准和教科版1～6年级科学教材内容，依照认知育人、德性育人、审美育人、健康育人、劳动育人的全息育人框架，认真梳理各册教材每个单元和每一课的全息育人点。借助我区学校开展的课例研修、优质课竞赛、“三课”竞赛、全息育人大单元教学研讨等活动，全区小学科学教师积极参与到该项目的学习和研究中，整理出小学科学课堂教学和教研活动的典型案例，供教师们借鉴和参考。

本书由胡雕、陈伟主编，郑小波、毛兵担任副主编，张艳红、赵洁审稿，学科研究组成员分工协作完成。各章编写人员安排为，第一章：陈伟、黄兴娟、胡雕；第二章：陈露、陈名瑞、郑小波、江永春、张杨；第三章：汤小琴、杨健伟；第四章：毛兵、武越、胡进、刘敬涛；第五章：廖晓星、杨欣、谭彬；第六章：郑小波、李敏、周祖勇、毛兵、陈伟。

本书的编写得到重庆市北碚区教师进修学院领导的大力支持，受到了多位专家的专业引领。重庆师范大学林长春教授对本书的撰写提出了宝贵的修改建议。北碚区小学科学学科的部分任课教师承担了该研究项目的教学课例展示和研究任务，为本书提供了优秀的典型案例。本书的出版还得到了西南大学出版社的大力支持，在此一并表示感谢！